U0880373

2012《深圳文艺年鉴》编委会及编辑部成员

编委会主任：

王京生

编委会副主任：

刘璋飙　罗烈杰

编委会委员（按姓氏笔画排列）：

万　捷　王京生　王国猛　刘璋飙

刘石磊　刘佳晨　刘上江　孙　静

冷炳冰　李凤亮　吴定海　陈　军

陈新亮　陈志荣　罗烈杰　郑　凡

顾焕金　胡洪侠　赵小燕　钱　强

梁　宇　彭建安　谢君心　曾培新

主　编：

罗烈杰

副 主 编：

谢君心　冷炳冰　钱　强　梁　宇　王国猛

编辑部主任：

赵小燕　曾培新

编辑部副主任：

李　华　于爱成

助理编辑：

黄学兵

一、2012《深圳文艺年鉴》供稿单位、供稿人名录

深圳市委宣传部	李　强	深圳市戏剧家协会	许秋萍
深圳市文体旅游局	陈洪林	深圳市影视家协会	高　郡
市文联组联部、协会工作部	李　惠、李　嘉	深圳市音乐家协会	李婉萍
深圳大学	江　婷	深圳市舞蹈家协会	张桂红
深圳报业集团	梁金河	深圳市美术家协会	高　炜
深圳广电集团	安治民	深圳市摄影学会	钟国华
深圳华侨城集团	薛　晔	深圳市书法家协会	李　静
深圳雅昌集团	李美玲	深圳市曲艺家协会	邓魏美
深圳市福田区文联	朱正安	深圳市杂技家协会	蒙　田
深圳市罗湖区文体局	杨　科	深圳市民间文艺家协会	唐颖娜
深圳市罗湖区文联	于延丰	深圳市文艺评论家协会	刘上江
深圳市南山区文体局	汪　滢	深圳国家动漫产业基地	石晶晶
深圳市南山区文联	梁莎莎	深圳F518时尚创意园	范青青
深圳市盐田区文体局	崔天柱	深圳群艺馆	易兆莲
深圳市盐田区文联	邓茜元	深圳艺术学校	柳　方
深圳市宝安区文体局	侣保军	深圳交响乐团	刘晓艳
深圳市宝安区文联	张丽婷	深圳大剧院	蓝晓绯
深圳市龙岗区文体局	代皖龙	何香凝美术馆	张　璐
深圳市龙岗区文联	许鸿彦	关山月美术馆	彭宝玉
深圳市文艺创作室	夏　子	深圳画院	陈　琦
深圳市作家协会	孙　夜	深圳美术馆	覃京侠

二、2012《深圳文艺年鉴》主要编撰人员

赵小燕　曾培新　刘上江　从　容　王　俊　刘思兵　刘　赋　张晴雯　翟　源　陆　述
王一梅　张丽婷　诸　彪　李志富　洪亮平　张洪永　周建东　李　洪　方斋如

三、本年鉴统计表、一览表，文艺单位、领导名录由曾培新、黄学兵综合整理制作。

四、本年鉴摄影除署名者外，其余均为本年鉴供稿单位、供稿人、撰稿人提供。

深圳文艺年鉴

深圳文艺年鉴编辑委员会　编

SHENZHEN LITERATURE AND ART ANNUAL REPORT 2012

图书在版编目(CIP)数据

深圳文艺年鉴. 2012 / 深圳文艺年鉴编辑委员会编. —深圳 : 海天出版社，2013.1

ISBN 978-7-5507-0639-2

Ⅰ. ①深 Ⅱ. ①深 Ⅲ. ①文艺－深圳市－2012－年鉴 Ⅳ. ①I2-54

中国版本图书馆CIP数据核字(2013)第007693号

深圳文艺年鉴.2012

SHENZHEN WENYI NIANJIAN. 2012

出品人　尹昌龙
责任编辑　张小娟　刘本玉
设计指导　毕学锋

出版　海天出版社
地　址　深圳市彩田南路海天综合大厦　(518033)
网　址　www.htph.com.cn
平面设计　深圳市言文设计有限公司
印　刷　深圳市先域印刷有限公司印刷
开　本　787mm×1092mm　1/16
印　张　21
字　数　480千
版　次　2013年1月第1版
印　次　2013年1月第1次
印　数　1-5000册
定　价　48.00元

海天版图书版权所有，侵权必究。
海天版图书凡有印装质量问题，请随时向承印厂调换。

目录 CONTENTS

文化产业

文艺专论

文艺纪事

附录

概 述

2011年，对于深圳，是一个充满大事、喜事的年份——中国共产党成立90周年、辛亥革命100周年、大运会之年、“十二五”开局之年、深圳经济特区第二个30年起步之年。为贯彻落实十七届六中全会精神，中宣部、国家发改委发布《国家“十二五”时期文化改革发展规划纲要》，围绕建设社会主义文化强国的宏伟目标，明确了“十二五”时期中国文化改革发展的指导思想、方针原则、具体目标任务和重大举措。“文化强国”、“文化强省”、“文化强市”成为大热词，更成为文学艺术界建功立业的大好机遇。

2011年，对于深圳文艺界是一个充满期待与希望、站在新的起跑线上的年份——中国文联第九次全国代表大会、中国作协第八次全国代表大会在北京举行，深圳市第六次文代会顺利召开。在全国文代会和全国作代会上，胡锦涛总书记殷切期望广大文艺工作者奋力开创文艺发展新局面，为推动社会主义文化大发展大繁荣、建设社会主义文化强国贡献智慧和力量。8月11日至13日，胡锦涛在出席深圳第二十六届世界大学生夏季运动会开幕式期间，专门考察深圳文化建设，对深圳文化建设所取得的成绩给予充分肯定，并寄望深圳做好文化改革发展这篇大文章，使物质文明建设和精神文明建设取得双丰收，争当文化产业发展的领头羊。在市第六次文代上，广东省委常委、深圳市委书记王荣号召全市文艺工作者用精品力作推动社会进步；深圳市市长许勤提出深圳要推动文化大发展大繁荣，争当全国文化产业发展“领头羊”。作为全国首批9个文化体制改革综合试点性地区之一，深圳已经全面完成文化体制改革各项重点任务，在多个方面走在全国前列，第三次荣膺“全国文化体制改革工作先进地区”称号。

在中华民族复兴之旅驶入新的航程之际，深圳文艺界和全市广大文艺工作者在市委市政府的坚强领导下，万众一心，继往开来，务实创新，在文化艺术的舞台上续写出新的精彩篇章。围绕2011年全市中心工作，把推动重大文艺创作与举办重大文化活动相结合，广泛开展重大主题文化活动，努力提升艺术创新能力，抒发深圳感恩改革开放、唱响时代激情、回报全国人民的情怀，着力营造欢乐和谐的文化氛围。在创造“不一样的精彩”第二十六届大学生运动会期间，深圳市文化部门整合全市优质文艺资源，精心策划组织了“2011全民欢乐庆大运系列文化活动”，当中包括“2011深圳大运艺术节”、“大运村文化活动展演”、“市民文化活动”三大板块，举办文艺精品演出活动，组织国内优秀舞台艺术来深展演，展示我国的文化特色及国家形象，积极引进国外优秀剧目及文艺精品，营造国际化城市的文化氛围。市文联发挥“深圳最大创意联合体”的优势，与全市文艺界一道，从艺术的角度、用艺术的语言传递大运会浓厚的人文气息和艺术气质，以音乐为“翅膀”，让大运情感在歌曲中飞扬；以文学为载体，让大运精神在文学中闪耀；以艺术展览为平台，让大运精彩留在人们心中；以大运元素塑造文艺精品，展示深圳创意城市、文化强市的形象。通过一系列内容丰富、形式多样的专题文化活动，展示中华优秀文化，展现深圳青春时尚城市特质，提高城市文化品位，丰富各国（地区）运动员和嘉宾文化生活。这也是深圳市“办大运、惠民生”人文关怀的重要内容。

2011年，深圳文艺精品创作和文化品牌建设继续推进，充分发挥深圳市宣传文化事业发展专项基金的作用，不断激发文化创作生产活力，突出特区优势和特色，着力打造“深圳学派”，建设“文艺深军”，文艺精品不断涌现，“市民文化大讲堂”、“读书月”、“创意12月”等品牌活动进一步扩大覆盖面和影响力，为市民提供更多、更好的精神食粮。深圳原创歌曲《走向复兴》和《迎风飘扬的旗》被评为“唱响中国——群众最喜爱的新创作歌曲”全国十佳歌曲，并排列第一、二位。儒家文化交响乐《人文颂》初步成型并在深圳首演。音乐工程公开招聘百名“市民评委”参与歌曲义务评审，推出《来了就是深圳人》等新歌。第八届中国音乐金钟奖流行音乐大赛唱响深圳。深圳音协合唱团获中国音乐金钟奖合唱比赛第一名。在第二十八届电视剧“飞天奖”评比中，电视剧《兵峰》获长篇电视剧一等奖，电视剧《命运》、《天地民心》、《春暖南粤》分获长篇电视剧三等奖。《兵峰》还获得第二十三届中国人民解放军全军电视剧“金星奖”3项大奖。电影《守护童年》获第二十八届中国电影金鸡奖最佳儿童片奖。在第四十四届美国休斯敦电影节上，纪录片《风雪可可西里》获得评审团大奖，动画片《藏羚王》获得金奖。纪录片《中国有个暑立里》获日本北海道中日韩三国论坛展播奖等6个国内外奖项。电影《母语》获第三届英国万像国际华语电影节3项大奖。长篇小说《我是我的神》入围茅盾文学奖10强，并获得“第二届中国出版政府奖图书奖”。长篇小说《少年张冲六章》获“人民文学奖”等多个奖项。《深圳短小说8大家》出版。街舞《咱们工人有力量》获2011年央视春晚特别类节目一等奖。国标舞《探戈的变奏》囊括第六届央视舞蹈大赛作品、编导、演员3个金奖。现代粤剧《风雪夜归人》获第二届全国戏剧文华奖“经典剧目奖”等9项大奖。原创话剧《突围1978》获第二届全国戏剧文华奖6项大奖。广播剧《爱在春天》获中国广播影视大奖。根据深圳市文体旅游局公布的数据，2011年度，深圳文化艺术类项目获奖508项，其中国际级120项，国家级190项，省级198项。全市文化创意产业增加值比上年增长20.5%，全市文化事业发展取得了令人瞩目的成绩，文学艺术在提升文化软实力、打造核心竞争力中的作用与地位更加凸显。

文艺事业

2011深圳文学·量质齐升

2011年在深圳文学的发展中具有重大意义。深圳市作家协会第五次会员代表大会的召开，标志着深圳文学界迈向新的征程。文学工程的深入推进，带动形成良好的文学创作机制，全市作家以充沛的激情进行文学创作，在数量增加的同时，质量也在不断提升。

<
市作协第五次会员代表大会代表合影

李长春接见深圳打工作家

11月10日至14日，中共中央政治局常委李长春在中共中央政治局委员、广东省委书记汪洋，省委副书记、代省长朱小丹，广东省委常委、深圳市委书记王荣，深圳市市长许勤等陪同下，到宝安区福永文化艺术中心考察。在打工作家作品成果展台前，听完打工文学成果汇报后，李长春亲切地与在场的打工作家唐成茂、戴斌、郭建勋等人一一握手。看到《宝安日报〈打工文学〉》周刊，得知这个周刊的办刊宗旨是"打工者写，写打工者，打工者看"时，李长春指出，地方政府应该紧密联络地方作家、业余作者，为他们实现人生价值、创造出更多更好的文学作品提供好服务。对于作家来说，不管什么样的作品、谁的作品，首先要考虑群众喜不喜欢。作家要深入生活，只有深入生活，走进基层，写的小说才有生命力。戴斌、郭建勋、唐成茂、徐东把长篇小说《打工词典》、《天堂凹》，小说集《欧珠的远方》，诗集《午夜的丁香》赠送给李长春。李长春拿着宝安打工作家们赠送的书，翻阅着，关心地询问作家们的工作情况和出版情况，勉励大家为社会主义文艺大发展大繁荣、中华民族的伟大复兴努力创作。在福永文化艺术中心，李长春还观看了万福民工街舞团表演，勉励街道办积极开展面向农民工的公益性文化服务，不断丰富他们的精神文化生活。

市作协第五次会员代表大会召开

1月21日，市作家协会第五次会员代表大会暨主席团、理事会换届选举在深圳文艺会堂举行。市委宣传部副部长刘瑋飙，市文联党组书记罗烈杰，市文联专职副主席杨宏海、谢君心、钱强等出席了会议。北京、上海、江苏、广东、河北、陕西、四川、福建等16个省市作协发来了贺信贺电。

大会严格按照程序，先后举行了多轮全体会议、主席团会议、理事会会议、党员代表会议。大会审议并通过了市作协前主席彭名燕代表第四届主席团所作的题为《激情创业，开拓进取，推进文学事业大发展，创造深圳文学的新辉煌》的工作报告，通过了新修改的《深圳市作家协会章程》，选举产生了深圳市作家协会第五届理事会和主席团。李兰妮当选为第五届主席，杨争光、南翔、吴君、梅毅、田地、于爱成、丁力、吴亚丁当选为副主席。经第五届新主席团提名，大会推举彭名燕为名誉主席，胡经之、章必功、杨宏海、吴启泰、苏曼华、陈秉安、斯英琦、曹征路为顾问。

罗烈杰在闭幕式发表讲话，对市作协未来5年的工作提出了明确要求，勉励广大作家和文学工作者以更大的文化担当、更好的文化自觉、更广阔的视野，推进全市文学事业大发展大繁荣。

获奖优秀文学作品

《我是我的神》入围茅盾文学奖前10名 1月14日，由国家新闻出版总署评选的第二届中国出版政府奖评选结果揭晓，并进行公示。深圳作家邓一光的作品《我是我的神》获文学类图书奖，是240部获奖作品中唯一的小说。该奖是国家最高出版奖，每3年评选一次，旨在表彰和奖励优秀出版物、出版单位和个人，其阵容整齐，规模盛大，是对出版成果的权威展示。本届中国出版政府奖评选历时 4 个多月，从3066份参评作品中评出240个奖项，其中包括图书奖60个。

8月20日，第八届茅盾文学奖评奖委员会进行了第四轮投票，产生第八届茅盾文学奖10部备选作品，邓一光长篇小说《我是我的神》以36票位列第9位。该奖是以我国著名作家茅盾先生的名字设立的长篇小说文学奖，由中国作家协会主办。它是为鼓励优秀长篇小说的创作、推动我国文学繁荣而设立的。从1982年开始，每4年评选一次，是我国最高荣誉的文学奖之一。

两卷本、80万字的长篇小说《我是我的神》2008年由北京出版社出版，已经先后获得第三届中华优秀出版物奖、第六届“北京市文学艺术奖”。小说构筑了一段宏大的历史，从新中国成立初期至1980年代的近半个世纪，中国的革命、战争、运动、改革、灾难，中国与世界、和平与战争、个人与世界和国家与家庭、人与人、背叛与忠诚、恩情与仇恨、爱情与亲情、生与死等都融入这段历史当中。书写的时间跨度长达半个世纪，反映的社会生活内涵极其丰富。主人公乌力图古拉与天赫、天扬父子作为两代人的典型，最终实现了精神的和解。时代永远在变化发展中，这两代创造的人生、美好天性与硬汉风骨，属于中华民族珍贵的精神财富，永葆其精神魅力。评论界认为“这是近些年来最重要的长篇小说之一，是一部对这个时代的精神疑难做出有力回应的作品。”由于其“深沉的历史积淀和广阔的现实内容”，这部小说获得了中国作家协会的重点扶持。

《少年张冲六章》连登年度佳作榜 1月13日，《当代》长篇小说2010年度奖在北京揭晓，深圳作家杨争光的长篇小说《少年张冲六章》荣膺年度五佳。该奖由中国出版集团、人民文学出版社主办，《当代》杂志承办，每年一评，参选范围为中国当年发表和出版的全部华文长篇小说，该奖项实行“零奖金”全透明评选，旨在将国内最优秀的长篇小说成果按年度推荐给读者。

1月15日，中国小说学会2010年度中国小说排行榜在上海揭晓，杨争光的《少年张冲六章》位列长篇组5部作品榜首。这次小说评选，主要由全国高校的硕士生、博士生以及中国作协部分成员提名，共达230多篇（本），经来自全国各地的26位专家学者评议产生结果。每年一度的这个排行榜，坚持以历史深度、人性内涵、艺术魅力为尺度，不考虑作家的名气，不考虑刊载作品的刊物或出版社，公正、公平、科学，至少反映了专家学者的意见，有一定的学术意义。

长篇小说《少年张冲六章》在《人民文学》2010年第3期头条刊出，并由作家出版社同月出版，《长篇小说选刊》2010年第5期全文刊载，新浪、搜狐全文转载。这是一部关于教育、人性、道德的长篇小说。作品采用了很多新颖的手法，比如父与子、高与低、正与反、上与下等的比照或转换手法，整部作品充满了对比与互换，打通了艺术真实和原生态真实的界限。全国各大媒体及各省市媒体大篇幅推出长篇评论和专访，对《少年张冲六章》涉及当前与千家万户都有关系的教育问题进行热议，普遍认为这部作品是对人性、人道、人生价值乃至文化的探究；作品中一个故事从六个角度讲六遍，对我国长篇小说创作文体是种突破，为读者提供了一种新鲜的阅读体验，也更引发读者的思索。

谢湘南获《诗选刊》2010“中国年度最佳诗歌奖” 3月初，《诗选刊》“2010中国年度最佳诗歌奖”和“中国年度先锋诗歌奖”评奖结果揭晓。深圳诗人谢湘南荣获“最佳诗歌奖”。《诗选刊》的两大奖项，是为奖掖当年在诗歌创作上成就卓著的诗人和作品而设立的年度奖，从2003年起，每年评选一次。2010年“中国年度最佳诗歌奖”颁给谢湘南、龚学敏两位诗人。谢湘南的获奖理由是：“虽为70后诗人，但是成熟较早，在其早期诗歌中，谢湘南热衷于进行现实的叙述，现代元素与城市经验交替出场，对应于荒诞派、超现实、巴洛克等各种流派。这一切并非他写作的目的，诗人其实是在警惕一些过于当下的事物，像消费主义、时尚潮流等，由此触及人心，凸显诗意。《过敏史》是一部身体与心灵的语言史，同时，也是一部抗争与救赎的精神史。诗人从童年写到了中年，过敏症贯穿了他的生活历程，或许恰恰是这种由身体到精神的全面过敏，造就了他自由的才情，同时也让其飘逸的语言有了颠覆性和超越感。”

两作家作品获广东省作协第十届“作品奖” 由广东省作协《作品》杂志主办的“第十届(2010)作品奖”评奖于3月初结束，“军旅作家短篇小说全国征文”、“全国打工文学短篇小说大赛”两项全国性征文结果揭晓。其中，深圳作家毕亮的《外乡父子》、曾楚桥的《榕树上的怪鸟》分别获得“全国打工文学短篇小说大赛”一等奖和三等奖。评委表示，参赛作品反映了现阶段“打工文学”正面临的创作转型，对打工生活的提炼与概括、对乡村与都市差距的文化反思都有不同以往的表现。“作品奖”是面向全国作家的常设性文学奖，本届评奖入围作品在2010年1月至12月期间，分别刊登在《作品》上半月刊和下半月刊。

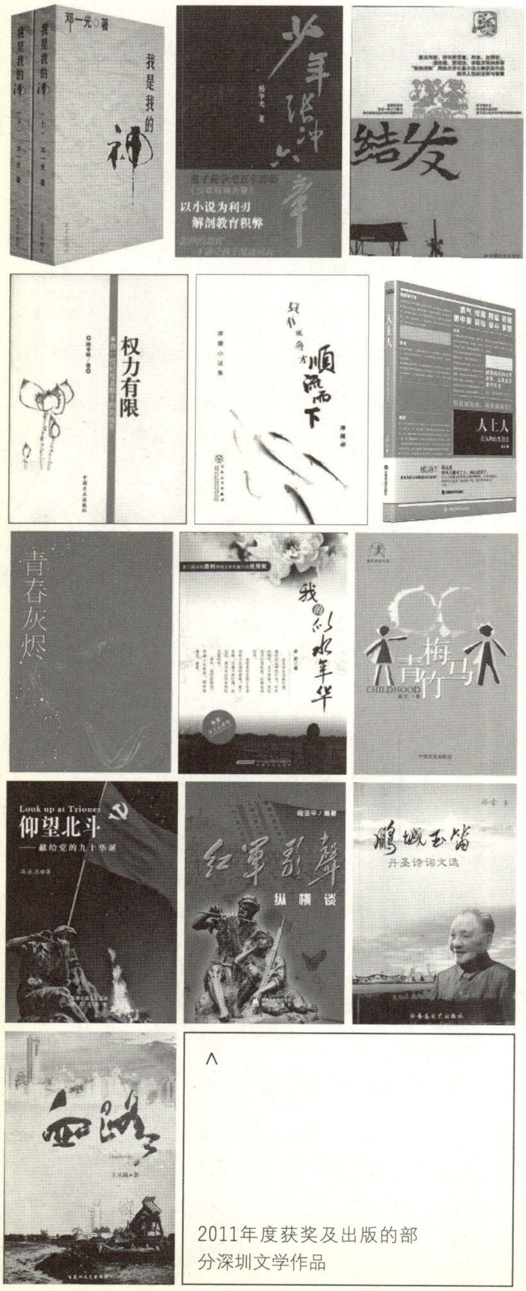

2011年度获奖及出版的部分深圳文学作品

本土作家新作频出

发表出版超百部作品 杨争光在《收获》发表小长篇《驴队来到奉先畤》，邓一光在《人民文学》发表短篇小说《宝贝，我们去北大》和《深圳在北纬22°27′～22°52′》，吴君在《人民文学》发表《十七英里》、在《十月》发表中篇小说《幸福地图》。邓一光、南翔、吴君、丁力、厚圃、弋铧、秦锦屏、卫鸦、陈再见、钟二毛等作家的19部中短篇小说被《新华文摘》、《小说选刊》、《小说月报》转载。深圳作家在省级以上文学报刊发表的作品300多篇，出版文学作品图书100多部。凌春杰小说集《爹的河卡》由内蒙古出版集团远方出版社出版，收录了作者近3年来发表的11篇短篇小说，真实地展现作者近几年的生命体验。水沉的长篇小说《人上人》由百花洲文艺出版社出版，作品以房地产市场为背景，叙述了主人公从底层的保安员一步步奋斗到房地产中介老板的经历。俞莉的《我的似水年华》由安徽文艺出版社出版，该作品体现了作者内心深处对美好爱情、对小说创作的坚固信仰与诚挚敬意。介子微的长篇小说《青春灰烬》由花城出版社出版，通过讲述3个人物的不同选择，透露出对城市文明的困惑以及对年轻女孩的警醒。厚圃的《只有死鱼才顺流而下》由百花文艺出版社出版。作品散发出与传统乡土叙事大家一脉相承的乡土韵味。陈章联新作《权力有限》汇集了其近年来宣讲反腐倡廉、廉洁从政、纪律要求的讲稿。吴启泰长篇新作《深圳之恋》在《深圳商报》连载，该小说以4个工程兵战友与1位逃港女孩的故事为线，写出他们不同的命运、心路历程、事业沉浮和爱情磨难。王丛飚非虚构小说《血路》由百花洲文艺出版社出版。该书用报告文学和小说的手法，描写了一批基建工程兵到深圳建设经济特区，不断成长、不断改变自我，由一个个大兵、土包子，发展、变化成为优秀的企业家、现代都市人的故事。谢宏《青梅竹马》由中国文史出版社出版，这是谢宏“深圳三部曲”之一，是已出版的《深圳往事》的前传，小说讲述了上世纪60年代几个青梅竹马的伙伴，从小镇到大都市，从情窦初开到混沌入世，一切物是人非的变化。冯永杰诗集《仰望北斗》由海天出版社出版，该诗集收录其近半个世纪以来创作的抒情短诗和叙事长诗，分为《烽火与旗帜》、《颂歌与心曲》、《蓝天赤子》三辑，该诗集是深圳市文联通过文学艺术形式深入开展“服务型党建特色组团”主题活动的一个成果。段亚平《红军歌声纵横谈》，由海天出版社出版，该书以评介红军歌谣为主线，论述了红军的文艺工作。丹圣（李丹）诗词文选《鹏城玉笛》由香港文艺出版社出版，该书分为“神韵篇”、“诗余篇”、“古风篇”、“新诗篇”、“学术篇”5个篇章，共收入诗词156首和诗词研究学术论文7篇。

大运会主题创作成果 大运会期间，由深圳作家刘斌、李寿和创作的长篇报告文学《崛起水晶城》和《世界的声音：深圳大运会序曲》出版发行。《崛起水晶城》由市文联和市作协组织和支持，刘斌深入龙岗大运中心及大运村火热的施工现场，以25万字的篇幅，生动地披露了龙岗区大运新城——“水晶城”背后的故事，赞颂了大运壮举，鼓舞和激励人们奋发向上。《世界的声音》是三部曲，《深圳大运会序曲》是第一部，讲述深圳大运会从申办、筹办到举办，一路精彩走来的故事，书中人物涵盖市委书记、市民、大学教授、小学生、企业家、义工、外国人等。

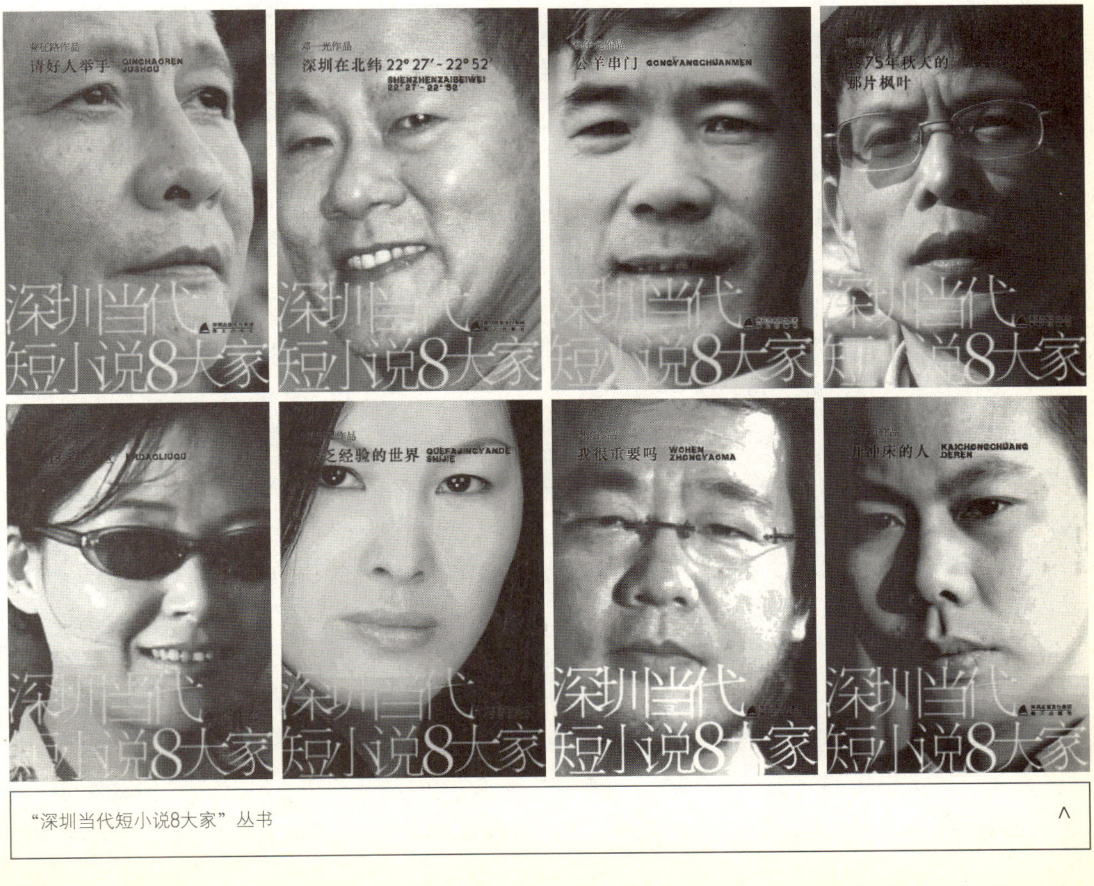

“深圳当代短小说8大家”丛书 ^

《深圳当代短小说8大家》系列图书出版

深圳出版发行集团海天出版社于第十二届读书月期间，隆重推出《深圳当代短小说8大家》系列图书。丛书由著名作家邓一光组织策划编写，遴选出8位深圳本地近年来活跃于文学界的实力作家：杨争光、邓一光、曹征路、盛可以、王十月、吴君、南翔、谢宏，他们的作品广泛被《新华文摘》、《小说月报》、《十月》、《收获》等刊物采用，是一批代表深圳市创作水平的作家。这次收录的作品基本是作者近年创作的代表作品，大部分是反映深圳生活的都市题材作品。8个人的作品各有特色，用不同的笔触反映了时下普通人的生存境遇和命运发展，均为贴近百姓、反映时代的优秀作品，代表了深圳文学在当代文学中的高度。

邓一光定居深圳两年，收录了他最新创作的11个短篇小说，《深圳在北纬22°27′-22°52′》写的全是“深圳故事”；调入深圳11年的杨争光，执拗地不写深圳，其《公羊串门》是来自黄土高原的乡土故事；曹征路的作品《请好人举手》充满思想锐度；盛可以的《缺乏经验的世界》中能找到许多深圳印记；王十月是从深圳底层成长起来的作家，他的《开冲床的人》饱含对现实的观察；南翔《1975年秋天的那片枫叶》成为观察知识分子写作的重要渠道；吴君的《二区到六区》构成底层人对城市的认知关系；谢宏《我很重要吗》在形式化探索、后现代人困境的展示方面作出了努力。专家认为，“深圳当代短小说8大家”丛书是文学深圳的一次重要成果。从小说创作和出版的角度，呈现了“书写深圳”和“深圳书写”的文学意图，集中呈现深圳当代文学创作中小说创作的成就。

扶持精品生产形成机制

本年度，市作协加强精品生产的策划组织和服务扶持。以重点题材创作扶持作为主要工作抓手，组织深圳重点题材创作第四批项目（2011-2012）的征集、评审、签约，推出深圳重点题材创作“5+5+10+10”计划，即5部特别策划委托项目、5部重点项目、10个一般项目和10个青年项目。重点项目的5个作品是彭名燕长篇小说《倾斜至深处》、吴启泰长篇小说《涛声依旧》（又名《深圳之恋》）、杨争光长篇小说《驴队来到奉先畤》、杨黎光长篇小说《园青坊老宅》（续集）、邓一光二战题材长篇小说等。此外，陈秉安长篇报告文学《大逃港》续集、李兰妮长篇小说《我心所爱》、曹征路长篇小说《忘忧草》等正在创作中的作品，准备适时纳入重点题材创作扶持项目。深圳文学继续保持量质齐飞的势头。

推介与评论

优秀文学图书展亮相文博会和香港书展

第七届文博会于5月举行，在新闻出版馆，特设了“深圳优秀文学图书展”，以图书实物展示、图片文字介绍等形式向参观者系统、全面、生动地展示了自2006年深圳启动改革开放30周年文学创作工程以来 5 年间创作的文学成果。该展由市文联主办，市作协承办。经过精挑细选，从每种文学体裁中各甄选出10部至15部优秀作品参展。入选本展览的文学图书，有的获得省级以上文学奖项，有的出版后引起较大反响，有的图书销量超过 1 万册。5月15日，举行了现场签赠活动，市文联党组书记罗烈杰、深圳出版发行集团副总经理曹宇、市文联党组成员钱强等出席了签赠会。邓一光、杨黎光、陈秉安、李兰妮、杨宏海、侯军在签赠会上给现场读者分别签名赠送20本自己的作品《我是我的神》、《我们为什么不快乐》、《大逃港》、《旷野无人》、《我与深圳文化》和《品茶悟道》等，并就深圳文学创作发展的整体态势，深圳散文、报告文学、文学批评等门类的发展方向等与读者交流看法。

文博会之后，该展在7月20日至26日移师香港会展中心，参加第二十二届香港书展，向香港读者展示深圳文学的丰富性、多样性、先锋性。展出期间，中国出版集团总裁聂震宁，广东省委常委、宣传部长林雄先后来深圳作家展位视察，对深圳文学展高度评价。林雄表示，这种展览方式很好，很成功。20位深圳作家在书展现场与香港读者见面，并举行相关文学活动。“深圳优秀文学图书展”在香港书展的亮相，有助于推动对外文学交流，是深圳文学走出去的重要一步。

两作家作品进入“岭南文学新实力”研讨会 3月27日，“岭南文学新实力”广东10位青年作家作品研讨会在中国作协举行，与会领导及专家对广东文学的喜人局面给予充分肯定。本次研讨会由中国作家协会、广东省委宣传部主办，是对广东省青年文学作家的一次大检阅，也是广东省文学人才培养的重要举措，旨在继续打造广东文学品牌、推介这10位作家的优秀作品。其中，秦锦屏、厚圃是深圳作家。

中国作协副主席高洪波，书记处书记李敬泽，副主席陈建功，广东省作协主席、党组书记廖红球，党组副书记孙丽生，副主席廖琪、张建渝、温远辉，评论家胡平、雷达、阎晶明、白烨、陈晓明等出席了会议。对于秦锦屏的乡土小说，专家们评述具有浓郁自然的地域特色、千回百转的民间情调和隐秘曲折的人情世故，显示出作者丰富的感受力、不俗的表现力和把握文学语言的能力。对于厚圃的小说，专家们认为被赋予了深厚的伦理情感，乡土意识和寻根式的母题贯穿于作品始终，作者以潮味叙事和乡村地理学立场为叙事策略，零星、间断而又锲而不舍地拼起他的文学版图。

《大逃港》研讨会 4月16日，由深圳市文联、广东人民出版社、深圳报业集团联合举办的报告文学《大逃港》研讨会在深圳商报社举行。省老领导方苞，市老领导邹尔康，广东省作协党组副书记孙丽生，深圳市委宣传部副部长刘璋飙，市文联党组书记罗烈杰，深圳出版发行集团总经理尹昌龙，深圳报业集团副总编辑李南玲、市文联专职副主席杨宏海、广东人民出版社副社长卢家明，以及深圳文学、出版、新闻界的专家学者彭名燕、李兰妮、梁二平等30多人出席了会议。李炳银、李朝全、王晖、黄树森等专家学者撰写了论文并提交会上交流。10位“大逃港”事件的亲历者列席了会议。

由陈秉安创作的报告文学《大逃港》，以文学形式解密了若干鲜为人知的档案，引发了广泛关注与理论思考。该作品由深圳市宣传文化基金资助，是市文联、市作协重点题材创作扶持的项目，出版后引起国内媒体与香港媒体的广泛关注与报道。研讨会上，与会者就该部作品的写作特点及其现实意义与历史价值等方面，进行了广泛的交流与沟通。专家评论，作为一部填补历史空白的史志类报告文学，《大逃港》具备鲜明的史学价值和文献价值。作者采取个人口述历史与文献史料相互结合、互相参照印照的方法，理清历史脉络及演进过程，以求真的态度和历史的担当，加上娴熟的写作技巧，创作了一部经读、耐读、有趣、有味的好书。

《我是我的神》学术研讨会 6月16日，由市文联主办，市文艺创作室、市作协承办的《我是我的神》学术研讨会在市文联会议室举行。市委宣传部副部长刘璋飙，市文联党组书记罗烈杰，深圳出版发行集团总经理尹昌龙，市文联党组成员梁宇，作家、评论家李亚威、李兰妮、胡滨、南翔、于爱成、胡野秋、汤奇云、齐霁、吴君等出席了研讨会。著名文学评论家白烨、李建军、牛玉秋等人以论文方式进行了详尽评论。评论家认为，作品充分展示了色彩浓烈的画面，饱涵丰富的意蕴，表现了父子两代人的矛盾与冲突，以及不同代际人们的英雄主义情结的相互碰撞。厚重的“家国叙事”，既有深度与力度，又有长度与厚度，意味着作家实现了小说创作的一次重要超越与重大突破。

《仙儿堂》研讨会 7月29日，广东省作家协会、深圳市文联、宝安区委宣传部在广州共同举办孙向学长篇小说《仙儿堂》作品研讨会。中国作协副主席陈建功发来贺信，来自省内外的知名评论家、作家、学者40多人参加研讨会。

《仙儿堂》是孙向学酝酿多年、打磨6稿完成的。全书以文天祥家族后裔文家大院为中心，以文家和赵家两代人命运沉浮为线索，展现20世纪前半叶大革命、大动荡的历史巨变，刻画了变革年代形形色色的人物形象。该作于2010年8月在《十月》全文发表，2011年由新世界出版社出版单行本。研讨会上，与会者对该作品的思想性、艺术价值进行了评价，认为这是一部以中国宝安为原型的南方乡村变迁的史诗性作品，作品从自梳女这一角度的切入和对自梳女生活的真切表现，在现代文学人物画廊中，触及到一个新的人群领域，展现了一种新的民间世界，富有独特性和吸引力。陈建功贺信写道：孙向学是一位非常勤奋、很有实力、但十分低调的作家，迄今已有将近10部长篇小说和作品集问世。广东省作协组织研讨会推介孙向学的长篇新作，是对具有实力的中青年作家富有力度的一种支持，也是重视推出长篇文学佳作的一种体现。省作协领导廖琪评论，以长篇小说《仙儿堂》为标志，孙向学已经进入广东乃至中国长篇小说作家的优秀阵容。《仙儿堂》是新世纪以来广东文坛的一个重要收获，彰显了广东文学新的竞争力。

^
文博会及香港书展深圳优秀文学图书展现场

<
《大逃港》、《我是我的神》、《仙儿堂》研讨会现场

评奖与活动

第七届深圳青年文学奖 本届深圳青年文学奖包括评奖和颁奖两项主题活动，2011年上半年筹备，5月正式启动，接受申报作品43部。本着科学、严谨、公正的原则，评奖办公室聘请南翔、汤奇云、曹清华、谢晓霞、李云龙等知名作家、学者组成初评委，由国内具有影响力的专家李敬泽、苏童、张陵、张新颖、陈东捷、李国平、温远辉等组成终评委。由初评委评出15部作品进入终评。11月30日，终评委对15部作品进行独立审读，严格按照《第七届深圳青年文学奖评奖条例》和《第七届深圳青年文学奖评奖评审办法》规定的细则和标准，以邮寄投票方式打分评选，涂俏等11位作家的作品获奖（第10名两部作品并列）。涂俏的报告文学《袁庚传·改革现场》，以袁庚为线索，书写深圳改革开放史，具有历史价值和对报告文学的创造性贡献；毕亮的短篇小说《母子》揭示了普通民众生活的不幸以及心灵挣扎的苦痛，反映出当代生活中深刻的人性危机。老家阁楼的长篇小说《最后的欢愉》以“悬疑”和“推理”所具有可读性入选。林培源的长篇小说《薄暮》对家族叙事把握得耐心、宽阔，主旨清晰。蔡东的中篇小说《毕业生》描述了一个女研究生找工作的挫折经历。凌春杰中篇小说《西上庄的最后一场桃花雪》真实描写了当前中国农村的社会现实以及以农民为主体的矿工的生存状态，表现出一个作家对社会现实应该有的立场态度和责任。刘静好的中篇小说《编外爱人》以当代都市生活为背景，叙写了当代婚姻爱情主题。弋铧的短篇小说《月亮破了》讲述了在日常琐碎生活之下，感情的潜流自有波澜。旧海棠的散文集《平原上的细雨》构建了诗人寄托情感和安放灵魂的伊甸园。蓝予的散文集《转身回眸》以温情和温暖为主色调，回荡着感恩和祝福的主题。刘利的《诗经的秘密——那些情爱中的黑暗与甜蜜》由对经典的解读入手，大胆演绎想象和“小心求证”互为表里，流动着现代气息。此外，俞莉等4人的作品获得提名奖。奖获作者和作品中，有在文坛辛勤耕耘多年的作家，也有年轻的新锐；有几十万字的长篇巨著，也有中短篇小说，体现这一奖项的文学品格和文化立场。

民间打工诗歌奖 12月18日下午，第二届“安子·中国打工诗歌奖”在深圳读书月青工大课堂总结表彰大会上正式揭晓。打工诗人唐以洪获得大奖及奖金 1 万元，打工诗人孙海涛和陈亮分别获得提名奖及奖金2500元。该奖项由“安子·中国打工诗歌奖”评委会、南方诗歌研究中心、深圳读书月青工大课堂组委会、深圳诗人之夜组委会联合主办，是目前唯一由打工者自己设立的民间奖项，由著名诗人李小雨担任评委会顾问，深圳市民协主席、评论家杨宏海担任评委会主任，祁人、唐力、熊焱、张德明等担任评委。本届活动征稿历时近一年，共收到2000多位打工作者的来稿。经过评选，共10人入围，其作品选入《2011中国打工诗歌精选》。获奖者都是来自于基层的打工诗人，唐以洪在获奖感言中说道：“打工者演绎的历史是真正的历史，他们才是真正的打工诗人，他们用肉体和灵魂，在社会的每一个角落里书写着时代的现实诗篇。”

2011中国年度诗会（首届）暨大望诗歌节 5月28日，由中国诗歌研究院、《诗探索》杂志社、深圳市作家协会主办，深圳市戏剧家协会、深圳诗生活网协办的“2011中国年度诗会（首届）暨大望诗歌节”在大望学校举行。中国诗歌研究院院长、北京大学教授谢冕，原中国作协副主席、中国社科院文学研究所所长张炯，四川大学教授孙绍振，中国文联书记处书记白庚胜，北京师范大学《诗探索》杂志主编吴思敬，深圳市作协主席李兰妮，市剧协主席从容以及来自四面八方的诗人与会。该活动旨在推动中国新诗的建设与发展，促进中国新诗的理论研究，发现中国当代优秀诗人。内容有如下几项：一是公布评选“第一届诗探索·中国年度诗人”结果。周亚平、徐芳、阿吾、非亚、川美等5位诗人成为第一届诗探索中国年度诗人的入选者。二是对入选的5位年度诗人的作品进行研讨，展示5位入选诗人独特的诗艺和鲜明的风格。会上，5位入选诗人发表了获奖感言，并阐释了自我创作的体会以及诗歌观念，表达对诗歌的热爱及永远的探索。三是与会专家点评。评论家谢冕、张炯、孙绍振、徐敬亚等对此次诗会、诗人、作品以及出版《2011诗探索中国年度诗人》一书进行点评。四是举行诗歌朗诵会。

首届“全国青工网络写作大赛” 为关注外来青工的阅读文化权利，倡导青工读书、学习与写作相结合，提升文明素养、促进人生价值健康发展，深圳读书月启动了“青工网络写作中心暨首届中国移动杯·全国青工网络写作大赛”。结合深圳的网络阅读、手机阅读等新兴的阅读优势，在全民阅读网（www.szsky.com）率先设立了“青工网络写作中心”（qinggong.szsky.com）。该中心立足深圳，面向全国广大青工，旨在倡导青工读书、学习、工作与写作相结合，打造青工精神文化家园，提升青工的文明素养，以健康向上的文化导向引领青工生活方式，提高青工文化素质和幸福指数。使全民阅读活动更加贴近时代、贴近生活、贴近青工，为广大青工提供一个丰富多彩的网络文化家园。

全国青工网络写作大赛奖项设置一等奖1名、二等奖3名、三等奖5名、优秀奖若干名。活动自4月22日始征稿，至8月31日截稿，共收到各地投稿近千件，组委会聘请了杨宏海、于爱成等专家学者进行不署名的稿件评选。大赛设小说、散文、综合三类，于11月15日揭晓赛果，《把梦想存放在春茧》（孙希岳）、《我们掌握的秘密》（周语）、《一个人的空间》（程鹏）分别获得小说、诗歌、散文类的一等奖。同日，在罗湖书城举行颁奖暨青工写作座谈会。组委会精选了部分稿件，并在广泛征集和约稿的基础上编成青工读本《2011——异乡的家园》，在读书月期间向青工书屋和青工群体赠书。

深圳文学发展论坛 作为第十二届深圳读书月的重点主题活动，深圳文学发展论坛暨第七届打工文学演讲比赛于11月在葵涌街道会议中心举行。本次演讲比赛的主题为“写作改变命运”，来自深圳市各区的10名打工作家做了演讲，深圳市文联副主席钱强出席了活动并为获奖选手颁奖。

∧ 第七届深圳青年文学奖（上）

< “安子·中国打工诗歌奖”颁奖现场

> 第七届深圳青年文学奖获奖作品

此次活动是读书月组委会为贯彻落实各级党委政府关爱来深建设者、开创打工文学发展新局面的重要举措。通过"打工文学"讴歌时代精神，拓展文学领域，以积极向上的文艺作品，努力打造文化品牌，积极推进社会主义和谐文化建设。参加比赛的选手大多都有打工经历，后经过自身努力，坚持写作，在国家、省、市级刊物上发表作品并获奖，通过写作改变自身的命运。

培训与交流

"作家研究生班"梅开二度 12月10日，由深圳大学文学院与深圳市文联联合举办的第二届深圳"作家研究生班"开班仪式在深圳大学文学院会议室举行，深圳大学校长、市文艺评论家协会主席章必功，深圳市文联主席罗烈杰，深圳大学文学院院长景海峰、副院长南翔，被聘为研究生班导师的作家邓一光等出席了开班仪式。

深大作家研究生班面向本土作家，是提升作家的艺术理论修养、拓宽文学创作视野的一个重要平台，对整合深圳作家创作群，增强作家的凝聚力，培养"文学深军"，建构深圳文学流派，以及深圳建设"文学之城"，具有重要的意义。本届作家研究生班有两个特点，一是学员的整体水平高，二是报名者踊跃，社会反响热烈。本届15位学员均已在文学创作领域取得一定成就，如唐跃生是知名词作家、编剧和诗人；毕亮、萧相风在文学上都取得了一定的成绩。

长篇小说创作广东高研班 12月12至20日，由中国作协鲁迅文学院、广东省作协、深圳市文联共同主办的"长篇小说创作广东高研班"在深圳市育新学校举行，来自全省各市有一定成就与知名度的中青年作家共75人参加。中国作协副主席、著名作家莫言，中国作协书记处书记、《人民文学》主编、著名文学评论家李敬泽应邀讲课。

优秀作家赴新疆喀什援建及采风创作 ∧

优秀作家赴新疆喀什援建及采风创作 8月9日，由市文联党组成员钱强带队，田地、于爱成、央歌儿、卫鸦、毕亮、傅关军、陈静、李嘉等一行10人组成作家采风团，赴新疆喀什实地考察了由深圳市负责援助建设的试点项目。他们与深圳对口支援新疆工作前方指挥部干部进行了座谈，并与喀什文联进行交流，了解喀什文学创作情况， 就喀什特区与深圳经济特区文学界如何建立战略合作进行了探讨。钱强代表深圳市文联邀请喀什文联组织摄影作品，到深圳艺廊举办喀什摄影展。采风考察期间和结束后，作家们创作了若干文学作品，以报告文学、散文随笔、歌词等形式，讴歌战斗在援疆一线的援疆干部和他们的事迹。

深沪作家共论文学发展 7月7日下午，"深沪作家座谈会"在市文联会议室举行。上海市作协副主席、复旦大学中文系主任陈思和率17位上海杨浦区作家，与十几位深圳作家围绕"打工文学"的创作经验、两地作家对各自创作环境、作品特点以及文学报刊的情况进行了探讨和交流。市文联党组成员钱强出席了座谈会。市作协主席李兰妮、副主席南翔，作家邓一光、《打工文学》周刊执行主编徐东、《新城市文学》主编裴亚红等人对深圳的文学现状和个人创作经验做了简要介绍。会上，两地作家建议合写专栏，相互交流稿件，促进文学的发展。

2011深圳戏剧·跨界创意

当代戏剧的生态环境、创作理念、演出样式都发生了深刻变化，深圳的戏剧发展也出现了新的态势。2011年，深圳戏剧界一方面坚守与开拓话剧艺术的领地；另一方面，在主题内涵、呈现形式、艺术风格上刻意求新求变，以“跨界”的姿态，依靠深圳文学、诗歌的积淀，在诗剧场的基础上，确立新的艺术品牌，铸就深圳戏剧的高品质。

创意剧场再掀创意高潮

全国获奖小品精品大展检阅30年戏剧小品成果。三十而立的深圳，从一张白纸到绘出最新最美的图画，从挣脱思想桎梏到创造城市文明，一步步从生存洼地走向精神高地，鲜明地镌刻下数代人的形迹。深圳戏剧人在不停地来来往往、坚持或放弃中，形成了气象万千的戏剧艺术之海。在庆祝深圳经济特区成立30周年之际，由市文联、市剧协主办，于1月6日在深圳市少年宫举行了“第五届创意剧场——深圳30年全国获奖小品精品大展暨颁奖晚会”。这是深圳小品的一次“大秀”，也是深圳戏剧界延续5年的创意剧场的一个成果奉献。晚会由从容担任艺术总监，范垂博担任总导演，以“诗意”的方式举行。舞台设计恢弘大气，超大的高清荧屏不断变幻各种画面，展示了深圳戏剧界对过去30年的回顾和对未来的展望，同时配合剧目的演出，小品小戏在大舞台上一展风流，折射出大千世界的五彩斑斓。本场晚会具有如下三个特点：

一是从一个侧面展示深圳戏剧的发展历程与风采。小品小戏是深圳戏剧发展的一个重要组成部分，以数量多、水平高被国内专家称为“深圳现象”，在全国已产生一定的影响。“深圳30年全国获奖小品精品大展”精心挑选了10个获得全国性大奖的戏剧小品，以10个生动的细节从一个侧面展示深圳戏剧的发展历程与风采。被邀演出的剧目包括来自本土、来自生活、来自基层的《人在旅途》、《早茶》、《成长》、《最近我不烦》、《父老乡亲》、《桃色新闻》、《大话环保》、《乡情》、《心灯》、《第五大名著》等，基本代表深圳戏剧小品历年来在全国的最高水准。这些小品精品都具有较高的思想性和艺术性，如《父老乡亲》以辛辣的笔触抨击了弄虚作假的不正之风，喜剧氛围浓郁；《人在旅途》歌颂了助人为乐精神，在鞭挞损人利己行为的同时给人以哲理性思考；《最近我不烦》创新意识凸显，剧场效果强烈。整台晚会给人以特殊的艺术享受和审美愉悦。专家评价此次活动为“全国同类戏剧小品展演中的上乘之作”。

深圳30年全国获奖小品精品大展暨颁奖晚会嘉宾云集 ^

向深圳戏剧人颁发贡献奖 ^

小品精品演出现场 ^

二是各个环节匠心独具、充满创意。在晚会开始之前，安排了深圳戏剧界行走“红地毯”活动；在晚会上半场，颁发了“深圳30年戏剧小品贡献奖”，表彰了深圳戏剧人的贡献；在晚会下半场，举行“再出发”签字仪式和宣誓仪式等重要环节，宣示深圳戏剧人的实力与将本土戏剧推向世界的信心与决心。晚会舞台采用先进的多媒体技术等表现手段，很好地烘托了剧场空间气氛，展演的10个不同时期创作的风格各异的小品，让观众感受到了深圳30年戏剧小品发展的辉煌历程。

三是深圳戏剧人“三代同堂”。30年的孕育，30年的累积，深圳戏剧留下了可圈可点的记录，成就了一批人才，收获了一批精品。新一代戏剧人也在成长，形成一支具备老中青梯队的队伍，并且培育了一批热爱戏剧的观众。这场晚会成为深圳戏剧人“三代同堂”一个继往开来的“誓师会”，载入深圳戏剧的史册。

诗剧场《穿越百年》演绎辛亥革命风云 在辛亥革命100周年的日子里，诗剧《穿越百年》由深圳市委宣传部、市文联、中国诗歌学会主办，深圳市戏剧家协会、广州军区政治部战士文工团、深圳市福田区精神文明建设委员会办公室承办。该剧在第一届诗剧场《我听见深圳在歌唱》的成功基础上，以辛亥革命为主题，以史诗的方式将百年时代风云穿越性地搬上舞台。诗剧场的艺术创新，得到市委宣传部、市文联的大力支持。市文联主席罗烈杰多次参与创作讨论，提出要努力达到立意高、史实准、形式新、结合妙的目标，将该剧打造成诗、剧、史三者水乳交融的剧场精品。12月21日的夜晚，诗歌的吟诵声从深圳大剧院响起，《穿越百年》以史诗意味与跨界创新，将观众带入历史与诗歌之中。

该剧由从容担任艺术总监，傅勇凡担任总

导演，怡然、王钢、三皮、王白、刘强、永来担任编剧，集合了阿翔、吕贵品、张尔、安琪等40位诗人的创作作品。全剧共分生命之光、共和之路、复兴之门三个部分，重点刻画众多辛亥时期的精英人物，用历史人物与现实人物的“穿越”形式，共同演绎一场“百年之梦”。从容这样阐释创作主题：“《穿越百年》通过国内一流的诗人团队，以诗歌与戏剧介入历史的方式，进行原创，在国内诗歌界与戏剧界尚属首创。我们希望以诗歌的方式对话那段铿锵历史。这场百年历史仍然是一个梦，一场还没有做完的百年之梦——共和之梦、理想之梦、人性之梦和民主之梦；这场梦仍在延续，叩击着当代青年的灵魂。因此这部剧既是历史的，又具有现实性；既指向历史又指向人的精神层面。我们面对的是一个永恒的主题——生命的价值，它将是诗剧场更为广阔的精神维度。”

该剧的一个重要创意，就是它以原创的对话方式进行时空穿越、人性穿越、灵魂穿越、情感穿越，以诗的想象空间和剧场的视觉空间进行碰撞，实现历史与现实的对接。在剧中，特别设置了两个分别代表80后、90后的人物“快男”与“快女”，他们与剧中的历史人物几乎是相互平行出现，通过抛头颅洒热血的辛亥历史人物的再现与当下人物及其生活状态的写真，二者在思想观点与言行上的反差与对照，提醒观众对历史进行更加深刻的回望与认知。对于这种表现手法，戏剧理论家黎继德认为：从100年前的辛亥革命写到今天，是一部具有史诗意味的剧。历史与现实的双向关照，时空交错，内容与表现形式的创意，产生了戏剧的“间离效果”。这部作品选择了最符合戏剧表现的历史事件和人物，有层次感，有戏剧张力。这样的尝试在两岸都属首创。对比第一届《中国诗剧场》，这一届更具诗、剧和史诗意义。

在《穿越百年》的舞台上，人们不仅聆听到诗歌的独白和对白，还欣赏到积木鱼团队的原创音乐及深圳市剧协制作体和广州军区政治部战士文工团演员们精湛的表演。杨梓撰文评论：“在中国诗剧场，诗歌被赋予了更崇高的生命，注入了更新鲜的血液，也因此有了突破诗歌牢笼的力量。‘诗歌+戏剧’，它是一种原创，是一种完全有别于诗歌朗诵会的艺术形式，它不是简单的相加，而是一种融合和创新。”

中国诗剧场首颁“诗歌奖” 为了表彰为诗歌发展作出贡献的诗人，第二届中国诗剧场颁发了3个奖项，除了第一届开设的“贡献奖”之外，2011年增设了“创作奖”、“诗歌奖”两个奖项。“贡献奖”奖给一年多以来为本届中国诗剧场的成功上演及推广作出重要贡献的人士，“创作奖”奖给参与第二届诗剧场剧本写作及剧场立体完美呈现的主创人员，重点推出的“诗歌奖”，奖掖新世纪以来在诗歌创作中自觉维护原创诗歌生命意识及具有鲜明艺术个性、始终活跃在国内诗坛并具有持续诗歌影响力和先锋发现性的重要诗人。

第二届中国诗剧场特聘中国诗歌学会名誉会长张同吾，评论家吴思敬、霍俊明，人民文学副主编商震等组成专家评审团，评奖具有专业性和权威性。经过评审，第二届中国诗剧场——《穿越百年》“诗歌奖”获奖诗人是：江非、苇白、从容、潇潇、徐俊国；“创作奖”获奖者是：傅勇凡、积木鱼、何波、王钢；“贡献奖”的获奖者是：蓝野、卢辉、远人、张况、刘国威、阿翔、吕贵品、张尔、刘虹、大草、何鸣、孙夜、樊子、郜篁、王顺健、唐成茂、李寒、李祖前、王文杰、伍成朋。在本届诗剧场《穿越百年》开演前，举行了简洁庄重的颁奖仪式。张同吾、吴思敬、霍俊明、黎继德、商震、刘璋飙、罗烈杰，温远辉、谢君心、冷炳冰、钱强等专家和领导为获奖者颁发了证书及奖牌。

第二届诗剧场的跨界创意受到专家与观众认可

诗剧场主创人员在创作中

《穿越百年》剧照

原创作品成果丰硕

《突围1978》获全国戏剧文化大奖 由宝安区石岩街道办等单位组织创作的话剧《突围1978》，在2011年9月举行的第二届全国戏剧文化奖优秀剧目调演中，荣获全国戏剧文化界的综合最高奖项——全国戏剧文化奖原创剧目大奖和编剧金奖、导演金奖、表演金奖等数项大奖。该剧在北京的演出，也获得首都众多专家学者的高度赞誉。据调查，《突围1978》在北京的演出观众满意率达到99.4%。导演王维斌认为，该剧的创作历时两年多，数易其稿，先后演出了30多场，观众3万多人。它的成功，得益于宝安区委区政府长期以来对文化建设事业的重视，对文化精品创作的重视，得益于石岩街道办等单位落实“文化强区”政策的到位，对剧组的大力支持。该剧最大的亮点，是十足的本土原创话剧，从取材到编、导、排、演均来自深圳本土。话剧取材于发生在1978年广东省宝安县石岩公社上屋大队与一家香港线圈分厂合作办厂的一段历史，编剧为石岩街道文体中心文化专业人员潘珏求、石岩街道宣传部部长王沿中、深圳市群众文化艺术高级编剧刘强，导演是深圳大学师范学院艺术系副主任王维斌，演职人员来自深圳大学师范学院艺术系师生、各区文化馆文化工作人员和活跃在深圳一线的影视戏剧文艺工作者。该剧的另一个特色是，剧组的组成具有特区运营模式，演职人员全部来自深圳各基层文化战线的文艺工作者，非专业剧团（组）。这种模式使文艺资源充分得到整合，充分发挥了基层文艺工作者的艺术潜力，做到了专业团体做不到的体制“突围”和艺术“突围”，符合深圳藏艺于民的特点。

现代粤剧《风雪夜归人》获全国戏剧文化大奖 深圳市粤剧团新版现代粤剧《风雪夜归人》于6月份在北京大学百年讲堂剧场上演，经观众投票及国内10多位戏剧界专业评委评定，该剧获得第二届全国戏剧文化奖经典剧目奖等9个奖项。这是广东省的团体首次获得此项国家级大奖并一举拿下多项大奖。该剧改编于著名剧作家吴祖光的同名话剧，讲述了在“高贵蒙受着耻辱，黄金埋没在泥沙”的时代里，万人追捧的红戏子魏连生和出身青楼的玉春，不甘屈辱与束缚，向往着自由与尊严，演绎了一段生死不渝、凄美动人的爱情故事。1983年深圳市粤剧团曾改编排演《风雪夜归人》，在粤剧界引起轰动。时隔20多年重排的《风雪夜归人》，在表演、舞美、音乐设计上大胆创新，突破传统粤剧模式，力图以全新的感觉冲击观众视听，通过参赛让更多的专家观众认可它，把经典剧目推到一个更高的平台，同时以最好的形式展现非物质文化遗产的魅力，让更多的年轻观众认识粤剧，欣赏粤剧，弘扬传承中华民族文化。

多部原创作品和多位深圳戏剧家获省级以上大奖 邸叙然的作品《没病找病》、《调解报告》分别获2010年度广东省群众文艺作品评选二等奖；作品《龙凤呈祥》、《铁饭碗二重奏》分别获2010年度广东省群众文艺作品评选三等奖；作品《龙凤呈祥》获“中华颂”第三届全国小戏小品曲艺大展小品二等奖。唐华刚作品《最幸福的事》，张福生编剧、邸叙然导演作品《守候》，秦锦屏编剧、侯继宽、李学军表演的作品《挂牌》获“中央电视台第八届电视小品大赛”优秀奖。秦锦屏的戏剧文学剧本《谁来证明我是谁》获首届中国戏剧文化奖；小品《家访》获“全省综治信访维稳中心建设汇报演出”二等奖、群文作品评比二等奖。刘云程的作品《独秀山下的女人》荣获中国戏剧奖优秀剧目奖、优秀表演奖。何青贤指导学生演出京剧《霸王别姬》获第九届（香港）国际青少年艺术盛典总决赛特等金奖，指导学生新创节目《云衫水袖》获美国迪贝——斯坦尼劳斯国际音乐艺术节初赛二等奖，指导学生的京剧《霸王别姬》获蒲公英第十一届青少年优秀艺术新人全国总选金奖。张福生的作品《形象问题》获“中华颂”征稿一等奖，小品《谎言》、《采访》分获省作品评选一等奖、三等奖。尹启文导演，侯继宽、张慧娟、赵勇等参演的作品《阿牛奏鸣曲》获中国戏剧奖小品小戏奖中小戏类小品小戏奖。黄立红、李伟昌、陈世才、陈公驰、林海涛获第二届全国戏剧文化奖·表演银奖，李本基获第二届全国戏剧文化奖·音乐设计金奖，卢德文获第二届全国戏剧文化奖·舞台美术金奖，倪健获第二届全国戏剧文化奖·杰出贡献奖。由深圳市剧协、龙岗区坪地街道办共同组织创作的小品《最幸福的事》5月参加“广东省群众文艺作品评选”，荣获“作品一等奖”；11月代表广东省参加第四届中国戏剧奖·小品小戏奖总决赛，荣获唯一的“优秀编剧奖”及“最受群众欢迎作品奖”。宝安区少儿京剧团参加“全国戏曲小梅花活动”，有3人荣获“全国十佳”称号，9人获得金奖；参加“天津和平杯活动”，获二等奖5名、三等奖11名，获奖人数名列全国各省市前列，宝安区教育科学研究培训中心也被组委会评选为优秀组织奖；参加“广东省第二届京剧艺术大赛”，荣获一等奖1名、二等奖1名、3等奖2名、优秀奖4名（包揽全部少儿组奖项）。

成功上演多部新作 4月，由华翔创作的话剧《无法再版的青春酷事》在深圳大剧院上演。本剧通过张旺财一家几代人的婚恋变迁，解密当代都市人情感的纠结与归宿，演绎新中国成立60年来祖孙三代观念、人性、情感的碰

《突围1978》、《风雪夜归人》、《最幸福的事》剧照（从左到右） ^

《守候》、《又是一个情人节》、《无法再版的青春酷事》剧照与海报（从左到右） ^

撞。主创者如此解读：“本剧是已往的，也是如今的；是风趣的，也是繁重的；是讥讽的，也是端庄的；是戏剧的，也是史实的；是全国的，也是深圳的。置身剧中，让老年人回到当年激情燃烧的光阴，中年人感悟承前启后的人生；年轻人得到心灵的震撼与情感的升华。”

6月，由邸叙然、杨成成、李牧霏、高旭、王静凯、马婵娟、赵勇、蒋帅、李优、穆荣、张立儿等排演的小剧场话剧《太平盛世——香云纱》，在深圳市首届香云纱文化节期间上演。7月，由朱子椿编剧、李连璧作曲，吕志明导演，何青贤、葛雷、袁利斌、王克林等一批专业剧团优秀演员参演的现代京剧《画眉》在深圳大剧院举行的“戏聚星期六”上演。该剧独具特色，从音乐设计、演员表演到艺术呈现都着力创新，唱腔融入了江西民歌元素，大胆尝试新唱腔新版式。剧中讲述了在中央苏区第三次反围剿的盘陀山前沿阵地，红军女战士“山歌大王”画眉与白军士兵丁德贵的故事，剧情起伏跌宕、扣人心弦，热情讴歌了共产党人在武装革命时期走过的光辉历程和创造的伟大奇迹。

由温鉴非导演的话剧《甄爱》，刘强编剧的话剧作品《雷雨2011》（周朴园传）于9月份先后在市群艺馆上演。

强化评论与推介

《穿越百年》研讨会 中国诗剧场始创于2010年，其初衷是为当代诗人的诗歌创作提供一个戏剧化的表达平台，运用综合的舞台表现手段，赋予诗歌以场景、人物、戏剧化，借此推动诗歌的发展。首届诗剧场《我听见深圳在歌唱》推出以诗歌与戏剧跨界结合的新型艺术表现形式，通过朗诵与表演的肢体互动、抒情与戏剧化的自由切换方式，拓展和延伸了诗歌的表现空间，创造了新的舞台形式，并以新锐先锋的创意，获得了文学界与戏剧界的一致好评。与首届相比，第二届中国诗剧场有了新的

专家学者热评深圳戏剧

突破。《穿越百年》刚刚落幕，市剧协即组织评审团、诗人举行了座谈会。会议由市剧协主席从容主持，评论家吴思敬、霍俊明、梁平、潘红莉，诗人李寒、江非、卢辉、苇白等畅谈对该剧的观感与建议。

吴思敬评论，无论是从诗剧场概念的提出，还是对辛亥百年这样一个重大历史题材的处理，《穿》剧都具有突破性的意义。戏剧是一种综合的艺术，诗是一种文学形式，两者结合的诗剧场形式值得高度肯定，它为探讨诗与戏剧如何结合开辟了一个很好的途径。霍俊明认为诗剧场对当下诗歌和艺术带来了震撼和冲击，尤其是对诗歌与受众这一问题进行了深入的思考。当今的诗歌局限在一个小群体，很多朗诵会都只是一种自言自语，诗剧场重新体现了诗与受众的一种非常亲密关系，拓宽了诗歌传播的空间，回到了诗歌传播和创作的起源，来自于社会，来自于大众。梁平认为《穿越百年》具有整体性、现实性、先锋性，从纸质文本到走向舞台的魅力呈现，深圳市剧协做了一次有益的尝试。苇白从视觉呈现角度认为，该剧运用了许多新媒体技术，场景转换、道具的运用均为整部剧的呈现加分不少。江非谈到几个方面：该剧和中国当下的关系——通过对历史过程的回顾，重新回到当下，把精神召集到当下；该剧和深圳的关系——这样的作品在深圳诞生，体现了一种深圳精神，它的创造和创意不仅体现意识本身的创建和流变，也体现了深圳精神的生长；该剧和戏剧的关系——通过对舞台剧进行诗意的创造，淡化了行动而增加了语言；诗与剧的关系——该剧将诗歌带到现场，带到舞台上去构建一种东西，对诗歌提出了一种新的要求，让诗歌自行反思，作为一种现象，它激活了诗歌力量。与会者还就《穿越百年》提出了一些修改意见，希望该剧进一步把诗歌的朗诵性和戏剧性更好地结合，在今后的发展中，辅之以小剧场、小制作的演出，增加演员与观众的互动性，进一步丰富诗剧场的概念。研讨会后，主创团体认真消化和吸收了各方的意见和建议，对《穿越百年》进行修改提高，致力打磨精品。

《突围1978》专家座谈会 9月21日，在京举行了专家座谈会，张先、方掬芬、杜家福、王贵、刘大敏、颜振奋、薛殿杰、李东才、杜高、曾献平、姜彤林等戏剧界知名学者、专家参加座谈会，盛赞该剧题材有挑战性，表演充满激情，接续了现实主义话剧传统，是反映改革开放的力作。张先认为作者有一种历史责任感和情怀，剧中所有人物都有一种悲天悯人的宽容态度，整部戏干净，不拖泥带水，很多场面节奏感很强，让人看戏的时候随时跟着人物的情感走。杜高评论这部戏的特点，一是情感强烈。30年前人们的痛苦，每一个人物的命运都表现得非常强烈，能感染观众。二是思想很尖锐，剧中每一个人物都有自己的向往和追求；三是批判有力，继承了批判现实主义的传统。曾献平认为该剧忠于生活真相，艺术表达巧妙，具有艺术魅力。

民间戏剧团体创演活跃

“深圳戏剧第一团” 在第十届鹏城金秋社团文艺汇演中，深圳小品艺术团、罗湖区现代戏剧社获得了团体金奖，被称为深圳戏剧第一团。2006年6月，由罗湖区文化馆馆长符使安召集深圳老中青30多位长期活跃在戏剧舞台上的演员，成立了深圳市小品艺术团。同时，罗湖区戏剧家协会主席梅玉文牵头组织注册成立罗湖区现代戏剧社，推举邸叙然为团长兼社长，将两个社团合二为一，成为深圳市一个具有专业水准的戏剧艺术团体，并成为中国戏剧家协会小品创作基地。近几年来，该团创作了大量原创作品，代表深圳市参加各项戏剧大赛，取得了优异成绩。其中20多个作品先后入选中央电视台《周末喜相逢》、《笑星大联盟》、《快乐驿站》、《中国文艺》、《流金岁月》、《中国小品总动员》等品牌栏目的录制并播出，形成了一支有力的戏剧力量，被央视首席导演称为“南派小品”，经各大媒体广泛报道，罗湖小品已成为代表深圳小品的一张亮丽文化名片。

深圳小品艺术团进社区表演 ^

深大戏剧社排演的《变形记》 ^

胖鸟剧团排演的《曼陀罗》 ^

民间团体与群艺馆探索文化合作新模式 由刘强编剧、李涛导演的话剧《又是一个情人节》于2月14、15日在深圳保利剧院上演。该剧从生活体验出发，讲述了上世纪90年代中期，下乡知青们返城后有了新的人生跋涉，描述了在社会转型期人生的三段嬗变，展现了转型期中人们价值观的裂变与重组，破茧与涅槃。这是一部由民间文化团体和群众艺术馆联合打造推出的深圳原创话剧。市群众艺术馆馆长刘兴范评论：该话剧的文化合作模式是业界的一种新兴方式，由群艺馆出剧本，民间文艺团体负责具体运作。这种合作形式比较灵活，既可以省去一些不必要的程序，也可以最大限度地去适应市场，适应观众群，走市场化的模式。编剧刘强曾获得全国“五个一工程”奖和“群星奖”，于15年前开始创作这部作品，期间经过反复修改。该剧舞台总监、实验话剧创作人尚伟认为，这是属于“斯坦尼体系”风格的话剧作品，遵循的是现实主义原则。虽然反映的是50后的生活故事，但其生活道路同样适用于正处于“发力阶段”的80后，剧中表现奋斗中的人们在生活困境中坚持生命的激情与真爱，与当下80后遇到的情境和生活内涵都极为相似，值得80后从中领悟深意。观众评论，该剧目由深圳原创，有种“粤式的情感表达”。

《变形记》参演2011金刺猬大学生戏剧节 深大戏剧社成立于2003年，拥有导演、编剧、演员人才，排练各种类型的话剧，在戏剧舞台上展示大学生风姿。2011年大学生戏剧节于8月5日至21日在北京举行，共有19个剧目37场进行了展演，其中大戏节参评剧目共16个32场，此外中国香港，以及苏格兰的2部交流剧目演出4场，北京现代舞团的特邀剧目1场（交流和特邀剧目均不参评），深圳大学戏剧社创演的《变形记》参加了展演。这部短剧借用卡夫卡小说《变形记》的名字和主角格里高的名字以及人变甲虫这个概念重新创作，着力于对现实社会的思考，力图探索人性在社会压力下的挣扎与迷茫。大学生戏剧节始创于2001年。10年来，大学生戏剧节以坦诚与热情，激发了一个个的年轻戏剧爱好者走上戏剧的道路，成为活跃在戏剧舞台上的新生力量。

深圳胖鸟剧团参与深圳湾艺穗节 深圳胖鸟剧团是深圳实验戏剧的先锋代表，曾多次参与澳门艺穗节。在2011年深圳湾艺穗节中，由艺穗节顾问杨阡带领的胖鸟剧团表演的原创戏剧《曼陀罗》，以互动方式，结合快闪、街舞等元素的戏剧演出，传递了保护动物的积极讯息。胖鸟剧团是深圳文化体制改革后第一批成立的民办非盈利的演出机构，成员来自于许多国家和地区，他们中间有学者、诗人、音乐家、舞者、戏剧人、画家、建筑师。有许多作品的灵感来自不同门类艺术家观念、技巧的相互碰撞，形式的融合与转换。

培育戏剧人才与观众从基础做起

宝安区“戏曲进校园”成果显著 从2004年开始，宝安区教育局开始试点“戏曲进校园”活动，并不断提高活动普及水平，涵盖了中、小、幼各年龄段学生，至2011年，“京剧进校园”实验学校从8所扩展到22所；“粤剧进校园”已有12所。2006年至2011年，“宝安戏曲娃”先后摘得56个中国少儿戏曲小梅花金奖、1个银奖和5个十佳小梅花。宝安区开展“戏曲进校园”以来，组织或参加了各级各类演出总计300余次，不仅在学校，也在宝安区、各街道表演。2009年以来，宝安少儿戏曲娃相继参加全国各地的演出活动和与香港、台湾的交流，曾多次赴国外演出。除了56个小梅花奖外，宝安戏曲娃们在全国京剧戏迷票友电视大赛、深圳市青少年戏曲大赛、中国京剧小票友邀请赛等国家、省、市各类比赛中获得了多项团体和个人荣誉，少儿粤剧团获得了100多项荣誉奖励。“戏曲进校园”不仅把戏曲当做校园文化的扩展内容，也是提升宝安区教育水平的一项有力抓手。2011年，有12位“戏曲娃”被中国戏曲学院附中录取。

南山区“周末戏曲欣赏”品牌 “周末戏曲欣赏”由南山区文体局主办、深圳市红叶艺术团承办，是南山区公益文化活动的一个品牌项目，已成为常态化的艺术

宝安区少儿京剧团 ^

罗湖区粤剧传习基地启用 ^

南山区“周末戏曲欣赏”晚会 ^

本土戏剧家主讲戏剧讲座 ^

市剧协组织会员进行采风活动 ^

活动。2011年度，以西丽麻磡社区舞台为主要表演场地，组织优秀戏曲演员带妆表演，在传统中演绎时尚，打造特色社区舞台。富有广东特色的粤剧、潮剧以及来自全国各地的越剧、京剧、川剧、昆剧、评剧、秦腔、采茶戏、黄梅戏等16个品种传统戏曲艺术，带给观众不同的艺术享受。该活动既丰富了基层社区居民的文化生活，又培养了大量年轻人对于戏曲文化的爱好。麻磡社区地处偏僻，却每周迎来全国不同戏种的知名演员，高质量的演出令这个社区舞台人气大增。承办方还经常外请戏曲名家与深圳本土演员共同编排历史新剧，提升了本地演员的演艺水准，让观众能够近距离欣赏到多种多样的新剧目。承办方在演出中还特别设置了戏曲知识有奖问答活动，向观众普及戏曲小知识。

罗湖区创建粤剧传习基地 4月28日，罗湖区粤剧传习基地在罗湖文化公园举行了启动仪式，这是深圳市正式成立的首个粤剧传习基地，也是罗湖区为传承粤剧而采取的具体举措。罗湖的粤剧粤曲源远流长，是深圳粤剧粤曲的起源地：深圳市第一个粤曲社团（罗湖粤乐社）在罗湖文化公园成立；深圳第一个粤曲培训中心在罗湖口岸开张，至2011年，粤曲社团已发展到70多家，罗湖成为粤剧的戏窝子。在粤剧粤曲活动广泛持续开展和社团蓬勃发展的大背景下，罗湖区对这一文化发展态势予以高度重视并大力支持，他们与市文体旅游局共同创办了两年一届的深圳（罗湖）粤剧艺术节，为推动深圳粤剧艺术繁荣发展做出积极贡献。为配合粤剧传习基地启动，罗湖区举办了“迎大运，唱罗湖，粤剧粤曲名家演出周”活动，粤剧界名角冯刚毅、苏春梅等陆续登台献艺，并组织粤剧新苗进行展演。

深圳戏剧家变讲座为剧场 本年度，市剧协在市少儿图书馆主办了“京剧讲座”、“京剧艺术的表演特色”和“京剧的行当及脸谱艺术”系列活动，邀请市剧协理事、国家一级演员何青贤为主讲嘉宾。讲座运用投影幻灯、讲解示范、彩妆演出及台上台下互动（提问、模仿学戏）等方式，向观众介绍京剧艺术的表演特色。主讲嘉宾的生动演讲和彩妆演出吸引了到馆儿童、学生、青少年及中老年戏迷爱好者，香港海外文学艺术家协会主席和中华宋庆龄国际基金会吴家澄到场观看。学员们认真听讲，并跟随老师学习京剧的唱腔、亮相、眼神和手势。在互动环节，青少年观众踊跃发问，并大胆上台表演。另有专业老生演员、优秀青年演员为大家示范演出《拾玉镯》、《霸王别姬》和《空城计》等折子戏，形式多样，生动丰富。

市剧协组织会员采风学习交流 市剧协一直以出精品、育人才为己任，努力创造条件为会员服务。本年度，组织会员观摩来深戏剧演出剧目超过50场。在“戏聚星期六”、“剧汇星期天”、大剧院艺术节等活动中，除了观摩外来剧目之外，还积极推介本土戏剧，形成良好的戏剧生态。为了拓宽视野，汲取文化营养，激发艺术灵感，11月14日至19日，市剧协组织深圳戏剧界骨干23人前往北京观摩学习，市文联主席罗烈杰，副主席冷炳冰，市剧协主席从容与深圳戏剧家毕大松、孙清河、梅玉文、赵睿、李学军、孙长盟、戴忠祥、徐巍然等同行。采风团先后参观了雍和宫、国子监、恭王府、世纪坛、香山、碧云寺、文天祥祠、梁启超墓、纪晓岚故居、曹雪芹纪念馆、鲁迅博物馆、宋庆龄故居、蔡元培故居、茅盾故居、中央美术学院美术馆、798艺术区，观看了话剧《仲夏之夜》等。团员们既领略了北京深厚的文化底蕴，又感受到北京日益勃发的文化力量，收获良多。

2011深圳影视·强劲蓬勃

2011年的深圳影视强劲蓬勃，不同的体制带来资金构成的差异以及制作模式的不同选择，形成更加开放、多元，更具竞争力的生动局面。多部由深圳参与投资、制作、出品的电影、电视剧作为文化产品在全国院线与电视台上映、播出，获多项大奖。纪录片保持旺盛的创造力和高质量艺术水准，在国内国际产生了影响。在“影视工程”的平台上，除了宣传文化战线的努力，民营影视企业也发挥了重要作用，合力在影视创作上形成“深圳现象”。

优秀影视作品弘扬先进主流文化

7部电视剧入围第二十八届飞天奖 由国家广播电影电视总局主办，中国电视艺术委员会、中央电视台、北京市委宣传部和北京演艺集团联合承办的第二十八届中国电视剧“飞天奖”颁奖盛典于8月25日在国家体育馆落下帷幕。《兵峰》等7部“深圳出品”的电视剧分别获得一、二、三等奖和提名荣誉奖：深圳市委宣传部、广州军区政治部宣传部等制作的《兵峰》荣获一等奖；深圳广播电影电视集团参与制作的《永不消逝的电波》荣获二等奖；市委宣传部组织、参与制作的《天地民心》、《命运》、《春暖南粤》荣获三等奖。此外，深圳电视台、深圳广播电影电视集团参与制作的《同龄人》、《生死线》获提名荣誉奖。

“飞天奖”创办于1980年，是中国电视剧最高政府奖，以思想精深、艺术精湛、制作精良为基本标准。本届飞天奖报评剧目共收到参评剧目161部，5655集。按照评选章程，经过初评、复评和终评三个阶段，最终评选出38部长篇电视剧分别获得一、二、三等奖，其中一等奖11部、二等奖12部、三等奖15部，1部长篇作品获得特别奖；另有4部分别获得系列电视剧、少儿电视剧和戏曲电视剧奖。获奖作品集中展示了近一时期中国电视剧所达到的综合水准，也标志着中国电视剧在以美学表达诠释时代价值、以形象刻画展现民族精神历程、以情感叙事记录社会生活脉搏、以视听要素引领大众文化心理等方面跨上了新的高度。

电视剧《兵峰》开拓当代军人人性的深度 军旅题材电视剧《兵峰》除了获得第二十八届飞天奖一等奖之外，还在6月份揭晓的第二十三届中国人民解放军全军电视剧“金星奖”中，荣获长篇电视剧一等奖、最佳导演奖和最佳制片人奖3项大奖。该剧聚焦当代边防军人的生活和情感，表现他们坚守边疆、默默奉献、不惧艰险的精神，由深圳市文艺创作室专业作家邓一光编剧，王京生、徐昕民总策划，李洋、赵忠、张智猛、张合运、段亚兵、陈君聪、黄有龙总监制，邓一光文学艺术工作室艺术统筹，徐红亮摄影指导，刘岩执导，贾一平、王挺、沈佳妮主演。这是一部充满悬念、紧张刺激的情节剧，主要讲述因边境事件要回军分区接受调查的上尉军官肖沐天，带着一个特殊的“兄弟班”，在与上级失去联系整整6天的情况下，克服洪水、大风口、雪崩区等难以想象的艰难险阻，终于回到大部队营地的过程。强烈的戏剧冲突，极致的人物命运，复杂的人物关系，演绎了一出雪域高原惊心动魄的英雄故事。

电视剧《天地民心》弘扬中华民族优秀品格 该剧由西安曲江影视投资（集团）有限公司、深圳广电集团深广传媒有限公司等联合摄制。故事以清朝中晚期波翻浪涌的历史风云为背景，浓墨重彩地演绎了“三代帝师”、“四朝重臣”祁寯藻悲剧和传奇的一生。这是一部荡气回肠的历史大剧，主人公命运大起大落，却坚持不懈地探索“何以为君”、“何以为民”，竭力展现中国传统政治文化中的民本主义精神和治国理念，始终保持古代文人忠清亮直的高贵品格，不惜出生入死，为民请命。他的一生，折射出中国的巨大变革。

电视剧《命运》描绘经济特区创办历程 《命运》是深圳市委宣传部、深圳广电集团为纪念深圳经济特区成立30年而精心打造的一部电视剧力作。2006年5月，深圳广电集团邀请了一批专家、编剧在深圳召开研讨会，就创作拍摄一部以特区改革开放为原型的大型电视剧进行策划，决定邀请著名编剧陆天明创作剧本。深圳市委领导和市委宣传部等主管部门对该剧创作高度重视，主要领导亲自与陆天明谈剧本创作。2006年11月，陆天明开始在深圳采访及剧本创作，2007年11月完成了剧本初稿。市委宣传部和深圳广电集团在深圳、北京多次召开研讨会，请中央重大革命和重大历史题材领导小组、党史研究专家、深圳老领导、电视剧专家对剧本进行深入研讨。陆天明三易其稿，于2008年6月完成了剧本修改工作。该剧把重点放在从特区成立、“杀出一条血路”，到特区初具规模阶段。在人物塑造上分三个层面，即市委领导、企业家、普通百姓。故事主线围绕鹏城市委书记宋梓南展开。以恢宏的气势，感人的细节，鲜明的人物个性，浓墨重彩地描绘了经济特区“杀出一条血路”的艰难历程，展示了中国的命运、特区的命运以及改革者和普通人的不同命运。

电视剧《春暖南粤》聚焦三农 该剧由深圳电视人原创，深圳市委宣传部、市广播电影电视局和华夏英杰墨宝园联合投资拍摄，取景于粤东，融入富有民俗特色的岭南文化元素。该剧于2009年12月和2010年5月在央视两度播出，首播时收视份额达到19.75%，拿下全国收视冠军。2010年9月，该剧在广东电视台黄金时段播出，再夺收视率冠军。在2010年2月第二届全国“新农村电视艺术节”中，该剧荣获全国农村题材最佳电视剧一等奖，这也是广东省第一部获得全国性大奖的农村题材电视剧，填补了央视南方农村题材电视剧的空白。该剧聚焦三农、关注三农，是一部反映基层贯彻科学发展观的力作，记录了改革开放以来南粤农村面貌和农民生活发展的变化，折射出当代农民经受市场经济洗礼后苦乐交织的复杂心态。

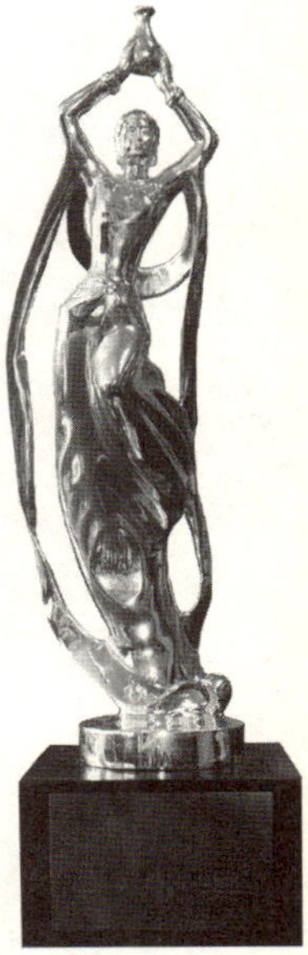

<

第二十八届飞天奖深圳主创或参与出品的作品

电影《走路上学》获得两个国家级奖项 由国家人口和计划生育委员会、广电总局、中国文联、中国作协和中国人口文化促进会等部门联合创立的“中国人口文化奖”是中宣部批准的常设性全国综合类文艺奖项，始于1993年。该奖项的设立旨在发展人口文化事业，促进社会文明进步，推动人口文化文艺创作的繁荣与发展，广泛吸引社会各界人士参与人口文化题材的创作。第十四届“中国人口文化奖”（电影类）评选于1月份在北京揭晓，由深圳市委宣传部、福田区委宣传部、福田区文化局和深圳市新经典广告制片厂等单位联合摄制的影片《走路上学》凭借思想性、艺术性和观赏性的完美统一脱颖而出，夺得电影类唯一的一等奖，被评委誉为难得的“人口文化艺术精品”。

4月23日，由国家广电总局与北京市人民政府联合主办的第一届北京国际电影季在国家大剧院举行开幕式，来自世界各地的20余位国际电影节主席和各国驻华使节，中外著名导演和演员、国内外电影制片机构、参加电影展映和洽商的代表及新闻媒体等2000余人参加。为推动电影艺术发展和繁荣，促进国际间电影艺术交流，推动中国电影“走出去”，树立中国电影的良好形象，第一届北京国际电影季开幕式专门设立奖项，对2010年度中国电影“走出去”工作中表现不俗的《唐山大地震》、《孔子》、《十月围城》、《赵氏孤儿》、《叶问2》、《麋鹿王》、《走路上学》、《新少林寺》、《72家租客》、《剑雨》等10部影片进行了表彰。其中，《走路上学》为深圳出品，导演彭家煌、彭家臣出席颁奖仪式，获颁“2010年度电影走出去工作表现突出影片”。“中国电影走出去工程”是中国一项重要文化战略，通过积极开展电影对外合作交流，在国（境）

第二十八届飞天奖深圳主创或参与出品的作品 ∧

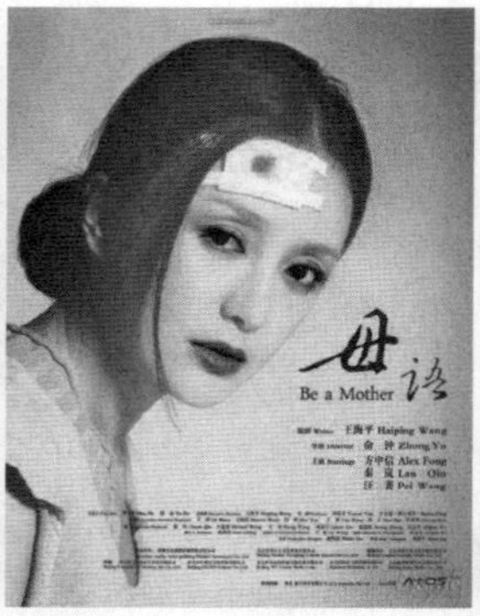

《母语》海报 ∧

《守护童年》全国公映 ∧

外举办中国电影展（节），参加国际电影节（展），加强中国电影的海外推销，使世界各国特别是欧美国家的受众了解一个更加真实全面的中国。《走路上学》已荣膺“华表奖”、“金鸡奖”等多项国家大奖，先后随中国电影代表团出访美国、英国、法国、加拿大、叙利亚、波兰、越南、朝鲜、印度、韩国等13个国家以及台湾和香港地区，参加文化交流展映活动，并先后获得第十二届平壤国际电影节最佳影片奖和第二届英国万像国际华语电影节最佳剧本奖两个国际大奖。

电影《母语》揽取万像国际华语电影节3奖 9月25日，欧洲最具影响力的华语电影节——第三届英国万像国际华语电影节在伦敦欧典剧院举行了盛大的颁奖典礼。由深圳美迅嘉润影视投资有限公司出品的电影《母语》获得最佳原创编剧、最佳摄影、最具潜力演员3项大奖。本届万像国际华语电影节共设6个主要单元。在为时7天的展映中，《建党伟业》、《将爱》、《追踪孔令学》、《日照重庆》、《魁拔》等17部国产电影共同角逐9大奖项。出品方负责人表示，《母语》从万像电影节上凯旋而归，有助于该片的推广。这部电影将作为“深圳制造”影视剧的代表展开一系列海外宣传，冲击更多国际电影节。

优秀纪录片以人类情怀与世界对话

纪录片《风雪可可西里》保护藏羚羊 第四十四届休斯敦国际电影节于4月16日举行颁奖典礼。由深圳市天宇星影视文化有限公司出品，深圳市新闻影视中心、深圳市天宇星影视文化有限公司联合制作，刘宇军执导的纪录片《风雪可可西里》获得“评审团大奖”。休斯敦国际电影节创办于1968年，与旧金山电影节、纽约电影节并称北美三大评选性质的电影节，以扶持独立电影、设置大批获奖单元为特色，每年吸引来自世界各地的数千名电影人提交作品参选。本届电影节共收到来自25个国家和地区电影人提交的故事片、短片3500多部，评选出获奖作品693部，其中有84部参加了展映。

《风雪可可西里》以生长在青藏高原上的中国特有珍稀动物藏羚羊为主题，讲述驰名中外的藏羚羊保护队“野牦牛队”与盗猎者斗争的故事。这是刘宇军历时10多年、出入西藏20余次完成的呕心沥血之作，他长期在“生命的禁区”青藏高原跟踪记录世界濒危物种藏羚羊。每年夏季，母藏羚羊产羔后，带着新生儿南下的归途中遭到武装到牙齿的盗猎者在半途截杀，成千上万的藏羚羊在可可西里荒原横尸遍野。在保护和拯救藏羚羊的行动中，摄影师参与了闻名中外的“野牦牛队”反盗猎行动，与疯狂的盗猎者在可可西里无人区进行着生死搏杀。该片真实记录了“野牦牛队”撤销前最后一次艰险的巡山过程，并破解了世界之谜——藏羚羊的繁殖地，记录了人类未知的地球第三级奇特的自然景观。电影节评委会主席亨特·托德说，这部关于藏羚羊的短片不仅制作精美，而且用富有特色的镜头语言展示了热爱自然、保护环境的永恒主题，打动了评委和观众。

纪录片《中国有个暑立里》连获6个国内外奖项 由李亚威编导，深圳市文联、云南楚雄州委宣传部联合摄制的纪录片《中国有个暑立里》在中国、日本、意大利、韩国、俄罗斯，一次又一次打动了观众的心，一连获得6个国内国际纪录片奖项：四川电视节“金熊猫”国际纪录片亚洲制作奖、意大利米兰国际体育电影电视节荣誉奖、第十一届中日韩电视制作者论坛展映奖，李亚威个人还获得俄罗斯《生态与环保》杂志评出的最佳导演奖、中国视协电视纪录片学术委员会（2010年度）“长片十佳”作品奖、云南省广播电视政府奖一等奖。

《中国有个暑立里》讲述了云南一个名叫“暑立里”的彝族小村落与篮球的故事。暑立里是个三面环山的地方，村里人很少出去，外面人很少进来，生活极为单调。一次，村长张云成到大山外开会时发现了篮球，之后迷上了这项集体运动，于是，把篮球“引进”了暑立里。10年过去了，篮球引发了全村的变化，打篮球成为暑立里人的一种生活方式。村民脱离了无聊的伸懒腰、晒太阳、打麻将，甚至偷鸡摸狗的行为，成为“篮球运动员”，暑立里由此成为远近闻名的“篮球村”。

该片获得成功，除了市文联和楚雄州委的大力支持，李亚威及其团队在探索中的坚持和努力外，有一个重要的原因，就是“从人类学视角出发”，贴近真实，记录真实，用电影化的叙事，“找到了一种能够让世界认可的国际语言”。该片始拍于2001年春，李亚威带领创作团队走进了暑立里，拍摄延续了10年。李亚威与暑立里，不仅是拍摄与被拍摄的关系，更成为深圳与楚雄州之间一种充满牵挂的纽带；该片所记录的不仅是一支篮球队的发展，更是一个彝族村落在10年间的历史变迁；纪录片中的暑立里所表现出来的，不仅是一个村庄的生活图景，更是透过艺术的镜头，捕捉文明演进的某些瞬间，展示中国当代多元交存的文明状况，呈现生于斯长于斯的人们在向现代文明过渡时的心灵轨迹。一部优秀的、具有审美价值的纪录片，是编导、拍摄者按照一定的审美观念进行美学构思，对生活中美的事物加以选择、概括、提炼、逻辑构架而成的艺术画卷。《中国有个暑立里》正是这样一部纪录片。

纪录片《发现少校》寻找感恩与历史的公正 1月15日，“国家记忆2010·致敬历史记录者”评选结果在成都揭晓，8个年度大奖中，《发现少校》获得“年度历史影像奖”，片中赵振英老人获得“年度特别致敬人物”奖，深圳“关爱老兵”志愿者团队获得年度历史公益奖。邓康延以该片、陈秉安以长篇报告文学《大逃港》入选年度记录者候选名单。5月，该片荣获中国电视艺术家协会纪录委员会2010年度长片十佳作品。6月，再获上海白玉兰国际电视节“最佳历史文献类纪录片”白玉兰银奖。

《发现少校》是继《寻找少校》之后的又一纪录片力作，主要内容是：一位美军少校的儿子，将父亲60多年前写满中文名字的小红本和数张中美军官合影发向网络，不知不觉搅动了滇缅战场的尘封记忆，许多不为人知的中美远征军的悲壮、伤感、荣耀浮出水面。历时两年，远征军后代跨越中美大陆寻访，发现了1945年南京日本投降仪式警卫营营长，现年92岁，隐姓埋名；发现数件国家一级战争文物并带回中国收藏；也发现了让历史喟叹的两个少

<

刘宇军（中）与获奖作品

<

李亚威（左）编导《中国有个暑立里》

<

邓康延及编导的作品

校不同寻常的生命轨迹和历史悲欢。本片献给捍卫民族荣耀的人。该片的颁奖词说：“这个纪录片记录了在寻找一位美军少校时却发现了隐身于大陆几十年而不为人知的国军少校的故事。它寻找的是感恩与历史的公正。”

纪录片《从照片开始》聚焦本土摄影家 由深圳越众影视有限公司出品，邓康延担任制片人，黄金栋、刘硕勤担任导演的10集系列纪录片《从照片开始》于4月份制作完成，9月3日在深圳都市频道开播。何煌友、杨延康、张新民、余海波、陈远忠、肖全、亚牛、周炜、左力等9位摄影家原本习惯于躲在相机背后的拍摄者，成为电视片主角。深圳有一批与特区一同成长，并在国际上有影响力的摄影师，他们感同身受地见证了身边的变化。他们自身的命运和所拍摄带有生命热度、历史刻度的新旧影像，具有较强的视觉冲击力，适合电视表现，也易于折射城市30年的变迁。10集《从照片开始》，贯穿两大线索：一是摄影师对作品中人物、地点、事件的记忆和多年后寻找回访；另一是摄影师自身的视野、心态和生活变化。从身份转换、各自的创作经历和生活视角的梳理中，将深圳30年的发展历程中鲜为人知的片段展示于观众眼前。此外还有专家、学者访谈，以历史深度和国际视野加以观照。

为了让更多观众欣赏、关注优质纪录片，《从照片开始》在9月初以“6个1”的全媒体互动新模式进行推广——一部纪录片，在9月3日深视都市频道首播，每集30分钟，每人一集；一场同名影像展览于9月3日在深圳万象城揭幕；一套光碟，同步于深圳万象城首发；一册影集，也于展览现场首发；一城跨界采访，在平面媒体即时报道；一项微博专题，在网络民间同时互动。静态的展览和影集为动态的纪录片做了二次推广，再与平面媒体做一次跨界采访，与微博博友做一次华人视界的心灵互动。该纪录片采用了纪实影像、光碟、影集、跨界采访、微博等多种形式的多媒体集群出击、综合推广，创造了新的推广模式。

《西藏的天空》获第二届“中国·西安国际民间影像节”艺术短片类三等奖 第二届“中国·西安国际民间影像节”于10月在西安落下帷幕。由罗湖区电视艺术家协会吴亚丁、吴白桦、李冠儒等人主创的电视作品《西藏的天空》获得艺术短片类三等奖，并入围最佳摄影单项奖。本届影像节由中国电视艺术家协会DV委员会、陕西中华文化促进会等单位主办，延续“参与大众化、评审专业化、视野国际化”的特色，在活动延伸、内容创意方面更加凸显国际化、民族化、多元化，努力使之真正成为国际影像文化交流的平台。影像节历时4个月，征集到海内外作品10400余部，其中包括来自35个国家的海外作品600余部。经初评产生的190部入围作品，角逐各项大奖。

民营企业影视生产结出硕果

4部新剧登陆央视 2011年开年伊始，由深圳美迅嘉润影视投资有限公司出品的电视剧《风语》、《初恋》、《梨花泪》接连在中央电视台八套晚间黄金档播出，由深圳广播集团深广传媒有限公司、北京光线传媒股份有限公司、深圳梦蝴蝶文化发展有限公司联合摄制的《说好不分手》于3月18日在央视一套和深圳卫视晚间档同时开播，创造了近年来深圳公司出品的电视剧抢滩央视的高峰，引起全国影视业对深圳的关注。《风语》是谍战剧，《初恋》是偶像剧，《梨花泪》是台湾梨园苦情剧的经典重拍。同一家公司打造的几部不同题材、风格各异的电视剧连续登陆央视，美迅嘉润公司总裁徐雨认为，这是因为作品的质量有保障。《说好不分手》出品方、深广传媒公司董事长徐奔奔认为，该片试图反映人间真情，追求的是温暖和崇高，展现的是当今社会虽然也有“夫妻本是同林鸟，大难来时各自飞”的现象，但更多的是不离不弃的携手同行。容易打动人心。

电视剧《风语》演绎谍战 该片根据麦家同名小说改编，由刘江执导，胡军、郭晓冬、孙宁、冯恩鹤等联合主演。主要讲述破译天才陈家鹄，携日本籍妻子惠子历经周折回到国内，投身到抗日洪流中，加入了国民党的秘密组织“黑室”，多次成功破译了日军的秘密情报。潜伏在“黑室”的中共地下党员、陈家鹄的朋友徐州被国民党发现后惨遭杀害。在陈家鹄陷入迷茫与绝望的时候，地下党员林蓉蓉的出现让他再次振作。

电视剧《梨花泪》主打真挚情感 这是一部以戏曲名旦一生情感轨迹为主线的催泪情感大剧，由张龙光编剧，台湾著名导演张孝正执导，两岸三地知名演员孙宁、张博、王思懿、寇振海联袂主演。故事以抗战时期江南京剧戏班为背景，讲述了叶如萍等梨园名伶充满悲欢离合的传奇人生经历，不仅励志，还弘扬了民族艺术，给观众带来一定的新鲜感。

电视剧《说好不分手》传播“美好而纯粹的爱情” 该剧由陈彤编剧，顾晶导演，是一

民营企业成为影视创作的一支重要力量

部以深圳为背景的都市情感剧，主要讲述了聪慧、美丽的肿瘤科医生冷云和从事新闻工作的丈夫林易南一段情感交织、动人心弦的情感故事，深入刻画了医生、患者、药商、媒体人之间的关系，以及他们对事业、对生活的追求，对生命、对死亡的坦然，对恨的宽容，对爱的期盼，反映了在大都市这个看似冰冷的水泥森林中，仍有人性的温暖，有爱的火焰。笑中带泪，令人动容。

电影《守护童年》全国公映 由中国电影集团公司和深圳市委宣传部联手民营影视公司出品的电影《守护童年》于5月23日六一儿童节前夕在全国公映。影片讲述了一个越狱在逃犯、一个罪犯家属向一个女警官生死托付的故事，通过寻找孩子和带着孩子一起寻找亲人的过程，着力塑造了幸福儿童村村长、女民警薛子莹的形象。该片借鉴了类型电影的叙事经验和叙事智慧，融合了悬疑片、公路片、伦理片等多种元素，没有人为地追求戏剧性，也没有使用令人炫目的新手法、新技巧，而是努力接近人物的真情实感。影片的主题虽然相对单一，却有生活和人性的复杂性和多样性，引发观众对现实的思考。

原创动画凸显综合实力

动画片《藏羚王》获休斯敦国际电影节金奖 在第四十四届休斯敦国际电影节上，纪录片《风雪可可西里》的执导刘宇军的另一部作品——动画片《藏羚王》获得“金奖”。该片由深圳市天宇星影视文化有限公司制作，入选2009年度第四批优秀国产动画片。广电总局的评语是“该片以藏羚羊大迁徙为背景，着力刻画了小藏羚羊嗷噜从出生到成为藏羚王的生命历程，展现了藏羚羊勇敢顽强、聪明善良、执着追求的性格魅力。该片故事情节引人入胜，制作精细，形象可爱，有助于当代少年儿童建立正确的人生观、价值观。”片中讲述一只失去母亲的小藏羚羊在其他动物们的关怀中成长，最终成为勇敢而坚强的高原动物领袖的故事。

刘宇军在10多年间出入青藏高原20余次，拍摄积累了有关藏羚羊的拍摄素材长达20000分钟。曾经有国外影视机构愿意出巨资购买这20000分钟原始资料的版权。但刘宇军婉拒了。他认为，这些宝贵资料，是很多伙伴用鲜血和生命的代价换来的。由于生态环境的改变，很多影像已无法重现，他要把这珍贵的资料永远留在中国。他计划自主地运用这些影像资料，并寄望通过动画影视打造出一条完整的产业链。

动画片《笨熊笨事》获法国戛纳电视节儿童评审团大奖 深圳华强数字动漫有限公司出品的三维喜剧动画片《笨熊笨事》在2011年法国戛纳秋季电视节上，获得“儿童评审团

KIDS' JURY大奖”。这是中国动画首次获得此奖项。

法国戛纳电视节是目前全球规模最大、影响力最广的国际视听产品与数字内容交易市场，是全球内容产业人士交流资讯、达成合作、采购节目的平台。儿童评审团KIDS' JURY是电视节的重头戏。组委会向全球征集作品，并按3～6岁、7～10岁、11～14岁的年龄组别进行评奖。奖项首先由行业专家根据作品的专业素质进行初评，终评则完全交与儿童观众。他们在看过动画片之后，直接投票选取自己喜爱的作品，从而使奖项极具公信力。208集《笨熊笨事》从上千部作品中脱颖而出，成功入围7～10岁组别的竞争，成为当中唯一的中国动画片。片中，主人公熊大和熊二趣事百出，他们游历中国小镇，包饺子、赛龙舟、耍杂技、学功夫、吃月饼、闹元宵，了解中国传统的民俗风情，见识现代都市的各种现象，结交了许多都市里的新朋友，在嬉戏打闹中将欢声笑语传递到四面八方，逗得观众乐不可支。其内容幽默风趣、制作精良、适合国际欣赏，在与法国、德国、韩国动画片的竞争中持续领先，并最终夺得该年龄组唯一的最终大奖。

动画片《熊出没》获多个奖项 深圳华强数字动漫有限公司精心打造的全三维动作喜剧动画片《熊出没》，在2011年度大获好评。2月，获国家广电总局2011年度第四批优秀国产动画片；3月，获批为广东省第三批重点文艺项目；4月，获国家广电总局2011年度优秀国产动画片一等奖，入围2011年意大利“海湾卡通节”普钦内拉奖；6月，入选意大利Film Festival della Lessinia最佳动漫奖；8月，获2011中国吉林国际动漫大展最佳电视动画片奖提名奖，获2011年“亚洲青年动漫大赛”最佳系列动画奖提名奖；9月，获首届德源杯全国绿色生态动漫作品展“最受观众喜爱的动画片”奖；10月，获第四届中国国际漫画节第八届金龙奖原创漫画动画艺术大赛入围奖；11月，获第十一届四川电视节“金熊猫”奖国际动画作品评选“电视系列动画入围”奖。该片用夸张的卡通手法讲述了伐木工光头强和森林保护者熊兄弟之间上演的一幕幕搞笑对决，刻画了一对聪明勇敢、个性鲜明的狗熊形象，彰显了保护森林、保护环境、保护生态的大主题。其精彩有趣的剧情、寓教于乐的题材得到了央视少儿频道的特别关注与青睐，并成为央视编排的春节特别节目。

动画片《小鸡不好惹》获多个奖项 同样由华强数字动漫公司出品的动画片《小鸡不好惹》入围2011年“中国文化艺术政府奖首届动漫奖”最佳动画电视奖；国家广电总局2010年度优秀国产动画片三等奖；2011年第二届中国十大最佳卡通形象（“鸡小龙”形象）；2010-2011天下动漫风云榜年度动漫形象提名（“鸡小龙”形象）、动漫作品提名；2011年第八届中国（常州）国际动漫艺术周“金恐龙奖”提名奖；2011年第十一届四川电视节“金熊猫”奖国际动画作品评选“电视系列动画入围”奖；《小鸡不好惹之咸蛋寺》获2011年度广东省文艺精品创作扶持资金项目。《小鸡不好惹》讲述在快乐农庄里住着三只性格各异的小鸡。农庄外围有一对黄鼠狼兄弟，每天钻研捉鸡方法，练习偷鸡摸狗的技巧，寻找每一个突破小鸡们防御的空子，想抓鸡吃，但永远被小鸡们打败，最后偷鸡不成蚀把米，落得伤痕满身，灰头土脸。

此外，华强数字动漫公司出品的动画片《小虫虫有大智慧》获2011年提名中国动画学会“美猴奖”最佳绿色动画；入选2011年捷克AniFEST“国际动画电影节”最佳电视电影连续剧奖；入围第四届厦门国际动漫节“金海豚”奖；获2011年第四届中国国际漫画节第八届金龙奖原创漫画动画艺术大赛入围奖。《生肖传奇之十二生肖总动员》获2011年中国·鄂尔多斯东胜动画推介会国产原创动画优秀作品；2010-2011天下动漫风云榜年度动漫作品。《生肖传奇之十二生肖快乐街》获国家广电总局2010年度第四批优秀国产动画片。

动画片《孔子》获“美猴奖”最佳动画片剧本大奖 4月，由山东省委宣传部、中国孔子基金会、山东广电、深圳崇德影视联合出品的百集原创动画作品《孔子》在法国戛纳第四十八届电视节上获得最佳动漫作品；11月30日，中国动画年会在江苏省昆山举行，从260多部动画片中评选出5项“美猴奖”，《孔子》荣获“最佳动画片剧本奖”。该片总导演赵先德评述：中国动画学会设定的最佳剧本奖充分体现了学会对动画这一艺术形式的理解。一个好的动画剧本既要有懂动画的年轻人，又要有具有文学功底的作家把关。热爱动画的著名作家的参与是振兴中国动漫的开始，《孔子》动画片在这一点上做到了良好的结合。李冯、张炜、叶兆言等作家的参与对动画片中现实与浪漫的结合，起到了至关重要的作用。著名动画导演曹小卉的参与则在动画语言的文学性上进行了更好的诠释。该片的制作历时3年，总投资5000万元，是全球首部以动漫形象讲述孔子从一个贫贱少年成长为万世师表的励志历程、展示儒家文化形成过程的长篇动漫作品。该片全长104集，分四季播出，每季26集，于2009年9月28日在央视一套首播，受到社会各界的广泛关注，尤其是在学生和家长中反响强烈，并多次获得国家奖项；2010年4月，已播出两季的《孔子》获得国家广电总局关于国产优秀动画片推荐排行榜第一名；2010年11月获广东省2005-2010年百佳电视艺术作品奖。“孔子”作为中国文化的标志与符号，受到海外市场的青睐。于2010年底顺利走入韩国、以及我国台湾

部分深圳动画片海报 ∧

地区，登上海内外荧屏；孔子学院总部把《孔子》系列图书和音像纳入指定教材，翻译成多国语言文字，在全球500多家孔子学院和所有孔子课堂进行推荐和发行。《孔子》卡通抓帧版图书由青岛出版社倾力打造，全套32本于2011年3月同步上市，精美手绘风格和活泼感人的故事情节为儿童们提供了精美的“课外大餐”。

动画片《神奇的优悠》献礼大运会 以深圳大运会吉祥物“UU”为原型的52集3D动画片《神奇的优悠》于8月14日起在央视一套播出。该片是深圳本土动画公司华夏动漫为献礼大运会，历时两年精心打造的作品，旨在借“UU”形象宣传大运会，普及体育竞赛知识，传递大运精神。动画片主要讲述5个来自世界各地的网络高手，因为“走火入魔”而进入了电脑虚拟世界。为了能重回地球，他们必须穿越乒乓球、足球等10大体育王国，并最终到达大运中心。在快乐、可爱的精灵UU的帮助下，5个孩子最终赢得所有比赛，步入大运中心通往人类世界的门。该片在央视一套三集连播，随后在央视少儿频道《新闻袋袋裤》、CNTV央视网络台、CUTV动漫频道、全国各大卫视、深圳电视台及海外媒体陆续播出，刮起UU“快乐大运”旋风。8月初，国家广电总局发出《关于推荐2011年度第二批优秀国产动画片的通知》，全国共有14部动画片获得推荐。其中，《神奇的优悠》以巧妙的故事情节、精湛的三维制作水平，成为深圳唯一一部入选的动画片。

品牌活动提升影响力

第三届DV大赛迈上新台阶 由深圳市委宣传部、市对外文化宣传交流协会、深圳市文联、深圳广电集团主办，市电影电视家协会、深圳新闻网、深圳广电集团DV生活频道承办的深圳第三届DV大赛，于1月启动。这是一项面向全国DV爱好者征集作品的赛事活动，分纪实类、虚构类和创意类三大类。本届大赛以“关注人的心灵，关注环境保护”为主题，号召大家“拿起你的DV，拍摄你的故事”，共收到来自全国的参赛作品158部，内容丰富，题材各异，比起前两届，从题材和质量上都有了一个质的飞跃。大赛具有权威性和专业性，邀请中国视协电视纪录片学术委员会名誉会长陈汉元、会长刘效礼、常务副会长孙剑英，北京师范大学纪录片中心主任张同道、特别评论员张以庆组成终评委。由深圳电影电视界专家李亚威、魏伟、王尧、申晓力、聂晶疆、郭震、汪洋担任中评委。经过10个月的征集与4个季度评比，中评委评出39部入围作品，终评委评选出最终29部获奖作品，于年底出炉。

历经三届的深圳DV大赛，正一步步迈向新的台阶。本届获奖和入围作品明显表现出创作人员的素质和知识结构上的变化。创作者有资深的纪录片人，也有异军突起的年轻人，大多比较年轻，知识结构更加优化，学历背景涉及多个领域、多种学科，他们视野广阔、思想活跃、具有洞察力；作品主题深刻，表达了不同背景下打动人心的故事，一些作品涉及人类感情的深处，呈现出当代中国人丰富的精神世界和真实的生活。

纪实类一等奖的《话剧老人》，通过武汉话剧团一群老演员排练话剧《夜店》的事件记录，以历史变迁的大故事为背景，讲述了令人感动的多个人物、家庭及艺术群体的小故事，内涵丰富，充满人文关怀，老艺术家们对亲情、友情、艺术、理想执著的人生追求，使该片拥有真善美的灵魂主线，体现了积极向上、健康阳光的时代精神，成为一部值得关注的反映当下老年人生存状态的优秀纪录片。二等奖《我的身体你做主》编导运用真实电影的手法进行了长期跟踪拍摄，对生活在社会底层的小人物倾注了强烈的人文关怀，片中的主人翁虽然生活艰辛且充满着失望及无奈，但他正直善良，对亲情、爱情、事业成功都充满着极大的热情和执著的追求，给观众带来思考和感动。另一部二等奖《格桑的周末》通过对居住在青海高原冬季的藏族儿童小格桑生活琐事、学习、放牧等原生态的纪实拍摄，让观众从平凡中看到了不平凡，小格桑健康、活泼、独立、勇敢、爱学习、有责任心、能吃苦耐劳及天真、纯洁、可爱的形象充满了感染力。该片题材好、主题好、内容好。

虚构类一等奖《纸飞机》是一部优秀的校园题材的青春励志短剧，男女主角表演到位，洋溢青春气息，主题健康，表现了青少年在成长过程中的心理变化与需求，亲情、友情和真挚的信任、热情的鼓励是帮助青少年实现自我价值、自由飞翔的力量。二等奖《糖果》以充满童真、童趣及幽默的故事元素，表现了山村少年儿童及老师的美好心灵。人与人之间友爱的关心互助像阳光一样温暖，像糖果一样醇甜。儿童演员表演真实自然，摄影画面优美，音乐音效运用专业。另一部二等奖《我要上春晚》以批判的眼光，诙谐搞笑的表现方式，揭露了当今社会在文化艺术领域内的不正常现象，给观众以反思。

荣获创意类二等奖的作品《前世今生》是创作者张以庆在2010年受邀赴台湾10天，参加两岸纪录片导演展映活动，主办方希望在闭幕式上放映每位与会导演的“台北印象”短片，但无力提供制作费。张以庆和刘湘晨在短短一周内，用一个巴掌大的DV机，借了个笔记本电脑，在没有一分钱的情况下完成的。在片中，曾经你死我活的两岸人民，实则一奶同胞。民国建立100年了，不合、不散、不了、不舍、不悟、不透、不忍、不弃……个中滋味，越品越浓。另一部二等奖的作品《正在消失的羊城》，表现的是处于现代与传统之间的广州，让大家领略到岭南文化的独特韵味。正在消失的也许是一种物质，但文化精神是绵延不绝的。

本届大赛组委会特别关注人的心灵，关注人类环保。为此，评选了评委会特别关注奖和特别环保奖。获得特别关注奖的是《点亮一盏灯》，当中讲述了深圳人帮助贫困地区的孩子的故事，很温暖，也有些悲情。获得特别环保奖的是深圳本土作者周炜创作的《鱼的记忆》，影片记录了正在受到蚕食的大海，失去家园的鱼儿在无声地呼吁人类关注自然，爱护自然。

中国纪录片深圳日推介本土原创优秀作品 深圳一直活跃着一批具有强烈使命感和创造张力的纪录片人。他们在资金、设备和专家等资源匮乏之下，坚韧地在拍摄、制作纪录片之路上，近年来捷报频传，陆续获得国内外多项大奖。深圳纪录片呈现出走向全国、走向世界的趋势。

为了让更多深圳人看到本土纪录片，在2月15日至16日，市文联、市电影电视家协会主办了“中国纪录片深圳日”，在嘉之华中心影城举行“深圳原创优秀纪录片展映”和“国际影片观摩沙龙”，共上映了《中国有个暑立里》、《风雪可可西里》、《发现上校》、《登上＜时代＞的中国女工》、《夏爷的葬礼》、《又见私塾》、《最后的大东巴》、《荒芜与繁荣》等8部深圳纪录片。活动中，还邀请张同道作了“新媒体纪录片”创作的讲座。

《登上＜时代＞的中国女工》由王为、梅玉文导演，王为撰稿，卫世鹏摄影，李桦担任总策划，孙波担任总监制。这一题材的来源，始于2009年底，作为中国工人、中国制造的代

第三届DV大赛颁奖现场 ^

部分深圳本土原创优秀作品 ^

表，在宝安打工的黄冬艳等几名普通女工登上了美国《时代》年度人物的榜单。《时代》评述："正是这些男男女女，他们过去的奋斗、现在的思考以及对未来的看法，引领着世界经济走向复苏之路。"主创者认为他们代表了两代劳务工，集中折射了深圳经济发展和劳务工生存境况的变迁，在区委区政府的支持下将之拍摄成纪录片。该片的成功，除了精良的制作水准外，主要是制作方贴近生活、挖掘出普通新闻题材背后的现实意义。

《夏爷的葬礼》由姚旭、康家祥、余绍彬导演，余绍彬编剧，康家祥摄影，和悦担任制片人。入围第三十四届香港国际电影节国际短片竞赛单元，是深圳作品在该电影节的第一次登陆。故事的背景是一位年逾古稀的老人，在与生活抗争无力之下，万念俱灰的他决定在重阳节这天，在他寄居的立交桥下，提前为自己举办一场葬礼。全片只有短短13分钟，却凸显出小人物无常的人生。导演姚旭和康家祥阐释：用短片这种形式，让镜头的光照进了小人物的世界里，这是第一层人文关怀；而让观众们借助观看这样的短片，去比照自己的人生，思考人生、人性，是更深层次上的人文关怀。

《最后的大东巴》由谷雪儿撰稿、执导，荣获香港阳光卫视首届华语纪录片大赛长片奖。该片通过记录了大东巴们的生活现状和大东巴的仪式来展现纳西族祭司东巴的生存状态以及即将消逝的古老的东巴仪式。影片以位于纳西族圣山"玉龙雪山"近70岁的盲人大东巴和成德为主线人物，以世袭东巴为线索，通过现场跟拍、访谈、资料再现等手法，深度挖掘纳西族掌管象形文的东巴们与纳西子民生产生活间的相息关系，具有传承东巴文化的使命感和对祖先文化的保护意识。

《又见私塾》由聂晶疆、王艳编导，荣获2010年度中国电视纪录片优秀纪录片短片好作品奖、深圳第十八届（2010年度）深圳新闻奖电视专题节目二等奖。本片从私塾切入，提出如何对待中华文明和传统文化、如何重建中华民族精神家园这样一个重大的时代命题。作者历时两个月，拍摄了多家私塾及各界人士，就相关历史和理论问题进行了较广泛的研究。

《荒芜与繁荣》由杨启明导演，讲述了深圳20000名个基建工程兵的悲喜人生，再现了深圳改革开放前后的风雨春秋。编导者希望观众关注这群在特区建立初期的拓荒者。

深圳优秀海报展梳理30年影视成果 作为大运会艺术节项目之一，8月16日至29日，由市委宣传部、市文体旅游局、市文联主办的“深圳优秀影视海报展”在深圳图书馆、嘉之华中心影城、深圳华夏太古国际影城以及梅林一村等社区进行巡回展览，共展出特区30年来深圳制作的140部影视作品海报。从第一部电影获奖作品《少年犯》、第一部电视剧获奖作品《爱在故乡》、第一部在全国产生重大影响的政论片《世纪行》开始，深圳出现了各种形态的创作和制作团队，影视业出现了百花争艳、异彩纷呈的局面，涌现出《兵峰》、《命运》、《风帆起珠江》、《花季·雨季》、《夜·明》《亲情树》、《走路上学》等一批精品力作，纪录片《大爱无痕》、《好医生郭春园》、《巨变》，政论片《世纪行》、《风帆起珠江》等为深圳的30年发展留下了难能可贵的光影记录。除了广电集团和文联两个主力创作单位外，许多纪录片出自民营影视公司之手，如越众影视公司的《寻找少校》、《深圳民间记忆》等。展览的深圳影视海报，涵盖故事片、电视剧、纪录片、动画片及电视散文等多种类别，形成精彩纷呈的“光影世界”，以强烈的视觉传播方式让市民对深圳影视事业的发展有直观的了解。该活动受到广大市民的高度赞赏。

第二届金鹏奖大赛全球35个国家和地区的30184部作品 以推出精彩短片为宗旨的“金

第二届金鹏奖大赛展示及颁奖现场

鹏奖”具有新媒体、国际化、大众化特征，不仅是新媒体界、影视界举足轻重的一场盛会，而且是全世界影视爱好者展示自我、放飞梦想的最佳舞台。在首届金鹏奖的基础上，第二届金鹏奖得到社会各界的广泛关注和积极响应，共收到来自全球35个国家和地区的30184部作品。相比去年，本届的参评作品无论在数量、质量、来源上都明显高出一筹，充分反映出短片创作者对金鹏奖愈加信赖、肯定和向往。本届“金鹏奖”共设最佳金鹏短片、最佳剧情短片、最佳纪实短片等9个奖项，200部优秀海选作品将按照每个奖项1：4的比例分项评选出36部作品进入终评。主竞赛单元参赛作品内容丰富，题材多元。既有充满人文关怀的艺术片，也有视角独特的独立制作，更有明星作品参赛希望折桂，无论是创作手法、制作水准还是创意级别，都比首届参赛作品更多元和成熟。纪实类作品主要关注社会弱势群体，重视人的生存状态，多是对社会现状的一系列思考；剧情类作品则多强调人与人之间的沟通，以亲情和爱情为主题；动画类作品则突出科幻色彩，强调创意。5月13日，金鹏奖颁奖典礼在深圳广电集团电视演播大厅隆重举行。《爷爷》（《Grandfather》）

荣获评委会特别奖，《功夫兔之菜包狗大反击》（《Kungfu Bunny—Fight Back Of Vegetable》）荣获最佳系列短片，《最美的声音》（《The Most Beautiful》）荣获最佳摄影作品，《死亡游戏》（《Playing With The Death》）荣获最佳编剧奖，《奇庙单车游》（《Temple Rider》）荣获最佳导演奖，《阳光女孩》（《Sunshine Girl》）荣获最佳动画形象奖，《我很勇敢》（《I am Brave》）荣获最佳动画短片，《飞驰的火车》（《Train Of Flies》）荣获最佳纪实短片，《初吻》（《First Kiss》）荣获最佳剧情短片，《登陆阿尔法46号星球》《Yuri Lennon's Landing on Alpha 46》荣获最佳金鹏短片奖。本届金鹏奖还设置了超短片单元。《食功夫》、《鞋》、《老男孩》导演剪辑版MV、实拍歼20隐形战机成功首飞现场、旭日阳刚MV《春天里》、《乞讨少年怒抽幕后黑手》、《钱多多嫁人记》分别获得最佳乐活奖、最佳感动奖、最聚人气奖、最及时抓拍奖、最佳达人奖、最佳片段记录奖、最佳网络剧奖。

中国百强电视剧颁奖典礼在深举行 12月8日晚，"2011华鼎·凯迪拉克之夜"中国百强电视剧颁奖典礼在深圳市体育馆举行。华鼎奖是在中国人权发展基金会支持下，由天下英才传媒集团花费巨资打造的一个中国"口碑奖"，从"中国演艺名人满意度调查"到"全球演艺名人满意度调查"；从"中国电视剧满意度调查"到"中国电影满意度调查"，华鼎奖在老百姓中有着举足轻重的地位和巨大影响力。该活动始于2007年，以"独立领先"为评选理念，通过指定专业调查机构以街头拦截方式获取第一手权威数据，公正机构全程跟踪真实记录，至今已成功举办了五届，以独家性和权威性见长。2011年华鼎奖落户深圳，由天下英才传媒与深圳市委宣传部、福田区委区政府联合主办，本届华鼎奖评选标准的制订更加科学、规范和完善，更加注重把握文化发展的总体规律，更加注重遵循电视剧艺术创作的规律、更加注重体现时代之风和民族精神、更加注重强化权威性和独特性、更加注重内容创新、形式创新和传播创新。评选活动汇集了2010年9月1日至2011年8月31日期间100部作品参评。颁奖典礼上，共揭晓26个奖项，其中，孙淳、萨日娜获"年度杰出成就奖"，《黎明之前》获"百强电视剧满意度调查第一名"，阎建钢（《中国地》）获最佳导演，徐纪周、冯骥、张磊（《永不磨灭的番号》）获最佳编剧，吴秀波（《黎明之前》）获最佳男主角，陈数（《铁梨花》）获最佳女主角，祖峰（《旗袍》）获最佳男配角，邓萃雯（《新还珠格格》）获最佳女配角。深圳原创电视剧《春暖南粤》制作团队入围"最佳制作机构"，深圳广电集团深广传媒有限公司出品的《说好不分手》、《画皮》两部电视剧入围百强电视剧榜单。多部不同题材、不同类型的优秀电视剧共同获奖，奖励的意味超过竞争的感觉，形成"大团圆"盛况。

深圳多部电视剧入围"中国百强电视剧" ^

作品研讨总结经验

电视剧《说好不分手》研讨会 3月30日，该剧研讨会在深圳广电集团举行，来自北京、广州和深圳本地的10多名影视评论家，围绕该剧的思想性、艺术性、可看性，进行了广泛、深入的探讨。仲呈祥认为，剧中真实的人物、现实的情节让这部戏接上了“地气”、“人气”，艺术家对审美理想的追求、自觉的引领意识则让这部戏接了“天气”。男主角林易南身上有很多艺术家的理想色彩，应当鼓励艺术家把自己理想的光彩投入到屏幕上去，引领更多艺术家的创作。董丹弟认为该剧“可亲”、“可喜”、“可贵”，剧中塑造的几个人物真实可信。该剧没有第三者插足、家庭破裂等复杂状况出现，单单塑造了“美好而纯粹的爱情”，给观众一个惊喜。杨宏海认为，这是能够体现深圳制造特色的影视精品，剧中普世价值与传统美德相结合，夫妻之间无论贫贱、健康疾病都不离不弃。该剧标志着深圳影视创作从稚嫩走向成熟，“深圳制造”有了更能证明自身实力的成果。李亚威认为，该剧不仅紧扣时代脉搏，并唤醒了存在人们心灵深处的渴望和期许，是一个温暖的故事，一部回归人性道德作品的剧作。徐奔奔总结道，都市题材、温暖故事是该公司选择剧本的一贯追求。当今社会处于巨变中，小三、家暴、扭曲题材比较多，《说好不分手》的热播证明每个人都有纯粹情感的心理追求。

电影《守护童年》座谈会 6月14日下午，座谈会在市文联举行，由李亚威主持，深圳评论家胡滨、刘健民、周思明、李华等，出品人肖明星、小演员肖韵以及部分学生、家长出席了座谈会。该片由中国电影集团公司和深圳市委宣传部联手民营影视公司出品，开拓了儿童电影创作的新模式。胡滨认为，通过对儿童片的研讨，可以发现深圳在儿童片的生产上有一条珍珠般的链条，如《走路上学》、《我们手拉手》以及《守护童年》等，显示出深圳在影视创作上的多样性。刘健民从商业运作的角度认为不应简单地将其归进儿童片类型而造成市场和观众面的影响。该片不仅是一部文艺片，也加进很多商业元素，悬念迭出，值得一看。周思明认为该片之所以感动人，首先是抓住了少儿观众的情感需求，在抒写人性真善美的同时帮助人们特别是少儿观众了解世道人心。大家一致肯定，这是一部有看头、有市场潜力、有艺术思想的影片。

纪录片《风雪可可西里》、动画片《藏羚王》研讨会 7月29日，由深圳市文联、市文体旅游局主办，市电影电视家协会承办的纪录片《风雪可可西里》、动画片《藏羚王》研讨会在市文联举行。十几位深圳影视界专家出席了会议。应天常认为，作品体现了创作者视纪录片真实性为第一要素的职业理念，创作者善于捕捉、选择细节，更善于将细节延伸、放大、引人深思，令人震撼，是一部具有史诗和文献价值的作品。邓康延认为，这两部作品的脚本、细节珍贵，镜头得来不易，是历史少有的纪录片。从这两部片子可以看到深圳人的努力与热血情怀，深圳已经形成了支持鼓励影视精品出现的机制。有部分专家对作品提出了完善建议。申晓力认为，两部作品表现了人与自然、人与环境生态的变化，值得肯定，但技术上，影片缺少视觉冲击力，叙事结构缺少创新，更像传统的新闻片或《动物世界》，有创新的空间。罗烈杰评述，科学、健康的文艺批评有助于提高深圳原创作品的精品创作能力，召开此次研讨会主要是想通过对作品的探讨进一步繁荣影视作品的创作。

深圳获第二十八届“飞天奖”电视剧研讨会 9月8日，由市委宣传部、市文联、深圳广电集团联合主办，深圳获第二十八届“飞天奖”电视剧研讨会在市文联举行，市委宣传部、市文联有关领导及获奖电视剧主创人员、文艺评论家罗烈杰、钱强、胡滨、邓一光、李亚威、刘健民、徐奔奔、周思明、李华等，共同研讨《兵峰》、《天地民心》、《命运》、《春暖南粤》等4部获奖作品的成功经验所在以及重要意义。与会者一致认为，这些剧作之所以能脱颖而出，无不凸显出深圳文化积淀的思想锋芒和思想深度，体现了“深圳制造”不一样的精彩。

参与出品《兵峰》、《命运》、《天地民心》等3部作品的徐奔奔表示：获奖电视剧的创作者都带着一份社会责任和历史使命，通过人物塑造，传达出一种精神的力量。《命运》直面改革的艰难，大力弘扬改革者不怕杀头，不怕丢官，“杀出一条血路”的勇气；《兵峰》展示了边防军人的崇高和牺牲精神，有一种令人向往的阳刚之美；《天地民心》则体现了古代清官“为天地立心，为生民立命”的执著和顶天立地的气概。抱着“精品意识”做电视剧，让深圳出品的电视剧有了品质保证。《命运》从剧本创作到最终拍摄完成历时4年，修改次数难以计数。为了在真实性、虚构性和艺术性方面找到平衡点，创作者在电视剧创作中的许多突破，为电视剧如何真实而艺术地反映现实、直面时代提供了许多新鲜的经验。胡滨认为，深圳在文化强市进程中着力推进包括影视工程、音乐工程等系列文艺创作工程，形成一种长效可持续发展的繁荣态势。当前的文艺创作尤其需要思想的力量、信仰的分量，要有道德和文化的坚守，这几部作品都体现出了这样的力量，对当代社会的价值观起到正面引导的作用。刘健民认为，深圳近年来拍摄的多部电视剧，呈现出规模化和产业化制作，并已融入电视剧市场，在全国电视剧制作队伍中占有一席之地。《兵峰》是邓一光工作室挂牌后的第一部长篇电视剧作品，预示着深圳文化体制改革在影视制作方面的良好开端。

罗烈杰在总结发言中谈到，4部作品让深圳收获喜悦、收获经验、收获信心。几部获奖作品有五个共同点：精品意识、文化自觉、勇于创新、扎根主流、兼收并蓄。这些特点是作品获奖的根源所在，也是今后进行文艺创作时所应遵循的经验。

《守护童年》座谈会 ∧

在今后的艺术创作中要想收获更多，必须坚持三点：第一，紧紧抓住精品意识这个龙头。文艺要大发展、大繁荣，精品生产是核心。第二，成龙配套。机制、主创团队、人才、资金等配套措施都决定了能否生产出真正的精品。第三，活跃研讨推广，加大理论研讨，鼓励文艺批评，针对一部作品有一说一，从中汲取经验、总结规律，不断推进艺术精品的创作与生产。

探索影视生产的有效机制

市委市政府大力扶持 自从深圳实施“文化立市”战略及建设“文化强市”战略后，“深圳制造”电视剧、电影持续发力，精品的意识深入人心。深圳市委市政府在扶持文艺精品的创作过程中，不论体制内外，不论投资主体、不论投资规模，在资金、政策上都一视同仁。从项目规划、题材策划、资金保障和扶持措施，以及精品项目公开招标、艺术家工作室等方面，逐步完善催生文艺精品的体制机制。深圳的宣传文化部门很早就把视野投向了社会办的民营文化实体，实现了政府行为与市场机制的结合、社会效益与经济效益的统一。宣传文化基金艺术评审委员会定期对文艺作品进行艺术评审，对每一部作品都经过严密的选题评估、市场前景调研、分步投资阶段及后期投放市场阶段的审核，这些作品同所有影视剧一样进入市场，和别的影视剧公平竞争，接受市场检验。

高度的文化自觉与精神追求 著名文艺评论家仲呈祥评价，“深圳近年来涌现出很多佳作，‘深圳制造’影视作品最大的特点在于思想性强，有力度、有高度。”对时代主流的敏锐把握和创意精神是“深圳制造”的独特标签。评论家周思明认为，深圳获第二十八届“飞天奖”的4部获奖作品的主创者自始至终都充满了创作的激情。剧中没有时下流行的炫奇弄巧，也没有宏大奢华的场面，有的却是对民族道义的操守，历史使命的担当，古道热肠的怀抱，人性关爱的深情。在这背后，显然是文化自觉、文化自强、文化自信在起作用。文艺评论家李华认为，深圳与目前一些内地城市，在价值取向和操作策略上有一些不同之处；深圳更偏重影视的思想和社会价值，别人更追求影视的经济和市场价值；深圳更强调影视的教化功能，别人更讲究影视的娱乐功能；深圳更倾向于浪漫的表现手法，别人更多地采用写实的表现手法。在经济—政治—文化这种三角关系中，当下更多影视制作和运作，选择了以文化和政治为载体，去赚取经济利益，而深圳则是在以经济为后盾，去“反哺”文化和政治。

海纳百川的多元格局 “飞天奖”4部获奖作品题材各异，风格不同，体现了深圳这个体制各异的城市的多元包容。4部作品的主创、制作单位以深圳为主，又不拘泥于深圳。主创中既有邓一光等深圳著名作家，又有陆天明、朱秀海等国内一流编剧；制作单位中既有深圳广电集团、深广传媒公司等深圳的制作单位，又有广州、北京、吉林、西安等多家影视制作单位加盟；投资主体中既有国有单位，又有民营影视企业，体现了“深圳制造”文艺作品海纳百川的气度。

民间资本积极投入影视行业 民营影视机构正逐渐成为深圳影视作品创作的主力军，他们具有较强的生产能力、较高的原创水平和敏锐的市场判断，在电影、电视剧、动漫、纪录片四个领域都取得了丰硕成果。如深圳市越众影视有限公司是一家成立于2007年10月的民间纪录片专业制作机构，主要从事历史、人文、地理、社会等类型纪录片的制作和发行。主创人员由知名学者、资深编导、摄像师等构成。目前已经制作出版了《寻找少校》、《深圳民间记忆》、《唐卡》、《岁月山河三十年》、《六十年三地歌》、《迁徙》、《发现少校》等几十集纪录片，十多次荣获国内纪录片大奖。

年初一连3部电视剧登陆央视的深圳美迅嘉润影视投资有限公司成立于2010年5月26日，是一家立足国内和国际市场，专门从事电影、电视剧、纪录片和新媒体制作、发行、艺人经纪、广告整合营销、国际合作等新锐业务的一体化综合娱乐传媒公司，并与中国最大的传播平台中央电视台结为合作伙伴。该公司善于与媒体合作，主营三大核心业务：影视项目的投资制作及国内外发行、项目的国际销售及整合营销、艺人经纪。公司创始人和管理团队在中国电视业从业长达15年，成功制作过多部高收视率的电视剧和纪录片。其中，《梨花泪》于2010年代表中国参加了被誉为“世界影视交易奥斯卡”的MIPCOM交易会，在100项影视节目的激烈竞争中脱颖而出，入围了官方活动亚洲节目论坛，并成为中国民营公司中排名第一的推荐节目。除了影视作品，美迅嘉润公司也制作了多部纪录片，协助BBC纪录片拍摄团队拍摄了关于中国风光、文化的纪录片，利用国内顶尖的航拍设备对长城、张家界、喜马拉雅西南山脉、长白山等处的自然风光进行了拍摄，得到了国内、国际同行的认可。

具有“文化产业航母”之称的华侨城集团也进军影视业，在2011年7月与深圳市远望落星山科技有限公司举行项目签约仪式，华侨城以1800万元增资收购落星山60%股份，落星山更名为“深圳华侨城文化旅游科技有限公司”。华侨城收购落星山，意在数码影视、多媒体交互等领域提升华侨城旅游产品品牌形象，有助于实现产业战略延伸建立后续衍生产业链平台，增强主题游乐项目中更丰富的主题文化内容和创意支持。公告披露，深圳市远望落星山科技有限公司是成立于2009年，在文化旅游科技产品、4D数码动画影视设计等领域拥有高效的管理团队、专业的技术人才和丰富的开发经验，并拥有多项专利及著作版权。

越来越多的影视制作公司将目光投向深圳，有的将总部迁到深圳，美迅嘉润公司是其中之一。该公司总裁徐雨认为，深圳的影视环境不一定全国最好，但绝对最适宜文化企业生存。“深圳制造”反映了这座年轻城市的活力和凝聚力，移民是这座城市的标签，其包容性是国内任何其他城市无法望其项背的。而且，深圳毗邻港澳，通达各地，依山傍海，风景秀美，购物、食宿、生活便利，有着得天独厚的条件。电视剧《春暖南粤》制片人兼编剧陈慧群说：“深圳给民营影视人提供了宽松的艺术生产环境和完善的精品扶持机制，让我们在这片热土上扎根。”

推动深圳影视走向世界 影视语言是世界性的艺术语言，影视艺术是国际文化交流的重要工具，影视艺术必须置身于世界文化氛围中才能取得真正的发展。让深圳影视走向全国、走向世界，是影视创作者的目标。电影《走路上学》在2010年度中国电影“走出去”中表现不俗，树立了中国电影的良好形象，也扩大了深圳的影响。深圳纪录片一直保持着旺盛的创造力，出现了一批优秀的创作者，在产量、质量、影响力方面具有一定的代表性，艺术水准引起了同行和学者的关注与赞赏。在“走出去”方面也有了良好的开端。《中国有个暑立里》证明了运用“世界语言”的成功；《寻找少校》入选文化部对外交流影片，译成10种文字，与《发现少校》一道，正式出版DVD光碟在海外华人圈发行，成绩不俗。动画片《熊出没》不仅屡屡获奖，在国际市场竞争中，更取得了优秀的销售成绩。早在国内发行启动之前，该动画片已经收获了来自俄罗斯、意大利、马来西亚等多个国家的订单，2011年度出口至全球50多个国家和地区。《熊出没》的国际市场表现，正是华强动画“走出去”的一个缩影，截至2011年底，华强动画已经发行至美国、意大利等100多个国家和地区，累计出口数量超过10万分钟。通过国际合作，深圳影视产品进入更多的海外播出平台，让更多海外观众了解中国文化，也能在合作中学习国外先进的节目制作技术和项目运营管理模式，促进影视行业整体素质的全面提升。

邓一光提案在深圳建影视创意产业“第三极” 影视创意产业是构成一个国家和地区文化产业核心竞争力的源头，是发展文化创意集群的核心产业，其发展水平成为衡量一个国家和地区文化产业竞争力的重要指标。在建设“文化强市”，发展文化创意产业的整体框架下，市政协委员邓一光提出《关于打造深圳电影工业的提案》，建议深圳联手香港，建设成为中国影视创意产业的“第三极”。邓一光在提案中认为，以新的发展理念打造电影工业，并成为深圳文化产业的龙头，将在深圳“后30年”发展中有效弥补土地资源匮乏、传统文化稀缺等城市劣势，并帮助深圳确立起作为一座国际化城市、作为一个创意城市的世界性文化诉求。他分析，深圳发展电影创意产业的主要优势表现为——创新思维的国内领先优势；发展文化产业的政策配套优势；由多元文化的城市包容性所形成的社会文化优势；高新技术产业领先优势；创意人才密集以及对创意具有强烈需求的城市；具有创意资源密集的产业配套优势；资本平台优势；与香港电影业形成紧密合作可能性的区位优势等。

对于深圳打造电影工业，邓一光提出了多条具体办法——以政府和企业多元合作的方式，给予专门的政策扶持，启动“深圳电影工业”计划；运用财政、税收政策，鼓励发展“电影工业”产业；建立合理的产业布局，利用中心区的文化区位优势，布局“深圳电影创意产业孵化器”，整合产业资源和要素，为影视创意产业聚势，并逐步建设成为深圳影视创意产业的总部基地；利用深圳东部滨海条件优势，在城市总体规划框架下，布局全产业链的“深圳电影创意产业基地”，并逐步建设成为深圳电影工业产业体系，以及影视创意主题旅游目的地；与香港电影的整体产业升级对接，形成深圳电影工业的“产业样式”，将深圳建设成为中国电影工业第三极。

2011深圳音乐·实力再显

2011年是中国共产党成立90周年，也是深圳的“大运年”，对祖国和党的热爱，对深圳这块热土的认同，成为2011年音乐工程的精神脉流。深圳音乐创作一如既往发挥“主旋律”创作的优势，围绕特定主题，谱写出激情四溢的音符。无论是资深音乐人，还是崭露头角的年轻创作者，都开始尝试不同的创作风格，引入多元化的元素，更具有先锋特质，彰显了音乐创作的实力。

音乐工程成果斐然

《走向复兴》、《迎风飘扬的旗》荣获“唱响中国”第一、第二名 由中央电视台、中央人民广播电台、中国音乐家协会、中国艺术研究院联合主办的“唱响中国——群众最喜爱的新创作歌曲”征集评选活动旨在通过宣传推广一批风格多样、时代感强、易于传唱、人民群众喜闻乐见的好歌、新歌，向中国共产党成立90周年献礼。活动自2010年4月启动，得到全国各地音乐机构和歌曲创作者的积极响应。2011年3月，组委会组织部分知名词曲作家、社区居民代表及大学生代表，从18132首应征歌曲中遴选出36首入围歌曲进入终评。经过来自31个省区市的群众评委、专家评委和广大网民对36首入围歌曲的认真评选，最终评出《走向复兴》、《迎风飘扬的旗》、《阳光路上》、《最美的歌儿唱给妈妈》、《国家》、《两岸一家亲》、《我要去延安》、《相亲相爱》、《好男儿就是要当兵》、《卢沟谣》等10首获奖歌曲。位列获奖曲目第一名的《走向复兴》，由李维福作词、印青作曲。振奋人心的歌词配合进行曲的节奏，铿锵有力擂响走向复兴的战鼓，在中华民族走向复兴的道路上，起到催人奋进的激励作用；展示了当代中国人民的理想信念和精神面貌，体现以爱国主义为核心的民族精神和以改革创新为动力的时代精神，传递出亿万人民的共同心声；被称为“新时代的义勇军进行曲”。位列获奖曲目第二名的《迎风飘扬的旗》，由唐跃生作词、姚峰作曲。歌曲以时而激昂、时而细腻的艺术情感，饱含深情地回顾了中国共产党走过的光辉历程和中华大地60多年间发生的沧桑巨变，刻画了一面飘扬在每个人心中、引领我们不断走向繁荣富强的神圣旗帜，唱出了老百姓对祖国、对党的一片深情，引发全国听众的共鸣。这两首歌曲，都是深圳“音乐工程”优秀歌曲创作的标志性作品。5月21日，《唱响中国》颁奖音乐会在中央电视台一号演播大厅隆重举行，中共中央政治局委员、中央书记处书记、中宣部部长刘云山出席观看颁奖音乐会，并接见获奖词曲作者。

《走向复兴》、《迎风飘扬的旗》唱响中国 ^

7月1日，深圳音乐人姚峰、唐跃生、李维福在央视“艺术人生”栏目畅谈创作主旋律歌曲的体会 ^

深圳音协合唱团在第八届中国音乐金钟奖合唱比赛中夺冠 ^

深圳音协合唱团“金钟奖”合唱比赛夺冠 由中国文联、云南省委省政府、中国音协主办的第八届中国音乐金钟奖合唱比赛于6月22日在昆明落幕。中国音乐金钟奖是由中宣部批准、全国唯一常设的音乐综合性大奖，每两年举办一届。“金钟奖”共有四个子项，包括表演奖、作品奖、理论评论奖和终身成就奖。“金钟奖”合唱比赛是金钟奖的子项表演奖的一个分项赛事。此次大赛与第二届“中国聂耳音乐（合唱）周”有机结合，是中国音乐界向中国共产党90华诞献上的一份厚礼。本届金钟奖合唱比赛有两个特点：一是规模大，具有群众性。来自全国23个省、区、市以及中央直属机关、部队的39支合唱队，近2400人参加了此次比赛。二是80%的合唱

金奖获得者孙琦、王晰 ^

“部落组合”获“最佳音乐表现奖” ^

组合组金奖Halo乐队、PTS乐队 ^

团为专业音乐学院、艺术学院大学生组成的合唱团，部分参赛合唱团均为两次或两次以上参加“金钟奖”合唱比赛。作为非专业的合唱团体，深圳音协合唱团首次参加此项国内最高规格的音乐赛事。在领队熊家源、指挥陈光辉的带领下，团队始终保持最佳状态，在第一轮比赛中，演唱了《大青藏》、《Ave Verum》以及深圳原创歌曲《永远的小平》等曲目，成绩名列前茅。在第二轮比赛中，及时总结经验，调整思维，以饱满的激情和高超的合唱技巧演唱了《大江东去》、《春天来了》等曲目，一举夺得本次大赛3个金奖中的第一名，赢得了观众热烈的掌声和评委的高度评价，创出深圳音协合唱团建团来的最好成绩。

“金钟盛典”在深举办 作为深圳音乐工程的重头戏，中国音乐金钟奖流行音乐大赛自2009年起与深圳结缘，2011年第二次在深举办。流行音乐大赛是“中国音乐金钟奖”子项赛事，是中国流行音乐唯一的国家级政府大赛，本届由中国文联、中国音协和深圳市委宣传部联合主办，深圳广电集团和中国音协流行音乐学会承办。从3月开始，金钟奖历经了全国10个地面赛区和1个网络赛区的40场比赛，并首次设立了港澳台赛区，吸引了内地和港澳台20万人报名参赛，真正实现了“最大众的国家级赛事、最专业的全民化参与”，为深圳“音乐工程”写下又一华彩乐章。

9月10日晚，第八届中国音乐金钟奖流行音乐大赛决赛暨颁奖晚会——“金钟盛典”在深圳宝安体育馆举行，并通过深圳卫视向全国直播。中国音协名誉主席吴祖强，中国文联副主席吴雁泽，中国音协主席赵季平，中国音协分党组书记、驻会副主席徐沛东，中国音协流行音乐学会名誉主席谷建芬，中国文联国内联络部主任罗成琰，中国音协副主席廖昌永、印青，中国音协流行音乐学会主席付林，中国音协分党组成员、副秘书长韩新安，深圳市政协副主席林洁等出席了颁奖晚会。深圳市委宣传部副部长刘璋飙评述道：金钟奖推动了深圳原创音乐发展，搭建起本土音乐家与全国各地音乐名家的交流平台，整合了各方资源，巩固了深圳作为中国流行音乐重镇的地位。金钟奖在今后发展中将注重市场开发、资源整合、人才培养，打造出一条完整的金钟产业链，中国流行音乐进入“金钟”时代。

本届流行音乐大赛吸引了来自内地与港台不同年代的中国乐坛名家、实力派唱将及知名音乐制作人的参与，国内有吴祖强、吴雁泽、谷建芬、赵季平、徐沛东、李谷一、印青、付林、宋祖英、韩红、刘欢、陈小奇、三宝、王晓锋、甲丁、成方圆、李海鹰、宋柯、谭晶、周立波、毕晓世、小柯、科尔沁夫、汪正正、捞仔、德德玛、陈彤、谷峰、蔡国庆、毛宁、羽泉；港台的有齐秦、罗大佑、陶喆、小虫、周治平、黄舒骏、辛晓琪、游鸿明、林隆璇、肥妈、萧煌奇、袁惟仁等。活动有20万人报名参加，嘉宾、专业评委精彩观点多元碰撞，让继续坚持"国家级专业大奖开门办赛"以及与大众传媒深度结合的"中国音乐金钟奖流行音乐大赛"焕发出强大的凝聚力与号召力。经评选，孙琦、王晰分别夺得女子、男子组金奖。Halo乐队和PTS乐队共同夺得组合组金奖。宝安区委区政府获颁"特别贡献奖"，草根乐队"部落组合"荣获"最佳音乐表现奖"。"部落组合"4名成员都是"80后"劳务工，其中有3名来自边远的少数民族地区，他们在宝安做过流水线工人、工地小工、公司文员等不同工作。异乡谋生的艰难没有扼杀他们心中涌动的青春豪情，在金钟奖舞台上，他们组成"部落组合"，用独具特色的歌声以及内心勃发出的"追梦"精神，成功跻身全国五强，被誉为深圳版"旭日阳刚"。颁奖典礼上，"部落组合"以感恩之心唱了一曲《阿芝》。他们表示，"我们一步步走得很踏实，一直在向上走。深圳和宝安给了乐队成长的土壤，让我们离自己的梦想越来越近，感谢政府为'草根'插上腾飞的翅膀。"

9月27日，《人民日报》发表评论文章，认为道："金钟奖不仅仅是一场独立的音乐比赛，更是整个中国文艺界的有机组成部分。比赛中，通过评委、嘉宾和选手之间的交流和真实个案的剖析，对在商业浪潮冲击下价值观破碎的文艺圈发出了有价值的声音。无论是对'灵魂歌者'龚泽艺的鼓励和尊敬，还是对'贝多芬女孩'张可凝健康的关注，所具有的人文关怀，真挚而动人。从点评嘉宾对选手向谁鞠躬的细节追究，到'艺德修为与艺术人生'的探讨，均凸显对歌手人格塑造的关注。"

音乐工程2011年度优秀歌曲评选 深圳音乐工程以委约、招标等多种机制相结合的方式，调动全市力量和本土创作资源，集合专业人士和民间音乐力量，探索音乐工作室等发展的新机制，加强与国内一流词曲作家的联系与合作。国内著名音乐家印青、孟庆云、郑秋枫、李汉颖、鲍比达、王平久、梁芒等和深圳原创音乐精英分子姚峰、王佑贵、房千、唐跃生、何沐阳、部落组合、积木鱼、金科、吴小宇等积极参与。2011年度共创作歌曲43首。9月份，评选出33首词曲俱佳、悦耳动听的歌曲作为重点曲目进行集中推广和精心打造。入选歌曲分别来自9个不同的选送单位，除了市委宣传部、市文体旅游局和市文联等市级宣传文化部门与群团组织外，罗湖、福田、宝安、龙岗等基层均有歌曲入选，具有广泛的代表性。为增强音乐工程影响力，推出真正为群众所喜爱，能够广泛流传的歌曲，组委会面向全市招聘100位市民评审员（自愿参加，义务评审），从中评选出25首，再以专家评审和市民评审成绩结合的方式选定10首，其中专家评审成绩占60%，市民评审成绩占40%。最终，评定的"音乐工程"2011年度十佳金曲是：《我是一棵簕杜鹃》（姚贝娜）、《来了就是深圳人》（徐千雅）、《山的美，城的美》（部落组合）、《漂亮妈妈》（豆豆）、《青春之城》（金科、吴强、塔列、李宏）、《一路上有你》（姚贝娜）、《阿芝》（部落组合、林晓薇）、《微笑深圳》（原琳琳、杨乐）、《深圳NO.1》（王胤祺）、《心愿盐田》（王晰）。特别奖是《中国，我为你歌唱》（王莉、汤非）、《圆圆的思念》（廖昌永）。

"音乐工程·鹏城歌飞扬"深圳原创音乐2011年度颁奖典礼现场 ∧

最佳女歌手 ∧

最佳男歌手 ∧

最佳唱作人 ∧

最佳乐队 ∧

"幸福杯"原创音乐大赛冠军：骆驼强子，亚军：赵闯（左）、万昕（中）、李伟龙（右），季军：凌玲（左）、屈晓宇（中）、印良（右） ∧

"鹏城歌飞扬"2011年度十佳金曲 由深圳市委宣传部、市文体旅游局、市文联、深圳广电集团主办，深圳广电集团音乐频率（飞扬971）、龙岗区委宣传部、市音乐家协会承办的"鹏城歌飞扬"是音乐工程的重要组成部分。本年度，深圳音乐人不懈地坚持原创，以歌声来表达对生活、世界的思考，新人新作展示了深圳音乐的新风貌、新动向、新声音。2011年度"鹏城歌飞扬"十佳金曲由来自北京、香港、武汉、深圳的行业专家和数以万计的听众共同投票选出。《我们这一辈》（王佑贵）、《父亲》（青格）、《S0》（李行亮）、《出发》（陈刚）、《不能爱下去》（潇锋）、《纪念日》（惠雷、）《追风筝的孩子》（陈楚生）、《燃烧爱》（徐千雅）、《有你在身边》（刘惜君）、《最后一秒》（陈昕）获2011年度"鹏城歌飞扬"十佳金曲。惠雷获年度最佳男歌手，青格获年度最佳女歌手，李行亮获年度最佳唱作人，0755乐队获年度最佳乐队奖，丹戈尔获年度最佳新人奖，金科获年度最佳作词奖，积木鱼获年度最佳作曲奖，刘惜君获年度飞跃大奖。

首届“幸福杯”原创音乐大赛 由市音乐家协会主办，福田区委宣传部、文体局、文产办指导和支持，市佳邦文化发展有限公司承办的首届“幸福杯”G3网络原创音乐大赛于5月26日启动，经过初赛、复赛、半决赛、总决赛4个赛程，于9月29日在福田区文化馆石夏南分馆角逐出最后冠亚季军得主。骆驼强子（新疆）的《爱之眼》荣获冠军，李伟龙（甘肃）的《是明天的明天还是明天》、赵闯、万昕（云南）的《你最美》荣获亚军，印良（天津）的《回家》、屈晓宇（河南）的《迷路》、凌玲（越南）的《我是个最傻的男人》荣获季军，另有5首参赛作品获得优秀奖。本次大赛是一个全国性的网络原创音乐大赛，以“因为音乐，生活更加精彩；因为梦想，让音乐展翅飞翔；魅力深圳，相约深圳，为大运会加油”为主题，以“动感音乐，深圳制造”、“放歌深圳，红动中国”为口号，倡导原创原唱，旨在为社会自由音乐人、业余音乐爱好者与唱片公司搭建一个音乐交流舞台，在推动“中国制造”流行音乐元素发展的同时，促进深圳本土流行音乐的多元化成长，提升深圳流行音乐的国际化水平，构建深圳原创音乐产业链整体优势，为深圳打造流行音乐南方重镇提供一个长期展示与推广的平台。本届大赛具有不同于同类活动的两大亮点：一是通过比赛的方式，遴选出优秀的演唱人才、原创作品，进行表彰和奖励；二是让文化企业签约优秀的艺人和购买原创版权，建立艺人和公司签约合作的长效机制。大赛决赛现场，颁发了13万元现金大奖。承办方表示，“幸福杯”G3网络原创音乐大赛将每年举行一次，坚持网络与现场相结合的模式，既要挖掘原创艺人也要挖掘原创作品。

交响乐《人文颂》首演 儒家文化交响乐《人文颂》（王宁作曲，艺衡作词）是深圳市音乐工程重点项目，由市领导策划指导，市委宣传部组织实施，市文体旅游局协调推进。从创意到初步成型历时5年。8月31日，《人文颂》作为大运会艺术节闭幕音乐会首度在深圳音乐厅演出，由张国勇指挥，男高音歌唱家戴玉强、男中音袁晨野、女中音杨光、女高音沈娜组成领唱阵容，深圳交响乐团、上海歌剧院合唱团、深圳“百合”儿童合唱团联袂演唱。《人文颂》主要表现中国传统文化的核心价值，以“仁、义、礼、智、信”为核心，弘扬中国传统文化道德思想和人文精神。作品由序曲、仁、义、礼、智、信、尾声7个乐章组成，旨在用现代音乐的形式和现代理念去阐述儒家文化，用声音的方式对儒家文化传统进行一次寻根与回溯。它是对中国文化精神与文化传统的音乐演绎，也是对儒学创新与当代中国社会实践如何结合的一次声音的探索，表现出“活的传统、新的文化”，以金声玉振，传达天地和鸣，奏唱一曲浩荡磅礴的华夏之声。整场交响乐以各种不同的声乐与器乐的组合、以交响性的手法与宏大的构思、深厚的文化底蕴、精湛的创作技法与浓郁的民族风格和时代精神，表现了作品主题思想内涵。音乐风格恢宏壮丽，古雅清新，优美抒情，充满中华民族文化底蕴和时代气息。声乐上独唱、重唱、合唱与乐队交相辉映，绚丽多彩。在演唱上运用

交响乐《人文颂》演出现场 ^

"吟诵"，并在独唱与合唱上充分展开，形成宏大的"吟诵"高潮，极富震撼力。在乐器上运用编钟、编磬、古琴及笙、箫，古老的柷和敔等民族乐器。这些技术手段的设计和使用，增强了时代文化色彩和古朴的音乐气韵，有利于塑造和构建宏伟的交响合唱作品。

9月1日，市委宣传部组织了《人文颂》创作研讨会，北京及全国各地音乐界及儒学专家学者王世光、修海林、张国勇、姚关荣等对音乐创作的成功给予充分肯定和高度评价，并提出进一步完善的建议。

"钢琴之城"建设上台阶

第二届中国深圳国际钢琴协奏曲比赛 10月23日至11月5日，第二届中国（深圳）国际钢琴协奏曲比赛在深圳举行。这项经文化部批准，由深圳市政府主办的高级别、高规格的国际钢琴赛事，是由国家正式批准的中国第三个最高级别的国际钢琴赛事，也是深圳在文化艺术领域举办的最高级别的赛事，标志着深圳"钢琴之城"的建设迈上了新台阶。本届比赛评委会主席由中国著名钢琴教育家周广仁教授担任，著名钢琴教育家但昭义担任艺术总监，其他12位评委都是国际著名钢琴家和国际重大钢琴比赛的主席或艺术总监。共设15场比赛，并举办了开幕式音乐会和闭幕颁奖音乐会。所有比赛门票全部低价，吸引广大市民参与本项赛事。比赛期间，13位德高望重的国际大师级评委、10多位国内外音乐界的重量级嘉宾和30多位琴艺精湛的青年才俊汇聚深圳，以丰富的钢琴艺术盛宴，吸引了媒体和深圳市民的广泛关注，同时也向世界展示了深圳的城市文化形象。

本次赛事要求参赛选手从初赛、复赛到决赛全部演奏协奏曲，由深圳交响乐团为比赛选手协奏，搭建一个为年轻钢琴家与交响乐团合作演奏钢琴协奏曲的平台。大赛历时14天，共举行了8场初赛、4场复赛、3场决赛、3场音乐会、10场大师班。来自中国、美国、俄罗斯、法国、乌克兰等15个国家和地区的35名选手大展琴技。经过3轮激烈的比拼，俄罗斯选手戈琳娜·克斯提亚科娃最终夺得第一名，法国选手姆拉登·克里奇和俄罗斯选手安东伊古诺夫分别获得第二名和第三名。中国选手李金鸿、韩国选手韩赐昊和俄罗斯选手亚历山德拉·赞伊特塞瓦一同获得入围决赛奖。11月5日，颁奖仪式暨闭幕音乐会在深圳音乐厅举行。深圳市市长许勤出席并为获得第一名的选手颁奖。文化部外联局处长王汉杰，中国音协主席赵季平、名誉主席吴祖强，省文化厅厅长方健宏，深圳市领导闫小培、吴以环、陈思平等出席颁奖仪式并为获奖选手颁奖。

"琴城和韵"第六届双钢琴四手联弹表演赛 由福田区委宣传部（区文化体育局）主办，区文化艺术培训行业协会承办的"2011中国·深圳第六届双钢琴四手联弹表演赛"于12月3至4日在深圳音乐厅举行。本赛事由但昭义担任艺术顾问，李奕昭担任艺术总监，是深圳及全国各地钢琴学习者交流的年度盛会，也是深圳青少年钢琴教育成果的一次集中检验和展示，吸引了来自中国深圳、上海、台湾、广州、佛山，以及加拿大、印度尼西亚等5个国家和地区的163组共计322人参赛。参赛选手以少年儿童为主，也有中青年和老年钢琴爱好者，其中年龄最大的67岁，年龄最小的4岁。本届表演赛的组合形式多种多样，有国外组合、中外组合、兄弟姐妹组合、母女组合、双胞胎组合等。不同国籍、年龄、性别、职业、文化背景的选手利用一架或两架钢琴默契配合，合作表演，共同为听众演奏钢琴曲。12月9日晚，举行了"琴城和韵——2011中国·深圳第六届双钢琴、四手联弹表演赛颁奖音乐会"。深圳艺术学校蔡蕙萍、段家琪获得双钢琴专业组一等奖，星海音乐学院栾鸾、黄恬恬获得四手联弹专业组一等奖。晚会上，获奖选手演绎了舒伯特、门德尔松、瓦格纳、贝多芬等大师的作品。大赛期间，组委会还特邀广州星海音乐学院教授黎颂文举办大师班，麦哲伦、舒曼夫妇大师交流会等活动，通过点评参赛选手现场演奏和互动的形式，讲解钢琴演奏的诸多技巧和要领，帮助选手和学琴人群提升技能。

第二届中国深圳国际钢琴协奏曲比赛现场 ^

第六届双钢琴四手联弹表演赛评委与获奖选手 ^

钢琴教育家但昭义艺术人生系列活动 2011年度，“培养世界冠军的钢琴教育家——但昭义艺术人生”系列活动先后在成都、宜昌、上海、香港、北京、深圳等地举行。活动内容包括《但昭义系列丛书》签售、“钢琴之城建设与但昭义艺术人生图片展”等，但昭义与广大市民交流艺术人生和教学成功之道。市委常委、宣传部长王京生出席了深圳站活动，代表深圳市委市政府对但昭义教授在钢琴艺术领域所取得的重大成就和《但昭义系列丛书》的出版表示热烈祝贺，向但昭义表示感谢，感谢他为推动深圳钢琴教育的普及与钢琴之城建设所做出的突出贡献。王京生用“根之茂者其实遂，膏之沃者其光晔”来描述但昭义40多年辛勤耕耘所换来的累累硕果，称其为深圳乃至中国钢琴教育和钢琴艺术事业的一面旗帜。1995年，但昭义从四川音乐学院调入深圳艺术学校。16年来，他先后培养了李云迪、陈萨、张昊辰、左章等一批青年钢琴家，创造了中国钢琴教育的一个奇迹，推动深圳艺术学校成为青年钢琴家的“摇篮”；他专注于钢琴艺术教育，充分利用自身专业特长和在国内外业界的影响力，积极参与、打造了“中国（深圳）国际钢琴协奏曲”比赛这一文化品牌，为深圳建设“钢琴之城”奠定了基础。《但昭义系列丛书》由其母校四川音乐学院高教研究所精心策划、编撰，由上海音乐出版社出版发行，凝结了但昭义从教40多年来的心血结晶。该书的签售活动受到读者的热捧。11月22日，“钢琴是这样炼成的——但昭义获奖学生音乐会”在深圳音乐厅演出，陈萨、张昊辰两位世界冠军领衔演奏，薛啸秋、杜天奇、潘林子、古静丹、王雅伦等共同演奏，充分展示但昭义的钢琴教育成果。

人才培育卓有成效 以但昭义教授为领军人物的钢琴艺术教育品牌已成为深圳一张烫金的文化名片，也让深圳艺术学校成为国内同类院校中的领军者和在国际艺术教育领域的

钢琴教育家但昭义艺术人生系列活动现场 ^

深圳艺术学校25周年校庆音乐会 ^

名校。经过25年的艰苦奋斗和辛勤耕耘，深圳艺术学校从一所名不见经传的学校发展成为专业设置齐全、师资力量雄厚、在全国享有一定知名度的艺术类专业学校，在国际艺术教育界也具有一定的知名度。2011年度，深圳艺术学校学生在各种比赛中获奖94人次。重要的奖项有：在上海音乐学院精英班重奏比赛中，李靖懿、王欣桐、陈晴获少年组重奏组二等奖，许兰希、温燕婷获少年组重奏组专业少年B组银奖，王子羽获少年组重奏组专业少年B组铜奖；在新加坡第五届中新杯国际音乐比赛中，刘佳韵获钢琴肖邦组金奖，缪晓燕获优秀指导教师奖；在第一届亚太地区双排键电子琴比赛中，李能获青年组一等奖、中国作品奖，王嘉欣获少年组一等奖，马莹莹获优秀指导教师奖；在第十六届香港－亚洲钢琴公开赛中，潘山获获公开组第二名及最佳贝多芬演奏奖、青年组第二名，覃文姗获少年A组第三名、少年B组获第四名，陈光泉获优秀指导教师奖；在第七届欧洲EPTA国际青少年钢琴比赛中，覃文姗获少年A组第四名；在第二十一届意大利巴莱特国际青少年钢琴比赛中，李敏婕获少年B组第一名绝对奖和亚洲音乐特别奖；在中国昆明第四届“春城杯”艺术节全国青少年键盘艺术大赛中，王天琪、陈静仪、谢海晖和钟媛仪获职业Q组金奖、银奖。除钢琴外，其他艺术项目赛事也获多个奖项：张红、虞启龙获第二届孔雀奖全国中等艺术学校声乐比赛金奖、银奖；龚捷获“敦煌杯”首届全国青少年琵琶大赛银奖，傅华强获优秀指导奖；李歆琳指导学生获第六十四届世界杯手风琴锦标赛中国手风琴展演团体金奖；黄宇正、王辰旭获中国华南地区第三届管乐、打击乐独奏、重奏一等奖。

12月17日，深圳艺术学校在深圳音乐厅举行25周年校庆音乐会，由但昭义领衔的深圳艺术学校师生，用一台创意钢琴晚会为母校献上深情的生日祝福，为深圳“创意12月”献上一部“青春奏鸣曲”。

音乐创作与活动突出年度主题

“迎风飘扬的旗”大型交响合唱音乐会

6月29日，由市委宣传部、市文体旅游局和市文联共同主办“迎风飘扬的旗——深圳市庆祝中国共产党成立90周年大型交响合唱音乐晚会在深圳音乐厅隆重上演，以丰富多彩的艺术形式、激情满怀的群众歌咏为中国共产党90华诞献上祝福，把深圳市纪念建党90周年系列活动推向高潮。王荣、白天等市几套班子领导和李灏等市老领导及深圳市直各部门、各区委区政府、驻深局以上单位负责人、党员代表、市民代表1000多人观看了音乐会。

音乐会以“迎风飘扬的旗”为主题，以党的光辉历程为主线，展现“时代的印记，永恒的旋律”，用歌声体现党对深圳这座城市的建立、发展所倾注的心血和关怀，讴歌伟大的党，唱出深圳的心声。整台音乐会分为两部分：第一部分为群众合唱，5支基层合唱队伍登台放歌。第二部分为交响合唱，包括序、第一乐章《黎明曙光》、第二乐章《初升太阳》、第三乐章《盛世辉煌》和尾声《深圳心声》五个部分。深圳交响乐团及附属合唱团、深圳群声合唱团、深圳中学合唱团等本土文艺团体组成了主体演出阵容，并特邀中央歌剧院、中国音乐学院的著名歌唱家和国内著名朗诵艺术家参与演出。音乐会选取了中国共产党成立90年来各个历史时期最具代表性的歌曲《唱支山歌给党听》、《绣红旗》、《妈妈教我一支歌》等为主要曲目，主题鲜明、气势宏大，结构严谨、脉络清晰。以交响乐、独唱、合唱、视频及配乐诗朗诵为主要艺术表现形式，以LED大屏幕为载体，声画交融，融思想性、艺术性、观赏性于一体。音乐会最后，全体演员与观众齐声高唱深圳原创歌曲《迎风飘扬的旗》、《走向复兴》，激励深圳市人民振奋精神，燃烧激情，敢闯敢干，再创辉煌。

“放歌深圳·唱响心声”群众歌咏活动 6月15、16日，“放歌深圳·唱响心声——深圳市庆祝建党90周年”暨“歌声传递微笑”群众歌咏活动的独唱、重唱、小组唱专场和合唱专场在深圳音乐厅举行。来自各区和市教育局、市文体旅游局、市卫人委、团市委、市委组织部选送的16个合唱团参加了展演。本次活动以“放歌深圳·唱响心声”为主题，是全市庆祝建党90周年和迎大运活动的重要组成部分，也是一次较大规模的群众歌咏活动。采取独唱、重唱、小组唱、小合唱、大合唱等艺术形式，设各单位专场、全市节目展演、优秀节目展演、优秀节目进社区四个环节。活动自5月开展，得到广大市民的热情参与，全市各区都举办了歌咏专场活动。据统计，共有366支队伍（组合）、7370名演员直接参与，参与观众10万余人次。其中6支合唱队伍参加了6月底举办的深圳市庆祝中国共产党成立90周年音乐会。7月份，选派了10余支队伍赴全市社区巡演。在全市掀起以“歌声传递

<

“迎风飘扬的旗”与“放歌深圳”合唱音乐会现场

<

大运会主题音乐活动

微笑”文明迎大运热潮，营造热爱祖国、热爱中国共产党的浓烈氛围。本次活动中，市委组织部等14个单位获颁“组织奖”，市老干部合唱团等32个团体和个人获“展演奖”。

大运会主题活动 在深圳迎大运、创全国文明城市中，“微笑行动”是其中一项重要活动。3月，由深圳广电集团组织创作“微笑行动”活动主题歌。经过征歌、专家论证等环节，由作家邓康延作词、知名作曲家及音乐制作人何沐阳作曲的《来了就是深圳人》被确定为“微笑行动”主题歌。这首歌巧妙契合“微笑行动”主题，以质朴而诗意的歌词，唱出了深圳的包容、友善、开放，旋律动感优美，符合深圳这座青春之城、移民之城的特质。在大运会开幕前夕，一曲《深圳欢迎你》用深情的歌声欢迎来自全世界的朋友。该歌曲由深圳音乐人吴小宇作词，刘冲、李志迪作曲，吴万力、邓钰滢、刘冲、阿海、杨乐、关芯、陈昕等7位歌手演唱。歌曲糅合了现代音乐的节奏和传统音乐元素，歌词中到处都有深圳的影子，散发深圳魅力。8月11日，深圳籍钢琴家袁芳在深圳音乐厅为“大运艺术节”演出“深圳原创多媒体音乐会袁芳钢琴专场”，将西方古典音乐与中国音乐相结合，首次演奏的由音乐家张朝改编创作的钢琴曲《春天的故事》，成为对大运会艺术节的特别奉献。由市文联主办，市春风古琴社承办，市音协和市剧协协办的“大运之夜——中华雅韵”姚亮古琴欣赏音乐会于8月24日晚在深圳音乐厅举行，演奏曲目有《祥音》、《广陵散》、《忆故人》、《春江花月夜》、《流水》、《琴与诗》、《老歌联奏》、《酒狂》等。

“两岸三地四男高音乐会” 作为“创意12月”系列活动之一，由市委宣传部、市文体旅游局主办，福田区委宣传部、福田区文体旅游局承办的“两岸三地四男高音乐会”于12月6日在深圳音乐厅唱响。来自香港的万建平、来自台湾的孔孝诚和深圳本土的乐汉宁、李源

两岸三地四男高音引吭高歌 ^

伟等4位男高音歌唱家携手同台，以“乡音乡情同首歌，两岸三地一家亲”为主题，用浓浓的乡音乡情唱响了两岸三地不变的亲情。音乐会由香港著名音乐家费明仪和台湾著名指挥家、音乐家杜黑担任艺术总监，著名男高音歌唱家程志应邀担任声乐指导，深圳交响乐团伴奏。为了突出音乐会的主题，资深作曲家陆在易特地为歌唱家们量身编配了台湾同胞怀念祖国、感人至深的《望乡词》。4位男高音歌唱家，既有共性又有个性，他们的倾情演唱，受到观众的热烈欢迎。

建言献策促进合唱艺术繁荣发展

12月29日，由深圳市委宣传部、市文联主办的“深圳音协合唱团在第八届中国音乐金钟奖合唱比赛夺冠座谈会暨汇报演出”在市文联会议室举行。韩新安、田玉斌、杨鸿年、刘长安、徐瑞祺、田晓宝、杨庶正等中国音乐界专家和著名指挥家汇聚一堂，对深圳音协合唱团荣获第八届中国音乐金钟奖合唱大赛金奖第一名表示祝贺，并各抒己见，对深圳音协合唱团28年的发展历程、参赛获奖经历、创作与表演水平、深圳合唱艺术的现状与未来发展等多方面进行了深入的分析和探讨，畅谈合唱与社会、教育等的关系，为深圳合唱艺术事业建

出席座谈会的领导与嘉宾 ^

言献策。深圳市文联主席罗烈杰、副主席冷炳冰、钱强，市文联原副主席、市文化艺术专家联谊会副会长姚峰，市音协主席熊家源，市音协合唱团成员陈光辉、余凤兰、朱彦白、赖房千、华敏、刘所成、徐霞、王力新、徐蓓等，深圳音乐家及音乐工作者王希珍、夏枫、王俊、袁文莉、刘洋、刘梅、周春虎、赵瑞平等出席了会议。与会专家、学者盛赞深圳音协合唱团的优异表现，对近年来深圳音乐界的整体创作水准和表现力，以及“深圳创造”音乐作品对于全国的影响进行了充分的肯定。论及深圳音协合唱团的成功原因与经验，韩新安认为，核心是两点：一是体现在核心理念和观念方面，二是体现在组织管理方面。在观念理念上，深圳有一个非常高的定位和战略目标，把城市软实力的竞争当做成功的关键，建设文化强市，打造文化制高点，做文化发展的引领者。比如，深圳与中国音协共同举办的音乐工程，进行了大的资源整合，这是一个很大的心胸、视野。在组织管理方面，有市文化发发展基金作为保障，由市音协按照符合艺术规律的体制机制进行长期的运作和管理，把社会的资源进行整合，长期固化进行专业的培训和学习，同时，还与国内、国际的音乐家进行广泛的交流。这个团非常有理想、有活力、有激情，与深圳市的整体定位、状态非常契合。座谈会后，杨鸿年、徐瑞祺、田晓宝等专家以客座指挥身份指挥深圳音协合唱团演唱了《大江东去》、《永远的小平》等6首获奖歌曲。

大众音乐艺术活动走向民间

“原创音乐进社区” 这是南山区文艺活动的品牌项目，该活动旨在为深圳的原创音乐提供舞台，挖掘音乐人，挖掘好作品，传播原创音乐；并激发广大青工的创作才情，丰富他们的业余文化生活。自1月至4月，逢周六晚在百旺信工业园舞台共有15场演出。来自深圳的知名的原创音乐人走上舞台，为观众献歌，并展示原创音乐的魅力。在中国流行音乐金钟奖上获得全国七强的鹏飞、获得华语音乐大赛金奖的李上、荣获“2010年鹏城歌飞扬最佳新人奖”的萧峰、荣获“上海亚洲音乐节”、“十佳新人歌手奖”的女歌手米基等歌手以及“太阳黑子乐队”、“彩虹列车”乐队等陆续登台为观众献上优美动听的歌曲和最新作品，受到广大市民的热烈欢迎。

“周末广场音乐会” 由南山区文体局主办，深圳市世纪鹏城文化艺术表演公司承办的“周末广场音乐会”已经持续3年，成为南山区一个音乐文化品牌。2011年，共举办了28场。

^

“广场音乐”活动深受群众欢迎

摇曳的霓虹灯、激情的摇滚、沸腾的观众……在繁华的城市中，用纯粹的音乐表达人类的声音；每周无间断的广场音乐放送，书写出深圳原创音乐的新篇章。“周末广场音乐会”具有“公益性、大众互动户外广场音乐”的特点。“广场音乐”是音乐从曲高和寡的大剧院走向民间大众的趋势，其开放性与剧院相对封闭的环境是一种对照。它更自由、更开放；它不同于极端的摇滚乐，也有别于带着浓厚商业气息的流行音乐；它是群体的盛宴，带着更高号召力，更有利于提升大众的文化素养。在这个平台上，既有国内知名歌手、金钟奖得主等明星阵容，也有来自国内外的歌手组合，更多的是本土歌手演绎本土原创歌曲。在这个舞台上，既有摇滚乐、流行乐，也有古典、民谣，甚至戏曲。但这不是一个音乐的大杂烩，而是有着更高追求的新颖展现方式，将大众熟悉的音乐用独树一帜的方法展现出来。以广场为媒介，为有才华的原创音乐人提供一个高水准的传播平台，培养新生代音乐人才；也拉近了音乐与大众的距离，形成良好的大众文艺互动。

“366音乐驿站” 西丽366大街是南山区全力打造的特色街区，全长366米。2011年8月17日，改造后的366大街举办了第一次广场音乐会，深圳知名乐队芒果乐队带来的精彩节目让居民感受到新颖和热力。由此，由南山区文体局主办、深圳市飞天舞台艺术有限公司承办的“366音乐驿站”拉开周末演出的帷幕。根据改造后的建筑特色，“366音乐驿站”以布鲁斯、爵士、乡村民谣等为主体音乐类型，圆形的户外舞台，装饰着琴键的阶梯以及富含音乐元素的背景，让这条街道充满艺术气息。“音乐驿站”的进驻，完善并充实了366大街作为休闲、文化、购物的休闲娱乐平台的特性，提升了366大街的特色和形象。本年度，向日葵乐队在“366音乐驿站”演出了100场，另外加演的10场，包括从孩子们欢乐的舞台及社区才艺青工两次巡回演绎，台上台下一起，沉浸在音乐与艺术的欢乐之中。

深圳大剧院爱乐乐团成立首演 10月21、22日晚，深圳大剧院爱乐乐团首场音乐会在深圳大剧院大剧场上演。深圳大剧院爱乐乐团是继国家大剧院后第二家以大剧院命名成立的交响乐团，由一批热爱交响乐，具有相当演奏水准却散落在民间的专业人士组成，全团约80人。乐团将以深圳大剧院为基地，定期举办四种类型的音乐会：以演奏经典交响乐作品为主的主题交响音乐会；根据特定时间和内容组织的专题音乐会，如“新年音乐会”、“中秋晚会”、“歌剧精品音乐会”等；以较小的乐队编制向听众介绍古典及当代的众多室内乐形式的室内乐音乐会；此外，普及交响音乐会将安排通俗易懂、品位高雅的曲目，以指挥讲解等形式，向听众介绍作品。

音乐产业重组格局

3个国家音乐产业基地首度集体亮相 在第七届文博会上，上海、北京及深圳3个国家音乐产业基地第一次集体亮相。作为国内第一家以数字音乐概念上市的中国高新技术企业，A8音乐携旗下原创作品及数字音乐成就在新闻出版馆设展。除主会场外，国家音乐产业基地（深圳园区）分会场设于梅沙原创音乐前沿基地（简称“音乐基地”）。该基地于第四届文博会期间挂牌成立，2010年被国家新闻出版总署授予“国家音乐产业基地（深圳园区）”称号。第七届文博会期间，音乐基地分会场举办了中国音乐节产业博览交易会和“中国之声全球交易会”两项重点活动。交易会邀请了全国数十个曾经成功举办过音乐节的城市以及机构前来参展，来自各音乐节主承办机构及赞助商300人参会，并举办了中国音乐节产业高峰论坛、投融资洽谈会等相关产业活动和内容丰富的展览、原创音乐表演等活动。

第六届A8原创中国音乐大赛 由国内数字音乐巨头A8音乐打造的“原创中国音乐大赛”多年来获得了业界与乐迷的认可。2011年，第六届大赛如期展开，特别着重挖掘优质的校园原创潜力歌曲。12月4日，第六届A8原创中国音乐大赛颁奖典礼在北京举行，公布校园赛区金、银、铜奖，网络赛区年度十大金曲。作为国内备受关注的数字音乐行业，A8音乐本年度大动作不断，除了举办原创音乐大赛之外，还借助多米音乐在移动终端领域站稳脚跟，以“大学生电台联盟”搭建起一个前景广阔的年轻受众平台。A8音乐加大了对音乐内容的投入，大力发展数字音乐，在线上线下同步启动“创作人计划”，以目前线上的音乐库为来源，投资创办旗下音乐品牌布拉琪。“创作人计划”目标涵盖了目前内地所有的创作人才，期望挖掘真正有潜质的词曲编唱作者。2011年，A8音乐先后与薛之谦、王麟、龙梅子、冷漠、黑龙、雨天、阿龙正刚等多达37组艺人进行合作，推出了130余首音乐作品，24张音乐光盘。通过一系列的创新发展，A8音乐顺利完成国内数字音乐市场的格局重组，奠定无线音乐领域的领先地位。

中外歌手联合巡演 由国家音乐产业基地与北大青鸟音乐集团倾力打造的“Emma Re‘呐喊’中国2012巡演暨深圳声音走向世界”活动于12月13日在南山区根据地旗舰店启动。Emma Re是一位意大利籍的当红歌手，此次巡演是其与中国的第三次音乐对话。国家音乐创意产业基地于2010年推出原创大碟《深圳的声音》，挖掘了一批在深优秀音乐人与作品，其中金科的作品《在路上》备受歌迷称赞。此次Emma Re与《深圳的声音》制作人金科的合作，是深圳本土音乐与国际音乐的首次联合，是深圳原创音乐走出去的重要一步，计划于2012年在中国、意大利、法国、德国进行巡演。

“深圳沙滩音乐节”推行市场运营 12月23日至24日圣诞期间，由盐田区人民政府、国家音乐产业基地、北大青鸟音乐集团及花样年集团联合主办的“雪绒花花样年第七届深圳沙滩音乐节”，以“新起点新体验新盐田”为主题，以“音乐嘉年华”为核心内容，以“白色圣诞”为特点，将沙滩、圣诞与音乐进行融合。此次音乐节的主题曲为《梦想时代》，以金科为代表的深圳本土乐队，以多首原创歌曲拉开音乐节序幕，展现深圳原创音乐的实力，现场演绎《深圳的声音》中的一些歌曲，激发出许多观众的共鸣。演出阵容包括了中国原创、摇滚音乐界的重要代表性人物——“中国摇滚教父”崔健、

国家音乐产业基地深圳园区 ^

第六届A8原创中国音乐大赛 ^

“深圳声音”走向世界 ^

市场运营让“沙滩音乐节”更具活力 ^

“新校园音乐顶尖组合”水木年华，“歌坛小仙女”徐颢菲，以及由“周云山与废墟”、“二手玫瑰”、“痛苦的信仰”乐队组成的“摇滚三国”。崔健精心挑选了自己从上世纪80年代以来最受歌迷欢迎的曲目，包括《一块红布》、《超越那一天》、《一无所有》等多首歌曲；水木年华演唱了《启程》、《完美世界》、《再见了最爱的人》等。“深圳沙滩音乐节”历经6届，是深圳十大文化品牌之一。立项之初定位为公益文化活动，自2010年起，主办方首次尝试市场化运作，实行门票收费制，希望通过低价售票的方式，为沙滩音乐节提供更高水准、更丰富的音乐内容。承办单位通过沙滩音乐节这个平台进行选拔、培训、包装、演出等一系列活动，将原先分散的各个项目培育整合成为一条完整的产业链，再将这些新选拔出的乐队和歌手推向市场。本届沙滩音乐节票价定为120元，购票入场者甚多，有不少年轻人在网上订票，从罗湖、福田等区赶到大梅沙观看。演出从晚上6时持续到深夜11时，5个小时的演出，不仅考验歌手的体力，更考验音乐的魅力。台下观众在人造的纷飞“白雪”与响彻全场的摇滚乐声中，跟着音乐一起舞动，现场气氛相当热烈。

第七届深圳沙滩音乐节开拓了新的音乐和活动形式，以丰富的现场体验、广泛参与的受众，提升了沙滩音乐节的内涵和层次，令其更加受到市民喜爱，更加符合十大文化品牌的形象。

2011深圳舞蹈·雅俗共融

2011年初，登上中央电视台春节联欢晚会舞台的深圳舞者给全国人民一个惊喜；年中，国际性国标舞大赛同样绽放出新的亮色。深圳舞蹈的内容、形态日臻完善及影响扩大，并且逐渐深入到市民的日常生活，成为老百姓张扬个性、享受艺术的一种方式。

大型街舞《咱们工人有力量》登台央视春晚

中央电视台春节联欢晚会（简称央视春晚），是央视在每年农历除夕晚上为庆祝农历新年举办的综艺性文艺晚会。春晚在演出规模、演员阵容、播出时长和海内外观众收视率上，一共创下中国世界纪录协会世界综艺晚会3项世界之最，入选中国世界纪录协会世界收视率最高的综艺晚会；世界上播出时间最长的综艺晚会；世界上演员最多的综艺晚会。2011年春晚，来自深圳福永民工街舞团表演的大型街舞《咱们工人有力量》，以表现出打工者为生活、为理想打拼的艰辛和坚持的思想主题引起大众的精神共鸣，以相当高的艺术水准赢得人们对建设者的敬意。在“我最喜爱的2011年春晚联欢晚会节目”评选活动中，《咱们工人有力量》荣获“我最喜爱的2011年春节联欢晚会节目”特别节目类一等奖，于2月17日（元宵节）在央视受奖。

福永民工街舞团载誉而归，受到深圳各级党委政府的表彰。2月23日，市委宣传部在福永街道文体中心举行《咱们工人有力量》央视春晚演出成功表彰座谈会，对创排演出的相关先进单位和表现突出的个人进行表彰。广东省委常委、市委书记王荣，市委副书记、市长许勤，市委常委、宣传部长王京生，市委常委、常务副市长吕锐锋，市委常委、市委秘书长王毅，市政府秘书长李平，以及宝安区委书记鲁毅、区长张备等出席活动。获得表彰的先进单位有：深圳市文联、市舞蹈家协会、宝安区委宣传部、宝安区福永街道党工委、福永文化体育中心、福永万福街舞团。获得表彰的表现突出个人为：市委宣传部的胡滨、李强；市文联的李建平；宝安区的戴有斌、罗建民、莫梓材、余辉辉、肖西玲、肖慧霞。市领导向受表彰先进单位颁发了“先进单位”奖牌，向受表彰先进个人颁发了荣誉证书。张备代表区委区政府向万福民工街舞团全体演职人员颁发奖励支票30万元。福永街道领导代表街道向万福民工街舞团全体演职人员颁发奖励支票20万元。座谈会上，王荣寄望全体演职人员“以阳光心态对待人生，以辛勤劳动创造生活，以感恩情怀融入社会”。

深圳市领导接见万福街舞团 ∧

《咱们工人有力量》登上央视春晚并获奖 ∧

深圳万福街舞团之所以成功走上春晚，是各方面因素综合的结果，总结经验，有如下几点：

一是市、区、街道各级宣传文化部门的高度重视和大力扶持。近年来，深圳出台了一系列政策，对体制内和体制外的各种文化创作都一视同仁、共同扶持，市宣传文化发展基金不断加大对各种文化项目的扶持力度，鼓励出精品出佳作，以文化下乡等各种政府采购项目帮助一些文艺团队解决生存问题。

二是深圳的创意文化氛围和“创意12月”平台为优秀文艺作品的产生创造有利条件。由市文联、市舞协、区文联、街道文体中心、专业文化机构等形成的“创意联合体”发挥了联合创意的作用。《咱们工人有力量》起源于《快乐的建筑工》，在市文联、市舞协等单位主办、承办的舞蹈大赛上崭露头角之后，各级部门对这个有潜力冲击国家级大奖和参加国际大赛的作品进行深入打磨，为节目的进一步提升创造条件。在深加工过程中，有关部门多次对节目进行观审，组织专家提出建议；在组织形式上，不拘一格，由街道文体中心与舞蹈队成员签署短暂的劳动合同，付给他们工资，提供免费宿舍，并在人力、物力等方面给予大力支持。

三是节目编排具有创新性。在创作过程中，编导深入生活，建立一支创作团队，努力在内容、结构、艺术表现等方面将中国元素、深圳元素融入外来的街舞文化之中，形成新的视觉冲击与艺术感受，体现了深圳文艺家的创新意识和创意能力。比如将街舞撒野式的个性表达改造成为20多位演员的集体舞蹈，整齐、清新的节奏感与流畅的柔韧感形成大规模冲击力；把街舞的炫技方式与建筑工人的工作、生活场景相结合，充分发挥演员高超的舞蹈技术与特长，观众可以看到打钻机、搅拌机、发动机，看到码砖、砌砖、抛砖、玩砖，看到“安全生产”的教育；还糅合了杂技、体操、说唱等艺术元素，使节目更具表现力和观赏性。

四是适逢央视“开门办春晚”，与河南省塔沟武校强强联手。为了给2011年的春晚输送新鲜血液，央视3套专门开设了一档《我要上春晚》节目，有赖于这个网络平台，万福街舞团获得了很高的支持率，取得春晚的“入场券”。在此基础上，与河南省塔沟武校合作，将少林功夫与街舞有机结合，增加了少林功夫中的“叠罗汉”等绝技搭建起来的“高楼”，展示出“咱们工人”的建设成果，艺术意境与表现力更上一层楼。在节目的第一部分，万福民工街舞团在最前排表演街舞，身后是一群身着蓝色工服、头戴头盔的“工人”，最后一层是LED电子屏背景。在第二部分，随着音乐节奏，塔沟武校的武林高手们叠起了高达5米的人体罗汉。根据剧情，屏幕上展示着城市里一幢幢高楼拔地而起的情景，与人体罗汉相互辉映，用音画语言形象地诠释了《咱们工人有力量》的内涵，整个节目充满刚性和视觉冲击力。

五是福永民工街舞团具有高超的艺术水准。该团不是专业艺术团体，却虚心学习，刻苦训练，达到了高超的艺术水准。正因为民工街舞团的成员不是专业人员，观众对于他们在艺术方面的表现期望值不是那么高，当他们表现出相当水准的时候，让人们有一种意外的惊喜和感动。中国舞协党组书记冯双白、著名导演张继钢在央视发表评论说：“街舞的技巧成为舞蹈当中艺术表现性的动作，让我们得到感动和美的享受。”

六是探索建立扶持民间社团的长效机制。3月2日，深圳市市长许勤主持召开市政府五届二十六次常务会议，审议批准《关于解决福永民工街舞团成员招调入户问题的请示》。万福民工街舞团25位成员拥有了深圳户口。3月7日，《中国文化报》以《万福民工街舞团在窘迫中坚守梦想》为题对此进行报道，评述“万福民工街舞团登上春晚并获奖后的待遇，不仅证明了当地领导对他们的肯定和重视，同时也给了更多民间文艺团体指出了新的期望和方向。”“万福民工街舞团的成功，并不是一个简单的个案，实际上，像这支队伍一样，从深圳基层走向全国的民间文艺队伍还有很多。街舞团的成功经验也启示我们，散落于民间的‘草根’文艺团体中，有许多有能力的人、有潜力的人需要并值得我们去发掘。因为，在我们周围，不只有‘民工街舞团’的存在，还有许许多多需要我们扶助的民间社团，只要平时加大对他们的扶持力度，就不断会有街舞团这样的优秀团队和节目涌现”。

继春晚成功之后，万福民工街舞团上榜“广东十大新闻人物”，荣获“广东青年五四奖章”，并在全国各地参加演出。

《竹蜻蜓》在第九届全国舞蹈大赛上获奖 ∧

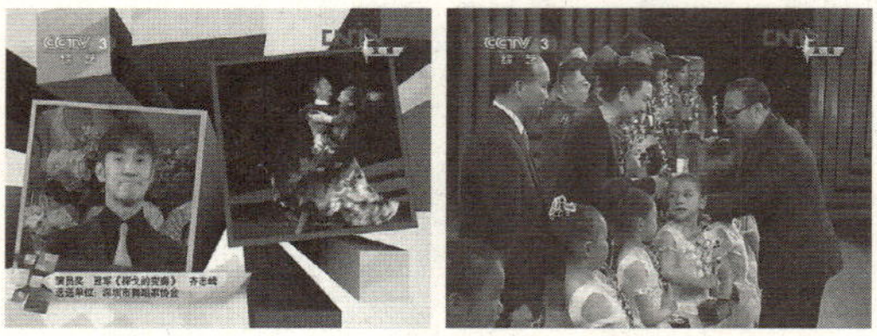

《探戈的变奏》获CCTV电视舞蹈大赛3项金奖 ∧

《围楼里的成长》剧照 ∧

《传人》（左）、《我们的生活》（右）剧照 ∧

《生》（左）、《月下独酌》（中）、《独》（右）剧照 ∧

原创舞蹈获奖成绩单

《竹蜻蜓》获第九届全国舞蹈大赛表演三等奖 由文化部、宁夏回族自治区人民政府主办的第九届全国舞蹈比赛决赛于8月30日落幕，由深圳市宝安区龙华街道文化体育中心创作选送的群舞《竹蜻蜓》获得群舞表演三等奖，这是广东省唯一一个获得第九届全国舞蹈大赛三等奖的舞蹈作品。全国舞蹈比赛是中国目前舞蹈专业领域的最高赛事，特别强调作品的创新精神和时代意义，要求具有较强的导向性、示范性和权威性，旨在发现和鼓励优秀创作、表演人才，推动新时期全国舞蹈创作，促进中国舞蹈艺术的大发展大繁荣。本届大赛的参赛范围、作品、规模，创下历届之最，来自全国各地的1700多名选手角逐单双三舞和群舞两个组的奖项，共有参赛节目694个。经文化部组织专家严格评审，共有174个节目进入决赛，进入决赛的舞蹈多为国家级或省级艺术院团的作品，《竹蜻蜓》是唯一一个由基层选送的作品，与总政歌舞团、空政文工团、济南军区文工团、中央民族大学等国内著名院团节目同台竞技，参赛演员的高标准表演，赢得观众的赞赏和专家及业内人士的关注。

《探戈的变奏》获CCTV电视舞蹈大赛3项金奖 第六届CCTV电视舞蹈大赛决赛于10月在北京举行。经过激烈的角逐，由深圳市舞蹈家协会选送的两个舞蹈作品荣获大奖。其中，由万素编导，齐志峰、蓝帆表演的国标舞《探戈的变奏》一举囊括国标舞组的3项金奖：作品金奖、演员金奖及编导金奖。此外，由邱伟军编导，深圳市STO街舞团演出的街舞《STO》荣获十佳作品奖。CCTV舞蹈大赛是央视的品牌大赛之一，迄今为止已成功举办了五届。大赛以权威性、丰富性闻名。本届大赛共吸引了1078件作品参赛，其中70件作品进入决赛。《探戈的变奏》主创者大胆运用被誉为网络“神曲”的《忐忑》和古典舞曲风格的《床前明月光》作为配乐，这两首歌曲一快一慢、一动一静，没有特别明确的节奏点，演绎起来难度相当大；主创者还在舞蹈中融入了古典芭蕾、现代舞、摩登舞、探戈舞、快步舞等元素，表现纠结情绪时用探戈舞的经典动作，表现欢快时又跳起快步舞，表现层次非常丰富。这种“混搭”，将时尚与经典融洽地结合在一起，把传统与现代、理想与现实的纠缠演绎得淋漓尽致。有评论指出，《探戈的变奏》的获奖一定程度也表现出国标舞的审美倾向转变。

《围楼里的成长》获第十四届中国人口文化奖（舞台艺术类）二等奖 中国人口文化奖是经中宣部批准的全国性综合类文艺奖项。本届组委会由国家人口计生委、文化部、国家广电总局、新闻出版总署、全国妇联、中国文联、中国作协、中国人口文化促进会、中国戏剧家协会、中国音乐家协会、中国曲艺家协会、中国舞蹈家协会等12个单位的有关领导和专家组成，分多个种类进行评奖。其中，舞台艺术类共收到报送作品418件，其中戏剧类96件、音乐类101件、曲艺类164件、舞蹈类54件，其他3件。经评委会认真评选，组委会审议通过，共评出特别荣誉奖1个，一等奖6个，二等奖18个，三等奖30个。由赵艳、何好、陶莹莹编导的舞蹈《围楼里的成长》以浓郁的客家风情与特色名列二等奖第一位。此外，该节目还在第八届中国舞蹈“荷花奖”民族民间舞比赛中获得铜奖。

6个舞蹈节目获省音乐舞蹈花会金、银奖 由广东省文化厅、顺德区人民政府主办的广东省第五届群众音乐舞蹈花会于11月在顺德举行，由深圳市宝安区群众文化艺术馆、宝安区福永街道文化体育中心、宝安区舞蹈家协会创演的舞蹈作品《传人》，深圳市群众艺术馆老年舞蹈队创演的群舞《我们的生活》，南山区文化馆创演的当代舞《一个地球》，福田区文化馆、福田区香蜜湖街道办事处创演的群舞《寄托》荣获金奖；龙岗区布吉街道文体中心、龙岗区可园学校创演的群舞《又见雨打芭蕉》，盐田区文化馆创演的双人舞《美的境界》荣获银奖，张建荣（群舞《我们的生活》）、肖晖（群舞《传人》）、黄超（群舞

《寄托》）、陈亚峰（群舞《一个地球》）、王芊（双人舞《美的境界》）、陈娟（群舞《又见雨打芭蕉》）荣获优秀演员奖。

广东省群众音乐舞蹈花会是《广东省建设文化强省规划纲要》提出要重点打造的品牌活动，是全省群众文艺工作者三年一度的盛大节日。本届花会汇集了全省各地级以上市选送的创作和演出的群众音乐、舞蹈节目，题材、形式风格多样，体现了岭南地域特色和多民族的特点。来自全省的22个代表团、1700多名演员进行了6场比赛和4场展演，共演出126个节目。《传人》以“街舞爱上狮舞”为主题，将福永传统南派舞狮与青少年喜爱的街舞相结合，通过演绎一群年轻的街舞爱好者从对醒狮不屑一顾到成为醒狮传人的过程，展示了传统醒狮与舞狮人的魅力，以及醒狮传承中与时俱进、不断创新、融入现代的精神，激发人们对优秀民族文化的热爱。

9个舞蹈节目在第三届岭南舞蹈大赛获奖 由广东省委宣传部、广东省文联主办，广东省舞蹈家协会承办的“第三届岭南舞蹈大赛——单、双、三舞蹈比赛”于12月结束。决赛分院校组、演员组进行，设置了表演类奖项与编导类奖项。与前两届不同的是，本次大赛是通过评委现场打分的方式产生院校组表演奖、演员组表演奖等奖项的。经过激烈角逐，深圳9个节目获奖。其中，深圳大学创作的节目有7个：《生》获独舞组表演金奖，《月下独酌》获独舞组表演铜奖，《独》获表演铜奖，《虞兮虞兮》获双人舞组表演银奖，《形同陌路》、《没得玩》获双人舞组表演铜奖，《山行》获三人舞组表演铜奖；宝安区潜龙学校创作的《窗》获独舞组表演银奖，龙岗区文化馆创作的《纯真年代》获独舞组表演银奖。

2011WDC世界杯公开赛国际化程度增强

由深圳市对外文化交流协会、市文体旅游局、市文联、福田区委宣传部（区文体局）主办，市舞协、市东方国际标准舞交流中心、港龙舞蹈文化机构承办的2011WDC标准舞拉丁舞世界杯暨第九届中国·深圳标准舞拉丁舞世界公开赛于7月15日至17日在深圳体育馆隆重举行，来自世界各地近30个国家和地区超过4000人次的选手参加比赛。世界舞蹈理事会主席唐尼·伯恩斯、世界舞蹈与舞蹈运动理事会荣誉会长罗宾·肖特、现任英国黑池舞蹈节评审主席马克思·希尔顿爵士等，中国文联党组副书记、副主席覃志刚，中国国标舞总会会长贾作光，副会长季孝明、朱良津等出席活动。来自欧美及东南亚各国的19位大师级国际评审组成的大赛评审团亲临现场担纲执裁。本次赛事具有几大亮点：

一是评审人数创新高 随着中国国标舞的迅速发展，世界舞坛对中国国标舞的重视程度也与日俱增，中国国标舞舞者在世界舞坛上也扮演着越来越重要的角色。世界舞蹈总会（WDC）对前两届的赛事的成功举办给予高度评价，要求总会成员各国的各主要负责人务必按期奔赴中国，参与这一世界级舞蹈盛会。东尼·本、罗宾·肖特、格伦·劳丁、田中、法比奥·塞尔米、马克斯·希尔顿、科林·詹姆士、肯尼·威尔

2011WDC比赛和颁奖现场

士、中川勋、安东尼·赫利、凯伦·哈代、威廉·皮诺等19位世界冠军及黑池评审担纲本届大赛的裁判工作，其中几位评审是第一次到中国参加大赛，评审阵容之强可媲美世界著名的英国黑池舞蹈节。除重量级的欧美评审外，还有来自马来西亚、新加坡、泰国等东南亚国家的评审，以及来自我国香港、澳门、台湾等两岸三地区的名家名师组成了强大的评审团。本届赛事评审规模为历届大赛之最，盛况空前。

二是参赛人数创历年新高 经过9年的积累和发展，国标舞世界杯在全球特别是亚太地区的影响力越来越大，2011年参赛人数创下历年新高，共有来自世界各地近30个国家和地区、超过4000名选手同场竞技，其中包括多位世界及中国职业冠军，几个重要组别世界排名前六名的选手几乎全部到场。

三是选手规格不断提升 自升级为WDC世界杯以来，参加该项比赛的外国选手人数不断增加。职业摩登组2011黑池舞蹈节排名前12名的选手中有8对前来；职业拉丁组黑池舞蹈节前6名的选手中有4对前来；业余摩登世界排名前6名的选手也有4对参赛。统计显示，来参加国际公开组别的职业拉丁、职业摩登、业余拉丁、业余摩登这四大最重量组别的外国选手比例越来越高。

四是产业化态势初具规模 世界杯深圳公开赛不仅是一场比赛，更是以权威赛事为龙头，同时打造一条完整的舞蹈产业链。经过9年的耕耘磨砺，这项国标舞世界大赛已经呈现出产业化发展态势。中国国标舞总会曾将年度教师评审培训班安排在赛前进行，组委会在赛前举行选手训练营，邀请欧美的大师们给选手授课。比赛吸引了珠三角地区和港澳台地区的很多观众，还有内地许多青少年选手组队参加国标舞夏令营，全国各地的诸多舞蹈家协会也组织选手前来观摩、参赛并在此举办官方会议，学习和交流关于举办比赛的各种经验。各地舞蹈用品经营者在比赛场地展示产品。舞蹈用品展销、舞蹈培训、赛事观摩、文化旅游等文化产业市场具有一定的规模。

经过激烈角逐，来自美国的Riccardo Cocchi & Yulia Zagoruychenko、斯洛文尼亚的Andrej Skufca & Melinda Torokgyorgy、意大利的Stefano Di Filippo & Olga Urumova分别获得国际公开职业组冠、亚、季军。在亚太区职业组，中国选手赢得佳绩，来自广东的陆宁、张丁方，深圳的赵亮、孙宁，北京的马鸣、易莎，王冰、周紫月分别获得冠军、亚军、季军、殿军。在国际公开21岁组、国际公开18岁组、国际公开16岁组、国际公开10岁组摩登、国际公开师生组、国际公开壮年组、亚太区业余新星组等组别中，中国选手也几乎囊括了前6名，当中，深圳选手表现相当出色，显示出实力和竞争力。

群众性舞蹈赛事在普及中提高

第二十一届全国体育舞蹈锦标赛比赛现场及冠军获得者 ^

“炫舞南山”街舞大赛现场 ^

首届深圳国标舞全国公开赛现场与嘉宾合影 ^

第二十一届全国体育舞蹈锦标赛 本项赛事是经国家体育总局批准，全国性规格最高规模最大的体育舞蹈赛事，代表着国内最高水平。本次比赛由国家体育总局社体中心、中国体育舞蹈联合会、深圳市体育总会、福田区政府联合主办，艺都舞蹈文化机构承办。赛事于11月25日至27日在深圳福田体育中心举行，云集了全国30多个省、市、区和行业企业、大专院校3000余名体育舞蹈精英同场竞技，聘请了来自英国、意大利、德国的数位国际权威评审，国内及两岸三地的资深裁判共同组成豪华裁判阵容参与赛事的执裁工作。全国政协常委、中国体育舞蹈联合会主席胡家燕，国家体育总局社体中心主任胡建国、副主任张怡，中国体育舞蹈联合会副主席阎利生，深圳市福田区委常委、宣传部长王强，福田区副区长苗宁礼，中国体育舞蹈联合会秘书长苏洁等多位领导出席了此次开幕式。经过3天的激烈角逐，近50个组别的冠军名花有主，含金量最高的职业组拉丁舞三名分别是邵克强和杨娜、侯寅山和田甜、漆剑如和姜梦佳；职业组标准舞前三名分别为周吉天和魏丽颖、沈宏和梁瑜洁、王静和郝媛媛。这两个组的表演也代表了中国体育舞蹈的最高水准。

“炫舞南山”街舞大赛 万福民工街舞团的成功，对深圳街舞热潮起到推波助澜的作用，越来越多的年轻舞者爱上了这一自由奔放的舞蹈形式。2011年，由南山区文化局主办、飞岛文化传播有限公司承办的第四届“炫舞南山”街舞大赛从3月起，每月进行5至8场赛事，至11月结束。该赛事主旨是联合深圳及全国各大舞蹈平台等文化势力，宣传各种形式的街舞文化，争取突出中国特色的原创舞蹈，为街舞文化个人和团体提供最专业的交流平台。活动吸引深圳、广东周边、香港、澳门、河南、贵州、北京、上海，以及俄罗斯等地选手，深圳南山街舞协会、深圳九条街团、深圳SPEED CONTROL团队、深圳20街舞队等为其中最活跃队伍。

全国街舞精英赛 主题为“舞动全城，喜迎大运”的首届Feel Funk全国街舞精英赛于3月20日晚在南山区落幕，该赛事由深圳大学街头文化传播协会主办，来自广州、香港、武汉、贵阳、北京、海南等地的200位街舞爱好者登上擂台。来自韩国的Popping国际大师Aka keu和华人历史上首个街舞世界冠军、广州speed crew的李冰冰担任赛事评委。最后，来自广州的周任勋摘取Popping（机械舞）和Locking（锁舞）两大项目的双项冠军。在进入16强的参赛选手中，深圳选手占了四分之一。评委李冰冰评论，深圳街舞比赛参与者的舞蹈水平已接近广州、上海、北京等城市，专业性越来越强。

首届深圳国标舞全国公开赛 由罗湖文体局与港龙舞蹈文化机构联合举办，以“舞动鹏城·时尚罗湖”为主题词的“2011年度CBDF（中国国标舞总会）职业、业余积分赛总决赛暨首届深圳国际标准舞全国公开赛及世界标准舞、拉丁舞超级巨星表演晚会”于12月17日至18日在罗湖体育馆举行。

国际标准舞全国公开赛在深圳举办这是第一届，吸引来自北京、上海、南京、广东、沈阳、黑龙江、香港、澳门等18个省、市、特别行政区近100支代表队、2500对选手报名参赛，其中来自深圳本地的代表队23支，规模宏大。CBDF职业、业余积分赛是由中国国标舞总会（CBDF）主办、各地国标舞协会或社会团体承办的重要赛事。作为中国国标舞总会积分赛年度总决赛，2011年度积分排名前24的职业、业余选手全部到场争夺年度总冠军。大赛邀请10位欧洲评审参与大赛评审工作，保证了大赛的公平、公正、公开。中国顶尖选手齐聚深圳，经过两天激烈的角逐，张浩和宋晓蓉获得职业摩登舞冠军，陆宁和张丁芳夺得职业拉丁舞总冠军。积分赛结束后，世界国标舞、拉丁舞超级巨星表演开演。世界职业拉丁舞冠军、世界职业摩登舞冠军，以及中国职业摩登舞冠军齐志峰、兰帆，中国职业拉丁舞冠军赵亮、孙宁等作了表演。中国文联副主席、党组成员胡珍评论本次大赛是目前国内最精彩、亮丽的一场国标舞大赛，真实地反映出国标舞艺术的本真魅力。

首届深圳莎莎舞大赛 由市文体旅游局主办、深圳市华鼎文化公司承办的首届深圳莎莎舞大赛在第七届“创意12月”期间举行。这是莎莎舞比赛首次纳入“创意12月”系列活动。赛事以“多彩人生，缤纷舞姿”为主题，通过舞蹈方式，营造欢乐、构建和谐深圳的社区文化氛围。比赛特邀请美国的曼波·杰克和真真两位国际级莎莎舞大师担任评委。大赛分区组织初赛及选拔赛，最后在深圳音乐厅进行决赛。经过五轮初赛，来自全市各区的11对选手入围决赛，决出一、二、三等奖。陈梅蓉、于明，杨博、罗亚琴，Maro、刘琳等 3 对舞者分别获得冠亚季军。

深圳艺术学校成立“青年芭蕾舞团” 1月3日，深圳艺术学校青年芭蕾舞团成立舞蹈专场演出在深圳音乐厅演奏大厅举行，宣布“青年芭蕾舞团”成立。该团秉承传播先进文化的理念，倚仗艺术学校的实力和优秀的学生，以打造一支深圳舞蹈界的劲旅。

晚会以“百花路上的现代芭蕾”为主题，展示了艺术学校近几年的舞蹈成果，7个章节共献演了包括获得第七届韩国首尔国际舞蹈大赛现代舞少年组金奖《初春》在内的共12段舞蹈。据主创人员介绍，在舞蹈类型的选择及节目的编排上以现代舞配合古典芭蕾的非传统形式为主调，吻合深圳这座城市年轻现代化的创新思维理念，正如古典芭蕾就像是国际艺术的共同语言一样，寓意深圳国际化大都市同样需要建立与世界互通的共同语言。

< 深圳芭蕾舞已有一定的基础

2011深圳美术·光谱多元

2011年，深圳美术界勤奋耕耘、积极创作，组织开展了内容丰富、形式多样的美术活动，以活动带动艺术创作、以展览提升艺术品格。各类画种作品在国展、省展中成绩斐然，新人辈出。形成了全方位、宽领域、多层次的专业队伍结构，呈现出更广泛、更多彩的艺术光谱与色系，体现了鲜明的深圳特色。艺术品格和精神内涵也整体向更高的境界升华。

大型美术展览揽金摘银

为庆祝中国共产党建党90周年，纪念辛亥革命100周年，用美术记录波澜壮阔的百年风云史，推出一批精品力作，中国美协、广东省美协举行了多项大型创作、展览活动。深圳市文联、市美协积极组织美术界进行主题创作，报送作品参展，取得良好成绩。

百年风云——广东省当代重大历史题材美术作品展 由广东省委宣传部、广东省文化厅、广东省文联、广东省美术家协会联合主办，是广东省近年来所举办的最大规模的主题性美术作品展，于6月28日在广东美术馆隆重开幕。这是一次大型美术作品创作工程的展出，是广东美术界创作重大历史题材整体实力的一次集中展示，是广东美术史上规模最大、规格最高的历史画创作活动。展览从历史人物，重大事件和历史遗迹三个方面，再现广东百年艰难和辉煌的历程。此次展览共评出4个金奖，7个银奖，14个铜奖以及32个优秀奖。深圳美协组织选送的17件作品入选11件，共计获奖8件，其中雕塑家张树国创作的现代风格的雕塑作品《大营救》获金奖，青年版画家陆声设作品《股票风云》、《张弼士·南洋的一次酒会》，宝安女画家严晓萍彩墨作品《阮玲玉》获银奖，其他还获得2铜奖、优秀奖3幅。这是深圳美术家在2010年成功举办庆祝深圳经济特区建立30周年美术创作工程基础上获得的又一个重大成果，反映了深圳主题性美术创作队伍的创作水平越来越走向成熟，涌现越来越多的人才和美术精品。

庆祝中国共产党成立90周年全国美展 由中国文联、中国美术家协会、中国文学艺术基金会共同主办的“庆祝中国共产党成立90周年美术作品展”于6月27日在中国人民革命军事博物馆隆重举行。这是根据中央统一部署，中国文联、中国美协精心策划、周密安排、认真落实的一次艺术活动，用形象的艺术方式回顾中国共产党90年来走过的光辉历程，讴歌中国共产党领导人民进行革命、建设和改革的丰功伟绩。经过一年多精心的筹备和发动，调动了全国美术界的创作热情，美术家们缅怀历史、珍惜现在、展望未来，站在新的历史起点，饱含激情地用画笔描绘90年来

广东省当代重大历史题材美术作品展金奖作品雕塑《大营救》 ^

银奖作品版画《股票风云》 ^

杨晓洋水墨画《建设中的深圳地铁5号线》 ^

党的辉煌历史。活动调集全国各省、市、自治区、兵团美协及总政文艺局为庆祝中国共产党成立90周年美术作品展中的优秀作品参评，最终379件精品力作参展。由深圳市美协组织本土艺术家创作的10件作品入选展览重要的组成部分——“深圳改革开放”，填补了这一题材的空白，体现了深圳重大历史题材创作美术创作的整体水平，扩大了深圳美术创作的影响力。此次展览是近年来中国美协组织的参展规格最高、著名美术家参与最多、规模最大的美术作品展览之一，其中，80%以上的展品是美术家们为庆祝中国共产党成立90周年专门创作的新作，体现社会主义核心价值观，反映时代脉搏，展现当代美术家的优秀作品，是一次当代中国美术的大巡礼，也是全国广大美术家向党的生日献上的一份厚礼。

杨晓洋获全国中国画展优秀奖 由中国美术家协会主办的《2011年全国中国画展》于6月在黑龙江哈尔滨禹舜美术馆举行。作为年度中国画门类最高水平的专项展览，此次展出汇聚了全国美术界及中直机关的2000余幅投稿作品，经过中国美协专家组的初评和复评，最终评出260件入选作品，此次展览未设金、银、铜奖，只在入选作品中选出优秀奖作品60件。根据中国美术家协会官网发布的结果，广东省入选作品共9幅，获奖作品1幅——由画家杨晓洋创作的水墨画《建设中的深圳地铁 5 号线》。该画作以深圳城市建设地铁为场景，通过当代水墨的语言和具视觉冲击力的放射状构图，表现出新时期的特区城市建设成就。画家杨晓洋近年来的创作多以城市建设、都市水墨为题材，在传统的绘画基础上融入当代艺术的表现语言，形成了独特的个人创作风格，成为深圳美术品牌“都市水墨”画派的代表画家之一。作品多次入选国内外重要展览，多次代表深圳市政府赴深圳国际友好城市巡展。

广东省第十一届美术书法摄影联展 11月22日至30日，由广东省文化厅、省美协主办的广东省第十一届美术书法摄影联展在中山市小榄镇展览中心举行。本届联展共收到省内各市报送的参赛作品5400多件，经过专家初评和复评，共评出获奖作品760多件，分设金、银、铜以及优秀奖，共展出700多幅优秀作品，其中美术作品169件，书法作品346件，摄影作品250件，是省内一次高水平的书画摄影艺术展览。深圳参选的美术作品最终获得5金、12银、20铜奖的良好成绩，为深圳市群文美术争得了荣誉。

水墨延伸创意

"都市水墨"是深圳美术界创造的一个全新艺术概念，在十余年持续不断的理论研究和创作活动中，追求水墨语言的现代感，创造水墨艺术的新图式，并引进各种新的艺术观念、新的艺术手法和艺术媒材。"都市水墨"在传统水墨画向当代转型过程中展示着先锋的意义，也体现深圳这座年轻城市独有的文化特色和人文关怀。

董小明作品进入欧洲主流美术馆 应德国汉堡国立美术馆的邀请，《半亩方塘——董小明水墨综合媒介展》于4月11日在该美术馆隆重展出。出席开幕式的有中华人民共和国驻德国大使馆公使衔参赞李新，中国驻汉堡总领事陈红梅，汉堡文化部部长斯图特，德中友协会长克拉普汉，德国著名建筑家冯 · 格康，德国荷石洲公主英格宝，汉堡品牌学院院长单凡及全国美术馆专业委员会秘书长钱林祥和深圳关山月美术馆、深圳画院、深圳创意文化中心的代表。

展览展出了董小明近年创作的以墨荷为题材的纸本水墨综合媒介作品、铜版水墨蚀刻作品和水墨声像书法作品共30余件,《铁荷》系列金属装置作品则以一组现场照片在展厅陈列。董小明在开幕式上阐述了自己创作的理念: 中国人爱荷, 画家画荷, 皆因荷花象征了我们向往的一个清纯、安宁、生生不息的和谐世界; 水墨综合媒介的表现方法, 是对具有悠久传统的中国画艺术革新的探索, 体现了当代中国画家"和而不同"的文化诉求。中国美术馆馆长范迪安和汉堡国立美术馆馆长克劳斯·米斯为展览撰写了前言。范迪安在题为《董小明: 从水墨艺术到当代艺术》的前言中高度评价董小明的作品:"过去30年中, 董小明不断地在传统与现代这个课题中思考与探索, 他的作品所展开的实验性和综合性, 在中国当代艺术中具有典型的意义。董小明的作品能够让不同文化背景的观众看到中国当代艺术家的文化理想, 看到中国当代的艺术从传统通往当代的面貌。"克劳斯·米斯在前言和致辞中说:"董小明的文化身份跨越了中国社会不同的文化发展时期, 经历了中国不同历史阶段对传统与变革的哲学关系的讨论。他的艺术实验遵循传统、现代、创新的艺术宗旨, 将中华文化中象征品性高洁、出污泥而不染的荷花主题作为创作源泉, 并运用不同的修辞手法和创作媒介创造了一个融诗意、哲理、技术为一体的艺术世界。向西方同行和观众展示了一个确确实实的东方隐喻和意象性的半亩方塘。我们对于这位目前生活在深圳的当代艺术家的作品能够

董小明与驻汉堡总领事(右)和汉堡文化部长(左)交谈 ∧

“水墨双城——第三届深港水墨作品交流展”展览现场 ∧

《半亩方塘——董小明水墨综合媒介展》在德国汉堡国立美术馆展出 ∧

在美术馆的Ballach厅展出感到由衷的高兴，因为它起到了在全球化时代在东西方文化之间，传统与现代之间和中德两国民众之间的文化沟通和理解的作用。”

此前1月8日至20日，该展在福建美术馆展出。文化部艺术司副司长诸迪、中国美术馆馆长范迪安等出席了开幕式，10余位国内著名专家学者撰写了专题评论。这是一个延续传统文脉却又充满创新精神的展览，给中国观众带来一种别样的文化启示。

深港双城共同探索创新水墨艺术 深港两地在泛珠三角经济一体化的大背景下，也承担着共建环球创意文化中心的责任和共同目标。2008年、2009年，深港两地连续了举办两届“深港水墨画交流展”，在美术界引起热烈反响。2011年9月19日至24日及11月22日至12月12日，由深圳市委宣传部、深圳市文联、深圳市文体旅游局主办，深圳市美协、深圳画院、香港美术家联合会、香港文化艺术交流协会共同承办，以反映深圳、香港两地水墨画创作为主旨的“深港水墨作品交流展”先后在香港中央图书馆和深圳画院举行。

本次展览以提名邀请的方式甄选出55位深圳、香港知名水墨画家参展，经过评审选定60件作品展出。以“水墨·双城”为题，参展艺术家在弘扬传统水墨画的基础上，结合反映当代都市人的情怀，挖掘具有当代理念的水墨艺术形态。画家们用画笔记录了香港、深圳等地的历史地理、街市风情和当代都市风景，作品风格各异，题材广泛。展示了香港和深圳中西交汇，多元文化并存的特点，也体现出艺术家强烈的创新意图，形成了一卷由一幅幅描绘两座城市面貌的水墨画组成的艺术长轴，为观众打开一扇了解深圳和香港艺术的窗口。王无邪评论：“水墨是中国绘画逾千年以来的主要创作媒介，也是中华民族坚持了逾千年的视觉艺术表现方法。双城是香港与深圳。双城的粤语谐音是相近。相承的意义是互相承接，将两个邻近的城市结合成更大的都会。相承也可视为相乘，表示结合的效果会无限扩大，共辟新的宏阔艺术坦途。”骆文冠认为，随着深港两地文化艺术更多更广的合作与交流，深圳水墨联袂展出越来越具特色，越来越有深度。展览出版了画集、图录、海报等多种宣传品赠送给深港两地观众，扩大了活动的影响力。

版画凸显国际化

观澜版画基地是学术与政府联姻的成果。中国美术家协会、深圳市文联以及宝安区政府三方联手，合力推进，至2011年，西区国际艺术家村、版画工坊、陈烟桥故居纪念馆、东区艺术部落区等一期建设项目全部建成运营，成为中外版画艺术家创作、交流、展示的“梦工厂”。同时，观澜在版画艺术教育、版画人才培养方面也走出了尝试的一步。

国际版画双年展入选“中国版画年” 为纪念中国新兴版画诞生80周年，中国美术家协会把2011年定为“中国版画年”，全年共策划展览和研讨活动20多项。观澜国际版画双年展与第十九届全国版画展、中国青年版画展等版画活动一起，成为2011中国版画年系列活动之一。

“观澜国际版画双年展”是中国·观澜版画原创产业基地常设性国际学术交流活动项目，由中国美术家协会、深圳市文联和宝安区政府共同主办，每两年举办一次，首届于2007年举办，今年已经是第三届。这是一个注重学术性、艺术性和技术性的高端展览，在作品风格取向上采取开放和包容的态度，推崇创意、彰显个性、精良技术的宗旨。观澜国际版画双年展从创办到声名鹊起，紧随时代脚步，努力推进艺术观念、内容、风格、流派的继承创新，推进创作体裁、题材、形式、手段的丰富发展，充分展示近年来国际版画艺术发展的最新成果，已成为目前中国举办的参展国家最多、参展人数最多、参选作品最多且连续举办次数最多的国际版画展。2011观澜国际版画双年展于2010年底启动，由吴长江担任终审委主任，刘健担任初审委主任，姜陆、苏新平、董小明担任策展人，丁杰担任总监评。

观澜国际版画双年展面向全球征稿，注重艺术性、学术性，在征集作品的风格上推崇创意、彰显个性，征集高水平的、技艺精良的作品入选展览。本届双年展吸引全球艺术家热情参与，组委会共收到81个国家和地区1991位艺术家的3697件参选作品。经过多轮比照投票，评选出本届双年展入围作品908件，其中入选作品248件，包括获得“观澜国际版画奖”作品15件（国外艺术家作品12件）。入选及获奖作品于5月12日至6月12日第七届文博会期间在观澜版画基地展出。

本届双年展参展国家数、艺术家数、作品数均创新高，形成如下特点：一是参展国家多元化、数量多。共收到全球五大洲81个国家和地区的作品，各种文化和观念汇聚，充分体现该展的兼收并包的特点以及对世界版画艺术家的吸引力。二是参展作品版种多样、技术精良，观念超前，涵盖木版、铜版、石版、丝网版等各个版种，主题鲜明、风格各异，充分体现了当今国际的版画技术发展的最高水平。尤其是国际上许多版画名家都积极参选，表明了国际艺术界对该展的认可和支持越来越

观澜国际版画双年展开幕式及颁奖现场

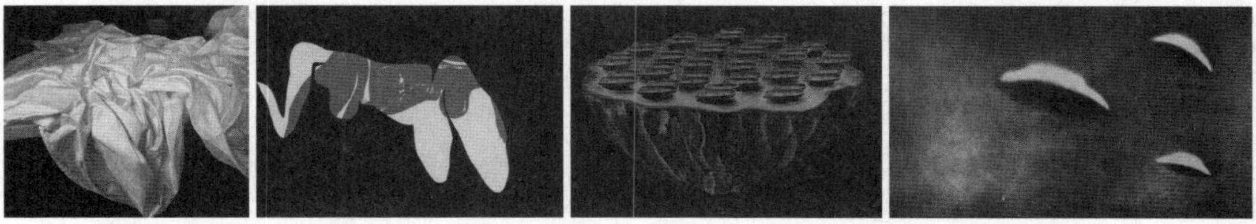

观澜国际版画双年展获奖作品《符号-N》、《舞影》、《灵魂与肉体的论述》、《飞碟》（从左到右）

中国当代版画发展论坛现场

WELT-DRUCKGRAPHIK IN CHAMALIÈRES

DRUCKGRAPHIKPARADIES GUANLAN

欧洲媒体关注与报道观澜版画基地

大。三是评审团阵容强大，具有学术权威。本届双年展评委团成员由美国、比利时、日本以及中国的版画专家学者组成。四是增添了新鲜的元素，为配合双年展的举办，同时举办外围展。外围展由双年展策展人苏新平策划，邀请了谭平、陈琦、陈小文、康剑飞、黄洋等5位艺术家从影像、装置、行为、纸上等方面多角度、多视觉结合基地客家古民居，进行专题创作，以丰富双年展内容。吴长江评价，观澜国际版画双年展成绩显著，影响广泛，已成为我国在国际艺术领域争取话语权的新举措，是展示中国文化、促进国际艺术交流的重要平台，对熔炼中国美术国家形象和气派起到了重要作用，有力推动中国版画艺术事业的发展。

第五届原创版画交易会首次引进港澳台画廊 作为第七届文博会观澜版画基地分会场活动重头戏之一，第五届中国（观澜）原创版画交易会于5月12日至23日在观澜版画基地东区艺术部落和红木家具艺术街两个交易场所举办。交易会首次吸引港澳台画廊参与，汇聚60家机构、200多位艺术家、上万件版画作品参与，其中包括港澳台版画协会、虚苑、典藏、交易中心、S·O艺术空间、黑龙江版画基地、百雅轩等画廊机构。交易会对现有观澜版画基地东区画廊及机构进行有序梳理，强化单体概念，突出画廊及艺术家工作室特色。增设民间传统木刻版画及其附属产品，促使“版画走进老百姓家”。

中国当代版画发展论坛纵论“语境与转换” 5月12日至13日，“当代版画的语境与转换——中国当代版画发展论坛”在观澜版画原创基地举行。30余位著名专家学者围绕“版画的历史、功能与创作转变”，“学院版画教学体制与工作室建制”，“版画产业与版画工坊”三个议题，对当代版画创作、教育及产业发展的一些核心问题进行深入探讨，以期通过理论研讨和思想争鸣，活跃版画创作的学术氛围，辨析版画发展面临的问题及困扰，展望版画艺术创作、教育及产业发展的前景及方向。

欧洲媒体详尽报道观澜版画 观澜国际版画双年展引起了欧洲媒体的关注，2月，奥地利国内唯一的德文版画季刊《Um:Druck》（《版印》）发表了题为《DRUCK GRAPHIK PARADIES GUANLAN WELT-DRUCK GRAPHIK IN CHAMALIÈRES》（《观澜：版画艺术的天堂》）的文章，以两个版面的大篇幅，对观澜国际版画双年展及版画基地进行了报道，图文并茂，详尽生动。此外，英国、波兰等多个欧洲国家的艺术类杂志也先后发表有关观澜版画基地的宣传报道，在欧洲读者中产生了广泛的影响。版画艺术是历史久远的世界性造型语言，同时也是文化和艺术传播、推广的独特方式。观澜国际版画双年展的举办，标志着中国版画与世界版画的整体对接，中国美术正通过“走出去、请进来”的方式，以更加积极的开放姿态主动介入到国际美术交流展示活动中，搭建以中国语境和文化背景行使中国文化话语权的国际文化交流平台。这个展览如一缕清风，让观众在欣赏中外版画家高超的技艺和炽热的情感中，领略到版画艺术的无限魅力。

水彩呈现新生态

当“都市水墨”已在深圳美术界革故鼎新的探索实践中成为一张个性鲜明的文化名片，观澜版画基地已成为中国文化产业一个富于创意的原创范本，水彩画艺术也悄然起步，以独特的水彩绘画语言，呈现深圳美术的新气象和城市多元的文化特色。

深港汕三地齐绘“多彩海岸线” 12月3日，由市委宣传部、市文化旅游局、市文联主办，市美协深圳水彩画会、潮汕水彩画会、香港水彩画会、深圳大芬美术馆承办，龙岗区文化产业发展办公室协办的“城市画廊——彩润都市深圳水彩画系列展”之“多彩海岸线·深圳、汕头、香港水彩画联展”在大芬美术馆展出。

汕头、深圳、香港是中国最早接受外来文化的沿海城市之一，具有相似的地理环境和相近的历史文化背景，水彩画作为最具现代和海洋特征的画种，在这三个城市绽放出各自的风采，形成一道“多彩海岸线”。本次联展以“城市与海”为主题，表现深圳、汕头、香港三地的海洋文明、海洋文化、海洋风光。画展共征集三

“城市画廊——彩润都市深圳水彩画系列展活动现场 ∧

左起陈希旦、罗宗海、陶世虎等水彩画家 ∧

地作品120幅，参展的水彩画家有深圳的杨晓洋、陈士修、林树岭、吴登军、戴高桃，汕头的肖蓉，香港的黄金、沈平等。三地画家分别以自己所生活和工作的地区风貌为创作元素，以水彩明快亮丽的色彩，洒脱轻松的笔触，描绘了深圳、汕头、香港所特有的风土人情和景观景物，给观众带来典雅和美好的视觉享受。此次联展是三地水彩画艺术一次较为全面的联合展示，同时也搭建起一个学术交流、互相借鉴的学术平台，不仅有利于进一步传播水彩艺术，而且对于水彩画的研究和发展具有积极意义。

该展在深圳展出之后，移师汕头与香港进行巡展。在汕头岭东美术馆开展当日，参展的多位水彩画名家举行了研讨会，探讨水彩画在深圳、汕头、香港三地的现状及发展前景，乃至全省、全国的水彩画创作的状况。魏照涛、肖映川、罗宗海、沈平、曹剑新、黎楚池、杨培江、王绍基等多位艺术家阐述了个人的看法。

梧桐聚凤·当代水彩画名家深圳邀请展 12月9日至20日，由市文联主办，市美协深圳水彩画会、深圳美术馆承办的“创意12月”重点项目之一“城市画廊——彩润都市深圳水彩画系列展”之“梧桐聚凤·当代水彩画名家深圳邀请展”在深圳美术馆举行。这是深圳具有影响力的一个水彩画展。活动邀请了近20位在水彩画创作方面有成就、有贡献的实力派画家。当中，澳大利亚画家布莱恩·斯德拉敦、乌拉圭画家阿尔瓦诺·卡斯泰格内特、英国画家约翰·亚德理是当今世界水彩画坛的大师级人物。国内久负盛名的水彩画家黄铁山、王维新、陶世虎、罗宗海、叶献民、汪晓曙、陆铎生、龙虎、陈朝生，以及活跃在深圳本土的水彩画家陈希旦、黎楚池、张晓刚、曹剑新、陈士修、杨晓洋、方晓龙、刘向东等同场展示水彩画艺术，不仅为“创意12月”系列文艺活动增添异彩，也有助于提高深圳水彩画创作能力，推动深圳水彩画向高水平发展、走出国门、走向世界。

深圳水彩画异军崛起 水彩画是深圳美术的一支劲旅，来自全国各地的水彩画家给深圳带来了多元兼容的文化特色，创作的面貌异彩纷呈。深圳水彩画家立足本土，深入生活，体悟城乡生活的丰富和多姿，用画笔展现了一个多维度的现代生活，创作出了一批批反映现代生活、强调个体经验的充满个性风格的水彩画作品，传达出一种文化新生态、新意象。“多彩海岸线”和“梧桐聚凤”两个展览，都给观者一种色彩缤纷、新信息频密的感觉：卡斯泰格内特的《老城》氤氲出一种迷离的意境；斯德拉敦的《散播的红木》以沙滩、石头、树枝为描绘对象，色彩浓烈，写实而令人充满遐想；亚德理的《正午阳光》，是令人感到温馨的欧洲小镇景观；黄铁山的《西部组画》具有油画般的浓重；王维新的《高原速写》让画中人富有寓意和观念、历史和文化的内涵；陶世虎的水彩画描绘的大多是静谧的自然风景，精细的画面“疑似”照片，却比照片更加唯美动人。国内外画家都以开拓和创新的手法和技巧来体现不同的风格，张扬不同的个性：有的用线、用色并举，显示较强的力度和表现性；有的具有水墨渲染的韵味，意在把传统水墨和西洋水彩熔为一炉，凸显中国的情调；有的具象与抽象结合，探索抽象语言的表达方式，反映出观念的多维度和技法的多样化。

油画原创与交易并重

深圳油画在文化产业领域具有一定的地位与影响。2011年第七届文博会美术馆主打油画。大芬油画村逐步加大原创力度，开发拥有自主知识产权的艺术产品。

中国油画艺术展 5月13日上午，第七届文博会美术馆开馆暨“艺术家眼中的当代中国——中国油画艺术展”开幕仪式在深圳美术馆举行。此展今年与中国国家画院油画院合作，举行了可以代表中国油画最高水平的艺术展。展览由文化部、深圳市政府共同主办。参展作品从来自全国各地的5000余件投稿中经三轮筛选评审得出，共有228位油画艺术家的227幅作品入选。孙纲的《艺术区》、黄胜贤的《塬上人家系列——冬至》、张西的《渔港系列之四》、池颖红的《空间物证之二》、吴育伦的《沙漠》等5件作品获艺术奖；李天琦的《碎花衬布》、杨洋的《雨季2》、裴咏梅的《等嘎拉的等待》等15件作品获佳作奖；谢彬安的《室内》、曹巍的《春》等30件作品获优秀奖；深圳本地青年艺术家张闯以《2009青春故事》获得优秀奖。

当下中国油画在探索与创造精神的推动下，随着时代的前进，已经形成风格多样、观念多元、广阔的艺术格局，呈现丰富多彩的艺术面貌。参展艺术家中既有为人们熟知的中老年画家，也有崭露头角的青年画家，在绘画表现手法上呈现出浓郁的地方特色。广东的作品相对整齐，以写实人物为主要风貌，追求油画造型的简约和塑造的坚实；浙江的油画偏重于意象性，即使是写实人物也崇尚画面之外的意蕴表达；广西油画以风景居多，追求南方风景那种雨季特有的山峦、树丛、池塘与红土之间的微差色调和恬淡之境。此次“中国油画艺术展”以“艺术家眼中的当代中国”为主题，展现了艺术家们在当代中国的所见、所思和所感，彰显了各自不同的艺术追求与特色。

俄罗斯列宾美术学院优秀教师作品邀请展 连续4次参展文博会的俄罗斯列宾美术学院，已经与文博会建立了长期合作的战略伙伴关系。在第七届文博会的主展馆内，“俄罗斯列宾美术学院优秀教师作品邀请展”成为一大亮点，参展人数和作品均为历史新高，共有31位教授和画家的189幅油画参展，包括两位俄罗斯艺术科学院院士的作品，即以强悍有力造型意识著称的贝斯·特洛夫教授的作品，充满俄罗斯田园风情的列宾·谢尔盖教授的作品。与往届不同的是，展览还推出了63幅来自该学院几位版画家的版画、水彩和素描作品。这也是国内第一次集中邀请俄罗斯列宾美术学院的几位版画家作这样的专门展览。列宾美院油画系主任、俄罗斯功勋画家秋文·亚历山大表示，深圳作为中国最现代化的城市代表，改革开放

第七届文博会美术馆“艺术家眼中的当代中国——中国油画艺术展”现场

俄罗斯列宾美术学院优秀教师作品邀请展现场

领导与嘉宾为第二届中国（深圳）大芬国际油画博览交易会暨2011大芬国际油画节开幕剪彩

大芬油画产业股份有限公司及大芬画院揭牌

的前沿城市，发展文化产业具有极大潜力。近年来，深圳以文博会的形式，使俄罗斯油画与中国的交流更加密切，为艺术跨国界的交流铺架了一座优质、高效的沟通桥梁。清华大学美术学院教授、列宾美术学院荣誉教授王铁牛认为，该展已经成为一个独特、专业的品牌形象，形成一个美好的艺术交流平台。

2011大芬国际油画博览交易会 由深圳市政府、文化部文化产业司、中国美术家协会共同主办，深圳市文体旅游局、市贸促会、市文联、龙岗区政府共同承办的第二届中国（深圳）大芬国际油画博览交易会暨2011大芬国际油画节于10月25日至30日在大芬油画村举办。中央政策研究室文化研究局局长王念宁，文化部文化产业司副司长吴江波，深圳市委常委、宣传部长王京生，市委常委、龙岗区委书记蒋尊玉，副市长吴以环，龙岗区区长姜建军、区领导熊国伟、傅新江、郭子平，市文联主席罗烈杰等出席了开幕式。

为响应胡锦涛总书记“深圳要做文化产业领头羊”的重要指示和深圳市委市政府“建设文化强市和文化产业龙头大市”的战略，本届画博会在2010年首届成功举办的基础上，进一步扩大影响力和覆盖面，巩固大芬油画村在国内商品油画界的地位。共设有商品油画博览交易会、2011中国美术产业峰会、中国文化

大芬国际油画博览会暨油画节活动项目丰富，吸引众多中外客商与观众 ^

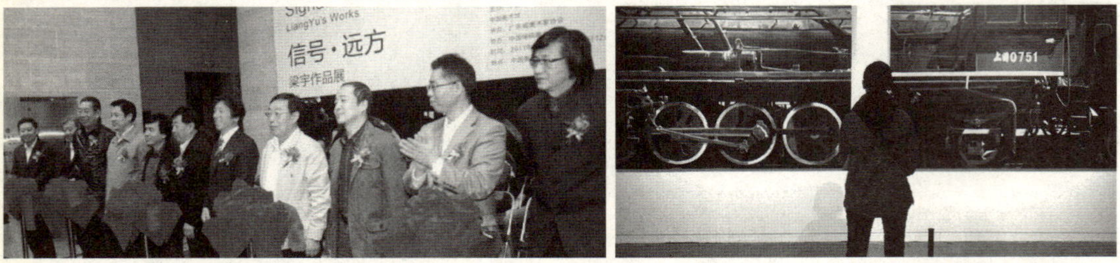

“信号 · 远方——梁宇作品展”在中国美术馆举行 ^

创意产业高峰论坛、艺术与收藏讲座、原创油画及创意作品拍卖会、“不一样的精彩，不一样的大芬”大运会主题油画创作大赛和书画名家笔会等多项主题丰富的活动，针对不同的群体，油画交易会设有原创艺术展区、创意艺术专区、油画专区、国际原创展区等4个不同展区。原创艺术专区主要针对各地的知名画廊、艺术工作者参展。设立第三方评估机构和购藏引导服务台，让收藏者对作品和作者都有更好的认知；商品油画专区包括商品油画、装饰画，主要满足专业采购商和普通大众的需求；创意艺术专区主要以雕塑、装置艺术展示交易为主；国际原创油画展区除商品油画专区设置在大芬美术广场上外，其他3个展区都设置在大芬美术馆内。

大芬油画是具有很高市场认可度的艺术产品，在带来巨大社会效益的同时，也产生了很好的经济效益。本届画博会强调交易性和原创性共同发展，通过交易进一步提高大芬油画的知名度，突出大芬油画的品牌效益以及由此带来的经济效益。开幕式上，由大芬油画产业协会牵头，大芬油画村代表企业、画家、画商自发组成的油画产业集团——深圳市大芬油画产业股份有限公司正式揭牌，并与澳大利亚Dockland ING公司签约，在澳大利亚墨尔本投资设立大芬油画一条街。这是大芬油画产业化、规模化、集团化发展的一个重要举措。深圳市天隆艺术画框有限公司等 4 家企业也分别与来自法国、意大利、荷兰、韩国的油画采购企业签约。据统计，总签约金额达5.3亿元。

大芬油画村是以临摹和复制起步的，逐步发展成为全国最大的商品油画生产交易基地之后，画商和画家们逐步认识到单靠一条腿走路很难走得更远。近几年来，原创油画和创意艺术在大芬油画村的比重越来越大，本届画博会也特地安排了创意作品和原创油画拍卖会等涉及原创作品的活动，进一步完善大芬油画村的产业链条，巩固和提升大芬油画村的品位和档次。

梁宇作品展在北京中国美术馆举行 10月27日至11月8日，由中国美术馆、中国美术家协会、广东省美术家协会联合主办的“信号 · 远方——梁宇作品展”在北京中国美术馆5号厅展出。文化部副部长王文章，中国美协主席刘大为，中国美术馆馆长范迪安，文化部艺术司司长董伟、副司长张凯华、诸迪，深圳市原常务副市长刘应力，深圳市文联名誉主席董小明，广东省美协副主席兼秘书长王永等出席了开幕式。本次展览包含近40幅油画和版画作品，主要为画家的新近作品，是其于2007年和2009年分别在香港文化中心和广东美术馆成功举办《信号灯》系列个展的基础上，荟萃近两年新作以及创作手稿之后的又一次展示。作品以铁路元素为题材，既有透视感极强的宏大场景，亦有局部被夸张放大的视觉图像。画面凝练，空寂，意喻强烈，非现实的意念性表达及平面化的结构意趣，加上单纯的色调、强烈的色彩对比、别出心裁的布局与经营，构成了画家本人独特的图式语言。油画作品立足于对现实和历史的深刻反思，并在艺术形式上不断寻求新的表现手法，在具象与抽象之间不断探索。版画作品则受德国表现主义影响，造型简洁、笔法大气、立意新颖，极有张力和象征性，表现了艺术家对都市的独特感受。

国画习古创新

在深圳美术事业蓬勃发展的大势中，国画创作以沉静的姿态发出个性表达。2011年，本土知名书画家抱团举行多个联合展览，形成聚合效应，彰显整体实力，让书画界对本土国画艺术价值再发现，联手推动本土国画艺术的发展。

深圳本土中国美协会员中国画精品展 由深圳报业集团主办，市美术家协会和深圳美术馆协办的“深圳本土——中国美术家协会会员中国画精品展”于1月在高路德珠宝艺术品交流中心举办。此次画展是深圳本土的中国美术家协会会员作品联合展览。参展画家有鲁慕迅、邹传安、马波生、宋玉明、邹明、于长江、高坤水、陈湘波、马顺先、尹晶华、陈丹芝等11名在深圳画坛具有较高影响力的艺术家，共112幅风格各异的中国画作品参展。

由深圳美术馆、市谷风画院共同主办的“墨象·心性中国书画邀请展”于2月在深圳美术馆展出了高坤水、黄国武、查律、温锦照、许敦平、黄文祥6位书画家近年来习古创新的80余件力作。参展的6位艺术家分别出生于上世纪60至80年代，均尊崇传统，师法自然，注重对笔墨、意象、心性等传统艺术范畴的探索，在传统与创新之间寻找个性语言。高坤水的花鸟画以飘逸、遒劲的线与块面造型组合成有韵律感的构图，于黑白交融、虚实相间和点擦皴染中追求水墨画特有的情趣，富有生活趣味；黄国武的仕女画晶莹剔透，轻灵隽永，以轻松随意的笔调提炼传统文人绘画中高逸与优雅的精神；查律的作品率真而洒脱，一点一画间可见畅快淋漓的艺术情致；温锦照的行草结体秀雅，隶书朴拙高古，楷书典雅温润，篆书颇得金石趣味，五体各具特色；许敦平的花鸟以意笔写生，注重本真性情的流露；黄文祥关注内心精神的修养，尝试以心手合一的状态达到虚静灵动的画面效果和审美意蕴。

骆文冠《东江百里图》完成创作并首展 4月10日，由和平县委县政府主办，在和平文化广场隆重举行骆文冠《东江百里图》画展开幕仪式。省文联领导廖曙辉，省政协提案委主任陈俊年，市文联主席罗烈杰等出席了开幕式。

《东江百里图》全长110米，高1.22米，是骆文冠历时2年采风创作完成的作品，其用“深路百回，废稿百丈，留得百米”来形容艰巨的创作历程。作品技法精湛，恢弘壮观，气势磅礴。中国文联副主席、中国美协主席刘大为专门为作品题签，广东美协主席许钦松专门为作品题跋。该画作以广东省东江两岸的自然风光和客家风俗民情为基本素材，以对东江文

骆文冠《东江百里图》画展现场及画作局部 ∧

两岸三地中国画展览交易现场 ∧

国画基地入驻画家合影 ∧

化和中国画深刻的理解与把握，以娴熟多变的笔墨技艺，再现了东江两岸的秀美景色与人文特色。画面自“东江源”的三百山起笔，把九曲河、定南老城、京九铁路、小武当、连平桃花、和平新城、佗城古镇、苏家围、革命先驱阮啸仙故居、河源、万绿湖、新绿湖、新丰江水电站、红色紫金、惠州、深圳、香港等主要景色收入画中，重点彰显绿色东江、阳光东江、红色东江、人文东江、美丽东江、魅力东江。东江是数千万广东子民的母亲河，是滋养深圳、香港两大都市的功勋之河。以国画长卷形式描绘东江，尤其是以精品与经典巨制反映东江，骆文冠是中国有史以来第一人。画家还将沿岸主要城镇、村庄、人物生活场景尽收笔底，艺术地融入山水长卷中，亦成就了一件精彩的东江客家民俗风情画卷。

两岸三地中国画展览交易会 作为第七届“创意12月”重要活动项目的组成部分，由深圳市美术家协会、宝安区文产办、中国·观澜山水国画产业基地共同主办的深圳第二届两岸三地中国画展览交易会于12月在观澜山水田园举行。活动以“深圳第二届两岸三地中国画展览交易大会”、“‘山水田园’杯第二届中国画原创大赛”、“客家民俗风情文化节”三大主题贯穿全月。参展画家的作品有国内知名画家白崇然先生及山水田园国画基地入驻画家杨阳、李江、光绍天、王晓平、潘小明、莫雨根等20位名家作品130幅，香港、台湾地区，以及朝鲜画家作品80幅，深圳本土画家作品300幅进行展出交易。参加本次展览交易会的有来自珠三角及港澳台地区专业观众、买家近1200人；每日有3000多游客前来参观。本次活动展出交易作品的雅俗共赏，作品价格从200元/平尺到10000元/平尺之间，共售出215幅参展作品，最高展品成交价达32万/幅，总成交金额560万元人民币。

综合媒介创造当代属性

应天齐深圳十年艺术展 “世纪遗痕——应天齐艺术展”于1月19日、3月12日、12月

16日，先后在深圳美术馆、中国美术馆、上海美术馆开幕，分别由著名美术批评家王林、范迪安担任学术主持。

应天齐的《西递村系列》版画曾享誉画坛，是中国美术新时期以来颇为重要的作品之一。1998年，应天齐作为引进的专家人才，来到深圳大学任职。10多年来，他以一个艺术家敏感的触觉，在现当代艺术的探索中，以中国传统文化元素作为载体，关注现当代文化和深圳本土文化，深入深圳生活，将自己在这个城市中的生活体验，置于大的时代文化背景之下，承担作为个体艺术家在时代文化的发展中的社会责任。此次展出的是应天齐来深圳后的新作。包括《碎裂的黑色》、《徽州之梦》行为和架上作品，《大剪纸》、《对话观澜》、《对话万科》装置、行为作品。新作油画《世纪遗痕》系列篇幅宏大、气韵深沉，以材料、实物为主要媒材，将一种“实存”观念延伸于绘画。将画家对历史、文化、人生的诘问，在画面中以一种悲凉的情绪层层推进。画面或凹凸起伏，或平整无痕，或色彩浓烈，或淡墨素裹，在西方现代构成横平竖直的形式表象中，暗藏着中国数千年的文化积淀和艺术家自身独具的情感体验，表现出艺术家的沉静和深邃思索。范迪安评论：“切切实实地解决了中国当代艺术迫切需要解决的问题，即如何利用中国的现实资源，创造出当代艺术的当代内容，文化中的当代属性。”

在6月的第五十四届威尼斯双年展中，应天齐的作品《碎裂的黑色》之一、之二和影像装置《遗痕·沧桑》应邀展出，引起意大利有关方面与基金会的关注，邀请2012年赴意大利展出。《碎裂的黑色》是应天齐2000年底创作的一件行为艺术作品的衍生品。“砸碎”的黑色玻璃，寓意在各种外部撞击下所产生的多元文化状态。这与威尼斯国际双年展中“碎裂的文化＝今天的人”的主旨不谋而合。影像装置《遗痕·沧桑》用影像记录了应天齐的老家芜湖古城拆迁前后居民生活的变化。不同的景象对比，给观众强烈的视觉冲击，隐喻人类的生活很容易被外界因素割裂、打碎。威尼斯双年展创办于1894年，是欧洲重要的艺术活动之一，展示世界最新锐的当代艺术。应天齐的《世纪遗痕》在艺术语言上以其现成品、实物、拼贴与绘画的综合性而显现出现代艺术的复合理念，作者所寻找的是后现代城市文化观照之下的传统文化的思想精神与审美意趣，有一种浸润在墙体里而又慢慢散发出来的温暖厚实的文化情怀。

8月8日至30日，在深圳22艺术区系列画展中，应天齐作品展出，《世纪遗痕》系列中的《罗马》、《庞贝》等11件作品与深圳观众见面。

应天齐作品与展览现场 ^

雕塑提升公共空间品质

福田区于2010年8月启动城市雕塑艺术项目。该项目由区委书记、区长组成“区城市雕塑建设工作领导小组”负责领导和指导，紧密围绕福田区委、区政府打造“首善之区 幸福福田”的战略目标，旨在通过建设一批城市雕塑，增添福田城市文化内涵，提升福田城市品质，丰富居民精神享受。计划建成约50件雕塑，采取分批采购、分批实施的方式。截至2011年7月底，共有31件雕塑作品完成安装，成为福田区公共艺术建设喜迎“大运会”的精彩亮相。

该项目组建了“区城市雕塑艺术指导委员会”、“区城市雕塑艺术监理小组”、“区城市雕塑艺术作品采购谈判小组”三个机构，刘大为、潘鹤、曾成钢、盛杨、梁明诚、黎明、曹春生、邹文、孙振华等美术家、雕塑家担任艺术指导委员会顾问、评委，由雕塑行业知名人士负责作品样稿创作、成品制造、具体落点和竣工验收等环节的艺术质量把关，确保了项目的权威性、艺术性、专业性。为了让每件作品与周边景观完美融合，福田区建立了“福田区城市雕塑艺术作品公开征集平台”，将选址坐落卫星图、选址规模、周边人文环境、基本立意等文字、图片、视频数据上网，运用网络技术让全国乃至世界各地的投稿人对城雕选址有较为直观的认识，以便更好地创作和报送作品。同时运用网络向中国美术学院、上海美术学院等全国10大知名美术学院发出参与邀请。该项目向社会公开征集作品共903件（含外国投稿22件），作者分别来自中国19个省（自治区、直辖市）和台湾地区以及日本、美国等10个国家的135名雕塑家。福田区城市雕塑艺术作品评审会、专家委员会专家通过初选、复选、公开征求意见等方式，经过3轮票选和1轮集体讨论，从中选定17件作品。同时，对于重大题材，福田区采取名家邀稿的形式，邀请包括区城雕艺术评审委员会专家在内的26名雕塑名家创作，以及从《中国雕塑百家联展》的1500多件雕塑作品中精选好作品，最终选定14件名家优秀作品。合共31件，包括潘鹤的《跨越》、曾成钢的《万福树》、盛杨的《幸福之花》、梁明诚的《上马》、黎明的《华龙》、霍波洋的《和谐家园》、夏阳的《福·善》、李宝龙的《飞天》、张琨《婉风》等。这批造型别致、新颖生动的雕塑作品在福田区的城市街头竖起，不仅美化和点缀环境，也体现出人们在城市化生存中的文化经验、生命理想和创造能力。

孙振华评论，城市雕塑是公共艺术范畴，随着中国城市化进程的加速，公共空间品质的提升成了当务之急，深圳有理由、也有条件率先对城市空间的品质进行提升。深圳经历30年的发展，已经具有雄厚的物质基础，下一步的规划和设计，也应该在公共艺术上多做文章。目前深圳的公共艺术建设需要解决的问题，除了作品的质量外，主要是制度建设，比如空间规划、布局、分期等，要考虑如何让公共艺术的建设经常化、制度化，如何有秩序地推进公共艺术基金，如何改进公共艺术作品的选送方式，如何吸引公众的参与等等。深圳在这方面，应该多做一些有益的尝试，应该为全国的城市公共艺术建设提供一个样板。

雕塑作品《天籁之音》、《万福树》、《飞天》、《时代序曲》、《华龙》 ∧

围绕大运主题策划精品创作展览

在第二十六届大会运期间，各类美术创作及展览活动精彩纷呈，得到社会各界的认可和好评，展示了深圳建设文化强市的新形象。

由市文联、市文体旅游局、宝安区和龙岗区联手，在大运村“文化体验区”举办了系列艺术展，观澜版画基地充分发挥专业优势，邀请中国、比利时、日本、波兰、捷克等国家的10位版画艺术家开展大运会主题创作，绘制出40幅以运动为主题、画面优美的版画作品。作品采用了版画凹凸平漏等各种技法，凝聚了中外艺术家的智慧和创意，以“激越之美——第二十六届世界大学生运动会主题版画作品展”为题，体现体育和艺术之间的和谐存在、诗意交融。大芬油画村艺术家精心创作的50幅原创油画作品题材丰富、内容广泛，将艺术与大运相结合，融入时尚创意的理念，展示了大芬原创油画艺术家精湛的艺术水准，体现了深圳现代都市文化的魅力。两个展览吸引了众多外国代表团成员参观。大芬油画村以其特色成为各国大学生体育代表团参观的主要景点之一，为了让世界朋友了解大芬原创画家的整体实力，展示深圳文化创意产业发展取得的成果，除大运村的展览外，由市文体旅游局、大运会组委会执行局、市文联和龙岗区人民政府主办，在大芬美术馆二楼展厅举行《迎大运大芬油画艺术展》，展示150幅大芬艺术家的原创油画作品。

全市各大美术馆的展览各具亮点：关山月美术馆“博蕴华光——敦煌艺术大展”展出了敦煌艺术中彩塑与绘画艺术鼎盛的中唐、盛唐以及西夏时期的三个原大复制洞窟，其他彩塑10件、单品临摹壁画30件、藏经洞出土文物珍品数十件以及千年敦煌美术发展史、石窟艺术保护文献资料等等，向广大市民、来深游客和运动员展示了中国传统文化和古老而辉煌的敦煌艺术。展览参观人数达13.8万余人。联合国教科文组织总干事伊琳娜·博科娃、文化部部长蔡武、大运会运动员代表团等客人均对展览给予了高度评价。展览举办期间，关山月美术馆还创新性地开展各项推广教育工作：组织专题学术讲座5期，听众达1000余人次；邀请多名敦煌研究院的专业导览人员现场导赏，为观众制定了清晰的观展路线；设计制作推出中英文导览手册及深入浅出的教育小册子；推出“深圳敦煌两地实时视频互动连线”项目；举办“我在敦煌展览现场”摄影图像评比活动；安排周末临摹作品、菩提许愿树、艺术拼图、照相板留影等多项现场参与性极强的互动体验活动。据统计，参加临摹作品的学生2000人次以上，其中精选90余件作品展出；观众留言的“许愿菩提叶”30000片，留言贴满一棵大树；参与“我在敦煌展览现场”摄影图像评比活动共计154人，其中10幅摄影作品获奖。一系列举措及活动受到广大观众、各级领导和业界的一致肯定和好评，取得良好的反响。

深圳美术馆举办了“迎大运：深圳美术馆典藏精品特展”，从3000多件珍贵藏品中挑选了120幅典藏精品向来自世界各地的观众展示。展品包括现代绘画大师吴作人、吴冠中、李苦禅、陆俨少、蒋兆和等画家的作品。同期，举办“迎大运：走近大师——华君武漫画展”，共展出华君武的漫画作品40幅。观众透过“精而返约”，“虽简意工”的画作，体味漫画艺术的精妙之处。该馆还与上海全华水彩艺术馆共同主办了“迎大运：水韵光影——深圳水彩画家提名展”，展出陈希旦、黎楚池、陈士修、曹剑新、张小纲、袁公任、周利群、方晓龙、王胜利、朱勇、刘向东、周天涯、胡陆葆、李莉娜、黎晓阳、柯明泽等16位深圳本土水彩画家的近百幅作品。

由深圳画院承办，举行了“新兴的城市，创

大运会主题创作与展览精彩纷呈 ∧

美术家与中外观众面对面交流 ∧

大运会期间美术展览为深圳市民提供了一道道文化大餐 ∧

新的艺术——深圳都市水墨精品展”，从深圳画院历年来收藏的都市水墨画中选出40余幅精品分别在龙岗大运村和画院美术馆展出，全方位呈现画家眼中的都市景观和都市人生存状况。

由市委宣传部、市文体旅游局、市文联、深圳大学共同举办的“界·限——迎大运当代版画家油画作品邀请展”在深圳大学美术馆举行，苏新平、张敏杰、钟曦、梁宇、宋光智、罗必武、王家增、祝彦春、李康、郭鉴文等11位版画家参展，还有来自香港的艺术家吴松等，展览期间对中国当代艺术中的“版画现象”进行了集中式的体验与学术研讨。由市文联、深圳出版发行集团主办，市美协承办的“迎大运：花鸟画三人展”在深圳艺廊举行，共展出文继新、汪峰和李春华3位深圳本土画家31幅花鸟画作。

由市文体旅游局和市文联共同主办，深圳书画艺术学院承办的“春华秋实迎大运——深圳花鸟画作品展”共征集了本市11位花鸟画家的作品进行集中展示。包括史文集、乔广洋、李文秀、戴培仁、马顺先、黎楚池等活跃在深圳国画创作一线的画家创作具有较高水准的作品。展品以谐音、比喻、象征、寓意等手法追求“景外之趣”和“弦外之音”，突出中国画的个性，呈现花鸟画托物言志、借物抒怀的审美格调，赞美生命，歌颂大自然，抒怀美好生活。在深圳鹏宝轩艺术馆，“喜迎大运，翰墨飘香——‘深圳四家’中国画精品展”展出了深圳本土画家宋承德、宋玉明、邹明和潘喜良近年来的代表作品共60余幅。4位画家虽然来自不同的创作领域，却情投意合。此次展出作品都突出了他们各自的最新创作成果，展示城市面貌与人文精神。

为配合大运会的青春主题，由何香凝美术馆主办，冯博一、王晓松、谢安宇、王娟策划的“一个人的剧场——80后艺术家作品展览”是一次中国80后一代年轻艺术家的主题性作品展览，邀请并展出13位具有80后典型艺术创作特征的38幅（件）多媒介及代表性作品，呈现中国80后一代年轻艺术家在创作观念、风格、语言等方面别样的视觉样本。此外，由深圳荔园文化产业发展有限公司、深圳大学文化产业研究院、北京广华京版传媒文化有限公司联合策划创作的《鹏城万里图》，于大运会开幕前夕完成创作出版，并以大运特许经营商品的方式推出。该长卷全长约18米，高0.85米。以深南大道为主体背景进行创作，描绘了深圳东起大鹏湾、西至宝安机场最具代表性的自然及人文景观，结构恢宏，艺术化地展示了特区改革开放30年来的非凡成就。

此外，为纪念辛亥革命一百年，9月16日至11月15日，深圳博物馆承办的“辛亥革命在广东”展览作为第九届深圳社会科学普及周的重头戏在该馆举行。展览以1894-1913年广东地区（包括香港、澳门）为主要时空视域，结合全国背景，通过400多张珍贵照片、150余件实物和文献、图表等大量翔实的历史资料，配合多媒体等现代互动手段，全景式展现广东辛亥革命历史，突出展示深圳三洲田起义的过程和意义，增进观众对近代国情、省情和市情的了解和认知，激励广大干部群众继续发扬中华儿女矢志不渝的爱国精神和革命先驱与时俱进的革命精神，把深圳经济特区的宏伟事业推向前进。同期，《辛亥革命在广东——纪念辛亥革命100周年展览图录》出版。该书在结构和体例上不同于常规文物图录的编排方法，本着编一本插图版历史著作的目标，所有章节皆具有连贯性和逻辑联系；在收录的范围上，除了深圳博物馆馆藏之外，编者还汇集了来自上海、天津、南京、武汉、广州、珠海、佛山等地文物，既有全国性视角，又以广东和深圳为重点；在全书内容和思想上，既吸纳了史学界既有的研究成果，又有独到的史识。全书除近千张珍贵文物照片和历史资料照片外，编者还特意编制了大量地图和表格，直观快捷地反映历史事件，秉承了中国传统史学中对“图”和“表”的重视。

美术馆专业化建设进入新阶段

美术馆是美术发展的重要硬件设施之一，也是美术拉近与大众距离的强有力保障。2011年，在国家提倡博物馆免费开放的大背景下，深圳各美术馆实施免收门票的开放政策，注重提高服务质量和水平。在服务内容上，改变以往主要接办展览的局面，加大自主研究和策划的力度，举办反映时代文化主题、展示深圳美术发展特征的大型主题性、学术性展览，观照不同语言形式的探索成果，展览形成精品纷呈的格局，满足日益丰富和多元的社会审美需求；不断丰富馆藏作品，将馆藏作品形成各种专题陈列展，使国家的艺术财富为人民共享。与此同时，各美术馆致力创新服务形式和服务手段的探索，举办各类专家学者讲座，加强艺术家与观众的互动，在大型展览中组织志愿者导览，构成立体的公共教育服务方式，延伸展览空间，使进入美术馆的观众感受到高雅、新颖、亲切的艺术氛围，也获得综合的文化与教育服务。

关山月美术馆入选国家首批重点美术馆 1月11日，文化部印发《关于公布首批国家重点美术馆名单的通知》，全国九大美术馆获批这一称号，关山月美术馆（下简称“关馆”）榜上有名。入选的美术馆包括中国美术馆、上海美术馆、江苏美术馆、广东美术馆、湖北美术馆、陕西省美术博物馆、北京画院美术馆、中央美术学院美术馆等。这一结果是2010年文化部发布《全国重点美术馆评估标准及办法》以来，在近一年的评选过程中，对各个美术馆的综合管理、建筑与环境、藏品资源、展览与社会影响、公共教育和文化服务等硬件及软件建设方面进行评估验收后并评选出的。此次在全国首批重点美术馆评估工作中，“关馆”的硬件设备、藏品数量质量、管理水平、学术研究成果等，给评委们留下了深刻的印象。通过参与全国重点美术馆的评估，对“关馆”探索更科学的管理方法，进一步推动美术馆标准化、规范化建设都起到了重要作用。

关山月美术馆是以岭南画派大师关山月先生名字命名的现代美术馆，于1997年6月25日落成开馆，关山月先生将自己各个历史时期的代表作品813件和一批相关的图书及文献资料正式捐赠给深圳市政府。这些捐赠既促成了关山月美术馆的建设，也奠定了该馆的学术特色基础。12年来，“关馆”举办的20世纪中国美术系列学术课题研究和专题展览，都是在这样一个基础上开展起来的。建馆以来，根据馆藏特色和美术馆发展的长远目标以及深圳这座城市的文化特征，“关馆”确立了“以关山月艺术和20世纪中后期中国美术研究以及当代设计艺术研究为主导的学术方向”和“以研究为龙头，以收藏为基础，以展示为手段，以教育和推广为目的”的办馆理念。努力打造具有学术特色的关山月艺术研究和展示、20世纪中后期中国美术研究和展示的学术品牌；在建设“设计之都”的框架下，着力打造具有深圳城市文化品格的

关山月美术馆2011年度展览与学术活动剪影 ^

深圳美术馆2011年度展览与学术活动剪影 ^

设计艺术研究和展示的品牌，为深圳成功申请“设计之都”称号作出了重要贡献。目前“关馆”已跻身于全国一流美术馆之列，成为国内重要的国际艺术交流平台、国家大型美术展览项目策划与承办基地，在弘扬传统艺术，推动当代艺术创新发展方面均取得了丰硕的成果。

深圳的美术馆发展在改革开放后的全国美术馆发展中具有特殊的意义。深圳美术馆、何香凝美术馆、关山月美术馆、深圳画院美术馆以及各种专业美术馆、民营美术馆（如华·美术馆），还有正在筹建中的观澜版画美术馆、深圳当代美术馆，使得深圳成为国内美术馆最多的城市之一。深圳的美术馆建设在上世纪90年代曾经在全国起到示范作用。尤其是“关馆”的兴建，直接带动了何香凝美术馆、广东美术馆等南方美术重地的建设。当时，国内很多先进的美术馆到深圳来参观取经。深圳的美术馆影响力也辐射全国。近年来，深圳在全国

深圳画院2011年度展览与学术活动剪影 ^

首先推行市属公益性文化场馆的全面免费开放服务，使美术馆建设迈入了新的时代。在本次评选中，关馆的义工队伍成为一大亮点，在公共服务和教育推广上的措施更是获得专家们的一致肯定，再次走在了全国美术馆的前列。美术家董小明认为，“关馆”入选首批全国重点美术馆，是对深圳30年来文化建设实实在在成果的肯定，也鼓舞了深圳文化建设者的信心。

围绕学术定位形成系列品牌　“关馆”将展览进行分类，形成系列品牌，截至到2011年底，共举办49个展览，参观人数达27万人次，充分发挥了展览的社会效益。

一是关山月与20世纪名家系列学术专题展览。该馆策划展出的“关山月陈列展”，以实物、实景、图像与文献等多元化的陈列形式，多角度、多结构的视觉呈现方式，全面展现了关山月艺术人生的真实记录和艺术成就特色，并突出其“笔墨当随时代”的艺术追求；“夙结敦煌缘——关山月临摹敦煌壁画展”，精选关山月上世纪40年代在敦煌的临摹作品28幅，立足新的视角探讨了敦煌石窟艺术对关山月艺术乃至20世纪中国美术发展所产生的重要影响及其历史意义。该展览与“博蕴华光——敦煌艺术展”同期推出，为博大精深的敦煌艺术提供了一份特殊的视角资料。此外，还策划举办了“素描基础·新中国画的革命——吴作人学术专题展”、“刀笔生辉——罗映球版画艺术展”、“大地飞歌——宋源文版画艺术展”，并举办了相关的学术研讨会，进一步深化了“关馆”的学术定位，提升其学术形象和地位。

二是结合深圳文化特色的设计艺术系列展。该馆策划举办了“国民·人民·公民——20世纪中国平面设计文献展”，展出了民国时期的期刊、杂志和老上海的月份牌，新中国成立以后的宣传画和改革开放以来的海报，以此勾画出20世纪中国平面设计史的轮廓。配合展览，组织了10余位中青年学者对相关文献资料进行梳理性研究，这些成果将收入《国民·人民·公民——20世纪中国平面设计研究文献集》中，该书由广西美术出版社申报了“十二五国家重点出版项目”。“平面设计在中国2011”展览，为深圳“设计之都”的建设做出应有的贡献。

三是关山月美术馆学术提名系列展。“留

守与出走——何晋渭作品展”、“喧嚣的结构——龙虎水彩画展”，“李小澄水彩作品展”、“墨舞影幻——李一、东方涂钦作品展”、“王见画展”、“李劲堃画展”以及“对话——归国油画家作品邀请展”、“隐喻的风景——周利群绘画作品展”等展览，体现了“关馆”对国内现当代美术的关注。

四是弘扬传统文化系列展。举办了“镂尘吹影——关山月美术馆馆藏皮影作品展”，皮影艺术被列为国家级非物质文化遗产，在展览期间邀请陕西德庆皮影社的社长何应林和皮影雕刻艺人前来现场展示绘画和皮影雕刻，取得良好的社会效益，传承和发扬了传统艺术；文博会期间的“陶都风——中国宜兴陶瓷艺术深圳展”，受到观众的欢迎和好评。

五是美术馆馆际交流系列展。关馆与青海美协、青海博物馆共同举办了“本位与追求——关山月美术馆画家作品赴青海展”，在大芬美术馆举办了“关山月美术馆馆藏俄罗斯油画展”。在“关馆”展出了天津美院美术馆的“多元的理想——2010年天津美术学院新媒体艺术学院教师作品学术邀请展”和“广州美术学院美术教育学院教师作品展”等展览。馆际间的交流加深了关馆和各地区之间文化艺术的相互交流和彼此了解，进一步提升了“关馆”的学术地位，也增加了深圳文化的辐射力。

六是国际交流系列展。“关馆”举办了“深圳海报作品波兰展”、“半亩方塘——董小明水墨综合媒介作品德国展”，这两次重要展览，对于向国外推广深圳的设计艺术以及水墨艺术做了坚实的工作；“交流的艺术——意大利LOGO展”引进了国外先进的工业设计理念，进一步推动了深圳“设计之都”的建设；“玛雅：记忆的空间——哈维·伊洛霍沙摄影作品展”则进一步加强了与墨西哥驻广州总领馆的联系；“生命的思维——第八届中韩水墨艺术交流展”是“关馆”常设的国际交流展项目，在两国美术界产生了良好的影响，成为一项重要的对外文化交流活动。

深圳美术馆重在推动本土艺术发展 2011年，深圳美术馆以“和谐、奉献、创新、品质、成就”为工作理念，坚持公共文化服务的宗旨，围绕“关注当代都市艺术、关注本土艺术”的学术定位，对中国当代艺术进行学术梳理，通过策划年度专题展、学术研讨会等活动，深入挖掘、发现和组织本土美术创作，全面、充分地展示了深圳本土画家丰硕的创作成果。全年举办各类展览活动40余项，观众量达11万人次，主要特色体现在：

一是发掘本土艺术力量，推动本土艺术的发展。用展览、收藏、研究等方式有计划、有步骤地扶持和推动本地美术的创作，成功策划举办了一系列本土画家的艺术展览，本年度，共举办本土展17个，重点推出“应天齐深圳十年艺术展”、“深圳四家·中国画邀请展”、“色彩·乐章——田克盛油画艺术展”、“深圳记忆——杨德祺画展”等本土艺术家的个展或群展。

二是研究当代艺术，展现中国当代艺术创作现状。深圳美术馆将“图像转向”确立为学术目标和研究重点，主办了一系列具有学术性和影响力的当代艺术展览。本年度组织策划的当代艺术展有“混搭的图像——中国当代油画展”、“拟像的碎片——当代艺术展”等。展览主题丰富，形式多样，使深圳美术馆的展示空间从架上走到了架下，具有当代性与互动性，尝试从多方面、多角度对当代艺术进行探讨和研究，凸显图像时代的文化表征，揭示图像时代艺术家在创作观念和创作手法上的变化，突出在读图时代的新境遇下，中国当代艺术家的个体反思和集体生命体验的艺术化呈现，从一个侧面彰显图像时代人类的生存境遇

何香凝美术馆2011年度专题展与学术展剪影 ^

及现实关怀。展出的作品呈现当下油画的创作现状，也折射出艺术家自身在思想、艺术表达方面的智慧，并承载着个体对相关艺术与文化问题的思考。展览在深圳结束后还应邀到西安美术馆、石家庄当代艺术馆进行巡展，影响广泛。

深圳画院把握当代中国画革新的课题 深圳画院作为深圳市体制内唯一一家以美术创作研究为主要功能的专业学术机构，承担了全市专业美术创作、研究、展览的重要功能和服务机关、普通市民，提升城市文化品质、提高城市文化形象的重要职责。2011年，该院围绕自身学术定位，把握当代中国画革新的课题，举办了“第七届深圳国际水墨双年展”（2010年12月开幕跨年度至2011年1月）“半亩方塘——董小明水墨综合媒介作品展”、“港水港墨——香港水墨作品展”和“園山晴巳平版画艺术展”等展览。其中，“第七届深圳国际水墨双年展”由主题展、新人展、专题展和邀请展四部分组成，形成“笔墨新境”、“新语传韵”、“水墨新人”、“在线人间”和“香港水墨”五个单元展，特邀140余位国内外著名艺术家参展，展出作品200多件。“半亩方塘——董小明水墨综合媒介作品展”除在深圳举办外，还受邀赴德国汉堡、福建和江苏常熟三地巡展。“園山晴巳平版画艺术展”受到深圳市民、学生以及专业人士的一致好评，又先后赴武汉和常熟等地巡展。全年举办公益性美术展览共计13项，参观人数约5万人次。

何香凝美术馆专题展与学术展特色鲜明 2011年是辛亥革命100周年，何香凝作为中国民主革命的先驱，近代中国最早走出国门学习美术的杰出画家，她的艺术与革命活动紧密相连，她以作品唤醒国人、讴歌正义，激励同胞在困境中坚持真理、追求光明。她的作品展示被全国政协列入纪念辛亥革命100周年系列活动之一。为此，何香凝美术馆本年度的工作重点是“纪念辛亥革命100周年何香凝艺术精品展”北京展、武汉展，此外，全年还举办了其他展览项目、交流计划、学术活动等22项，举办学术讲座12讲，各类研讨会19场。

“纪念辛亥革命一百周年何香凝艺术精品

华·美术馆2011年度活动与论坛剪影 ^

展”由国务院侨办和文化部共同主办，于9月份在中国美术馆展出。展览由作品、图片、文献三部分组成，展出了何香凝先生36幅精品画作、30幅珍贵历史图片以及若干文献资料，从侧面反映辛亥百年来的历史进程，展示何香凝先生的艺术生涯和高尚情操。其后，该展到辛亥革命的首发地武汉巡展，具有特殊的意义。此外，“人月双清——纪念辛亥革命一百周年廖仲恺何香凝诗词作品展”首次将廖仲恺、何香凝的诗词整理后集中呈现。展览参照《双清词草》及相关文献，从廖、何夫妇共同生活的年代所作的诗词中选取了40余首，以手书影印件为主，配合相关的图像资料，分别以“夫妇：诗以寄情”；“自我：歌以咏志”；“友朋：言为大同”三个主题呈现。既是对以往何香凝艺术研究与展示的补充与扩展，同时也通过对廖仲恺这位与何香凝最亲密的革命伴侣的精神世界的展现，带给观众对何香凝艺术更为立体的感知。“何香凝艺术精品陈列展”是何香凝美术馆馆藏长期陈列的展览项目。何香凝的绘画气度恢弘、立意深邃，常以狮、虎的猛厉之气振奋国人，以梅、兰、竹、菊等耐拒严寒的花木弘扬国人应有之不屈不挠的精神品格与坚贞不屈的崇高气节。众多艺术家与国家领导人的补笔、题词，使得她的作品更为凝重。陈列展出的41件书画作品是何香凝先生在长达60余年创作生涯中的代表性作品，充分展示了她的艺术品格和人生轨迹。

学术展览主要有：“新视觉2011：条条框框的生长——第八届全国美术院校油画专业应届毕业生优秀作品展”，挑选出20位年轻艺术家，共展出65件作品。“中国当代艺术家个案研究展”系列之“可能的语词游戏——徐坦语言工作室”活动，对“100个关键词”进行对话。“午夜蓝（Bleu Nuit）——佐野缝作品展”，共展出日本当代艺术家佐野缝15件抽象油画和装置作品，体现艺术家对现实世界、生活细节和场景的一种独特经历和体验，透露女性艺术家对生活点滴的编织，希冀在变幻的世界中寻找平衡。被列入“澳大利亚文化年”重点项目之一“魔咒——关伟 2011 OCAT个展”，以环形壁画的形式完成，作品以全景视野揭示全球化过程所导致的新的合成过程，从中国的民间文化中的符咒，到伊斯兰和西方文化中的星象图、古航海图等，再到好莱坞大制作的表现方式，大规模的涉猎与旁征博引，着力打破文化的单元结构，以一种东方式达观态度和玄思妙想，机智幽默地展开这一宏大的宇宙和世界图景。展览结束时除部分作品外，壁画的大部分均被销毁。“脱壳——彭薇作品（2002-2011）展”，展出年轻女性艺术家彭薇近10年的近百件代表作。“一个人的剧场——80后艺术家作品展览”邀请并展出13位具有80后典型艺术创作特征的多媒介、代表性作品，呈现出中国80后一代年轻艺术家在创作观念、风格、语言等方面别样的视觉样本。“一重影事——延展于2008-2011年三影堂摄影奖”以边缘的另类的亚文化的视角，重新挑选和衍生出一个以青年摄影家为主的摄影作品联展。“重装上阵——曦城·全国美术院校应届毕业生优秀雕塑作品展”为雕塑系的应届毕业生搭建一个良好的展示平台。展览从十大美术院校雕塑系24位应届毕业生提交的雕塑方案中挑选出12件作品长期陈列于曦城。“市井浮世绘——王玉平作品（2005-2010）”展出18件油画作品和9件水彩作品，着眼于市井的凡人琐事和状态的记录、剪裁，是一种生存的经验的表述。“日光流年——申玲作品（2006-2011）”展出16幅油画及100件素描作品，隐藏在日常生活肌理中的丰盈细节带着灵性的气质跃然纸上，浸透画家对生命的感悟，缠绵而感伤、温婉而遣怀、宁静而致远。“爱笑爱语——张春旸作品展”展出张春旸自2005-2011年间创作的油画、水彩画和装置等代表作品百余件，呈现不同创作阶段的变化以及利用不同媒介进行的艺术实验。

华·美术馆突出先锋性与国际性 华·美术馆是国内首家以先锋设计为主题的美术馆，以关注和推动设计为主要发展方向，包括平面设计、空间设计、产品设计、服装设计、数码、影像、动漫等各个领域，同时着眼于当代艺术和多元艺术活动，积极探索和反映设计与当代艺术之间的关系。2011年，举办了“纽约图钉工作室回顾展”、“What’s Next 三十乘三十创意展”、“感知增生：中法媒体艺术交流展（深圳站）”、“词场·诗歌计划2011”等大型活动。纽约图钉工作室是20世纪具有世界影响力的设计组合之一，在上世纪60年代前后开创了插图与设计结合的新时代，回顾展为深圳观众带来了自由、活泼、拼贴、融合个人观念的“图钉风格”。中法媒体艺术交流展通过近30位具有代表性的中法艺术家的28件装置作品，进行不同艺术观点的对话，探讨在数字革命中人类和环境的关系。从概念诞生到实施，“What’s Next 三十乘三十创意展”历时3年，开幕当日汇集了600余人、近50家媒体。众多知名创作人参与展览，包括台湾雕塑大师朱铭、中国服装设计师马可、英国国际知名摄影师Nadav Kander、日本国际时装设计师山本耀司、日本中生代平面设计大师中岛英树、纽约平面设计师Stefan Sagmeister、日本无双真古流花道传人珠宝、无印良品MUJI创始人原研哉、香港歌手卢冠延、日本世界级设计师浅叶克己，以及华人设计界的靳埭强、陈幼坚、王序、刘小康、韩家英等，创作跨越了平面、建筑、服装、摄影、电影、音乐、雕塑、装置、花道等多个范畴。《词场·

诗歌计划2011》以“词”作为关键词，邀请国内近30位当代诗人和20位艺术家展览，以“词场——视界（视觉艺术部分）”、“词场——档案（诗人手稿、诗歌文献部分）”、“词场——谈论（诗歌论坛、讲座部分）”、“词场——声音（诗歌民谣部分）、”“词场——表演（诗歌剧场部分）”五个展览单元，通过艺术创作、论坛、讲座、对话、朗诵、民谣、剧场等多种参与方式共同推进当代诗歌与艺术的融合互生。

研讨与讲座提升学术水平 配合展览，各美术馆举办了一系列的学术研讨会和座谈会，并编辑出版了相关的文集。关山月美术馆在编辑出版方面已完成的出版物有：《梦笔生花——黄叶村研究文集》，是目前研究黄叶村先生最为完整的一本文献资料；《无限繁衍·视觉案例——2011当代女艺术家邀请展作品集》，使“关馆”在女性艺术研究方面形成系列特色；《刀笔生辉——罗映球的版画艺术》，是馆藏艺术品研究系列丛书之一，是目前对罗映球艺术研究最为深入的一部理论专著，在版画个案研究方面迈进了一步；《异域行旅——20世纪50至70年代中国画家国外写生专题展学术研讨会文集》，收入关山月及其同时代画家傅抱石、赵望云、李可染、黎雄才、赖少其等10位大家50至70年代国外写生作品，为关注20世纪中国美术的专家和学者提供了具有文献价值的文本。“关馆”举办的“四方沙龙”系列学术讲座，配合辛亥革命100周年，年度主题为“1911年以来的中国艺术和文化”，以本土为主兼顾国内外，邀请专家学者归纳总结1911年以来中国艺术和文化的各个方面。全年共举办10期，主要内容是“百年歌曲”、“百年教材”、“百年摄影”、“百年表演艺术”、“百年电影”、“百年美术动向”、“百年版画”、“百年书美”、“百年文学”和“百年雕塑”，听众人数累计1600余人次，反馈良好。学术成果方面，已出版《大方无隅》和《设计、城市、生活》讲座文集两本文集及《视觉证明——深圳三十年》等。重点编纂出版的《关山月全集》，着力打造其成为“关馆”乃至深圳市出版精品，计划在2012年完成，截至2011年底，已收集关山月作品的图片共计2215件，并完成《关山月全集·人物卷一》的初步编辑工作。

何香凝美术馆全年共举办“人文之声——何香凝美术馆系列学术讲座”12讲，包括汪建伟“正常的括弧”、张志扬“西方神对人的诅咒”、潘力“日本浮世绘”、王瑞芸“杜尚与当代艺术”、胡永芬“台湾当代艺术的脉络”、颜峻“用来聆听的音乐”、何春蕤“美女经济——从台湾的正妹现象谈起”、顾彬“什么是好的中国文学”、吴君亮“抽象艺术的绽放时代”、李媚“多重视线——当代摄影现状的几条线索”、郭岱君“宋子文与中国近代史”、沈语冰“视觉艺术中的现代主义”等研讨会共19场，正式出版《语词、意识与艺术——徐坦“关键词”视觉语言实验档案》（岭南美术出版社）、《小运动：当代艺术中的自我实践》（广西师范大学出版社）、《动物园》（岭南美术出版社）等3本学术著作。

深圳美术馆坚持两年举办一次论坛活动，此项学术活动从2003年开始第一届。2011年按照惯例举办了第五届深圳美术馆论坛，围绕“社会主义经验与中国当代艺术”这一主题展开讨论。社会主义经验为中国的当代艺术家提供了一条进入当代文化语境的特殊通道，成为一种另类的“现代性”和“当代性”的知识来源。20世纪发生在中国的社会主义运动，它“中国式”的理论和实践，不仅深深地影响了中国的几代人，而且，它的理论主张、话语方式、组织模式、行为特征，在很大程度上也成为中国当代艺术家的重要资源。只有把中国当代艺术放在中国思想的进程中，放在中国现代性的过程中，放在民族国家的建构中进行考察，才能真正看清它和“社会主义经验”的复杂关系。没有社会主义的经验和社会主义的文艺，就没有在后来以对其僵化部分进行反叛作为目标之一的现、当代艺术；二者之间既紧张又相互依存、利用和转化的关系，共同构成了中国思想和中国经验的丰富性。论坛上，孙振华、鲁虹发表《主持人的话》，陈剑澜发表《幽灵性、身体与历史——关于张晓刚的“内心化”叙述》，高岭发表《社会主义经验与中国当代艺术之研究：“当代·红光亮”》，冀少峰发表《生命政治与图像记忆》，靳卫红发表《中国社会主义美术滥殇考略》，李杨发表《怀旧、招魂与现实观照——王广义“政治波普”的多重面向》，李原原发表《社会记忆的图像延续——试论中国当代艺术的社会主义视觉经验》，刘筱发表《极左政治之下的艺术解压——谈20世纪中叶江苏中国画坛的社会主义经验》，鲁虹发表《中国当代艺术中的“红色记忆”》，彭德发表《中国当代艺术发展的变数》，彭彤发表《隐痛：中国当代艺术的蔑视经验——基于霍耐特承认理论的社会病理学分析》，孙振华发表《冷战格局中的万曼和中国现代壁挂艺术》，唐小兵发表《社会主义经验与历史多元观：王广义的启示》，王明贤发表《艺术实验与历史证据之间的对话》，吴洪亮发表《集体与集体创作的新形态观察》，谢泳发表《社会主义时期的艺术评论思维——以丰子恺一张漫画为例》，杨小彦发表《艺术为政治服务？！——唯美、女人体、玩世与权力的合谋把戏》，殷双喜发表《历史·真实·自由——从蔡亮革命历史题材绘画创作反思新中国美术》，游江发表《社会主义经验与中国当代艺术创作——从深圳美术馆近10年来策划的有关“图像转向”的系列展览谈起》，于长江发表《主义，有木有？——社会主义经验对中国当代艺术的几点影响》。

深圳画院在2011年编辑出版了专业美术书籍《2008年中国版画年鉴》、《半亩方塘——董小明水墨综合媒介作品集》、《第七届深圳国际水墨双年展》画册、《港水港墨——深圳画院香港客座画家作品集》、《深圳画院画家作品集》（郑强分册）、《新兴的城市·创新的艺术——深圳都市水墨精品展》宣传画册以及《2010年深圳画院年刊》等，为推动画院的学术业务建设，进一步增强画院在全国的影响力、辐射力起到了积极作用。

研究和收藏稳步推进 关山月美术馆对收藏工作高度重视，以专项基金申请和展览收藏两种方式开展收藏工作，2011年度入库作品共463件，其中国画34件，油画14件，版画55件，装置2件，水彩3件，唐卡2件，皮影353件。这些收藏包括了20世纪杰出版画家罗映球作品53件，西方艺术大师毕加索版画作品1件，当代女性艺术家作品10件，陕西皮影353件。同时，已申报文化发展专项基金但尚未入库作品有西方现代版画11件，平面设计51件。

2011年深圳画院承担“纪念深圳经济特区成立30周年——重大历史题材美术创作工程”的收藏工作，协助组委会精选优秀作品，邀请收藏评审专家对作品及收藏费进行论证，最后选出73件作品收藏。

培养推广本土优秀美术家

深圳是一座移民城市，也是一座令“移民”们扎根、开花、结果的城市。30年来，深圳以海纳百川的胸怀，迎接与容纳了无数有理想、有创造力的中青年艺术家，他们在深圳这

深圳本土优秀美术家推广工程带给观众新的视觉感受 ^

片具有特殊养分的土地上，逐渐成长与成熟。他们的身影在国内外美术舞台上相当活跃，他们的作品在国内外美术展览中频频展出，他们的创作有力地推动了深圳美术的创新，对提升深圳美术在国内外的影响力产生了重要作用，为深圳文化建设做出了贡献，也成为本土艺术的重要构成。

以深圳艺廊等为平台，推介本土青年艺术家和优秀作品，让艺术与市民零距离接触，是市文联长期推行的一个做法。市美协抓住机遇，继与广电集团共同打造的电视栏目《美术欣赏》，继为市民推介优秀美术作品之后，于2010年底，提出“深圳本土优秀美术家推广工程计划”。这一策划，得到了市文联的重视与支持。在市文联的统一部署下，市美协将此列为近年重要工作规划，进一步细化工作目标，组成了策划团队，分工负责各个推介对象的策展和艺术评介。经推荐及主席团的认真研究，首批8位优秀青年美术家被列为2011年至2012年度的推广对象。这8位美术家是戴耘、尹晶华、臧国福、方小龙、邹卫、周波、许晓鹏、陆声设，他们工作、生活与创作的环境和条件各不相同，却有着一个共同的特点：激情飞扬、潜心创作、挑战自我、勇于创新、成绩斐然。根据推广工程计划，分别为被列入的艺术家举办个人画展、作品研讨会、出版作品集，推出他们的创作成果，推介他们的艺术实践。这项工程有利于培养人才，推出力作精品，为弘扬本土、丰厚本土、提升本土做出贡献。

此外，在深圳市宣传文化发展专项基金的支持下，由市文联、深圳出版发行集团共同主办，市美术家协会承办，本年度还推出了11项深圳本土画家的联展系列，培养美术新人，丰富市民文化生活。

2011深圳摄影·普及提高

随着相机的普及，数码技术和互联网的快速发展，摄影逐渐成为一种大众喜爱并广泛应用的文化艺术样式，迅速从职业人群、摄影发烧友等高端人群走入百姓生活中。深圳已进入一个全民摄影的大时代。2011年，深圳多项大型摄影展赛，都是以公众为对象，公众既是活动的参与者，也是传播者和接受者。面对公众广泛参与的摄影活动，摄影家的优秀作品如何从海量的照片中突围而出，如何从专业角度引导公众向更成熟的摄影人群发展，便成为摄影界的新命题。

“美丽深圳”创建“城市图片库”

为了让更多人认识深圳，了解深圳，感受深圳之美，由市文明办、市文联、深圳报业集团主办，深圳广电集团、深圳出版发行集团协办，市职业摄影协会承办，以“记录城市美好生活”为主题，以“和谐、人文、绿色、积极向上”为基调，突出“全民参与”理念，组织开展了第二届（2010）“美丽深圳”（第一届名为“发现深圳之美”）摄影大赛，鼓励广大市民积极参与，共同见证美好生活，用影像记录美好生活，用相机见证城市变迁，创作留存城市影像。

大赛不强调专业性，主张反映生活的真实，捕捉感人的细节，鼓励参赛者通过镜头传达他们的瞬间情感。这种创新的、草根的主导理念和参与方式，吸引了广大市民的高度关注和积极参与，具有广泛的群众基础。参赛者来自各行各业，不分年龄，跨越区域，他们拿起相机、手机，或专业、或业余，或有意、或无意，纷纷拍下了瞬间的深圳之美，拍摄范围涵盖深圳的方方面面。大赛自启动之后，共收到参赛作品12800幅（组），分别竞评风光类、市民生活类、青工生活类、环境类、建筑类、人物肖像类、图片故事类和艺术形式类等类型的最佳摄影单项奖及100个优秀奖。大赛首次设立“年度大奖”，并增设两个组织奖，奖励集体参赛的团队。

经过由国内资深摄影家和图片总监组成的评审团两轮严格评选，梁家合的《流动》获“年度大奖”、李砚伟的《魅力深圳》获最佳风光摄影奖、钟政芳的《一滴血，一片情》获最佳市民生活摄影奖、刘伯良的《春茧之韵》和《喷漆工》分别荣获最佳建筑摄影奖和最佳人物肖像摄影奖、张新燕的《带着幸福回家》获最佳青工生活摄影奖、梁伟明的《深圳音乐厅》荣获最佳艺术形式摄影奖、周树南的《莲花山上的快乐生活》荣获最佳图片故事摄影奖、王标的《共舞》获最佳环境摄影奖、

获得各项最佳奖摄影作品

赵宏发《在深圳过大年》等100位作者作品获得优秀摄影作品奖。富士康科技集团摄影团队和深圳技师学院参赛团队获得组织奖。

《流动》以独特的构图和创意取胜，把古典妆容的青年女性之美与城市流动的优美景色交融在一起，评委认为这是在用一种创新的方式折射出现代都市深圳的韵律之美；《一滴血，一片情》在瞬间再现了女青年在献血过程中的真实与感动；《莲花山上的快乐生活》人物自然生动，真切表达了深圳人与这座圣山的和谐情感；《共舞》是作者在过去10多年中，利用节假日时间关注红树林环境和鸟类保护，并深入红树林拍摄所取得的精华之作；《带着幸福回家》勾画了一对在深圳工作的新婚青年满载着幸福回乡的感人画面；《魅力深圳》通过站在梧桐山之上的角度，展示了深圳的迷人夜景；《春茧之韵》以细微的观察，宏大的表现，展示大运会场馆的宏大乐章，并奏响了青春的激情与活力；《喷漆工》用真情表现了大运场馆建设者的辛劳与伟大；《深圳音乐厅》通过叠加镜面折射的光影，勾勒出梦幻般的乐章画面，具有强烈的艺术张力，达到了艺术形式与内容的完美结合。年纪最大的赵宏发（75岁）所拍摄的《在中国过大年》，通过记录外国友人在中国过年的喜庆画面，展现了中华传统节日文化的独特魅力；年纪最小的张祎（6岁）所拍摄的《金色的秋天》，凭着作者对世界、对大自然的细心观察，以一片树叶将"一叶知秋"的精彩瞬间演绎得如诗如画。拍摄者们倾注了全部的热忱，努力使感受深圳之美、呈现深圳之美这一过程变得至情至性，富有人文情怀。

4月30日至5月30日，第二届"美丽深圳"摄影大赛获奖作品在深圳艺廊展出。其后，深入社区、企业、学校等场所举行巡展，广泛传播深圳之美。此外，大赛组委会还建立了一个公益性质的"城市图片库"，永久保存每一届的获奖作品，使之成为深圳城市生活的影像档案。

"影像大运"辉映"大运之光"

第二十六届深圳世界大运会"影像大运"图片征集活动　为在全国范围内宣传大运，营造大运氛围，由第二十六届世界大学生运动会组委会执行局、龙岗大运办、深圳报业集团共同主办，市民俗摄影协会承办的第二十六届深圳世界大运会"影像大运"图片征集活动于2010年12月上旬开始征集，历时3个月，共征得电子稿件图片2066幅（组）。经过专家评审，于4月初终评出金奖1名、银奖4名、铜奖8名，优秀奖50名。李学忠拍摄的《大运工地之光》组照获得金奖，李砚伟拍摄的《大梧桐拍小梧桐》、谢健伟拍摄的《老外逛老街》、钟致棠拍摄的《大运专线》组照、蔡惠生拍摄的《大运会倒计时一周年——龙岗区大地艺术活动启动》获得银奖。所有获奖及参赛作品，都生动展现了大运筹办工作的精彩瞬间和深圳的城市风貌，向世界展示了一个充满魅力的深圳，显示了深圳必将举办一届“更成功、更精彩、更具影响力”的世界大运会的努力和决心。大运会执行局自5月份开始，在全国范围内进行大运图片巡展，并在大运会举办期间在大运中心、深圳湾等重要场馆和大运村展出，以生动、直观的形式向世界各国运动员、媒体记者全面展示“新大运，新深圳”的风采。本次活动中的精品图片被集结成册，作为重要宣传品向市民及各国来宾发放。

“我拍大运”志愿拍摄活动 由深圳市大运执行局、深圳市档案局主办，深圳市民俗摄影学会、深圳市档案学会协办的“我拍大运”志愿拍摄活动于3月中旬至8月底举行，报名参与的志愿者人数达千余人，其中大部分是各界摄影爱好者和在校大学生。身着印有“我拍大运”字样的志愿者成为深圳市街头的一道亮丽风景。“我拍大运”志愿者人数不限制，旨在让更多的市民加入其中，用相机记录大运会期间身边发生的变化。主要拍摄主题为：全市深入开展迎大运、创全国文明城市标兵行动情况，社会各界喜迎大运会开展的各项活动；大运场馆及精彩大运赛况；深圳在迎大运创全国文明城市中发生的变化；中外市民友好往来的精彩场景等。在启动仪式上，主办方为首批志愿者代表颁发了志愿者证件，并接收了有关志愿者捐赠的首批照片。主办方还特邀专业摄影师进行拍摄，由深圳市档案局收集志愿者和专业摄影师拍摄的两类图片，为大运会保存完整、丰富的图片档案。摄影爱好者提交的作品经过挑选后，由深圳市档案馆永久收藏、并颁发收藏证书，并于10月18日进行了表彰和颁发证书。此次活动共收到照片3800余幅，其中，2004幅作品被深圳市档案馆永久收藏。经市档案局组织专家进行评审，共评出一等奖2名、二等奖5名、三等奖8名以及在“我拍大运”活动中表现突出的先进个人15名。获得一等奖的是许德杰“大运赛事精彩瞬间”组照和彭凯“大运安保救护演习”组照。

大运专线——钟致棠摄影展 钟致棠是本土摄影家，作为专业摄影人，如何为大运会贡献绵薄之力？他认为用手中镜头记录“大运专线”——地铁3号线的“怀胎”与“呱呱落地”的过程、用体育拼搏精神去拍摄最有意义。在迎接大运会到来的4年期间，他利用业余时间，成为在“大运专线”工地上行走的“苦行僧”，把为“大运专线”写影像日志当做一项重要任务去完成，深入工地的每一个角落，拍摄了沿线原貌、勘探、管线和绿化迁移、土建工程、路轨建成、高架段试营运等过程，照片累计近10万余张，不仅为“大运专线”建设历程留下了一套完整、鲜活的影像，也为深圳留下了具有纪念价值的纪实和艺术影像。1月28日至2月15日，由市文联、深圳出版发行集团联合主办、深圳摄影学会承办的深圳“大运年”首个大运专题个人摄影展“大运专线——钟致棠摄影展”在深圳艺廊举行。展览精选了100幅钟致棠拍摄的“大运专线”，向观众揭示地铁建设的艰辛，让观众分享即将来临的喜悦与摄影艺术的魅力。展览在深圳艺廊结束后移至荔枝公园、莲花山公园等地展出。

百幅大运摄影作品迎大运 5月4日，为庆祝第二十六届世界大学生夏季运动会倒计时

100天和大运圣火首次进入北京大学传递。由市民俗摄影学会、市群文学会、市民间文艺家协会承办的“百幅大运摄影作品迎大运倒计时100天、画中主人齐联欢暨百本《水晶石》大运画册赠市民”活动在深圳市荔枝公园文化长廊举行。《水晶石》大运画册的作者钟致棠讲述拍摄大运作品的经过，并向100位市民赠送了画册。

大学生夏季运动会火炬传递图片展 7月26日，“火炬传递激情 · 精彩成为永恒——第二十六届世界大学生夏季运动会火炬传递图片展”在市民中心举行首展。其后，陆续在梅林一村、莲花山公园、荔枝公园、翠竹公园展出，为社区增添大运的热闹与生机、蓬勃与激情。该展展出市民俗摄影学会摄影师跟踪拍摄记录大会火炬传递全程。300余张照片实录了从清华大学大运会的圣火采集，到北京、深圳、广州三地的火炬传递，大运倒计时100天誓师大会等与大运火炬传递有关的精彩瞬间，展示了火炬传递的光荣与梦想和深圳大运不一样的精彩。

“多彩深圳”摄影展 8月9日至16日，由市文体旅游局主办，市群众艺术馆和市艺术摄影学会承办的“多彩深圳”摄影展在市民中心展厅举办，百余幅摄影图片展现深圳美丽的山海资源、丰富的民俗风情、动人的历史画面和多姿多彩的现代都市生活，散发出深圳的自然及人文之美。此外，“梦想的力量——周立军体育摄影展”、“见证大运、共享大运摄影作品展”等专题展，全程记录了深圳人民热情参与大运建设、服务大运的感人情景，弘扬大运精神，为大运会留下一份珍贵的视觉记忆。

“奇境欧洲”巡展 在大运会开幕之际，8月13日至19日，“奇境欧洲摄影全球室内巡回展”中国深圳站在万象城举行。此次活动由《外滩画报》与“奇境欧洲”和奇境国际艺术传播联合主办。展览用震撼人心的影像展示了欧洲大陆的灵动和雄奇，验证以影像保护自然、保护野生动物的摄影信念。现场共展出48幅来自“奇境欧洲”摄影团队拍摄的一张张美妙绝伦的照片；此外，还有奚志农等中国著名摄影师10幅经典作品，与“奇境欧洲”互相辉映。

庆大运 · 百年华山摄影艺术国际巡回展 8月14日，在深圳市民中心B座，由陕西省渭南市政府主办，华山风景名胜区管理委员会、深圳企业家摄影协会承办的“庆大运 · 百年华山摄影艺术国际巡回展——深圳站”隆重开展。深圳市原常委、常务副市长、现深圳企业家协会会长、深圳企业家摄影协会最高荣誉主席刘应力，中国人民解放军总参某部原局长（少将）、深圳企业家摄影协会最高荣誉顾问刘长良等出席了活动。摄影展持续展出6天。华山素以奇险峻秀雄冠五岳，其摩崖石刻、奇石秀木随处可见，名人轶事、神话传说，源远流长。本次艺术展共展出摄影作品近百幅，从“多彩华山”、“百年华山”、“魅力华山”三大版块展现了春夏秋冬四季华山各个时期的自然人文风光。在大运会期间，华山与深圳市民共庆盛会，通过摄影展的形式，让深圳市民、海内外的游客更直观地了解到华山优美的自然风光和深厚的历史人文，吸引更多游人到华山游览。

“罗湖天天新”摄影展 第二十六届世界大学生夏季运动会带给深圳巨大变化。为了展现罗湖的崭新风貌，反映全社会对大运会的热情和推动，捕捉罗湖志愿者的动人身影，由罗湖区委宣传部、区文联主办，区摄影学会承办，“迎接大运会，罗湖天天新”摄影展，从征集的数千张照片中，评选出106张优秀摄影作品献给观众。该展先后在区委大楼一楼、东门摄影广场、区文化馆展出，受众广泛。

“最美志愿者微笑”摄影大赛 可爱的笑脸、热情的笑脸、美丽的笑脸……一张张大运会志愿者的笑脸给中外来宾留下深刻印象。为全面展现福田赛区志愿者的风采，大运会福田赛区志愿者部、福田区文联联合举办“最美志愿者微笑”摄影大赛，于8月15至29日面向深圳市内外广大摄影爱好者征稿，获奖作品择优编入2011年福田区外宣画册并在福田红树网、福田青少年网、福田义工网、大运会市志愿者之家网站等专题展出。

“大运在南山”摄影比赛作品展 由南山区文体局主办的“大运在南山”摄影大赛于8月开始征稿，9月结束评选，深圳摄影家或摄影爱好者记录了一幕幕精彩的瞬间，获奖作品从9月23日至11月13日在南山区各大社区、工业区、高校、大型购物中心先后共展出了10场，受到市民的热情关注和好评。一个多月里，上万人观看了展览，特别是在周末的展出，每场观展人员都有上千人次。观展市民表示，这种展览丰富了自己及家人的生活，尽管

深圳摄影家深入“大运专线”建设现场拍摄记录 ∧

“大运影像”留下无数感人和美好画面 ∧

因大运而变得更美丽的深圳尽收镜头之中 ∧

大运会已经结束，但通过图片展，依然可以重温当时的感动，觉得十分亲切。

“发现盐田之美”图片大赛 为迎大运，创全国文明城市标兵，进一步展示盐田美丽的滨海城区形象和丰富多彩的风光风物风情，表现在盐田地区人们安居、生活、工作、学习、创业、娱乐、旅行的各种面貌、情趣和风采，盐田区委宣传部组织开展了“发现盐田之美”图片大赛。在“突出原创性、寓意性，体现创意性”原则下，以“富有创意，主题鲜明，构图优美，色彩饱满，感染力强”为评选标准，最后评选出一等奖1名、二等奖2名、三等奖3名、优秀奖10名。李新旺的《畅游梧桐山》获一等奖，简单的《仙境般的梅沙栈道》、瞿明光的《看谁跑得快》获二等奖，熊晨晖的《大梅沙之美》、莫小亮的《盐田港立交》、高源的《运动与海》获三等奖。

大运图片回顾展 10月8日至14日，作为第六届公园文化节梅林公园分会场的系列活动之一，大运会图片展在梅林公园古荔区展出。这次总共展出了36幅图片，内容包括比赛竞技场面的抓拍，大运会场地建设的场面，大运会开闭幕式的精彩瞬间以及能够展现百姓精神面貌的生活场景，让老百姓再次对大运会进行回顾，再次感受大运会值得回味的精彩镜头。

“感动瞬间”摄影作品展 12月9日至31日，宝安义工“感动瞬间”摄影作品展先后在区群艺馆、区政府二楼及各U站以DVD电子相册及海报宣传的形式展出。本次活动面向全区义工征集到1049幅摄影作品，展出100幅入选作品，并评选出最感动瞬间奖1名、最具创意奖1名、最佳影像奖1名、最具摄影潜质奖1名及10名优秀图片奖。作品通过“心路历程”、“真情奉献”、“与爱同行”、“难忘大运”4个主题，展示了宝安义工为创建“志愿者之城”、“爱心城市”所作的贡献。

“吾城吾乡”重在年度影像记录

“吾城吾乡”摄影年展由深圳市职业摄影协会、关山月美术馆、深圳商报《文化广场》联合共同举办，创办于2006年，定位于建立“视觉档案”，是深圳城市发展历程的珍贵影像记录，成为深圳一年一度的摄影盛事。第六届“吾城吾乡”摄影年展从2011年初开始征稿，共收到79位摄影师的11,000多幅作品。11月16日，以展现深圳全年的影像记录为主题的展览在关山月美术馆开幕。由30多位摄影师拍摄的200余幅照片，从不同角度记录了2011年的深圳城市生活。大运会开幕、深圳北站通车、京基100竣工……这些发生在2011年的深圳故事通过影像一一呈现在观众面前。

本届摄影年展无论在参展作品质量，还是评委专家阵容等方面，都比往年有很大提升：参展作者阵容更大，作品内容更广博而深厚，作品形式更丰富，摄影语言更加多样化。在入选阵容上，共有30多名摄影人入选本届年展，老中青兼备，显示了摄影人对此展的认同度、参与度，彰显了深圳摄影人才蓬勃壮大、百舸争流的形态。在评委阵容上，新增加了中国重量级的摄影批评家鲍昆和北京798艺术区映画廊的艺术总监那日松。在摄影内容上，摄影师们选取不同角度关注2011年的深圳生活，对不同主题进行系统的纪实拍摄。有对深圳“大运年”的个性化记录与表述，如《大运村》、《TV大运》、《色彩言说》等；有对城市建设新发展的敏锐观察，如《京基100》、《深圳北站》、《城市化妆》等；有对现代都市生活时尚、流行色彩、青春风华的捕捉与反映，如《城市疾走》、《动感常在》、《融》、《在这里》；有对底层社会、底层人群的询问与关切，如《我的街坊邻居》、《古屋人群》；有对生命、时间及艺术的思考、诉说，如《触》、《惑》、《寻找的时间》、《重叠的时光》、《随影而行》；更可贵的是，有对深圳本土

“吾城吾乡”呈现深圳的另一面 ^

传统文化遗留与古老风俗延续的探寻和收集，如《纪念方式》、《黄贝岭村张氏祭祀大典》。这些作品风云际会，多题材、多层次、多角度，构成一个多彩多姿而又厚重深长的展览，亦重构了人们对于深圳这座城市的印象。

秉持强调人文性和纪实性的原则，主办方从70多组参赛作品中精选出19位摄影师作品的19组作品进行展出，并从其他作品中精选出30幅精彩的单张作品，作为“我的2011”综合组进行展出。此次展览较集中地反映了众多摄影家在艺术语言上求新求变的自觉。从参展作品中，人们可以强烈感觉到深圳摄影人对摄影形式、摄影语言的着意着力的探索。开幕式上，揭晓了本次影展的获奖名单。其中，尚平荣获“年度最佳摄影师”称号，作品是《TV大运》；秦军校、章庆和袁婷荣获“年度优秀摄影师”称号。

第六届“吾城吾乡”摄影年展吸引了众多摄影爱好者的目光，也引发了观众思考：连续6年的影像记录对深圳意味着什么？一幅好的照片需要什么样的阐释？摄影的未来方向在哪里？围绕这些问题，11月17日，第六届吾城吾乡摄影年展举行研讨会，来自北京、深圳的专家展开了探讨。评委鲍昆认为，作为一个城市的影像记录，“吾城吾乡”连续举办6年，难能可贵。“这个展览，是一个艺术的展览、有思想的展览，而不是简单地自得其乐的展览，也不是只表现物质性的概念的展览。”评委那日松认为展览质量整体较高，摄影水准相当不错，融合了各种类型、各种风格。

随着科技越来越发达，摄影的门槛越来越低，摄影的未来成为本次研讨会上的一个焦点。评论家孙振华提出：“我们在评价一个摄影作品的时候，还有没有其他的一种可能性？比如说‘吾城吾乡’一直这样下去吗，或者是一直都是以这样的方式吗？还有没有其他的方式？”对此，鲍昆认为，摄影作为公众的消费性的技术，它不是什么艺术。就像写作过去用笔，现在用电脑一样，摄影也只是一种表达的方式。他主张摄影师不要去管什么风格、流派、样式，要回到自己的内心，忠于自己的内心，哪里有镜头就去拍它，只要是真的它一定是感人的。

专家们普遍认为本届“吾城吾乡”展览比较多元，与现实比较接近，在整个展览的规划、布置方面都有可圈可点之处，也提出了不足之处。比如，有些作品的文字阐释不太到位，“怎么读都不对，挺遗憾的”；也有的摄影师把握了主题，但在拍摄手法、专题组合、语言控制，以及整个拍摄控制上不是很成熟。那日松认为“吾城吾乡”的前景广阔，“中国是全世界城市化最全、最快速的一个国家，在文化、生活、艺术等各方面其实都在发生着很深刻的变化，有很多人并没有真正地去留意，或者去关注这个变化。要持续地去关注一个城市，一个地区，或者是对一个现象去拍摄，深圳的很多摄影师拍深圳拍了很多年，这是很不错的。”

"图说深圳" / "辛亥革命在广东" / 四特区摄影联展 / "旗帜飘扬"图片展 ^

历史图展重现发展历程

"图说深圳"图片展 2月2日至3月15日，"图说深圳——告诉你一个从前的深圳"先后在深圳图书馆和深图新百丽分馆展出。展览精心挑选百余幅图片，分为"依山伴海、得宝而安"，"城市雏形的出现"、"海防重镇，交通要塞"、"新安设治"，"迁界之灾和大鹏将军"，"聚散盈虚、深圳墟市"，"东客家、西广府"和"光荣的革命传统"8个部分，以时间为轴，通过图片及文字解说，讲述古代及近代的深圳故事，构筑成一部多层次多视角的"深圳图史"。

"辛亥革命在广东"文物图片展 由深圳市委宣传部、市文体旅游局、市社会科学联合会主办的"辛亥革命在广东——纪念辛亥革命100周年文物图片展"于9月15日至11月13日在深圳博物馆老馆（艺术自然馆）展出。展览分为四部分：第一部分为"辛亥革命前的广东"，包括清朝衰微与世界新格局、列强侵略与广东人民的抗敌斗争、新经济因素的出现与近代广东新旧知识分子的活动；第二部分为"孙中山与广东的辛亥革命运动"，包括兴中会的成立及1859年广州起义、中国同盟会及其在广东的组织和宣传活动、中国同盟会在广东发动的六次起义；第三部分为"跨国革命运动——三洲田起义"，包括深圳人民反帝反封建的斗争、孙中山筹划三洲田起义、三洲田起义过程、永恒纪念；第四部分为"广东军政府的建立与'二次革命'的失败"，包括武昌起义与中华民国的成立、广东独立与军政府的施政、袁世凯掌政与广东"二次革命"的失败。展览以1894-1913年广东地区（包含香港、澳门）为主要时空视域，结合国际国内形势，全景式展现广东辛亥革命发展历程。通过400余张照片、150余件（套）实物和文献，同时配合多媒体等现代互动手段，生动再现波澜壮阔的辛亥革命历程。

辛亥革命100周年图片展 3月18日，位于盐田中英街历史博物馆广场的中英街警世钟第十次敲响。来自香港新界议员、乡事会成员，东纵老战士、部队战士、深港学生代表、深港两地群众和市区领导登上警世钟亭，共同撞击18响浑厚的警世钟声，警示后人：勿忘国耻，振兴中华。为纪念辛亥革命100周年，当日还举行了深圳首个纪念辛亥革命100周年图片展——"孙中山与辛亥革命"。展览共由45块展板、近百幅历史照片组成，分"少慕西学，立志救国"；"领导起义，推翻帝制"；"建立民国，辞职让位"；"讨袁护法，捍卫共和"；"联俄联共，誓师北伐"；"抱病北上，鞠躬尽瘁"；"一代伟人，永恒纪念"7个部分组成。展览所用图片资料主要是在中英街历史博物馆馆藏资料的基础上，增加了部分实景地拍摄和征集而来的照片。该展由深圳市委宣传部、盐田区委区政府主办，作为纪念辛亥革命100周年活动的组成部分，展览在中英街结束后，到辖区部队、社区、学校和福利中心等进行巡回展出。

四特区摄影联展 4月1日，由广东省摄影家协会、深圳摄影学会、珠海摄影家协会、汕头摄影家协会、厦门摄影家协会主办的“四特区摄影作品联展”深圳站巡展在深圳艺廊举行揭幕仪式，广东省文联党组副书记、专职副主席廖曙辉，广东省摄影家协会主席李伟坤、副主席梁演锴，深圳市文联党组书记罗烈杰、副主席谢君心以及四特区摄影协会负责人和深圳多个摄影学会近百名会员出席了揭幕仪式。该展旨在通过摄影艺术记录4个特区成立30年以来社会发展的巨大变化，讴歌改革开放的伟大成果，向建党90周年献礼。该展已于2010年12月在珠海举行首展及颁奖典礼，共评出金奖4幅、银奖8幅、铜奖12幅，其中，深圳摄影家谢建伟的《雨后深圳》获得金奖，张长江的《齐心协力》、林浩生的《美丽的城市我的家》获得银奖，陈永田的《艺术之村》、林浩生的《道路与港口》和廖国强的《夏日金沙滩》获得铜奖。主办方精选出参选的224件摄影作品进行4特区巡展。这些作品以不同的角度与摄影手法展示了特区的自然景观、城市风貌、人民生活及经济建设和社会发展取得的巨大成就，引起关注与反响。展览在珠海首展和深圳站展览后，继续到汕头、厦门各个特区巡回展出，汇成一曲贯穿历史时空的特区摄影交响曲。在深圳巡展期间，深圳摄影学会组织来自其他特区的摄影家到具有客家风貌的南澳镇及大鹏所城进行深圳本土文化的摄影采风活动，感受深圳原生态民俗民风及深圳东海岸的美丽风光。

“旗帜飘扬”图片展展示辉煌成就 在庆祝中国共产党成立90周年之际，为了回顾和展示90年来宝安在党的领导下的发展历程及所取得的辉煌成就，6月27日下午，宝安区隆重举行“旗帜飘扬”大型纪念图片展开幕式，以历史图片展的形式来庆祝党的生日。本次图片展共收集了240多幅宝安区在各个历史时期珍贵的照片资料，分“革命火把辉映南粤”、“同仇敌忾 · 抗日丰碑”、“实现和平 · 宝安解放”、“道路曲折 · 艰难发展”和“改革开放 · 华彩篇章”五大主题，充分展现了中国共产党在宝安不同历史时期的发展成就，宝安在中国共产党领导下逐渐成长的光辉历程，展现宝安人民坚持不懈、艰苦奋斗的优秀品质；展现了改革开放以来，宝安美丽蜕变的丰硕成果；展现了对过去的缅怀，对美好未来的期冀。该展览持续到年底，展出期间，大批宝安干部群众和青少年等各界人士参观。

深圳摄影受到国内国际专业认可

央视纪录片《时 · 光》推介余海波 2月3日，中国纪实摄影师大型系列纪录片《时 · 光》第一季10集在中央电视台纪录频道首播。该系列纪录片选取20位在中国纪实摄影领域有着突出贡献、同时对中国的社会变迁有较深理解和展现的摄影师，通过将他们的作品和产生这些作品的时代背景与历史事件结合起来，共同建构20世纪中国民间摄影史。5日，《时 · 光》第 3 集以《一半海水一半火焰》为题，推介

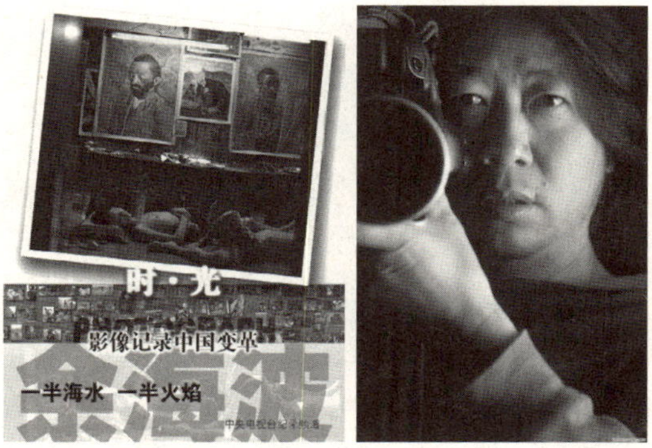

央视推介余海波 ∧

王琛摄影作品集获“美国印制大奖” ∧

深圳摄影师余海波和他的作品；通过余海波的作品《生活在改革开放的中国深圳》，展现深圳急剧变化的语境。该系列片导演肖崴评介：余海波在过去20多年时间里，“以他特有的敏感视角，记录着一个以惊人速度变迁着的中国城市——深圳”，“通过图片，我们看到了余海波对这座移民城市所充满的人文关怀以及从容的视觉考察”。著名学者王鲁湘评价：余海波的深圳影像不仅仅是有史感，更是可触摸的，给予人们一个有质感的深圳。

在过去的20多年时间里，余海波以他特有的敏感，将从深圳体验到的激情，感受到的感动和敬畏，以及他所言的“极特殊的文化奇迹”，通过镜头留存下来。他拍下淳朴的欢乐和忧伤，也拍下了匆匆过客在人生驿站的生命轮回；拍下极度疲惫后沉睡的躯体，也拍下过度紧张后肆无忌惮的宣泄；拍下阳光下那些黑白分明的脸和身体，也拍下灯红酒绿中那些魑魅魍魉似的灵魂。20多年的现实体验，摄影人的思考和影像，共同构成了一个人在深圳这座城市发展背景下的一份生命档案。余海波自述：“作为一名摄影记者，我有责任把自己与这座城市共同经历的一些事情记录下来。能够见证并记录这座城市的快速发展，我觉得自己非常幸运。”

《地球的温度》荣获全球印刷质量最高奖 7月，在美国第六十二届“美国印制大奖”评奖中，作者王琛，印刷企业雅昌印刷集团出品的《地球的温度》荣获最高荣誉奖Benny Award（班尼）金奖。该赛事由美国印刷工业联合会主办，是印刷业最权威、最具影响力的产品质量评比赛事，于1950年创办，被喻为全球印刷界的“奥斯卡”。《地球的温度》是王琛航拍地球环保主题典藏画册三部曲之二，尺寸为37.8×37.8厘米，页码252页，书重6.25公斤。豪华精装，故宫木盒礼品盒尊贵装潢，盒面文字压凹烫金，木盒厚度10厘米，木盒尺寸47×47厘米，木盒重量6公斤。画册精选2009年、2010年拍摄的南北极、珠峰、沙漠、河流、海洋等国内外极具代表性的地球风景及环境主题作品122幅，工作照片37幅，中英文文字总共10万余字，多为极限摄影作品。作者王琛拥有将近10年的航拍经历，这本影集是他航拍地球时的精彩瞬间，主要以反映南北极冰川、山脉冰川溶化为题材。画面视角恢宏独特，底蕴深厚，极具感染力和冲击力，在影集中可以看到伴随人类活动的加剧，自然环境被破坏的情况日益严重。王琛希望通过航拍的独特视角，在呈现出地球之美的同时，让观众更加了解地球，明白“珍惜地球”的重要性和紧迫性，唤起人们环保的忧患共识。

冯文俊获3项国际性摄影奖 在国际摄影

艺术联合会（FIAP)主办的澳门第十六届国际摄影大赛和香港第四十四届国际摄影沙龙大赛上，冯文俊的《少女》、《海上生明月》分别获得金牌、勋带奖，在美国摄影学会主办的2011美国加利福尼亚国际摄影大赛上，他的《渔光晨曲》获勋带奖。国际摄影艺术联合会（FIAP）是联合国教科文组织承认的唯一的国际摄影组织，成立初期会员主要是西欧、北欧和东欧一些国家，现在会员遍及世界各地，有60多个会员国。参加联合会必须是各国全国性的摄影组织，中国是在1981年第十六届国际摄影艺术联合会代表大会上同毛里求斯、圣马利诺一同被接纳为会员的。冯文俊的作品获奖，代表着深圳摄影受到国际的认可。

章力获第十四届中国国际摄影艺术展银牌 在由中国摄影家协会主办的第十四届中国国际摄影艺术展览中，章力的《城市狂想》获得银牌。该展是中国举办时间最久、规模最大的国际性摄影展览活动。本届活动从国内外72678幅作品中甄选出452幅优秀摄影作品。众多顶级作品的参评，给这次摄影艺术展览注入了新思想、新活力；以“幸福瞬间”命题，国外入选作品创意新颖、构思独特，脱离了一般沙龙摄影的创作模式，让镜头里的画面语言充盈着灵性，诠释不同文化背景下的幸福，给“幸福瞬间”这个主题注入了新意。章力的作品反映了作者对高速发展中城市的再思考，曾获得广东省第二十三届摄影展览创意类唯一金奖。

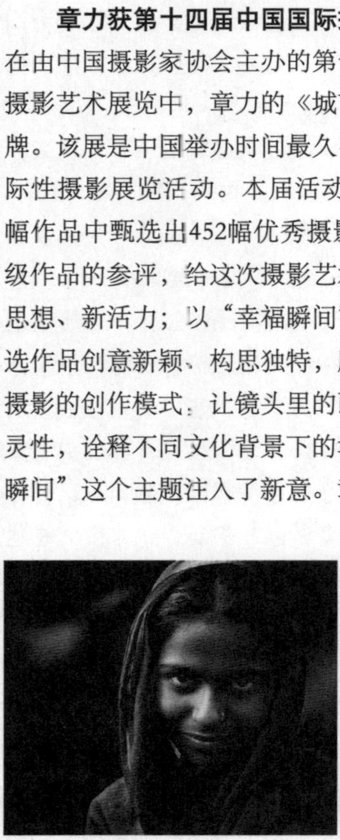
冯文俊作品《少女》 ^

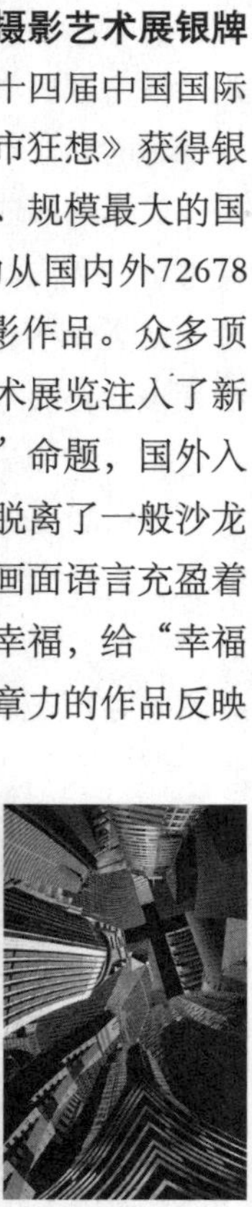
章力作品《城市狂想》 ^

孔庆丽《牧归》获“2011中国西藏珠穆朗玛摄影大展”二类收藏 8月1日，由中国文联、西藏自治区人民政府、中国摄影家协会主办的“2011中国西藏珠穆朗玛摄影大展（第四届）”评选结果揭晓。经过9位评委的评选，最终产生206幅（组）入选作品。深圳摄影家孔庆丽的《牧归》获二类收藏。该大展创办于2008年，在中国摄影界的影响日益扩大。本届大展共收到来自全国32个省市区摄影家和摄影爱好者近万幅作品，在来稿数量和投稿人数上创历史新高。

全国第七届“外来青工风采”摄影大赛4位深圳摄影师获奖 由中国艺术摄影学会和深圳市第六届外来青工文化节组委会主办，宝安群众文化艺术馆等单位协办的全国第七届“外来青工风采”摄影大赛于5月28日在深圳揭晓。本届大赛共收到来自全国各地参赛作品6380幅，评选出金奖2幅，银奖4幅、铜奖8幅、优秀奖136幅。廖俊鸿的《拍照》获得银奖，叶伟的《城市美容师》、刘伯良的《外来工风采》、林浩的《空中作业》获得优秀奖。参赛作品用影像多角度反映各行业外来青工的工作、学习、生活情况，全面展示外来青工的创业风采，讴歌了全国各地外来青工为祖国建设所做出的贡献。颁奖当日，在宝安群众文化艺术馆举办了同名摄影展。

此外，深圳摄影家在多个市级以上赛事取得良好成绩。冯文俊的《少女》获中国摄影家协会主办的2011第十三届全国当代摄影艺术邀请赛银牌；叶植生的《海边行》获中国摄影家协会主办的《诗情四季》第二届全国市长摄影艺术大展铜质收藏；梁家合的《广东东莞塘尾古村“康王宝诞”》、《广场大舞台》分别获文化部主办的“我们的精神家园”2011中国非物质文化遗产摄影大赛优秀奖和《中国摄影》杂志社主办的全国城市摄影大赛优秀奖；杨惠光的《云雾滔滔》、《佛法自然》、《白水洋之歌》分别获中国摄影家协会主办的第三届多彩贵州·中国原生态国际摄影大展特别关注奖、《中国摄影》杂志社主办的首届《中国人看世界》全国摄影大展三等奖、《中国摄影报》主办的“千岛湖杯”中国首届风景名胜摄影大展铜奖；梁家合的《流动的韵律》获中国摄影家协会主办的2011“我的城市我的家”全国摄影大奖赛铜奖，李学忠的《美容战士》获中国摄影家协会主办的第五届全国金属建材摄影大赛铜奖，叶伟的《美如家园》、王文舵的《欢乐家园》分别获广东省摄影家协会主办的首届广东社区文化节“幸福映像”广东省群众摄影作品大赛一、二等奖，顾一兵、刘伯良、欧阳艺、苏伟明等的作品分获三等奖；徐莉的《晨练》、《和谐》同时获广东省女职工委员会主办的粤港澳女职工书画摄影大赛铜奖。

本土摄影家个展富有特色

张之先荷花摄影展 张之先生于上世纪40年代，幼承家教，受祖辈张大千大师之熏陶，酷爱艺术。1987年到深圳创业，曾为深圳八仙楼酒家、深圳艺术家书廊经理。从1995年开始拍摄荷花，通过各种视角，从小荷、新荷、盛荷，到枯荷、残荷，完成了从色彩到神会、渐悟至顿悟的镜头语言。6月23日至7月3日，由关山月美术馆、市老年摄影学会主办的《荷塘异象·人生忆想——张之先荷花摄影展》在关山月美术馆举行，共展出张之先的荷花摄影作品60幅。作品中的荷多是残缺和凋败的，意象显得壮美、深邃和坦然，表达了作者对生命意义的寻找。

郑丽萍摄影作品展 郑丽萍生于上世纪50年代，是深圳经济特区最早的女摄影工作者之一，中国摄影家协会会员、中国艺术摄影学会会员、深圳女摄影家协会副会长。在过去32年间，郑丽萍以一位女性独特的视角，深入深圳的大街小巷，拍下了大量反映职工精神面貌和工会活动的照片，展现了改革开放以来热火朝天的深圳建设场景和丰富多彩的职工文化生活，为深圳留下了一批珍贵的历史影像档案。6月21日至30日，郑丽萍的《一个女摄影家记忆中的深圳与工会》个人摄影作品展

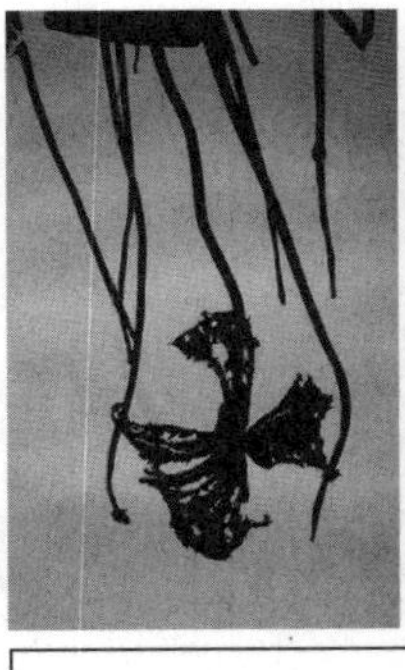

张之先镜头中的荷 / 郑丽萍的“老深圳”的影像 / 廖俊鸿在展览现场 ∧

在深圳艺廊展出。该展汇聚了郑丽萍1979至2011年的代表作品，分为“深圳工会”、“深圳建设者”、“记忆中的深圳”、“文明深圳”、“辉煌的深圳”5个系列。郑丽萍的摄影作品中有许多“老深圳”的影像，记录了深圳原来萧条沉寂的旧貌，见证了这片沉睡的沃土借改革开放的浩荡东风，进入到如火如荼的开发建设的伟大历程。深圳地铁、地王大厦、深圳戏院、深圳湾大桥……深圳每一个重点工程的工地，都在郑丽萍的相机里留下变化的影像，并展现了外来建设者们对深圳城市建设的巨大贡献。摄影家吕厚民评价：“郑丽萍是深圳特区女性中坚持搞摄影时间最长，成绩最突出者之一。她的作品多次获全国大奖，在深圳摄影界人人尊称她‘大姐大’，也为国内同行所敬重。”

廖俊鸿纪实摄影展 廖俊鸿生于上世纪60年代，于1984年从惠州来到深圳，曾任职于政府部门、报社摄影记者、美术老师，后成为自由职业摄影师。曾获得国际“新闻摄影奖”、文化部“群星奖”、广东省鲁迅文艺奖等多个重要奖项以及“中国优秀摄影家”、“深圳十佳摄影师”等称号，有数千幅作品在各大型摄影比赛中获奖。9月21日至30日、10月15日至11月15日，“阅读深圳——廖俊鸿人文纪实摄影展”先后在深圳艺廊和东门摄影广场思月书院举行，共展出摄影作品60多幅，分《回家》、《印象F518》、《真实漫迷》、《城迹》4个部分，展现深圳城市生活情景。廖俊鸿把自己的创作概括为：“我拍的都是身边的人和事，我关注的人们大部分都来自草根阶层。”他的作品，大多数呈现的是人们所熟悉的城市生活情景。他的镜头非常关注细节，关注普通人在某个情景下的状态和表情，饱含着对这座城市的细腻观察，具有历史感。

谢建伟纪实摄影展 谢建伟于1982年定居罗湖，从那时就开始坚持深圳本土摄影，至2011年已近30年。从1999年新东门改造完成开始，他就一直用镜头表现东门的变化。2011年是东门步行街开街12周年，10月1日至10日，谢建伟的个人展览“行走新东门”在深圳艺廊举行，新东门欣欣向荣的繁华景象在展览中一览无余，充满时代气息和人文色彩。此外，在大运会期间，谢建伟是大运会官方图片社40多位签约摄影师中的一员。他充分发挥自己的摄影才华，拍摄了大量大运会的图片，气象万千，当中浸透了对图像世界的深刻理解与文化的积淀。9月15日至10月15日，由罗湖摄影学会、大运会官方图片社主办的“大运会·自行车”谢建伟摄影展在东门摄影广场展出，以自行车作为绿色大运的鲜明主题，展出谢建伟拍摄作品中的一小部分，以一斑窥全豹。

吴南森个人摄影作品巡展 8月1日至12日，南山摄影家吴南森个人摄影作品展先后在

《行走新东门》图片集 ∧

罗湖摄影学会实力雄厚 ∧

罗湖摄影家作品 ∧

南山街道办事处、阳光棕榈社区等地举办了3场巡展。吴南森热衷摄影50余年，精于各种拍摄技巧，对舞台摄影、夜景摄影、多次曝片、闪光摄影、滤镜使用等颇有心得。在展览现场，30多位市区摄影家和摄影爱好者一边欣赏作品，一边进行技术交流。

罗湖摄影学会26年摄影精品展 罗湖摄影学会成立于1985年12月15日，2011年满26周岁。学会成立之初只有37位成员，至2011年，队伍扩大至300多人，其中有42名会员加入了中国摄影家协会。历年来，学会会员获奖无数，为罗湖、为深圳文艺事业增添了光彩。为了纪念罗湖摄影学会成立26周年，罗湖区文联、罗湖区摄影学会主办“罗湖摄影学会摄影精品展”，精选了会员历年来创作的精品60幅，与观众一齐分享。

交流、联展形成互动

“极限摄影”在台湾展览 6月3日，由陕西省渭南市政府、华山景区管委会、深圳企业家摄影学会、台北中华摄影艺术交流协会等单位举办的“百年华山”摄影艺术作品及深圳企业家摄影学会执行主席王石、王琛，副主席王礼贵“极限摄影”展览在台北华山创意文化园区开幕，展览为期10天。该展览展示了有关陕西华山的300多幅摄影精品，让台湾民众更直观了解西岳华山优美的自然风光和深厚的历史人文。6月10日，台湾地区领导人马英九前往展场，参观了该展览，并受赠琉璃“华山论剑”礼品及3位展览作者画册，对参展作品给予了高度评价。此后，在9月19日举办的平遥国际摄影节上，该展应邀赴会参展。同时应邀展出的还有梁子的“妇女·儿童（非洲）——梁子非洲十年”摄影作品。

美国摄影学会（中国）深圳工作站揭牌 4月23日，美国摄影学会（中国）深圳工作站揭牌仪式在深圳隆重举行。本次授牌仪式是深圳企业家摄影协会2011年年会活动之一，到会嘉宾数百人。美国摄影学会（PSA）中国区首席代表邓大端和美国摄影学会（PSA）中国地区主任、国际代表王莉出席了揭牌仪式。邓大端希望美国摄影学会（中国）深圳工作站的成立将引导更多的中国摄影人走向世界。美国摄影学会（中国）设立工作站是为了更好地在国内宣传美国摄影学会的宗旨，促进社会摄影艺术水平的提高，加强中外摄影人的交流与合作，推动社会摄影事业和沙龙摄影的繁荣，更方便地为PSA会员服务。新任工作站站长刘剑是美国摄影学会（PSA）会员、深圳企业家摄影协会著作权委员会主任。在工作之余，他把镜头执著地聚焦在青藏高原，8年间10次走进藏区，行程十几万公里。在2010年美国摄影学会（PSA）第七十二届年会上“风从中国来”专题中展示了他的倾心之作《西藏阿里——世界屋脊的神山圣湖》，引起强烈反响。

马英九参观“极限摄影”

<

美国摄影学会深圳工作站揭牌

<

隐秘在自然中的日本 3月5日至25日，来自日本的摄影作品展——“隐秘在自然中的日本”在华·美术馆展出。著名艺术设计家、摄影艺术家矢萩喜从郎的85张黑白摄影作品，

“隐秘在自然中的日本”展览现场

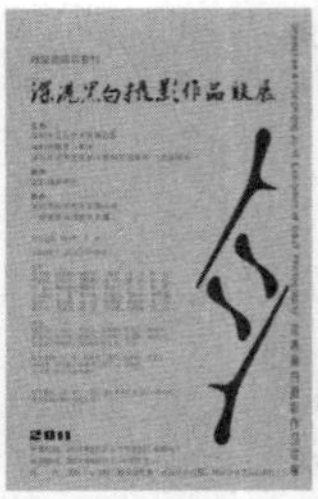

众多摄影家参加深港联展

深圳文艺家赴新疆采风摄影展现场

“异域之旅”摄影展

向观众一展日本各地的风光。矢萩喜从郎生于1952年，曾在艺术和设计比赛中屡获奖项。他走遍日本各地，以独特的艺术之眼，解读日本的风土人情，并以黑白摄影的形式，再现隐秘在自然中的日本。繁华都市的高楼大厦与古老市镇的街巷庭院以及神社寺院，快速的现代生活节奏与恬静的自然景观形成强烈对照，纯美的影像蕴含着作者对人与自然的思考。该摄影展曾先后在美国、加拿大、法国、马来西亚、越南、新西兰、俄罗斯等地巡回展出。

深港黑白摄影作品联展　8月21日至31日，由市文联、深圳出版发行集团主办，市摄影学会承办的深港黑白摄影作品联展及相关研讨会在深圳艺廊举行，展览由钟国华、林峰担任总监，参与的摄影团体有深圳黑白典藏RS小组、B21银盐社、香港黑白情怀、香港光影会，参与的个人香港方面有陈绍文、冯汉纪、黄锦泉、黄天赐、梁继尧、梁家泰、梁志衡、麦柱发、闵善昌、沈嘉豪、温励程、吴景山、翟伟良、张明德、郑振耀、曾家杰、司马十一等，当中有多位是成名于上世纪60年代的老摄影家；深圳方面有白宝鲲、保耀鹏、陈耀华、丁海波、冯亮、黄京、黄展鹏、李建军、李瑞林、梁超、廖鹏、廖一徽、林峰、刘伟雄、柳建华、毛新文、苏锌、滕苗、王文舵、王尧、魏玉明、吴悦庆、许伟庆、杨俊坡、姚锐红、余小肪、袁婷、张聪勇、张建国、张炜、郑黎岗、郑丽萍、郑明、钟国华、周顺斌、周炜等。黑白摄影把五彩缤纷的世界抽象为黑、白、灰三色，给观赏者留下无限的想象空间和再创作的余地，这也是黑白摄影长盛不衰的魅力所在。在数码时代，银盐黑白摄影已从大众的摄影载体，成为“小众”观赏品味的精品。这次展出的黑白照片，不是数码黑白模式、电脑喷绘，全部都是银盐黑白胶卷拍摄，由传统暗房手工放大冲洗。观众可从中品味“银盐照片”丰厚充实的影像素质。展览期间，深港两地众多知名摄影家、学者会聚一堂，共同探讨数码时代黑白胶片摄影的发展趋势，以推动深港文艺交流的深层发展，促进深港两地艺术交流与合作，形成良性互动、共赢发展的文艺交流新格局。

深港师生摄影作品联展　10月22日，在市文联、深圳摄影学会的大力支持下，“光影变奏——中国摄影家协会北京摄影函授学院深圳分院深港师生摄影作品联展”在深圳艺廊举办，展期一周。这是继香港文化中心深圳分院深港师生联展成功举办之后的又一展览。本次参展的作品共有58幅，形式丰富，百花齐放，不拘一格，都是深港师生近期的优秀之作，风光、民俗、体育、动物、静物等，全方位展现师生的摄影水平。开幕式上，师生们相互交流拍摄心得和技艺，共同促进提高。

“异域之旅”摄影展　深圳市文联于6月

组织一批体制外艺术家赴匈牙利、奥地利进行文化交流，考察当地的历史、人文、电影、建筑、宗教、文学、绘画各个方面，在莫扎特故乡萨尔斯堡，在水粉般精致优雅的格什哈德文化小镇，在维也纳施特劳斯“金人雕像”前，在格拉茨古城中的“蓝鲸”现代美术馆，他们用镜头记录了点点滴滴。这批艺术家中有作家、画家、设计师，大多不是专业摄影人士，使用的器材有单反、袖珍卡片机甚至手机，但所记录的旅途见闻具有艺韵。11月21日至30日，“一路繁花——异域之旅”摄影展在深圳艺廊展出，与观众分享所得。

深圳文艺家赴新疆采风摄影展 根据深圳市委市政府的统一部署，9月至10月，市文联组织多个采风团赴新疆喀什地区进行援疆文化交流活动，深入到对口援建的喀什市、塔县等建设工地体验生活、交流采风。艺术家们以真挚的感情、独特的视角，用镜头实录了无数精彩而感人的画面。12月21日，由市文联、市出版发行集团主办的“走进喀什——深圳文艺家赴新疆采风摄影展”在深圳艺廊开展，共展出图片65张，从市文联作家采风团、音乐家采风团、摄影家采风团拍摄创作的作品中精选部分，向深圳市民展示援疆工作的丰硕成果，领略喀什独特的民族风情和自然风景。

各类摄影活动丰富多彩

深圳摄影队伍越来越壮大，由政府主导或民间自主发起的各项摄影赛事、展览活动遍及全市各区，贯穿全年，为深圳文化充实了更多的内涵，也让广大市民尽情参与、尽享其乐。众多参与者和题材的多样性，使参赛和获奖的照片不但能基本涵盖本年度的重大事件，也能深入人们的日常生活，成为时代和历史的见证。

首届“文博宫杯”摄影大赛 由文博宫古玩艺术品国际交易中心主办，市民俗摄影学会承办的首届“文博宫杯”摄影大赛在元旦期间举行，以“文博宫内的仿古建筑群落”为主题，融入“茗茶展暨茶艺表演”及“古韵文化展示交流”等一系列主题活动。摄影师们通过镜头捕捉文博宫的文化艺术特色。共有近千余幅作品投稿，经评选，赵肇军的作品《辉煌文博宫》获一等奖，刘伯良的《庆典》、蔡惠生的《星光溢彩文博宫》获二等奖，梁家合的《凝固的乐章》、杨杰的《专家鉴宝》、汤萍的《功夫茶表演》获得三等奖。此次获奖作品突出了人与环境、人与文化宁静和谐，在瞬间的把握上恰到好处，表达出文博宫独特的建筑语言及古韵悠长的文化氛围。5月，两个单位再度携手，举行“文化圣殿·百艺新宫”摄影大赛，最终评出一等奖1幅、二等奖2幅、三等奖3幅、优秀奖38幅。获奖作品展示了文博宫内的仿古建筑群落、文博宫开业庆典大型表演等主题活动。

第二届“双拥杯”展览 该展于3月25日在荔枝公园文化长廊展出。展览分为两个部分：一是“双拥杯”获奖作品，从不同角度、不同层面反映了社会各界关心国防、热爱军队和驻军官兵忠诚使命、服务人民的时代主题。二是广东边防驻深圳、珠海部队官兵30年来在建设特区、守护特区、服务特区等方面取得的突出成绩，分历史回眸、巨大鼓舞、情注特区、执法为民、忠诚履职和英模典型等6个篇章。展览内容丰富，视觉新颖，贴近基层，充分反映了广东边防驻深圳、珠海部队官兵尽忠职守，视人民利益高于一切的神圣职责。

“首善之区·幸福福田”摄影大赛 该活动由福田区委宣传部、区摄影家协会举办，于4月1日至5月28日期间面向深圳市内外广大摄影爱好者征稿，共收到来自全市各区摄影爱好者1050张作品，其中单幅790张，组照65组260张。经区摄影家协会邀请摄影专家评选，共产生一等奖1人、二等奖3人、三等奖5人、优秀奖100名。其中，梁伟明的《幸福之家》荣获一等奖；吴宗建的《邻里节——盆菜宴》、廖俊鸿的《心满意足》、林月森的《福田之夜》获得二等奖；张梅波的《过龙门》、刘伯良的《文明行》等获得三等奖。

深圳企业家摄影协会年会 4月23日，深圳企业家摄影协会年会暨第七届“好日子杯”全国摄影年赛颁奖典礼、首届全国“世友”杯摄影大赛颁奖典礼在深圳卷烟厂举行，来自全国各地各行业约700百名摄影爱好者与几十位摄影界老前辈、著名摄影大师、中国摄影协会等摄影团体机构负责人欢聚一堂，分享摄影艺术带来的精彩和快乐。深圳企业家摄影协会现有会员2000余人，多是来自不同领域、不同专业、不同社会分工的企业家、科学家、个体从业者、企事业人员、工程师、离退休人员等，会员遍及全国各省区及海外诸多国家，其中近100人为中国摄影家协会会员，50多人为广东省摄影家协会会员，是中国摄影家协会唯一的地市级团体会员单位。协会每年与企业联合举办五六个全国性的摄影大赛，组织会员参加各种形式的摄影采风及展览活动，会员作品多次获得国际、国内摄影大赛奖项，是目前全国最为活跃的民间摄影团体之一，展现出现代摄影人热爱生活，珍惜自然，积极向上、快乐进取的精神风貌。

< 首届“文博宫杯”摄影大赛现场

“舞动鹏城·时尚罗湖”摄影展 ∧

首届深圳市“幸福家庭”摄影大赛 由深圳市卫生和人口计划生育委员会、市民俗摄影学会等单位联合主办的首届深圳市“幸福家庭”摄影大赛于8月初启动，12月22日在荔枝公园举行颁奖仪式。大赛共收到156名摄影师和摄影爱好者的摄影作品共计869幅，评委会评出一等奖1幅、二等奖2幅、三等奖3幅、优秀奖74幅。

“舞动鹏城·时尚罗湖”摄影展 由罗湖区委宣传部、区文化体育局主办，罗湖区摄影学会承办的“‘舞动鹏城·时尚罗湖’世界标准舞、拉丁舞超级巨星表演摄影展”于12月22日在罗湖区委举行。在摄影家的镜头下，力与美完美结合，时尚和经典相得益彰，运动与艺术精彩演绎，梦想和追求创新超越。展览前言写道：国标舞的开放包容、拉丁舞的火辣激情，贴近深圳的城市特性，契合罗湖的精神追求。晚会和大赛虽然已经华丽落幕，但精彩的瞬间却化为美丽的永恒。这有利于激发罗湖人民进一步弘扬大运精神，提升城区品位，全力打造“时尚之都”。

蛇口工业区摄影协会年会 12月22日，招商局蛇口工业区摄影协会举行了2011年年会，共同回顾一年来的拍摄历程，进行摄影心得与欣赏优秀摄影作品的分享。该协会会长陈永忠解析了15幅获奖作品的拍摄技巧，并邀请李军、廖波、徐莉、何源湘、黄韶峰5位会员讲述拍摄过程中的故事，分析拍摄的技巧技术。该摄影协会成立于2010年4月，至2011年底有会员72名。协会成立以来，先后赴了甘肃、内蒙古、福建霞浦、稻城亚丁、梅里雪山等地的采风，举办了“扬激情，再创业”主题摄影展、“再造新蛇口”摄影展等。会员们认为，热爱摄影，不仅是拍摄神奇美丽的大自然，更是在记录城市的发展。

招商证券企业摄影协会成立 1月14日，招商证券摄影协会成立仪式暨“招商证券创建20周年摄影大赛”在深圳举行。著名摄影家吕厚民、朱宪民、张永刚、曾石泉、王琛等及众多摄影爱好者出席了成立仪式。招商证券有限公司作为全国知名金融企业，员工数量达到6000多人，拥有一大批摄影艺术研究者和爱好者，他们活跃在公司的最前沿，用手中的相机记录下工作的点滴和生活中的快乐，书写着企业发展的辉煌和进程，描绘着社会的进步和文明，为企业文化发展付出了心血。招商证券摄影协会的成立，丰富了公司员工的文化生活，并搭建了一个公司与客户交流的优秀文化平台。

采风创作广开视野

2011年，市文联、市摄影学会多次组织会员、摄影爱好者赴新疆、西藏、四川、贵州等地采风创作，聚焦西部风光的壮美雄奇，感受民族文化的神秘厚重，开阔了创作视野，丰富了创作题材，增强了会员对摄影文化的认知与领悟，为今后的摄影创作打下了坚实的基础；此外，摄影学会还依托深圳本土及周边摄影

深圳摄影采风团现场为援疆建设者立照 ∧

资源，组织摄影工作者赴惠州东江水源地采风创作，与深圳市东江水源工程管理处共同举办“印象东江 · 饮水思源”摄影比赛，展现东江水源地的秀美风光，记录水源工程科学管理、安全生产全过程；与周边城市兄弟协会展开友好合作，学会组织会员赴汕头、厦门等地进行创作交流，加强了区域间的融合，共同致力于推动摄影文化事业的发展。

7月，由深圳市民俗摄影学会组织，刘对现、汪秦生、苏顺清、石践、欧阳祥山、叶植生、赵肇军、李明等摄影家一行28人到贵州三都进行了为期5天摄影采风活动。期间，采风团成员参观了三都水族自治县抗日旧址石板寨、九阡镇水族文化风情园、三合镇姑鲁产蛋崖等地，感受到水族悠久厚重的历史文化及古老淳朴的原生态民风民俗，领略了一年一度的水族卯节的魅力。除了采风活动，市民俗摄影学会与深圳美丽集团、中国影像网联合，向三都鹏城希望学校和三都摄影协会捐赠了摄影器材，并举行了别开生面的深圳、三都两地影友数码摄影技术交流会和“神秘水族、魅力三都”摄影展，进一步增进了深圳与三都两地摄影爱好者的情谊。

9月28日至10月13日，深圳企业家摄影协会组团，由中国摄影家协会副主席、新疆摄影家协会主席李学亮带队，深圳企业家摄影协会主席曾石泉为队长、常务副主席兼秘书长王琛

为副队长，赴新疆若羌境内阿尔金自然保护区进行摄影探险创作。空旷的原野、独特的湿地自然风光，世界最高的沙漠——库姆库里沙漠，藏野驴、藏羚羊、野牦牛等野生动物，成为摄影家们摄影创作的难得素材。

10月20日至30日，深圳摄影采风团一行8人在市文联副主席谢君心的带领下，赴新疆喀什开展援疆建设文化交流活动。深圳摄影采风团到达喀什后，同援建指挥部工作人员进行交流，了解援建情况，不顾高原地区反应，深入到喀什、塔什库尔干县援建学校、医院工地，进行现场采访和慰问，用一次成像照相机，记录援建工地建设者们辛勤劳动的身影，并将一张张具有艺术感和现场感的照片当场赠送给援疆建设者。喀什地区浓郁的民族风情、厚重的人文景观和独特的自然风貌等，激发了摄影家们的创作灵感，采风团成员从不同角度、不同层面创作了一批精美的摄影作品，为记录和展示深圳援疆工作及两地情谊积累了大量影像素材。在喀什期间，采风团还与喀什地区及喀什市文联就加强两地文艺交流与合作进行了磋商并达成了初步意向。

5月，深圳市老年摄影学会会长张之先、深圳市民俗摄影学会副会长苏顺清、摄影家林晶华应邀参加了由创景旅游国际有限公司组织的肯尼亚摄影考察团，与来自广州、东莞、昆明和南京等地的摄影家一道，对肯尼亚主要的野生动物保护区进行了考察，拍摄了大量的风土人情和野生动物资料。本次考察得到了肯尼亚旅游局、肯尼亚航空公司、COME TO AFRICA SAFARIS接待社的赞助和支持。

培养摄影新秀

深圳拥有一支创作热情高涨、创作能力较强的摄影队伍，加上数码相机和技术的普及，越来越多人投入摄影艺术，新生摄影力量异军突起，后起之秀如雨后春笋。如何帮助这些摄影爱好者获得更多的摄影知识，得到更好的发展，提高深圳整体摄影水平，是深圳摄影界面临的一个任务。深圳摄影学会积极组织学会骨干成员举办各类摄影知识讲座，参与摄影基础理论教育，加大摄影帮扶力度，努力普及摄影基本知识。钟国华、孙成毅、苏伟明、全燕荣等人先后被北京摄影函授学院深圳分院聘为客座教授，参与该院函授教育工作，多次随该院师生赴外地传授摄影知识，并担任外拍艺术指导，收到良好的效果。“光影变奏”——北京摄影函授学院深圳分院深、港师生摄影作品联展的成功举行，就是其中一项成果。市摄影学会还应邀先后组织骨干会员为中国联通深圳分公司、中国电信深圳分公司、华为技术有限公司、深圳市市场管理局等机关、知名企、事业举办摄影培训和知识讲座。5月15日，李伯强在雁盟酒店文化产业园举行摄影讲座，传授红树林拍鸟经验。5月27日，钟国华为中远太平洋有限公司举办摄影技巧与方法的培训讲座。6月10日，钟国华、孙成毅应邀为“沃拍 · WO精彩——首届联通手机微博摄影大赛”担任评委和颁奖嘉宾，为广大摄影爱好者点评获奖作品，讲解摄影创作过程中需注意的问题。这次“手机微博摄影大赛”，创造性地将手机、微博等元素与摄影结合起来，拓宽了摄影创作渠道，为更多的摄影爱好者提供了展示自我的舞台；手机摄影的实现和加入，延伸了摄影艺术的表现形式，对于探索摄影艺术的新发展具有重要意义。8月28日，钟国华应邀在深圳泽艺达摄影器材有限公司向广大摄影人和爱好者讲解摄影器材基本知识及各种器材使用方法。

活跃于深圳摄影界的市民俗摄影学会也举办了多场讲座活动：与深圳古玩城联合举行公益摄影知识讲座；针对第二十六届世界大学生夏季运动会赛会志愿者进行培训，由赵肇军在深圳信息职业技术学院讲解照相机的使用、摄影构图以及用光等知识；在“爱普生数码影像学院”免费讲座深圳站中，引导摄影爱好者试用或感受由爱普生“艺术微喷”工艺输出的摄影作品以及最新的专业扫描仪、显示器、打印机和绘图板、民用的GE数码相机等新的摄影器材。

这一系列讲座、培训活动，受到主办方和摄影爱好者的一致好评，对于加强对各区及企、事业单位摄影培训工作的帮扶，壮大深圳摄影团队，增强深圳摄影活力与创造力，丰富百姓的文化生活具有积极意义。

战略合作谋求发展

9月25日，雅昌企业（集团）有限公司、深圳企业家摄影协会等来自海内外的7个单位与大理国际影会组委会在大理山水间举行了“战略合作伙伴”的签约仪式。大理州相关领导、嘉宾、摄影家代表、企业代表与媒体记者等共同见证了签约仪式。大理国际影会于2009年开始举办，历经3年，已经成为中国乃至全世界专业化、国际化摄影活动之一。“战略合作伙伴”的达成，能更好地推进影会各项工作的开展，进一步扩大大理国际影会的影响力，从而共同促进大理文化产业及相关产业发展。签约仪式上，法国Photographie.com总裁Didier在致辞中表示，将与大理国际影会共同发起中国的“才华摄影基金会”项目，致力于发掘与介绍中国新一代摄影师，帮助他们走向国际舞台。

12月6日，深圳企业家摄影协会与雅昌企业（集团）长期战略合作协议签约仪式在雅昌集团举行。雅昌集团董事长万捷与深圳企业家摄影协会秘书长王琛代表双方在协议上签字。王琛论及合作缘由，认为深圳企业家摄影协会作为汇集深圳企业家及企业中、高级管理人员的摄影爱好组织，与雅昌集团的合作早在5年前已经开始。在合作过程中，雅昌在艺术服务方面表现出来的专业、敬业以及雅昌对协会的全力支持与帮助，让协会深受感动，放心地将更多的业务项目交给雅昌去做，并有了与雅昌签订长期合作协议的强烈意愿，从而促成了本次的合作协议的签订。万捷谈到，雅昌自成立以来一直秉承“通过为人民艺术服务，达到艺术为人民服务”的经营宗旨，全心全意地服务客户。在与深圳企业家摄影协会合作期间，坚持了数据化、标准化、规范化的工作流程与方法，全面提升服务品质，双方合作极为愉快。在今后的合作中，双方努力把所有精力放在艺术创作上，全心全意地把艺术做得更好。此次协议的签订，成为双方合作的新起点，进一步加强相互之间紧密和互利互惠的合作关系，实现双方资源整合与优势互补，实现双赢的目标。

雅昌集团与深圳企业家摄影协会结成合作伙伴 ^

2011深圳书法·熔古铸今

在全国最高级别的书法展览——第十届“国展”上，深圳青年书法家们多样的风格、纯熟的技艺荣获多个奖项，呈现出人才辈出的喜人景象；以创新为特征的创意书法，历经三届，已初步形成深圳的书法品牌；以创作、展览、研讨三位一体的活动，为培育和提升队伍素质发挥了重要作用；一个个民间书法“群落”遍及全城，为传播和传承中华传统文化做出了贡献。2011年的深圳书法界，继续走向进步和成熟。

深圳16件作品入选第十届“国展”

由中国书法家协会、上海市文联联合主办的第十届全国书法篆刻作品展览（上海展区）于11月3日在上海展览中心隆重开幕。该展得到党和国家领导同志的高度重视。中共中央政治局常委、全国人大常委会委员长吴邦国题写贺词：“翰墨千秋——全国第十届书法篆刻展开幕致贺”。中国文联、中国书协，上海市有关领导李金华、刘云耕、冯国勤、覃志刚、杨振武、迟志刚、张海、段成桂、邵秉仁、申万胜、陈东、杨益萍共同为展览剪彩。深圳市文联主席罗烈杰，副主席梁宇等与深圳获奖及入展书法家彭双龙、刘剑波等赴会，交流分享书法艺术与成果。

全国书法篆刻作品展览（简称“国展”）是全国最高级别、最为重要的综合性书法展览，每4年举办一届。经过30多年的实践、探索和总结，“国展”已形成较为完善的评选、评奖与办展机制，展览规格和学术品位之高得到公认，引导创作、引领书风的功能日益显现。第十届“国展”分设上海和广西两个展区。上海展区展出楷书、草书和隶书；广西展区展出行书、篆书、篆刻和刻字。

据专家评论，本届“国展”反映当代潮流，突出五大特点：一是作者对于书法传统的研习揣摩更为潜心和深入，并在继承传统的基础上做了进一步开拓与创新；二是作者对于作品形式的追求更高，包括对纸张的颜色、幅式的安排和拼接等方面都更加细微和精到，不遗余力地追求视觉审美效果；三是用小字大篇幅、多种字体组合方式来创作大型作品的理念和实践，形成一种时尚；四是草书成为当今书坛作者数量最大、发展最快、最有时代成就的书体；五是获奖作者年轻化现象一届比一届突出，显示出中国书法人才辈出、后继有人的喜人态势。

在这个全国最高的书法平台上，深圳书法家表现出色。此次展览两赛区共收到5万余件参赛作品，经过评委专家初评、复评、终评，评选出59件获奖作品，68件获奖提名作品，793件入展作品。广东省共有56人入展(其中2人获奖，3人获奖提

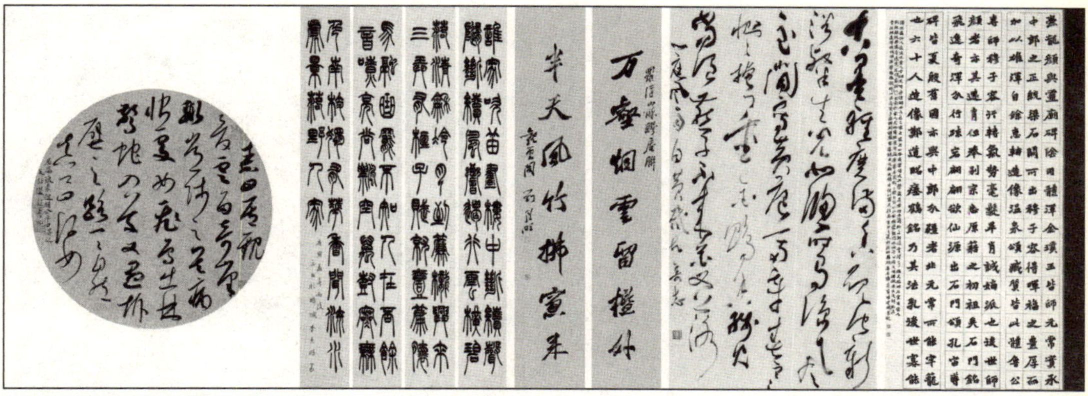

彭双龙、李大旺、刘月明、左奇志、陈守斌书法作品（从左到右）

名)，深圳市共有16名作者入展，其中彭双龙获优秀奖，刘剑波获优秀奖提名，郑永兵、李锐、陈捷、刘月明、李大旺、马中伟、郑育辉、万迪龙、左奇志、冯文、于延丰、沈桂林、陈守斌、卢少武入展。

“全国第十届书法篆刻作品展”上海展区开幕当日，深圳宝安书法艺术研究社（简称“宝安书社”）在沪与“国展”同步举办图书《圳翰2011——深圳书法篆刻作品撷英》首发式。该书由宝安书社主编，中国书协研究部主任、学术委员会秘书长刘恒作序，精选了深圳市41位活跃于当代书坛的书家近作，从一个侧面反映了深圳书法在近年来的创作成果和概貌。

首届书法艺术大展亮相文博会

由深圳市文联、深圳报业集团等单位联合主办的“新世界杯”深圳首届书法艺术大展于5月14日在文博会美术馆举行开幕式暨颁奖仪式，中国书协副主席申万胜、副秘书长戴志祺，中国国家画院书法篆刻院院长曾来德，广东省书协副主席李远东，深圳市政协副主席姚欣耀，市文联党组书记罗烈杰，深圳报业集团党委书记、董事长黄扬略等领导嘉宾和获奖参展作者以及社会各界人士500多人出席了活动。

首届书法大展是第七届文博会系列活动之一，自3月28日在《深圳特区报》、《深圳商报》等媒体公开征稿，共收到投稿1200件，是深圳有史以来单项书法活动收稿最多、范围最广的一次。来稿作者中年龄最大的89岁，大多数是青年书法作者，其中有部分是全国或广东省书法大赛的获奖作者，也有许多过去从未参展亮相但颇有书法功力者，达到了主办方通过举办书法大展“发现书法人才、奖掖艺术新秀、繁荣创作、弘扬传统文化”的目的。经过初评，在所有来稿中评选出初选作品200件。再由组委会特邀马世晓、刘恒、李木教、毛国典、张桂光、李远东6位专家评委进行终评，最终评选出入围参展作品100件，其中特等奖1名，一等奖3名、二等奖6名、三等奖12名、优秀奖20名及58幅参展作品。左奇志获特等奖，许建军、卢少武、魏有永获一等奖，刘剑波、陈应茂、王道国、彭双龙、聂政、沈桂林获二等奖，李锐、郭晶、王岐峰、陈春光、傅志伟、段江勇、谢健、黎才勇、邹挺、宁树恒、孙宪华、苏海强获三等奖。评委评点获特等奖的左奇志：“技巧把握运用娴熟，墨色带燥方润，变化丰富，点画精美，可以说是二王书风在当代的一种体现。”获一等奖的：魏有永

"新世界杯"深圳首届书法艺术大展颁奖现场、特等奖及部分展出作品

"用笔结实，行笔节奏好，笔法具有举重若轻的感觉，在把握大字草书气势的同时，能充分体现线条的质量"；许建军"书谱笔法运用熟练，行笔轻松自如，气息文雅不急不厉，自然天成"；卢少武"取法汉碑，用笔遒劲，古拙中兼具灵动，气息纯净，没有沾染当下流行书风的不良习气"。

获奖作品展览开幕式当日，由深圳报业集团出版社编辑出版的《新世界杯书法大展获奖作品集》首发。此外，由深圳女书法家协会80位作者集体创作的"国学经典书法系列之——《道德经》册页书法展"和由中国书协副主席张改琴题写的《〈道德经〉书法册页作品集》也在展厅内同时亮相，为展览增添了一道亮色。

创意书法展推动形成新型书风流派

创意书法展始创于2009年，历经三届，品牌效应扩大，影响逐渐广泛，已成为"创意12月"系列活动的常设项目之一，为深圳书法开拓创新提供了一个探索试验的创作平台。12月26日，由市文联主办，市书法家协会承办的第三届深圳创意书法作品展在市博物馆老馆开幕。

本届创意书法展参展的作品分为"特邀作品"、"主席团成员作品"和"入展作品"三大部分，共100多幅。其中，"特邀作品"有中国艺术研究院中国书法院研究员沃兴华、中国艺术研究院中国书法院展览馆馆长曾翔、山东省书协副主席于明诠、中国汉字艺术中心主任邵岩、广州大学美术学院客座教授陈进和文化部青年书法篆刻委员会副秘书长李强等6位知名专家的12幅作品。"主席团成员作品"展示了深圳市书法家协会主席陈钦硕，副主席陈浩、黄开稼、邹坚、王宪荣和王道国等人的作品。"入展作品"则汇聚了60多位目前活跃于深圳书坛的书法家、艺术家的作品，既有年长的老前辈，也有80后的新秀。作品风格各异，但都在一定的角度上突出了题材、书体、媒介等多方面的创意。比如：蔡金山的作品将一块包装瓦楞纸板拆开平铺，在上面写上巨大的“易碎”二字，旁边一串工整的楷书写道：“易碎者敲打不得藉层层防护而保全……现今人心亦多易碎唯自备纸巾。”丁天柱的作品形如一枚铜钱，中间是一个斑驳的“德”字，四周书写着近年中国的“大事记”：染色馒头、逾期疫苗、豆腐渣学校工程……这些作品令观众驻足深思。众多作品无论是表现形式、材料工具的选择，还是创作的表现手法，处处可见作者创作的匠心追求与力求突破。

市文联专职副主席、美术家梁宇评论：在当今社会，传统书法占主流地位，创意书法是创意城市中的一个衍生品，它带有试验性和创新性，符合深圳的城市品格。书法家陈钦硕评论：本次创意书法展作品中多数作者以经典文化为内容，以中国文字为载体进行创作，而不是以简单涂鸦、标新立异吸引眼球，这说明通过上两届书法展的探索实践，大家已经取得共识，那就是创意书法必须在中国传统书法基础上创新。创意书法鼓励大胆创新，但不是离经叛道，特别强调作品的唯一性、思想性、设计性和形式的多样化。既要承认创意书法的模糊性、不确定性，也要充分发挥创意书法的宽泛性和包容性，为书法创作拓展思路提供更多的可能性，鼓励深圳的书法家大胆创作，发挥最大的想象力，创作出质量更高的作品。

第三届创意书法展现场及部分展出作品 ^

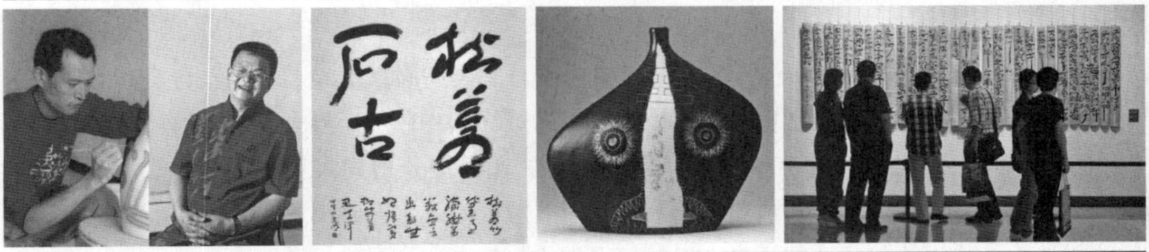

李一、东方涂钦的“墨舞影幻” ^

此外，10月19日在关山月美术馆开幕的“墨舞影幻——李一·东方涂钦作品展”也给深圳观众带来独特的审美体验。在这个展览中，两位书法家对传统书法艺术在今天如何发展、当代书写艺术如何运用传统文化元素及在现代语境下二者之间如何相互渗透相互借鉴等问题上进行了探索，为书坛带来新鲜之气。中国美术馆馆长范迪安、关山月美术馆馆长陈湘波分别为展览撰写序言。这是一个具有创意的联展，李一和东方涂钦的共同点是作品基于中国传统文化的精神、中国书法的元素。但在艺术追求的指向上却各不相同。李一内敛、经典，追求至善至美；东方涂钦外向、实验，追求不断突破。这反映了当下中国文化发展的生态：和而不同，多元共生。别开生面的二人联展的形式，既是两位艺术家作品并置而成的新颖空间，也能让观众在分别欣赏他们各自的创造手笔之时，透过他们作品的并置与对照，获得新感受和思考。

大运会主题展传播华夏文明

“中国印”注解大运精神　为表达深圳篆刻艺术家们对大运的期盼和支持，由市文联、深圳出版发行集团主办，市书协承办的“迎大运·深圳第二届篆刻展”于6月1日至10日在深圳艺廊开幕。参展篆刻作者共有42名，全部来自深圳各区，当中既有年逾古稀依然刀耕不辍的印界长者，也有初涉印坛的篆刻新人。他们走刀如笔，在方寸天地间挥洒激情，以不同的艺术风格和表现手法，用“中国印”这一呈现东方思想和民族气韵的传统艺术，创作了一批宣传大运的主题印作，表达同一主题——“深圳欢迎你！”、“深圳与世界没有距离”，传递出华夏文明所独具的人文特质和优雅品格，传扬体育与文化结合的大运精髓，为大运健儿欢呼，为艺术喝彩。

在南山，篆刻家钟国康献礼第二十六届世界大学生运动会的“大运·中国印”艺术作品发布及研讨会于7月12日举行。“大运·中国印”作品以中国成语中的个十百千万等数字来表达：一马当先、五湖四海、十全十美、百发百中、千军万马、万众一心等，用包含中国传统文化密码的成语巧妙地表达了中国人对体育精神的注解。这些成语分别被篆刻成13方印章，创作为13幅书法，此前已在北京和广州举行过研讨会。深圳大学校长、评论家章必功评价“这些成语正好与‘从这里开始’的精神吻合”。

墨舞丹青喝彩大运　1月8日，著名艺术家姜昆与著名书画家管峻“墨舞丹青喝彩大运”书画作品展在深圳雅昌艺术馆举行，助威深圳2011年世界大学生运动会。市委常委、宣传部长王京生出席了活动。姜昆和管峻分别为大运会泼墨题词，姜昆题的是大运口号“从这里开始”，管峻的题词是“为青春喝彩”。此次展览创造性地将书法与运动结合在一起，着力用优美的书法绘画艺术激扬青春运动活力，用中华民族传统文化的精髓为大运加油。

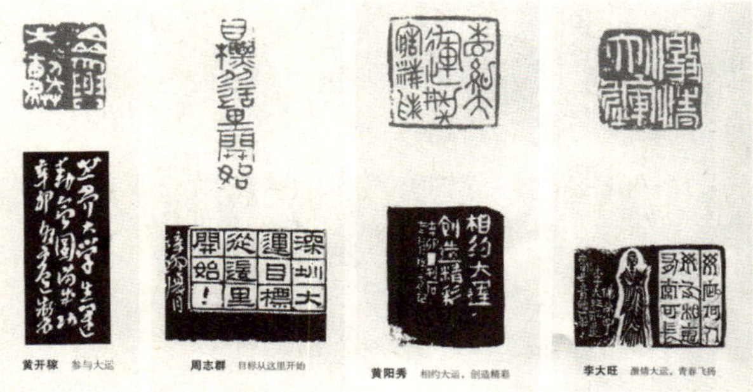

大运会主题印作和展览现场 ^

“墨舞丹青 喝彩大运”书画作品展现场 ^

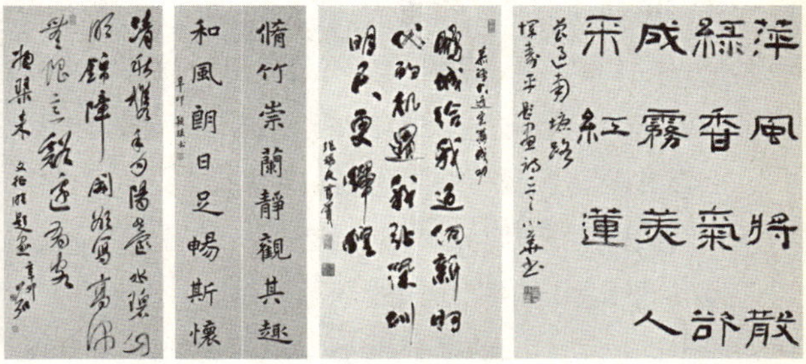

“墨舞丹青 喝彩大运”书画作品展现场 ^

书法展宣传大运精神 “迎大运”深圳市书协创作委员会委员书法作品展于5月7日在宝安区文化艺术馆开幕，共展出14位委员60余幅书法精品。书法作者与爱好者共同参与的深圳书法创作研讨会也在同日举行。市书协创作委员会成立于2008年，经常展开书法研讨等学术活动，为广大书法爱好者提供了很好的学习平台。市书协创作委员会至2011年共有14名成员，他们是王道国、李静、郑少波、许介川、吴广、陈旭海、卢峰、柯振海、张绥平、李锐、周延茂、冯春兰、翁惠敏、万迪龙。两年多来，成员多次在全国、省、市书法大赛中获奖。在大运会开幕前夕，这些书协骨干成员希望依托书法这一传统艺术形式，以强烈的时代感、使命感，通过作品赋予这个青春的盛会和不老的体育精神更深刻的艺术内涵和特殊意义，充分展示中国深厚的古典诗词文化在深圳的历史沉淀。

为促进第二十六届世界大学生运动会各类文化活动的进行，在广大青年朋友中弘扬中国优秀的传统文化，2011“迎大运”深圳济南青年书法家提名展于5月12日在深圳美术馆隆重开幕。该活动由深圳第二十六届世界大学生夏季运动会组委会执行局作为支持单位，中国书法院、广东书法院、深圳美术馆、深圳市书法家协会、《中国书画》杂志、中国汉字艺术中心作为学术支持，深圳市鑫美实业有限公司暨贵州茅台镇东方酒业有限公司联合赞助，深圳市青年书法家协会、济南市青年书法家协会共同承办。展览共展出深圳、济南32位青年书法家书法精品120余幅。作品传统、现代、前卫各种风格多元并置，既有深厚的传统功底，也有超前的探索意识，并有较高的学术性。展览着力用优美的书法艺术线条激扬青春运动活力，用中华民族传统文化的精髓为大运加油。配合展览，主办方还举行了展览作品首发式暨学术研讨活动。

此外，“迎大运，玉同派书法展”于7月30日到8月7日在深圳市博物馆（老馆）举行，共展出玉同派12位书法大师的100余幅作品，内容丰富，风格多样。玉同派是中国一支富有特色的书法流派，凭借扎实的功底和对书法艺术的独特理解，形成了独特的书法艺术理念以及书法理论体系，将书法艺术融入社会，贴近大众，步入市场。“深圳市公安局迎大运暨庆祝建党90周年警察美术书法作品展”于7月24日在市公安局指挥中心大楼大堂开展。共展出美术、书法作品210幅，其中书画名家及有关领导为此次展览题词28幅，民警参展入选作品182幅（书法作品110幅，美术作品72幅）。作品内容丰富，题材广泛。通过书画艺术的形式和独特的审美视角来宣传大运精神，展现深圳警队迎接大运会喜悦的心情和保卫大运会成功举办的决心。“大运之光——中国名家书画展”于8月12日至18日在述古堂美术馆举行，以艺术之美来诠释大运理念，倡导大运精神，弘扬民族文化，传承国粹精华。

百幅书画赠大运　书画为媒，艺术为礼。8月19日，深圳湾体育馆场馆主任冯琼珍代表南山区政府向14名来自西班牙、斯洛文尼亚、泰国、日本等国家和地区的大运会乒乓球国际技术官员们赠送了一批“中国味”十足的中国字画，感谢他们为大运会做出的巨大贡献。来自斯洛文尼亚的裁判长马帝亚代表技术官员表达了对南山区政府的衷心感谢，表示非常喜爱这些有收藏价值的中国字画。这批书画作品由南山区委宣传部和区文联精心征集、挑选，包括中国画和书法作品各50幅共100件，大多出自深圳的画家、书法家，少量出自内地书画名家之手。这些作品都着意体现中华传统文化之精髓，虽有尺幅之限，却精致耐读，笔墨中渗透着中国宣纸艺术特有的韵致，洋溢着对远方来客的热情。

深圳艺廊推介本土书法家

深圳艺廊是由市宣传文化事业发展专项基金资助，深圳市文联和深圳出版发行集团联合打造的一个专门推介本土艺术家及作品的平台。继2010年举办了四期“深圳中青年书法系列展”之后，更多本土书法家及作品在这里与观众见面。2月至3月，举办了深圳中青年系列书法展之五、之六，每期12位作者，王少云、冯春兰、李维华、李国辉、许介川、张庆、杨世武、杨锋、杨杰、宋洪涛、金辉、韩光凯等中青年书法家参展。总计推荐了60位中青年书法家300多幅作品参展。各期展览期间，分别由两位书法家在现场与观众进行互动交流，并在国内专业媒体《书法报》每期刊登一个整版作专题介绍，以利于扩大影响和加强艺术交流，推荐深圳书坛新秀，收到良好效果。

4月1日，深圳首届信札书法作品展开展，共展出市书协会员创作的信札作品41件，书体、形式各不相同，所著内容有博古论今表达高雅情操的，也有富于生活气息表现安然与宁静，再配以笔情墨趣，让参观者有返璞归真、耳目一新的感觉。在当代社会，书信已被博客、QQ、手机短信等高科技所取代，举办以信札为题的书法展，以回归传统的笔墨来表达个人情感，引起观众共鸣。9月1日，第二期临帖展，并会同第一期临帖展，出版了《守望传统——临帖作品集》。重在彰显深圳这座年轻的城市对传统的继承与发展。12月1日至10日，深圳书坛系列展之一“三方会谈”共展出深圳本土书法家朱燕霓、张钰明、柯振海的书法作品数十幅。3位参展书法家均为深圳书法界活跃人士，朱燕霓现任福田区书法家协会副秘书长，张钰明现任盐田区书协常务副主席，柯振海现任罗湖区书法家协会主席，作品都曾入选多个全国性、省级书法艺术展。他们的书法创作各具灵气，作品各具特色，此次以“三方会谈”命名，旨在展示3人在表现形式、创作理念、创作手法和创作风格的不同以及对艺术价值与文化内涵的一致追求。

6月30日至7月5日，由海天出版社、罗湖区书法家协会主办的“庆祝中国共产党诞辰九十周年：孙云石书法艺术展”在深圳美术馆展出，近150幅书法艺术作品与观众见面。孙云石习书法近20年，深圳大学教授魏达志评价其书法特色：一是承继家学孜孜不倦的求学精神；二是颜、柳、欧、赵诸家碑帖的坚实基础；三是对秦简汉隶的手摹心追；四是神情淡定的志趣天成；五是笔走龙蛇、练字练人、志在高远的精神境界。

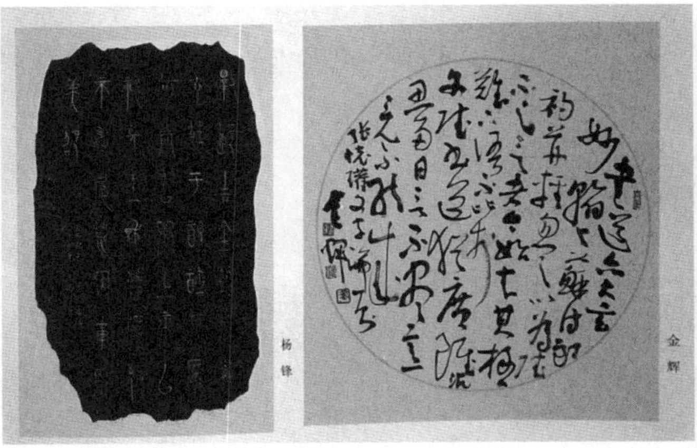

深圳中青年书法系列展出作品 ^

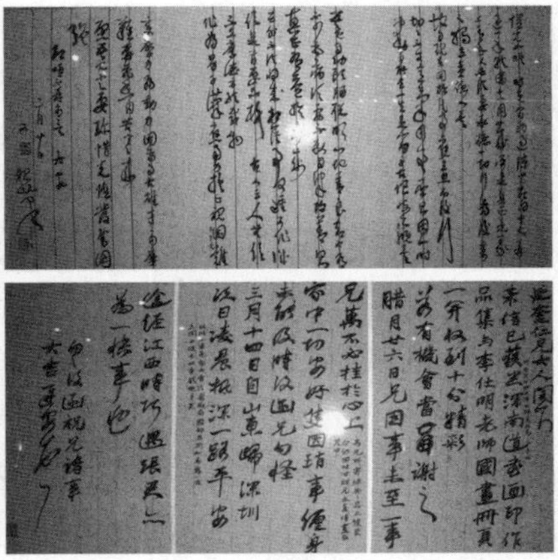

首届信札书法作品 ^

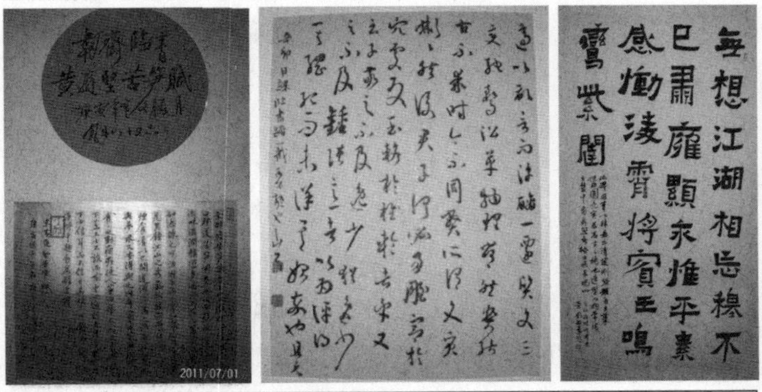

“守望传统”临帖作品选 ^

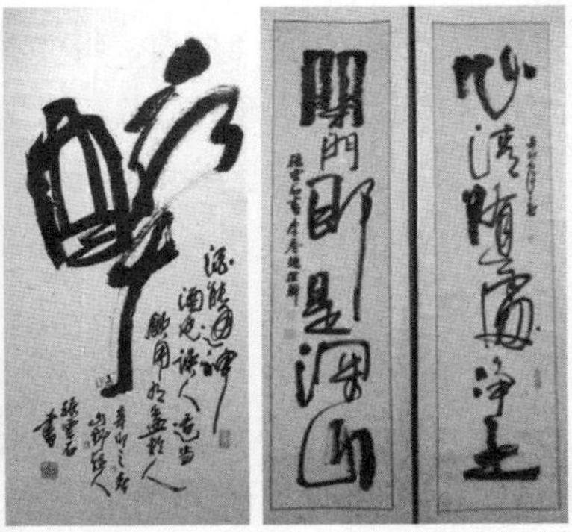

孙云石书法作品 ^

全年书法展览活动墨香流韵

新春期间，由深圳博物馆与汕头市博物馆联合主办的《思接千载：吴南生捐赠书画作品展》在深圳博物馆老馆展出，展期两个月。吴南生是广东省和深圳市的老领导，也是一位富有才华的作家、书法家、书画鉴赏家。吴老的家乡潮汕地区自古人文气息浓厚，使他对中国传统文化之美情有独钟。自上世纪50年代以来，吴南生工作之余醉心于文物收藏数十载，除自赏之外，更热衷于以此帮助公益事业，造福社会。此次共展出吴南生捐赠的书画作品48件（组），其中有元代的《平沙落雁图》，堪称艺术精品。吴南生捐赠给深圳的《西丽湖图》手卷首次与深圳市民见面。此卷上有赵朴初、黄苗子等诸多大家题记，记叙了改革开放之初国内艺术大家来深圳采风创作的一段佳话。

“三八”节期间，由市文联、市书协主办，市女书法家协会承办的“国学经典书法系列之一——道德经》册页书法展在深圳中心书城展出，市老领导刘波、邵汉青、姜忠，市文联党组书记罗烈杰、副主席谢君心，市女书协主席王永苗、副主席廖晓花，副主席兼秘书长徐洁等近200人出席开幕式。此次展出的《道德经》册页书法作品，由全市80位女子书法作者集体创作，由组织至展出，历时半年。作品共分80个单章，上下两册，每位女书法家各创作一个单章。参与创作的作者大都是近年来在各次大赛活动中崭露头角的新秀，或活跃于女子书坛的佼佼者。其中，年龄最大的78岁，最小的18岁，正、草、隶、篆、行各种书体都具备。有的笔法委婉清丽，有的古拙厚重具豪迈之风，汇集编辑成总长度为30米的册页书法长卷，洋洋洒洒，墨香四溢，蔚为大观。将书法创作与表现国学经典相融合，既提升创作高度，拓展了艺术空间，也是对弘扬民族传统文化方式表现的一种探索和尝试，同时也是鹏城女书法家和书法爱好者们在庆祝“三八”节，喜庆建党90周年和迎大运之际，为深圳文化艺术大观园送上的一份特殊献礼。

3月19日至24日，由市文联、广东客属海外联谊会主办的“陈明日课”书法作品展在深圳博物馆老馆开幕。市政协原副主席刘波，福田区委原书记谢百泉，市文联党组书记罗烈杰、副主席杨宏海、谢君心等出席了开幕式。展览同期，书法界、文化界和企业界的相关人士举行了座谈会，多位专家、学者就陈明在书法艺术创作中取得的成就进行深入探讨。陈明此次书展所展示的80余幅作品中，有对联、立轴及横幅，小品式的扇面、斗方等，还有几幅长卷力作。或宏大开张，或精湛别致，充分体现了其对用笔法度的讲究，对技巧的锻炼，对格调和情趣的把握，对书斋文化的准确定位，全面展现其30余年在书法艺术创作领域的探索、耕耘与收获。

4月2日至10日，由市书法家协会、玉同书法艺术研究院、深圳书画艺术学院主办的“何人书法展”在深圳博物馆新馆展出。何善章（何人）师从书法家、玉同派书法创始人冯彬，数十年潜心研习书法，形成独特的艺术风格。有书家点评其书法，一幅“马”字，似奔马鬃飞蹄张，形态生动，虽一“马”却似万马奔腾；一幅“蛇”字，如神蛇蜿曲伸展，刚柔并济；此两字妙趣横生，颇具创意，充分显示出玉同派书法的特征。

由深圳画院、中国国家画院书法篆刻院、世界华商书画院共同主办的“微雲起泰山——曾来德小品书法展”于5月21日在深圳画院美术馆开幕。共展出曾来德近年创作的60余件小品书法作品，笔法多样，风格各异，为深圳书法工作者和爱好者带来了一次赏析精品佳作的好机会。

吴南生捐赠书画作品展现场/女书法家书写《道德经》

“陈明日课”开幕式

王飞跃在展览现场

由深圳市侨联、市文体旅游局、市文联主办的“侨界雅集·翰墨飘香——第二届深圳侨界书画艺术展”于文博会期间在深圳博物馆古代艺术馆举行。展览共征集近百件作品，展示出侨界艺术家颇高的艺术创作水准，呈现出丰富多彩的国际视野和艺术风貌。

7月12日，由中国国家画院书法篆刻院作为学术支持，中国书画博览、深圳市三品美术馆共同主办的“经藏——全国书法名家写经展”在沙井进行为期一个月的巡展，共展出由沈鹏、李铎等185位书法名家创作的195件作品。这是一次具有重要意义与文献价值的佛事和书法活动，是中国佛教文化与书法艺术的又一次自觉融合。展出的作品风格典雅精致，自然祥和，表现出书法家对佛教经典的领略和体悟，为当代书法创作注入新的审美体验，有利于书法艺术的多元化发展。

10月26日，由福田区委宣传部主办的《深圳，而立再出发——全国书法油画家书画“王飞跃诗歌”作品展》在雅昌艺术馆开幕。王飞跃是一位深圳本土诗人，曾为深圳申办第二十六届大学生运动会创作了主题歌《深圳与世界没有距离》的歌词。此次展出的《深圳，而立再出发》分“深圳风采”、“深圳风流”、“深圳风光”、“大运深圳”4个篇章。近百首诗歌既有对深圳精神的礼赞，也有对深圳标志的讴歌和深圳人物的点评，其中“大运深圳”组诗，以诗歌的语言诠释体育的内涵。来自全国各地的80多位书画艺术家集合参与这次展览，分别以书法和油画的艺术表现手法对王飞跃诗歌进行另一种演绎，形象地再现诗歌的风情神韵。

吴巍是一位从深圳走出去的书法艺术家，现任北京简帛书法艺术院院长。12月20日，“收藏吴巍——吴巍简帛书法艺术展”在深圳鹏宝轩艺术馆开幕。本次展览共展出藏家收藏的吴巍前后近30年来的作品50多幅，这些藏品有六尺、八尺整张，对联、扇面、斗方等不同形式。简帛书法古朴自然、厚重中不失灵动，圆滑中不失天真。展览还对吴巍的艺术历程以集邮的方式进行全面展现。

大赛搭建培育人才平台

外来青工书法优秀作品展　5月25日，深圳市第七届外来青工文体节书法大赛优秀作品展开幕暨颁奖仪式在深圳珍风阁艺术馆举行。该展随后由宝安区书法家协会组织在宝安区街道、工业区进行巡回展出。本届书法大赛由深圳市委宣传部、市文体旅游局、团市委、市文联等单位联合主办，深圳市青年书法家协会承办，墨林文化艺术设计策划机构、珍风阁艺术馆协办。活动在全市范围内广泛征稿，得到外来青工书法爱好者的积极参与，部分作者曾在中国书协和西泠印社举办的权威性展览中多次入展或获大奖。此次参赛作品有毛笔书法（含篆刻）388件、硬笔书法196件，评委会最终评出毛笔书法（含篆刻）与硬笔书法一等奖各6名、二等奖各12名、三等奖各18名；毛笔书法（含篆刻）优秀奖82名，硬笔书法优秀奖23名。在展览现场，共展出72幅书法篆刻获奖作品，其书体有楷、行、草、篆、隶等，形式多样，有斗方、扇面、条幅等，字体或温婉秀丽，或标致饱满，或洒脱奔放；获奖的篆刻作品有的追慕商周甲骨秦汉封泥古玺，有的摹刻秦权汉瓦残币六朝造像，有的承袭明清诸家各派精华，有的力拓时代变法新风，内容多为抄录名言警句、精辟论述选段，健康向上的古今诗词等，引来不少市民和艺术爱好者前来参观、欣赏、学习。

中小学生主题书法大赛 深圳中小学生书法大赛于9月17日在中心书城拉开帷幕，延续至12月。本次大赛是由深圳市文明办、市教育局、市文联主办，深圳青少年报社、市青年书法家协会承办，是《七彩年华——深圳市未成年人道德教育活动季》系列活动之一。参赛作品要求围绕“从小做一个有道德的人”主题进行创作，内容包括公民道德规范、深圳精神，“深圳最有影响力十大观念”，以及与道德有关的优秀诗篇、名言警句等。全深圳市中小学生可以用学校或个人名义参赛。大赛分硬笔书法、毛笔书法两类，从楷书、行书、草书、隶书、篆书等书体中自选一种。活动期间，邀请市青年书法家协会的书法专家、学者，在中心书城、少年宫美术基地、学校等场所，举行6场书法艺术讲座。大赛共收到100余所中小学校和12家校外书法培训机构提交的优秀作品1700余件。经评审，共有170件学生作品获奖，另有50名指导老师和20所组织单位分别获得优秀指导老师奖和优秀组织奖。其中，小学组一等奖（5名）获得者是：颜紫伊（高峰学校）、袁若瑜（红岭小学）、李敏权（沙井街道黄埔小学）、林浩丹（坪山新区龙山学校）、余敖嘉炜（园岭小学）。中学组一等奖（5名）获得者是：李琪（桂园中学）、杨永丽（梅山中学）、庄荻（南头中学）、张鹏（深圳实验学校初中部）、吴艾婷（深圳市第二实验学校高中部）。

深港少儿书法大赛 9月17日，由罗湖区文化局、共青团罗湖区委、深圳市书法家协会主办，市航诚投资管理有限公司承办的第五届“航诚杯”深港少儿书法大赛颁奖典礼在航诚艺都一楼大厅举行。该大赛历时两个月，以“大运·青春·希望”为主题，旨在让深港两地青少年在大运会期间以书法的形式为运动健儿加油鼓劲，同时为来自全世界的大运选手们展示中国传统文化的魅力。深圳市各大书法培训机构都带学生参加了比赛，经过初赛、复赛、决赛三个阶段，现场命题，专家评委评审，一批优秀书法作品的作者及书法教育机构分别获奖。其中，张理炜获得少年组硬笔一等奖、谷若怀获儿童组毛笔一等奖、许华荫获少年组毛笔一等奖，其他选手分别荣获二、三等奖、优秀奖以及鼓励奖。大赛所有优秀作品在航诚艺都商场一、二、三楼公开展览。

深港少儿书法大赛是深圳市一项公益性青少年赛事，创办于2007年，大赛以青少年为参赛对象，以毛笔、硬笔为比赛形式，深受社会各界的普遍关注，4年来为2000多名深港两地热爱书法的学生提供了书法交流、比赛的平台，让更多喜欢中国传统文化的青少年发挥自己的才能，也为促进深港两地文化交流做出了贡献。

研讨与讲座提升学术水平

“书法三十年·当代书法艺术深圳论坛” 为纪念深圳特区成立30周年，回顾与探讨当代书法艺术的发展历程，以中国书法家协会学术委员会和中国书法院为学术支持，由深圳市宝安区文化局主办，宝安书法艺术研究社、宝安区文化馆、宝安画院承办的“书法三十年·当代书法艺术深圳论坛”于1月15日至18日在宝安举行，并举行了论文集首发式。

本次活动经由中国书法家协会学术委员会和中国书法院提名，从全国书法理论界特约30余位专家撰写论文并出版发行论文集，从不同的视角、不同的高度对当代近30年书法现象进行审视与思考，为书法发展各抒己见。书法界、文艺界专家学者及各界人士300余人出席论坛。中国书法家协会、中国书法院、广东省书法家协会、广东书法院、深圳市书法家协会等领导出席了论坛开幕式，中国书法家协会学术委员会秘书长刘恒主持论坛，特邀嘉宾有李胜洪、于恩东、吴行、李远东、黄君、姜寿田、兰干武、蔡树农、吕金光、陈胜凯、丁政等。中国书法家论坛“总坛主”齐玉新等分别就近30年书法理论研究对创作的影响、广东及深圳书法近30年发展现状与思考、深圳书法与深圳文化产业之关系、书法教育对当代书法创作及书学研究的影响、当代书法创作流派及书法发展的方向、当代媒体对书法的影响作用等议题作了精彩的即席发言，梳理了当代书法的成就和各种现象，并进行了深入的分析和理性的总结。这是深圳首次举办全国大型书法学术研讨活动，是书法理论界的一次盛会，对岭南和深圳书法理论的发展具有里程碑式的意义。活动具有专家云集、地域广泛、反响强烈、意义重大等特点。与会专家认为这是一次权威的、高端的论坛，为后30年中国书法的发展提

外来青工文体节书法大赛颁奖及展览现场 ∧

深港少儿书法大赛颁奖现场 ∧

方斌书法艺术研讨会现场 ∧

培训与传播书法知识 ∧

各类书法展览和送春联活动深受大众欢迎 ∧

出了值得人们思索的问题，为促进全国书法理论的发展和推动深圳的文化建设起到了积极的重要作用，也为深圳经济特区成立30周年系列活动画上了圆满的句号。

创意书法学术讲座 为了让深圳第三届创意书法展更具学术性，进一步提升作品质量，探寻书法创意方向，11月19日，在深圳大学艺术设计学院，特邀请广州美术学院书法篆刻研究室主任、美术馆馆长王见教授，深圳大学艺术设计学院院长吴洪教授等专家学者开展关于创意书法学术讲座活动，共召集全市60多名创作骨干作者参加了此次活动，

方斌佛教题材书法艺术研讨会 由广东省文化传播学会、广东省社会科学院佛学中心、羊城晚报出版社、深圳市港澳台文化研究会联合主办的“中华文化传播高峰论坛：“六祖坛经方斌禅风书法艺术创作研讨会暨《禅花绿道：幸福广东之境界》首发式”于12月5日在广东省社会科学院举行。50多名专家学者及高僧大德出席了会议。方斌多年来致力于佛教题材的书法创作，已出版佛经书法著作 4 本。此次研讨会的主题之一是围绕方斌抄写并出版的一套两卷仿古线装书《六祖法宝坛经》和《金刚般若波罗蜜经》进行佛教文化与艺术的讨论。方斌关于对佛教“禅”的理解和感悟可归纳为两点：首先，禅的境界是非功利主义的。只有无私，不计较个人得失，自己的心情才能安宁、清静，才能进入禅的境界，这是书法水平日益提高的有效途径。其次，禅机时时都有，处处都在。只要一心不乱，就能时时处处体会到禅的境界。而一心不乱的境界与非功利主义思想是紧密相关的。研讨会另一主题是由任柯可主编的《禅花绿道：幸福广东之境界》的首发。此书一共分为三编：首编描述了践行人间佛教的惬意风光，以禅境净化生活；中编主张将幸福广东落在惠民实处，以绿道优化生活；末编主张拓展智运文化产业，以国艺诗化生活。与会学者认为，弘扬佛教文化是发展中华文化的一个重要方面，而发展佛教文化的重点在于提升人文精神，包括人的心理素质。佛教中的精华能让人们道德觉醒、弃恶从善，使社会更加和谐，让人们生活幸福感提升，应继承和发扬。

书法艺术理论及技巧专题研讨讲座 10月11日，深圳大学邀请现任甘肃画院院长、甘肃书法院院长、甘肃美术馆馆长、教授、国家一级美术师马国俊在南图书馆一楼报告厅以“书法的过去、现在与未来”为题，进行学术讲座。12月初，深圳群众艺术馆邀请国内著名书法艺术家田树苌就书法艺术理论及技巧做专题研讨讲座。讲座期间，田树苌与到场的学者交流书法创作技法，认真探讨研习心得。全场书法讲座气氛热烈，互动形式多样活泼，为书法爱好者提供了一个学习的机会。

公益活动回报社会

每年一度的送春联活动，已经成为深圳书法界“围绕中心、服务大局、回报社会、奉献人民”的一项品牌性活动。2011新年伊始，深圳市文联、市书协以及各区书协分别组织书法家到全市各街道、社区开展“送关爱、送春联”活动，先后到达盐田沙头角中英街社区、南山后海街道后海新村、龙岗区南湾上李朗社区、福田区

莲花街道紫荆社区、龙岗区万科城等社区。这一活动符合广大书家把书法艺术奉献给人民的心愿，同时广大人民群众也非常欢迎书法家到他们中间去挥毫泼墨，展示书法艺术。本年度送春联活动的特别之处，是创新了形式，市书协与市慈善会、市慈善基金会等单位联合举办的“首届深圳书画名家社区行——送爱心、送祝福、送吉祥、送文化”义写春联活动，提倡每一位领取对联的市民为慈善公益捐助一元钱，此举得到了社区群众的热烈响应。该活动历时两周，共进入深圳卓越、京基、万科旗下的6大著名社区和京基百纳商业广场，举办了10场活动，辐射社区居民7万多人，32位深圳的书法名家、大家共为社区居民送出春联6000余副，国画500多张，剪纸2000余幅。1月23日，“首届深圳书画名家社区行”活动在万科城社区举行了收笔暨颁奖仪式，为32位爱心书法家和12家爱心企业颁发了荣誉证书。

基础建设助力发展

深圳市青年书法家协会换届　4月15日，深圳市青年书法家协会换届选举大会在市文联召开，选举产生了第二届理事会和主席团。深圳市书法家协会主席陈钦硕，深圳画院执行院长徐章以及深圳市青书法家与会代表60余人出席了大会。大会回顾了市青年书协成立5年来的成绩，自2005年至2011年，市青年书协会员的书法篆刻作品入选中国书协主办的全国赛事100多件、广东省书协主办的全省赛事数百件，为深圳市赢得了荣誉。大会选举产生了深圳市青年书法家协会第二届理事会和主席团成员，赵永金当选为新一届书协主席，李静（常务兼秘书长）、高荣明、宁树恒、傅志伟、万迪龙、冯春兰等6人当选为副主席。罗永炜、郑永兵、徐磊等3人为主席团成员。

罗湖区文联美术书法创作基地挂牌成立　9月23日下午，“罗湖区文联美术书法创作基地”在罗湖文化公园的“文园阁”挂牌。罗湖区美术家协会、区书法家协会拥有会员208人，其中，国家级会员28人，省级会员57人，市级会员65人，拥有高级职称的有30多人。近年来，全区美术书法创作非常活跃，成绩显著，硕果累累，数百幅作品在国家、省、市各级展赛中入展获奖，成为深圳美术书法创作队伍中的一支劲旅。新创办的基地内设有展览厅、创作室等基本设施，成为区艺术家展示创作成果、推动艺术交流与合作、引进优秀书画人才和精品、打造本土美术书法品牌的大本营。这是罗湖区实施文化立区战略的一部分，也是罗湖区委区政府重视城市文化建设、推动罗湖文艺事业大发展大繁荣的重要体现。

民间书法团体活跃　在深圳，有一大批“体制外”书法爱好者以书会友，以一种文人雅集的形式在烦躁的尘世中细心经营着一片翰

罗湖区成立文联美术书法创作基地 / 深圳市青年书法家协会换届 / 龙光书画院服务社区 ^

墨书香，形成一个个别具风格的“书法部落”。其中，影响力较大的有宝安书社、龙光书画院等。

宝安书社是学术性研究社团，发起人是张琦、王道国、万迪龙、郑永兵、张绥平，成立于2007年，以立足深圳、联系全国、弘扬传统、锐意创新为宗旨，努力打造精品创作、学术交流的平台，举办了多个全国性大型书法活动。如“纪念改革开放30周年全国名家书法邀请展”、“全国书法名家深圳笔会”、“书法艺术三十年——当代书法艺术深圳论坛”、“十届国展深圳创作观摩点评会”、召集全市书法创作骨干60多人进行集中培训等。此外，还开展以民生、环保等为主题的书法活动以及书法雅集、展览、论坛、采风、学术交流、印制书法台历、义写春联等一系列有影响的活动，在弘扬书道，涵养书风，培养人才等方面取得了成绩。

龙光书画院的创始人戴全是深圳市五星级义工，他酷爱书画艺术，一直广结善缘，热心于公益事业，发愿兴办一座深入民间的书画艺术交流中心。经过数年精心经营，坐落于深圳市南山区西丽街道龙井村的龙光书画院形成了一定的规模。书画院立足社区，服务民众，开展了一系列书画展览、书法绘画培训、艺术讲座等活动，当地很多青少年前来参加免费书法美术培训班，有效地提升了社区居民的文化素养，每年春节期间，还举办送春联送书画活动，以艺术情缘与社区居民的感情紧密地联系在一起，促进了和谐社区、和谐社会的发展。

像这样的书法群体，散落在深圳各个区域，无法核数统计。它们活跃在深圳社会的各个层面，具有顽强的生命力，为书法家们提供了交流平台，成为主流书法团体的一种补遗，对繁荣区的书法氛围具有重要作用。书法家们认为，深圳这座文化氛围自由的城市给他们带来自由的空间，深圳没有传统门派的羁绊，年轻人没有包袱没有限制，做事有闯劲。在深圳这片年轻的土地上，聚集了来自全国各地的书法家，由于没有本土书法传统，避免了“门派之争”，各“部落”内部的成员往往操着不同口音，出自不同师承，在一个平台上激荡交融。另外，深圳书法的直接市场比较弱，“卖字为生”的生活方式在这里失去了土壤，书法家们之间没有直接的利益冲突；而直接市场的疲弱导致书法家们纷纷投身培训市场中，充当深圳下一代书法教育的园丁。他们对于书法本体的讨论与对书法技艺的提高成为交流的重点，这些不仅仅是对个人的提高，也会对下一代的书法教育起到潜移默化的作用。有些组织还会不定期举办艺术沙龙，邀请一些名家前来讲座，或是率领团友出外交流，有效地推动深圳书法事业的发展。

2011深圳曲艺·扎根壮大

曲艺是中国一种特有的文艺形式，是各种说唱艺术的总称，与民间音乐及各地方言有着密切的关系。深圳的曲艺艺术带有明显的“外来”和“北方”特点，还处于起步和发展阶段。深圳曲艺人以高度的自觉，从自发生成到有组织、有策划地打造具有移民特点和流派的曲艺品牌，在摸索和创造中，努力使曲艺艺术在深圳扎根、生存、壮大，使深圳成为广东的曲艺基地和曲艺强市。

金文和获颁“庆龄枫叶奖”

中华宋庆龄国际基金会为继承中华人民共和国名誉主席宋庆龄先生的未竟事业，发扬“博爱”精神，提升民众的综合素质，构建和谐社会，为两岸四地慈善公益事业做出贡献，决定斥巨资在5年内表彰为传承与发展民族艺术且从艺50年以上的、全球华人民间艺术家。金文和是第一位。金文和出身于书香门第，1959年拜相声名家杨宝璋为师。他勤奋好学、捧逗俱佳，表演深沉大方、儒雅风趣。上世纪80年代，他曾与相声大师侯宝林先生合作达5年之久，深受大师教诲。作为一位创作型艺术家，他于上世纪90年代来到深圳之后，先后创作出《文凭变奏曲》、《死不让位》、《家贼》、《找女婿》、《手》等脍炙人口的作品，在全国、省、市级比赛中屡获大奖，深受观众喜爱。

6月5日，由中华宋庆龄国际基金会主办，中华宋庆龄国际基金会文化艺术委员会、深圳市曲艺家协会承办的“庆龄枫叶奖”中华民间老艺术家表彰活动启动仪式——金文和从艺50年庆典暨收徒仪式在深圳隆重举行。著名曲艺表演艺术家刘兰芳、李立山、李慧桥、郑小山、于文光与深圳的曲艺演员在庆典晚会上同台献艺。国家、省、市文艺界各级领导与观众300余人到场观看演出。启动仪式前，由市曲协主席吴金富主持，举行了金文和先生从艺50周年座谈会。中国文联副主席、中国曲

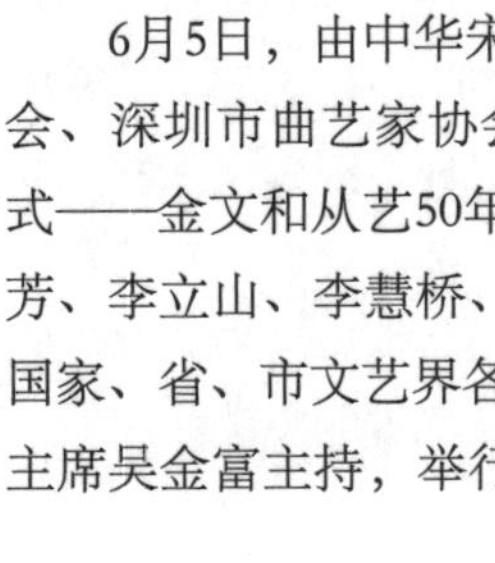

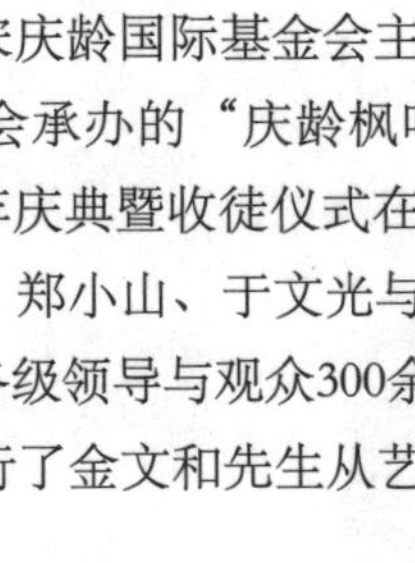

“庆龄枫叶奖”中华民间老艺术家表彰活动启动仪式 ∧

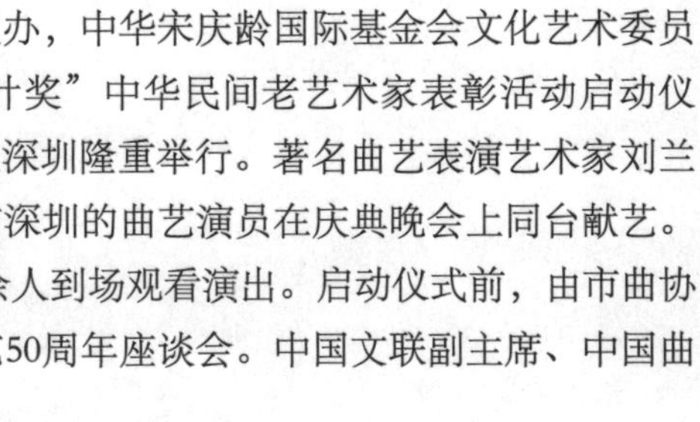

金文和先生从艺50周年座谈会现场 ∧

协主席、著名曲艺表演艺术家刘兰芳，中国曲协副主席、广东省曲协主席李时成，著名曲艺表演艺术家李立山，安徽省曲协主席李慧桥等名家出席了研讨会并先后发言，向金文和表示祝贺，对金文和50余年的艺术成就给予了充分肯定。会上，中华宋庆龄国际基金会主席王东喜对金文和进行了表彰，并举行了金文和收徒仪式。金文和此次共收徒3人，为深圳曲艺事业的发展增添了新鲜血液。

省曲艺大赛深圳共获32个奖项

12月4日至7日，由广东省文联、广东省曲协与斗门区政府共同举办的“第二届广东省曲艺大赛暨珠海市斗门区曲艺节”在珠海市举行，来自广东省内十多个城市的124名选手、68个节目同台较技，由市曲协组织的深圳代表队取得优异成绩。在北方曲种专场50多个奖项中，深圳共获得32个奖项；北方曲种专场共有13个节目，深圳占了8个。其中，深圳选手刘国平、赵梓琳、刘迪、杜金龙、魏鹏荣获表演一等奖；四人快板书《好人的故事》、音舞快板《鱼灯情》荣获节目一等奖；群口快板《男人女人》荣获表演一等奖；王立海的四人快板书《好人的故事》，赵梓琳、郭迎欢的群口快板《深圳行》，刘国平、刘迪的相声《狂人外传》荣获作品一等奖；王超、慧晓月荣获新人奖；市曲艺家协会荣获优秀组织奖。

深圳代表队刘国平、赵梓琳、杜金龙、魏鹏荣获个人表演一等奖 ∧

广东省曲艺大赛两年一度，是省内最高水准的曲艺赛。本次大赛自9月起在全省5个指定选拔赛区进行了近10场选拔赛事，分为广东各地方曲种、粤语曲种、北方曲种三大类五个专场，设表演奖、音乐奖、作品奖、节目奖、新人奖及组织奖。评委均是国家及广东省的著名艺术家、曲艺专家。主办方表示，本届大赛旨在为广东省曲艺界的专业和非专业人士提供加强曲艺交流、展示曲艺才艺的一个重要平台，目的是让群众在深刻认识到曲艺艺术丰富内涵的同时，进一步增强中华曲艺文化的感召力和凝聚力，发掘和培养曲艺人才，促进群众曲艺活动普及，推动广东曲艺艺术进一步繁荣发展。为了在赛场上有超常的发挥，深圳市曲协为赛事做了充分准备，举办了两次创作和表演培训班，并邀请国内曲艺专家对选手们进行培训和指导，组织大家到省内进行交流学习，提升创作水平和表演水平。在比赛中，深圳选手表演的节目十分精彩，得到评委和观众的赞赏，被视为“北方曲种在广东的新生代”。

此外，由市曲协选送的相声《狂人外传》在3月份参加了中央三套“笑星大联盟”的录制。群口快板《男人女人》成功入围第七届中国牡丹奖大赛，并进入复赛。中国“牡丹奖”是曲艺最高奖项，《男人女人》的成功入选是深圳曲艺界“零的突破”。

市曲艺大赛力推新人新作

由深圳市宣传文化专项基金资助、市文联主办、市曲协承办的品牌项目“新人新作曲艺大赛”每年一届，通过评奖、比赛、展演等系列活动，为广大曲艺工作者提供了展示艺术成就和进行艺术交流的舞台，致力于培养曲艺表演人才，推出优秀的曲艺作品，提高深圳曲艺

第四届新人新作曲艺大赛颁奖现场 ∧

曲艺艺术在深圳生根、开花、结果 ∧

市曲协送艺术进社区、进校园 ∧

培训讲座培养新人 ∧

演员的创作水平和表演水平，对促进深圳曲艺活动的蓬勃发展起到了重大的推动作用。深圳市第四届新人新作曲艺大赛于12月16日落下帷幕，并在深圳大剧院音乐厅举行颁奖晚会。广东省文联党组成员、专职副主席曹利祥，中国曲协副主席李时成、广东省曲协专职副主席兼秘书长梁少锋，深圳市文联副主席冷炳冰，广东省曲协副主席、深圳市曲协主席吴金富参加晚会并为获奖选手颁奖。

本届大赛评选工作，除了深圳的曲艺家之外，还聘请了国家一级编剧、曲艺作家崔立君，湖南喜剧团编剧、相声作家史东方，辽宁省曲艺名家王济忱，天津相声表演艺术家李文山等。为使本次大赛公正公平，所有参赛作品不署名，每位评委各自审稿，最后召开碰头会，统一标准，达成共识。经过认真评审，15个作品荣获本届大赛一、二、三等奖。其中，荆林野的相声《风雨情》、天乐曲艺团的对口快板《车站奇遇》、史东方的相声《春天里》荣获一等奖；牛纪远的音舞快板《鱼灯情》、王立海的四人快板书《好人的故事》、郭献悦、王超的对口快板《PK说变化》、史东方的相声《看病》、刘迪的相声《团结就是力量》荣获二等奖；荆林野、刘昭的相声《雕塑家》、天乐曲艺团的数来宝《撞车》、天乐曲艺团的深派新说《男人女人》、王立海的相声

《不和谐的音符》、肖咸忠的群口数来宝《春天的故事唱不完》、肖咸忠的少儿相声《数字争功》、荆林野的群口数来宝《长大要做好公民》荣获三等奖。这次大赛无论在作品的数量和质量上，都高于往届。作品内容涵盖面大，涉及的题材广泛，表现形式多样。

颁奖晚会由著名表演艺术家侯耀华主持。著名相声艺术家李金斗、付强、高玉庆、牛成志作为表演嘉宾，为晚会带来精湛的表演。当晚登场的深圳原创节目有刘国平、刘迪表演的相声《狂人外传》；荆林野、刘昭表演的相声《我爱深圳》、王超、郭献悦表演的《今非昔比》，张娟娟、刘延璐、惠晓月、魏鹏表演的四人快板《好人的故事》。这些作品都曾在广东省曲艺大赛中分别获得表演、作品一等奖。它们涵盖时事新闻、网络趣事、生活琐事，内容丰富，形式多样，符合当代观众的欣赏口味，更好地展现了相声这门传统幽默艺术在现代社会中散发的无穷艺术魅力。

围绕中心工作进行主题性创演

围绕中心工作，市曲协积极采取一系列有效举措，组织曲艺家们创作、编排、演出具有“移民”特色的深圳曲艺作品，认真组织大、中、小型专题文艺创作、辅导、编排、演出活动。1月17至18日，参加澳亚卫视春节联合晚会。5月，成功承办“聚力南山牵手行动，百万职工迎大运”主题活动。6月，积极参与第六届“七彩年华·深圳市未成年道德教育活动季”，举办《心存感恩·快乐成长》校园曲艺专场晚会，展现中国是一个礼仪之邦。6月25日，在宝安中心区碧海城广场举行“建党90周年”曲艺专场演出。7月15至20日，“唱响大运盛会·笑颂魅力深圳”为大运喝彩曲艺专场晚会分别在西丽同富裕工业园、南山青少年活动中心、武警深圳市支队反恐训练基地、宝安区塘尾社区、南山区科技园北区朗山社区精彩上演，激发市民参与大运会的激情。在第二十六届世界大学生运动会期间，市曲艺家协会特别创作了一台以大运会为主题的曲艺晚会，有群口快板《我是大运志愿者》、相声《大运梦》、川剧《梦幻》、山东快书《讲文明》、小品《我是冠军》、群口相声《我是大运礼仪之星》等精彩节目，宣传深圳成就，展示深圳新韵。

市曲协还积极组织曲艺家深入开展面向基层、服务群众的“送欢乐、下基层”活动。弘扬法治精神，构建和谐社会。6月上旬，南山区公益文化系列活动之“普法廉政宣传”专题曲艺文艺演出，先后在西丽麻磡社区、桃园龙光社区、南头大新社区、南山南园社区等巡演，以“弘扬法制精神构建和谐南山”为主线，以相声、小品、快板等曲艺节目为表演主要形式，生动活泼地凸显了普法廉政的主题，让社区居民在欢快的笑声中得到精神的享受。

组织建设夯实发展基础

处于起步和发展阶段的深圳曲艺，在人才、创作和生存基本条件等多个方面都存在着不少困难和问题，针对现实状况，市曲协作为曲艺事业的“领头羊”，在2011年制定了5年工作目标：一项工程：培养人才、吸引人才工程；两个提高：提高演员自身素质和文化修养，提高演员的表演技能和创作水平；三个促进：促进曲艺活动的开展、促进创作水平的提高、促进演员深入生活的体验；四个加强：加强曲协的核心力量、加强曲协会员的凝聚力、加强曲艺工作的竞争力、加强深圳曲艺人的责任感。以“打基础、求创新、谋发展”的长远思路，固本强基，形成发展合力。

建立健全基层协会组织 4月25日，“盐田区曲艺家协会成立暨第一次会员代表大会”在盐田区工青妇大楼6楼多功能厅召开，选举产生区曲协第一届理事会，牛纪远当选为主席，郭亮、赵婷婷、刘国平、赵小山为副主席，赵小山兼任秘书长。基层协会的成立与建设，有利于壮大曲艺人才队伍，健全协会组织网络，是增强协会的凝聚力和向心力，提高协会工作水平的重要保证。

“曲艺从娃娃抓起” 本年度，中央教育科学研究所南山附属学校（简称深圳央校）、卓雅小学、学府中学3个少儿曲艺建设基地相继挂牌成立，旨在建设少儿曲艺阵地，搭建有特色的“育人基地”，对于推动深圳曲艺艺术氛围的营造，传统文化的传承和发展，以及孩子们的健康成长具有积极意义，也为曲艺人才的早期发现和培养搭建平台，是普及和推进曲艺艺术的一种新的尝试和探索。

5月29日，深圳央校少儿说唱艺术团在市少年宫水晶石大厅举办了深圳市30年来的首场少儿曲艺专场。群口数来宝《喜迎大运到深圳》、《长大要做好公民》，相声《智力测验》、《算账》、《比爸爸》、《多亲家庭》，双簧《快乐的早晨》，群口相声《瞧不起谁呀》，快板书《说大话》等以社会现象为素材，以孩子们日常的生活学习为切入点，寓教育于艺术。小演员王佳琳、石宜静、林宇航、王炅、刘什、罗亦鸣、胡之瑾、丁悦心、张馨月等的表演，体现了扎实的说、学、逗、唱等曲艺基本功。

著名评书表演艺术家单田芳在9月来到深圳央校，观看了该校少儿说唱艺术团的表演，他认为评书艺术因受语言的影响，可能在南方的发展受到限制，但是能够让孩子们从小接受曲艺的训练，这对于孩子们学习普通话，掌握北方曲艺知识，大有益处。该校校长李庆明表示，之所以引进曲艺指导老师，是为了使孩子们的综合素质得到提高，让他们了解曲艺和说唱艺术，在祖国文化宝库中撷取曲艺这支小花，充实知识，开阔视野，让孩子们在笑声中快乐成长，健全丰满公民素质。

开班培训吸聚人才 曲艺人才的开发和培养是深圳曲艺事业发展的关键，市曲协定期开设曲艺创作及曲艺大赛培训班，请来名师授课，以提高创作能力。7月24日，在深圳市法院法官培训中心举办了为期两天的曲艺创作及曲艺大赛培训班，来自全市的曲艺演员26人参加了培训。市曲协主席吴金富主持培训班开学仪式，并对深圳曲艺现状和发展前景做了介绍，引导学员们把握时代脉搏，抓住深圳移民特点，关注百姓生活，发挥曲艺艺术特点，创作更新、更好、更美，深受广大群众喜闻乐见的作品。培训课上，学员各自拿出新创作的作品进行讨论交流，相互提出修改建议，共同促进提高。

采风交流增添文化底蕴 应广东省开平市文化局的邀请，市曲协组织曲艺家于11月赴开平，参加该市举办的艺术节交流演出活动。这是首次以整台北方艺术为主的晚会到开平演出，演员们担心怕当地观众听不懂、难接受，提前做了充分的准备，在节目上、节奏上进行了认真排练调整。晚会在深派快板《男人女人》热烈的气氛中拉开帷幕，为加强两地的交流和现场互动效果，晚会穿插了两个粤曲节目，现场的上千名观众（大多数为老年人）被第一次到来的北方曲艺艺术所吸引，掌声和笑声不断，演员们深受感染和鼓励，表演十分成功。活动期间，深圳曲艺家参观了世界文化遗产——开平碉楼，领略开平的悠久历史和古老文明。

2011深圳杂技魔术·创新发展

深圳杂技魔术界从诞生之日起就在市场中获取发展的动力，并积极创造艺术精品，从单纯表演的传统形态中脱胎出来，注重对自身品牌进行创造性的使用和延伸，坚持“以实力求生存，以创新求发展”的文艺发展理念，坚持艺术创新与传统相结合、传统艺术与西方高科技手段相结合、精品制作与时代命题相结合、阳春白雪与下里巴人相结合，务求节目艺术性、观赏性和时代性的统一，务求重量级与多样性的协调，将丰富的现代艺术元素注入古老的传统杂技，以突破性的艺术创造实现了传统杂技的蜕变，成为深圳文化建设队伍中重要的一分子。2011年，深圳杂技、魔术继续征战国际、国内多项大赛，获得优异成绩，在商演市场的道路上，也越走越宽广。

杂技、魔术获国际性大赛多项大奖

福永杂技艺术团获第十届“CIRCUBA”国际夏季杂技节两项大奖 CIRCUBA国际杂技节比赛是一项权威性国际专业赛事，也是世界杂技界八大赛事之一，享有很高的知名度和权威性。第十届CIRCUBA国际夏季杂技比赛于8月8日起在古巴哈维那举行。大赛高手云集，竞争激烈，共有14个国家参赛，36个节目参与角逐。深圳福永杂技艺术团经中国驻古巴大使馆文化处推荐，由文化部选派参加此次大赛。经过激烈的角逐，福永杂技艺术团技压群芳，以《窗花——柔术造型》荣获大赛金奖，《高空椅技》女演员姜雪燕荣获最佳女演员奖，再度展现深圳杂技表演艺术的实力。

《窗花——柔术造型》集艺术性、观赏性和原创性于一体，采用科技创新的手法，创编出呈现超越极限的人体艺术和美轮美奂的造型，展现杂技的艺术魅力。节目融合高难的杂技技艺，辅以优美、利落的造型和高难度的动作，同时具有中国文化特色。它以春节作为背景，一群天真可爱的孩子在表演柔术的同时表演剪纸艺术，充满热情洋溢的韵味，既展示了中国杂技的柔与美，又将中国民间的剪纸技艺表现得淋漓尽致。《高空椅技》的表演则扣人心弦，惊险万分。12岁的女演员姜雪燕在由七八张椅子叠成的十几米高空做出空翻、蹬腿、侧空翻等各种高难度的杂技动作，刚柔一体，每一个接触点紧密而细致地相扣，汇集成一幅柔美而富含力量的绚丽画面，引起观众的阵阵惊呼声和掌声，表现出扎实的基本功和良好的表现力。

这两个节目的成功，来自多方合力。市、区、街道各级领导高度重视、大力支持杂技精品的打造，拨出专项经费支持节目的创编和深加工。福永杂技艺术团在参

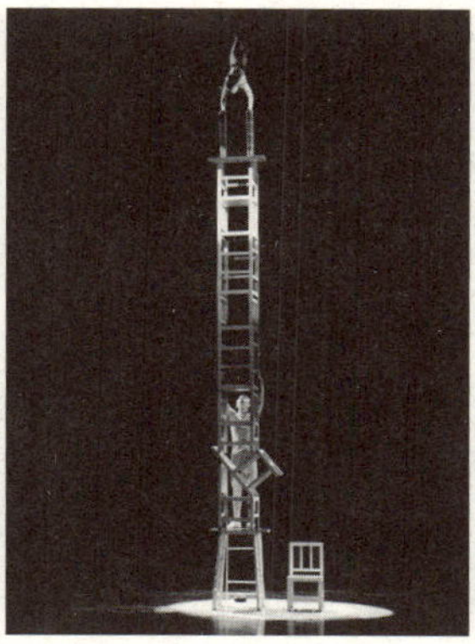

《窗花——柔术造型》剧照 / 《高空椅技》剧照 / 福永杂技艺术团团长王敬宇（右）在领奖台上 ^

《扇韵》剧照 ^

辛亚飞（左）获得冠军 ^

亚洲冠军魔术大奖赛现场 ^

左福龙（中）获全国金菊魔术比赛优秀剧目奖和道具创新奖 / 左福龙在表演中 ^

赛节目上投入了大量的人力、物力，聘请了国内著名导演、教练、作曲，在传统杂技节目的基础上精心编排、新颖构思，大胆采用创新手法，经过全方位包装和演员的刻苦训练，突出展现“高、难、精、奇、新、美”的造型技巧，使节目水平趋于完美和成熟，更具感染力和观赏性。

魔术节目《扇韵》获亚洲魔术冠军大赛国际冠军 12月1日至4日，国际魔术联盟FISM亚洲冠军魔术大赛在香港荃湾大会堂举行，从亚洲10个国家和地区的数百个节目中精选出来的55个节目参加了比赛。其中中国队入围 8 个节目。经过激烈角逐，辛亚飞魔术师参赛的《扇韵》获得一般舞台组冠军，这是中国唯一的冠军奖牌。此外，刘蓓获一般舞台组季军，张国洲获近景组季军。三人同时取得2012年英国举行的世界魔术交流大会的参赛资格。

辛宽魔幻艺术团是成立于2004年的民间艺

术团体，它的出现填补了深圳魔术艺术的空白。近年来一直活跃在国内外的魔术演出市场。此次获奖的《扇韵》，曾获得2010年文化部主办的全国杂技魔术最高奖项“文华奖”金奖和最佳道具奖。之后经过改进，又获得美国国际魔术大赛“最佳杰出金牌奖”。该节目以中国古代各式各样的扇子为道具，50多把大小不一的扇子将中国古典韵味展现得淋漓尽致，这些道具都是辛之宽亲手制作的，加上辛亚飞大学主修化学，以独特的创意创造了完美的舞台效果，带给观众视觉的冲击和震撼。辛亚飞创作的《奥运情》、《高空飞遁》等节目也被中外魔术师们采用。现在，辛之宽和辛亚飞是国际魔术师协会终身会员、美国IBM国际魔术师协会会员、中国杂技家协会会员。

魔术节目《刀锋箭雨》获“金菊奖”双奖 第八届中国杂技金菊奖第五次全国魔术比赛暨中国·宝丰第五届魔术文化节于12月21日落幕，大赛共决出两个金奖、两个银奖、5个铜奖、4个单项奖和部分入围奖。中国杂技艺术家协会会员、深圳市杂技家协会副主席、魔术师左福龙表演的大型魔术《刀锋箭雨》荣获优秀剧目奖和道具创新奖。左福龙6岁开始登台演出，先后出访全球30多个国家，曾在伊拉克举办的国际巴比伦艺术节上夺得大奖。他的表演形式幽默、惊险、耐人寻味，结合与观众互动，令现场气氛和谐热烈。

为文博会艺术节添彩

在第七届文博会期间，5月15日、16日，由深圳本土魔术团体——深圳辛宽魔幻艺术团原创的大型视听魔术《魔界》专场演出在深圳大剧院连演两场，这是文博会艺术节首次举办魔术专场演出。

领衔《魔界》专场演出的魔术师是艺术团创办人、《魔界》编导辛之宽的儿子辛亚飞。《魔界》创作完成于2010年，创作时间历时5年。本场表演80%的魔术及道具为艺术团原创。在近两个小时的表演中，随着视觉炫目、搞笑、互动、恐怖等不同风格的转换，魔术师利用当代高科技元素，独家研制出的神奇奥秘，配合精密机械和激光效果，呈现出深邃莫测的空中飞遁、瞬间消失、神奇再现等不可思议的精妙互动。整台演出由台前幕后40多人的团队共同完成，使用大到4米多高，小到10厘米的道具400多件。金奖作品《扇韵》也作为重头戏精彩上演。在演出现场，辛亚飞还教授观众两套魔术。每位观众在演出前获赠一套魔术道具，以激发观众对魔术的兴趣，传播魔术艺术。

此外，福永杂技艺术团于5月12日至17日，在福永艺术中心参与文博会精品杂技节目展演共8场，数万名国内外观众和业内专家一睹了深圳杂技艺术的特色和风采。

文博会《魔界》专场演出 ∧

文博会杂技专场演出 ∧

深圳杂技魔术在国内外商演市场上有一席之位 ^

开拓商演市场

11月5日，《杂技人生——福永杂技艺术团精品杂技专场晚会》在广州文化周末剧场上演，票价为50元、80元、100元、120元。整场表演扣人心弦，惊险万分，全新的编排构思新颖，手法创新，刚柔巧妙融为一体，接触点紧密细致，环环相扣，囊括国内外十几个高端杂技类奖项，包括融合多元杂技技艺，以华丽的服饰，大气恢宏的音乐，精彩的演绎交织而成的《盛世欢歌》，获古巴国际杂技比赛金奖的柔术《窗花》，惊险与幽默相结合，取材于生活中日常琐事，经过艺术加工与渲染的滑稽《晃管》，融合力量、技能展示，辅以优美、利落动作的精彩杂技《高空椅技》，获全国第八届“文华奖”杂技比赛银奖与创新奖的杂技《火之灵——技巧造型》，获得全国杂技比赛金奖的《科技灵光——晃圈》等。从地面到高空，近景到远景。高、难、精、奇、新、美，带领观众进入一幅柔美而富含力量的绚丽画面。

创建于2000年的福永杂技艺术团，至2011年共有演职人员180多人，各种杂技、综艺节目100多个，演出足迹遍布韩、俄、德、法、美、日、意、澳、南非、巴基斯坦等20多个国家和地区，以灵活的体制、敏锐的市场洞察力、精湛的节目技巧、灵活的合作方式、多元化一站式演出服务的市场能力，成为中国杂技团体的翘楚。多年来，秉承“杂技市场化、市场产业化”的经营理念，突破传统杂技的运作模式，充分与各类演出推广机构合作，细分演出市场，逐步把福永杂技做成经得起市场摔打的杂技品牌。

此外，辛宽魔幻艺术团的魔术剧《梦成父子》完成全国巡回演出60场，《魔界》赴法国、英国商演。雅特杂技魔术团赴美国纽约商业演出，在实现文化“走出去”方面取得良好效果和积极作用。

拍摄深圳首部杂技艺术题材电影

为进一步拓展文化发展渠道，创新文化产业发展模式，福永杂技艺术团大胆设想将中华民族传统的杂技与起源于西方的街舞熔为一炉，并将之搬上银幕。这一构思得到了深圳市委宣传部、宝安区委宣传部的认同与支持。11月，由深圳市委宣传部、宝安区委宣传部、福永杂技艺术团出品的电影《热血街头》在深圳开机。该片以深圳为背景，以福永杂技艺术团和福永街舞团为原型，艺术地反映了来深建设者苦辣酸甜的打工生活和对杂技街舞艺术的热烈追求。影片对街舞文化及其精神进行了全面呈现，无论从人物性格、穿着打扮、街头斗舞场面来看，都体现出十足的动

《热血街头》拍摄现场与海报 ∧

感和活力。作为影片中最重要的表情达意工具，贯穿始终的街舞提升了影片的节奏和画面感。导演蒋丛阐释，该片主要是关注当下“80后”、“90后”年轻一代的生存状态，探讨梦想与现实之间的抉择，透过人物与故事，向观众传递着乐观积极、阳光向上的生活态度。成为新一代打工者“以阳光心态面对人生，以辛勤劳动创造生活，以感恩情怀融入社会”的精神缩影，是以电影艺术弘扬中华传统文化和深圳改革开放风貌的又一力作。

东部华侨城举办首届国际杂技节

由深圳东部华侨城、深圳卫视联合主办的“东部华侨城首届国际杂技节”于7月9日拉开帷幕，持续至8月27日，包括广州军区政治部战士杂技团在内的多个国际级杂技表演团体，齐聚深圳东部华侨城，为游客献上曾获得摩纳哥蒙地卡罗“金小丑”奖、法国明日“法兰西共和国总统奖”、全国杂技“金狮”奖等国际顶尖杂技大奖的杂技表演项目，演绎了一场国际级的杂技盛宴。

作为中国知名的旅游景区，深圳东部华侨城一直受到游客的欢迎。来自广之旅的统计数据显示，2009年8月至2011年8月，两年时间，参加广之旅组团前往东部华侨城游览的游客人数超过4万人次；游客通过广之旅预订东部华侨城景区门票超过6万张；游客通过广之旅预订东部华侨城度假区内酒店超过2万房晚。

首届国际杂技节包括柔术、花样蹦床等19个杂技表演节目，分别于景区内海菲德天街舞台、童趣乐园舞台、咕咕钟舞台、茶翁古镇轮番上演。游客只需在指定的时间内前往，即可观赏，无需增加其他费用。国际杂技节的举办，将游览东部华侨城的“含金量”大幅提升，在暑期旅游旺季，对吸引游客有较大的拉动作用。杂技节在欢歌、热舞、杂技表演中拉开帷幕，200名“快闪演员”为广场游客送上5分钟精彩的“杂技快闪秀”，以别具一格的方式，挑战最多参与人数的杂技快闪秀，计划申报世界吉尼斯纪录。在东部华侨城大剧院，广州军区政治部战士杂技团表演了大型情境杂技《生命·阳光》，该剧目运用现代手法包装，在杂技技巧方面加入了大胆的创新，让杂技艺术传统意义上的“惊、险、奇、美、难”焕发新光彩。演出中每个节目都紧扣“关爱生命、珍惜阳光”这一主线，以一位追风少年和舞蹈、音乐、灯光等元素将各个部分巧妙串联起来。在各个散点表演场，柔术、晃板、手技、蹬人、跑酷、抖空竹、转碟、特技滑轮、爬杆、花样蹦床等多种杂技让游客领略到杂技艺术的力量与美。

首届国际杂技节贴近民众 ∧

国际魔术节已成世界盛会 ∧

深圳欢乐谷第十二届国际魔术节

茹仙古丽在表演魔术 ∧

深圳欢乐谷第十二届国际魔术节在国庆黄金周期间登场，众多国际顶级魔术大师斗法献艺。来自荷兰的世界上最年轻的创意魔术组合“汉森三人组”，携手特别嘉宾“东方魔术皇后”茹仙古丽、亚洲著名魔术大师“博神”罗宾，在10月1日至10月7日期间，每天在欢乐剧场献上一场精彩绝伦的大型魔术晚会“至尊魔术SHOW”，这是国际魔术节的压轴大戏。在各个街头舞台，美国“魔幻王子”尼克、英国“喜剧天神”基诺、乌克兰“魔力达人”维塔利等数十名来自世界各地的魔术大师，为观众带来零距离互动的神奇魔术。此外，还有大型原创魔术晚会《魔踪幻影》、全景式魔幻剧《幻城》、炫彩魔幻大巡游、街头魔术秀、餐厅魔术秀等数十场魔术节目轮番上演，演绎非凡的魔法魅力。

作为中国主题公园领军企业，深圳欢乐谷开业13年来，响应深圳“文化立市”、“文化强市”的号召，积极实践华侨城的“文化＋旅游”模式，致力于为游客带来最时尚潮流的文化娱乐体验。国际魔术节是深圳欢乐谷年度六大节庆品牌之一，已成功打造成为仅次于蒙特卡洛国际魔术大赛的国际第二大魔术盛会。从第一届至第十二届的深圳欢乐谷国际魔术节，共邀请了70多个国家和地区的400多位魔术师前来献艺，近300万游客见证了欢乐谷国际魔术节的盛况，以大众的高参与度将魔术艺术弘扬普及，推动了魔术在中国的发展，促进了中西方文化交流。本届魔术节期间，深圳欢乐谷共迎客近18万人次，与2010年基本持平。调研显示，魔术节期间游客满意度93.9%，重游率36.6%。

在文化交流和惠民活动中发挥作用

随着深圳对外文化交流活动的增多，杂技以高难的技巧、精湛的技艺、富于创新的编排和强烈的艺术气息频频出现在对外文化交往的舞台上，在促进深圳文化“走出去”中扮演了一个重要的角色。

为进一步加强中国与太平洋地区的文化交流，中国文化部于今年8月选派深圳歌舞团一行30名演职人员赴南太平洋岛国斐济和汤加进行访问演出。福永杂技艺术团的杂技节目《窗花》、《手技》、《晃管》和辛宽魔幻艺术团的魔术节目《扇韵》出色地展现了深圳艺术水准，用优秀的艺术质量和饱满的精神风貌为斐济和汤加观众表演，为国家文化外交做出了贡献。

在深圳，民间文艺社团创演的一批杂技优秀节目和培养的人才已成为深圳对外文化交流、各种国际比赛、商业演出的主要力量。2011年，雅特杂技艺术团参加香港“中西区各界庆祝中华人民共和国成立62周年”国庆嘉年华文艺汇演和香港北区回归纪念文艺晚会；受邀参加2011年庆祝泰王国国王殿下84岁生日暨中泰友好慈善文艺演出活动;6月,经深圳市侨办牵线搭桥,在赴加拿大演出期间,专程拜访加拿大多伦多中加文化协会、加拿大惠东安会馆、加拿大安省台山同乡会等当地侨界社团,并在加拿大多伦多中华文化中心为当地华侨华人献上精彩的演出,受到热烈欢迎;7月,参加深圳市政府代表国家出访南非三国文艺交流演出活动;8月,应邀在加拿大多伦多国家展览馆表演两场。本年度,雅特杂技团再入宝岛台湾,送戏下乡,通过走村进社区,把深圳杂技带给千家万户,让台湾同胞更深入地了解和品味到大陆民间文化艺术。台湾媒体钻石夜总会栏目做了两期专访,充分肯定活动所做的贡献。

此外,深圳福永杂技艺术团应邀参加了深圳"2011港澳学子青春飞扬大运夏令营"、第八届世界东安恳亲大会演出、梅州市"金柚飘香"雁鸣湖第二届金柚节演出活动、香港海洋公园"鼓韵迎春"演出、2011年台湾艺术交流演出活动等。10月14日,致力于设计、研发、制造充满想象力的魔术道具的深圳竭力世界魔术用品有限公司参加了中国第二届西湖国际魔术交流大会。会上,该公司的魔术道具受到了世界各国魔术师的关注与好评;随后陆续参加了上海魔术交流大会、香港亚洲魔术联盟交流大会等活动。

深圳杂技、魔术界不断提升社会责任感,以实际行动深入群众、深入生活、深入基层,在市文联、市文体旅游局的组织下,全年积极参与进社区、进学校、进广场、进企业文艺惠民活动,使杂技艺术产生更广泛的影响,也获得更大的发展空间。年初,福永杂技团选送节目音乐快板《快乐在兔年》参加央视"正月正"文艺晚会,为全国的观众朋友送上深圳文艺界的新春祝福。随后,又派团参加香港置富产业举办的"置富新春迎福兔"主题精品杂技文艺演出活动,为香港同胞带去深圳杂技界的新春问候。大运会期间,福永杂技在深圳大剧院举行了专场演出,并在大运村为来自世界各地的大运健儿演出,为运动员鼓劲加油。魔术师左福龙亲手创作魔术道具并派学生参加宝安区举办的"草根之声"文艺晚会,为在深打工者送上精彩魔术表演。12月,左福龙率队参加"宝岛海南"专场魔术表演,收到良好演出和慰问效果。

雅特杂技艺术团参加中泰友好慈善文艺演出 ∧

2011深圳民间文艺·本土根基

深圳拥有丰富的非物质文化遗产资源和深厚的民俗文化根基：客家山歌、鱼灯舞、龙岗舞龙、疍家人婚俗、大鹏清醮、水上迎亲舞、锯琴、民间故事……当连续六届的客家文化节在“创意12月”的大舞台上再次亮相，表明全市非物质文化遗产保护工作获得有效进展和深入人心。近年来深圳许多民俗文化遗产优秀项目纷纷被挖掘和抢救出来，成为国家、省、市认定的珍贵遗产，深圳独特的新兴都市文化或特区文化便与历史接上“地气”，有了本土的根基。

第六届客家文化节融合“岭南三韵”

岭南三大民系民间歌舞共冶一炉 由深圳市委宣传部、市文联等单位联合主办，市民间文艺家协会、“杨宏海客家文化与艺术工作室”等单位承办的第六届深圳客家文化节于12月17日在深圳市保利剧院开幕。“客家文化节”伴随着“创意12月”应运而生。该节始创于2006年，每年一届，每一届都致力通过创意激活传统文化，实现传承与发展。本届客家文化节提出“抢救原生态、精品留后代；创新原生态、吸引下一代”的理念，与深圳大学、嘉应学院等大专院校合作，将创新与发展的目光投向青少年，既注重传统的挖掘保护，又注重创新艺术形式，着重探索“文化+创意”的模式，通过创意驱动传统文化的创新与发展。开幕式晚会命名为《岭南三韵》，首度将广府、客家、潮汕优秀民间歌舞融于一体，表现深圳文化海纳百川的胸怀和创新岭南文艺的丰富想象力，体现“各美其美、美美与共”的文化自觉。

《岭南三韵》晚会由莫梓材担任总导演，分为三个篇章：上篇《南粤新曲》，以一曲《雨打芭蕉》拉开序幕。雨打芭蕉的淅沥之声，流畅明快的旋律表现出人们的欣喜之情，乐曲节奏顿挫，犹闻雨打芭蕉，淅沥作响；由广东歌舞剧院专业舞者演出的群舞，婀娜娉婷，摇曳生姿，极富岭南情趣。由著名粤剧编剧家、作曲家陈冠卿创作的《荔枝颂》是知名的红腔粤曲之一，由红线女传人苏春梅演唱，“卖荔枝，身外是张花红被，轻纱薄锦玉团儿，入口甘美，齿颊留香世上稀……”韵味流长，荡气回肠。由吕文成作曲的高胡独奏《步步高》为许多观众所熟悉，曲如其名，旋律轻快激昂，层层递增，节奏明快，音浪叠起叠落，一张一弛，富有动力，给人以奋发上进的积极意义；陈其的演奏尽显身手，欢畅淋漓，振奋人心。由宝安区群众文化艺术馆、福永万福民工街舞团、桥头醒狮队、深圳概念芭蕾舞团合力演出的群舞《传人》，飒爽英姿地展现，情节扣人心弦。

中篇《客乡风情》让观众在秀美的客家山乡和悠扬的客家歌舞中领略到客家青

年如树藤般缠绵悱恻、青翠欲滴的爱意，领略客家民系的淳良坚毅、朴实勤劳。由张红英演唱、广东嘉应学院音乐学院伴舞的《送情郎》，歌声凄迷哀婉，一送一别展现了依依不舍却又忍痛别离的景象，令人感动。由张梅珍、黄伟表演的男女二重唱《有缘千里来相会》抒情而充满热忱。最富有戏剧色彩的是由梅州70多岁的非物质文化遗产代表传承人汤明哲与被誉为“南方郭兰英”的何穗生合演的山歌对唱《客家妹子very good》，生动有趣地描绘出客家女人的“真面目”。广东嘉应学院年轻学子跳起的风情舞蹈《春糍粑》，展现了客家舞蹈文化继承与发展的优秀成果。

潮州音乐主要以潮剧、民间俚歌（童谣）、民乐管弦三个重点组成，是广东三大民乐之一，也是潮汕传统文化的代表性品种之一。它保留了很多南音古韵，堪称中华文明音乐文化元素的活化石。下篇《滨海潮声》让观众真切地感受这种古音古韵的特殊魅力。由郭亨基指挥、汕头市爱乐合唱团演唱的无伴奏合唱《彩云飞》和《今夜伴月回》，细腻委婉，动人心弦，乡情纯净浓郁，艺术优雅美好。由余琼莹演唱的潮剧《张春郎削发》片段《瑞蔼迎香界》，以优美动听的唱腔音乐及独特的表演形式，带来富于地方特色的戏曲。压轴的是由普宁富美青年英歌队表演的非物质文化遗产《英歌》，刚毅、矫健的英武男儿在飞来横去的“中国功夫”中各显身手，沙场中一片棍声、鼓声、呐喊声，响亮悦耳、场面壮观、气势磅礴又极富潮风、潮韵、潮情的韵律。

来自梅州、潮汕、广州、赣州、深圳的200多位艺术家的同台演出，呈现岭南文化艺术的多元性、传统性、创新性和观赏性。最后，一曲由杨宏海作词、陈的明作曲的《祝福岭南》唱出了“千里不同风，百里不同俗”的多样化文化生态。“岭南三韵”各有各韵味，各有各精彩，既互相区别，又互相容纳，共同缔造了广东的丰富文化，传承了岭南丰厚的传统文脉，百花争艳，万紫千红。

艺术创新研讨会 12月18日，由杨宏海主持，《岭南三韵》主创团队与多位民间文艺界、艺术界的专家和学者一道举行“《岭南三韵》与艺术创新”研讨会，共同探讨这台晚会对创新岭南文化的实践历程和意义，认为在深圳“客家文化节”上，将客家、广府、潮汕三个民系的艺术精华融会呈现，具有突破性的创新，代表广东文化在“全球化”语境下的自觉思考，也体现了客家文化的巨大包容性。北京大学社会学院教授于长江评论道，客家文化具有开拓性、广府文化具有包容性、潮汕文化具有海洋性，三种文化内在不一样，呈现方式也不同，《岭南三韵》发掘了三大民系的某些文化底蕴。深圳保利剧院总经理曾若明认为，客家文化如同纽带，将各地客家人以及非客家人联结在一起。发挥民间的力量推动传统文化的传承和发展，也就有了更加扎实的基础。嘉应学院艺术团团长王晓峰认为，创新与发展的最终目的还是在于传承。《岭南三韵》中的节目《传人》，讲的就是传统在现代如何传承、谁去传承的命题。深圳大学音乐专业教授王昌逵认为，深圳文艺界与高校合作，有利于民族文化的传承与发展，从《月照围楼》到《岭南三韵》，都很有创意。要在青少年中加强客家音乐的传播，在传播中以大众传播为基础，并实现客家文化的产业化。有专家强调，在当下全球经济一体化的文化语境下，实现民族文化多样性的共生共荣，是全世界面临的共同挑战。因此，在通过政府倡导和扶持的基础上，通过产业化开发、市场化推广，同样是推进传统民族文化保护和传承的重要方面。在新的历史条件下，如何通过“文化+科技”的模式，创新客家文化的传播手段，也成为本届客家文化节的一个命题。

此外，由在深客家青年创办的“全球客家人第一移动资讯平台”——客家精英手机报承办的“新媒体与客家文化传承研讨会”在深圳“山水田园”举行，邀请来自广州、梅州、赣州、深圳等地的专家学者与媒体人，交流经验、沟通信息，共同探讨“如何利用新媒体传承客家文化”、“文化+科技与创新传媒形式”、“新媒体·新途径·新发展”、“社团如何发挥传承文化的功能”等课题。

将优秀民间文化纳入教育 第六届客家文化节之“客家山歌面对面”现场会于12月21日在坪山新区坑梓光祖中学举行，坪山新区党工委书记杨绪松、市民协主席杨宏海、山歌演唱家何穗生及张美红、曾宪元、邓云嵩等青年歌手与光祖中学1200多名师生一起，进行了互动活动。该活动以创意山歌面对面、现场讲解、演唱表演、互动交流等形式展开。艺术家现场讲解了客家山歌的发展历程，以生动的事例介绍客家山歌作为国家级非物质文化遗产的保护现状，并边唱歌边示范，用简单明了的语言把客家山歌的特点及演唱方法传授给师生；歌手们演唱了《买梨莫买蜂咬梨》、《新买凉帽洞心穿》、《月光光》、《客家山歌特出名》等传统客家山歌；在互动环节，何穗生现场教师生演唱了一首名为《水深自有造桥人》的客家山歌。最后，众艺术家一起演唱了东江纵队战士的《庆祝东江纵队成立》山歌，带领大家领略60多年前东纵战士用客家山歌鼓舞斗志的励志山歌。

专家们对客家文化和客家山歌的精彩演绎，受到了师生们的热烈欢迎和赞赏。光祖中学校长罗晓更说：“光祖中学地处深圳传统的客家人聚集地，学校60%的学生是客家子弟。希望通过这些活动，将客家文化扎根在光祖中学，并成为学校特色。”参与活动的学生刘诗敏说：“虽然自己从小生长在坑梓片区，但对客家文化认识并不深，希望通过这些活动能够更多地认识客家文化，丰富自己的知识。”

《岭南三韵》剧照 ^

艺术家研讨与传播客家文化 ^

《客家流行风》在龙岗区举行 ^

"老客家"与"新移民"大融合 由深圳市委宣传部、龙岗区委区政府主办，龙岗区委宣传部、龙岗区文联、坂田街道办等单位承办的第六届深圳客家文化节闭幕式专场晚会《客家流行风》于12月23日在龙岗区坂田街道万科城文化广场举行。龙岗区一直以来高度重视、保护和开发客家文化，充实和丰富客家民俗风情和文化内涵，形成了舞龙、舞狮、舞麒麟、客家山歌等特色文化品牌。同时，龙岗区还不断扩大对外文化交流，支持"文化+旅游"的模式，使客家文化迸发更大的活力。本次活动是龙岗区进一步弘扬龙岗客家文化、深入贯彻落实十七届六中全会精神、加快文化强区建设的有力举措，通过举办这些丰富多彩的活动，不仅能有效地丰富群众业余文化生活，满足他们的精神需求，更能激发基层文艺创作潜力，带动基层创作出更多更好反映客家文化的精品力作，促进龙岗区文化繁荣和发展。

2000多名观众观看了演出。来自台湾、江西、广州、梅州、惠州等地的客家歌手轮番登台，争相献艺。晚会在舞蹈《客家风华》的铿锵旋律中开始，分为"自豪客家"、"风情客家"和"动感客家"三个部分。客家意象艺术团以及来自深圳、广州、梅州、惠州等地的歌手亦歌亦舞，将客家文化的风情与美丽展示得淋漓尽致。来自台湾的歌手栾克勇自弹自唱《音乐把戏仙》，充满时尚元素；近年来活跃在海内外的深圳新派客语流行歌手华D携带"客家功夫三胞胎"陈英华兄弟三人，以高亢豪迈的《客家人系有料》歌舞闪亮登场；来自广州的"新客家山歌代言人"菊子，献上优美深情的《阿婆留下一首歌》；台湾"客家小天后"徐千舜，以青春动感的歌舞《扬尾仔》与观众互动交流；来自世界客都梅州的"山歌王子"曾辉彬，献上将传统山歌与时尚元素融为一体的《摇滚吧山歌》；台湾客家山歌演唱家陈美琦即兴与何穗生同台演唱传统客家山歌，表达出老艺术家的一片热情。

深圳"非遗"大放异彩

香云纱亮相文博会 5月14日，中共中央政治局常委李长春在中共中央政治局委员、广东省委书记汪洋，省长黄华华和深圳市领导的陪同下，视察第七届文博会展馆。在首次亮相的非物质遗产文化馆的香云纱展厅，李长春听取深圳市非物质文化遗产香云纱染整技艺的第三代传承人、市民协会员欧阳小战讲述香云纱发展的历史和现状。李长春称赞香云纱是"软黄金"，鼓励非物质文化遗产要更好地传承和发展。

香云纱是一种染整工艺奇特的丝绸产品，它以岭南特有的薯莨汁完成第一道植物染，珠三角的河泥完成第二道矿物染，酵化贮藏后的每一匹香云纱都有着自己独一无二的纹路。据记载，明朝永乐年间，广东就开始批量生产香云纱并出口。600年来，香云纱一直由民间手工生产。20世纪前期，香云纱曾经是风靡一时的高档衣料。因为种种原因，这种工艺前些年濒临失传的边缘。1999年，深圳市香云莎服饰有限公司开始对香云纱进行发掘和研究，复出江湖的香云纱在深圳找到了市场化生存之路。"香云纱染整技艺"被列入了深圳市非物质文化遗产保护名录，出身于染织世家的欧阳小战被确认为非遗传承人。在文博会非物质文化遗产馆中，香云纱作为一项古老又新奇的艺术，吸引大批参观者驻足。

6月11日，由罗湖区文化局主办的"深圳市首届香云纱文化节"在罗湖区文化馆启动，为期一周。这是市非物质文化遗产保护中心与区级非物质文化遗产保护中心首次联合举办的活动。首届香云纱文化节包括《太平盛世香云纱》独幕话剧专场演出、"'云纱魅影'孙成毅摄影艺术展"、香云纱服饰展和香云纱染整技艺以及深圳市非物质文化遗产保护文化沙龙论坛等。《太平盛世香云纱》由罗湖区文化馆编剧、导演邸叙然等人创作，该剧以辛亥革命后中国的局势为大背景，重点突出香云纱传人舍小家、成大家的爱国主义思想，从一个侧面揭示出非物质文化遗产与国脉兴衰存亡息息相关。情节起伏跌宕，人物轮廓清晰，性格特点鲜明，是国内首部以非物质文化遗产为题材的独幕话剧，吸引了许多非遗爱好者观赏。在罗湖区文化馆摄影展厅，“云纱魅影”摄影艺术展展出40幅以香云纱为主题的艺术作品。这是深圳本土摄影家孙成毅的佳作，他认为香云纱不但是一种非常环保的服装材料，也是值得观赏的艺术品。这些作品全部是利用自然光线拍摄而成，没有任何剪裁，也没有任何调色，可以把人们带入如梦幻般的时光隧道，让更多观众感受香云纱的艺术魅力。

4项非物质文化遗产新晋国家级 6月9日，国务院发布《关于公布第三批国家级非物质文化遗产名录的通知》，深圳的下沙祭祖习俗、松岗七星醒狮舞、坂田永胜堂舞麒麟、大浪大船坑舞麒麟4个项目位列其中。加上前两批入选的两项国家级“非遗”沙头角鱼灯舞、平乐郭氏正骨法，深圳拥有的国家级“非遗”项目升至6个。深圳历来对“非遗”项目“重申报”和“重保护”。4个项目成功入选第三批国家级“非遗”名录，标志着深圳“非遗”保护工作迈上一个新台阶，深圳丰富多彩的非物质文化遗产正逐渐为世人所认知。下沙祭祖习俗始于南宋时期，传承了800年，仪式规范，保存完好，具有爱国爱乡、敬老爱老和多种民族民间文化活动相结合的特征，保存了一些濒临失传的传统礼仪，具有重要的历史价值和学术价值。松岗七星狮舞自清末民初起流传，至少已有百余年历史，它与其他狮舞表演的主要区别在于伴奏的锣鼓乐节奏为“七拍半”，有“骝马步”、“彪步”等多种舞蹈步法，富有岭南地域特色。坂田永胜堂舞麒麟由坂田永胜堂麒麟队创始人熬头四（外号）于1840年创编，主要分布在深圳龙岗区坂田街道、宝安区西乡街道等地，沿袭至今已有169年的历史，传承了12代。大船坑舞麒麟始于明朝嘉靖年间，比较全面、完整地继承了“舞麒麟”的套路和表演技法，具有浓郁鲜明的岭南地方特色，承载了客家文化的重要组成部分，有鲜明的民俗文化特征。这些项目都是扎根于深圳本乡本土，经过千百年的广泛传播和世代传承，已经发展成为波及世界各地华侨社区、城乡聚落的共享文化圈，意义深远。

第六个“文化遗产日”系列活动 6月11日，是中国第六个“文化遗产日”，也是《非物质文化遗产法》出台后的首个“非遗节日”。由市文体旅游局主办，市文物管理办公室、深圳博物馆、市非物质文化遗产保护中心、市文物考古鉴定所承办的第六届“文化遗产日”系列活动以“文化遗产与美好生活”为主题，在深圳博物馆老馆和罗湖区文化馆举行了系列活动。一是举办系列文物展览，策划组织了《法相庄严——山西博物馆藏佛教造像珍品展》、《丝路遗韵——新疆出土文物展》等多个文物精品展；二是举办非遗项目展演展示活动，刚刚入选第三批国家级非物质文化遗产名录的深圳四个项目首次亮相。此外，包括万丰粤剧、沙头角鱼灯舞、上川黄连胜醒狮舞、松岗七星狮、咏春拳及古琴表演在内的11个展演项目轮番登场，草编、扇画、内画、糖画、鱼皮画 5 个项目现场展示传统技艺。三是举办免费文物鉴定活动，邀请多名专家在深圳博物馆老馆现场为市民免费鉴定文物。市文物考古鉴定所共举办了5场免费文物鉴定活动，1场知识讲座及2场收藏沙龙，累计接待市民1000余人次，鉴定物品近万件。

首届深圳市沙头角鱼灯节 9月8日，由深圳市非物质文化遗产保护中心和盐田区委宣传部（区文体局）共同创办的“首届沙头角鱼灯节”在中英街举行。这是首次把广东省内“非遗”保护项目中的“鱼家族”汇聚到深圳，广州番禺的

文博会香云纱展厅 / 首届香云纱文化节现场 / 《太平盛世香云纱》剧照 ∧

下沙祭祖习俗、松岗七星醒狮舞、坂田永胜堂舞麒麟、大浪大船坑舞麒麟（从左到右） ∧

首届沙头角鱼灯节活动现场 ∧

首届疍家文化节活动现场 ∧

“2011年乡土曲艺进深圳”活动采集原生态素材 ∧

鳌鱼舞，潮州的鲤鱼舞，河源连平高莞的鲤鱼舞，与国家级“非遗”项目深圳沙头角鱼灯舞同台献艺，再现南粤民俗风，向世人展现中华传统文化多姿多彩的鱼灯文化。在为期两天的“鱼灯节”中，举行了“开幕式暨巡游展演活动”和省市非物质文化遗产保护专家、“非遗”传承人参加的“鱼灯舞传承与保护论坛”等，为鱼灯舞的交流和传播搭建了一个平台。

11月，在2011-2013年度“中国民间文化艺术之乡”申报中，盐田区沙头角街道沙头角鱼灯舞脱颖而出，三度荣获“中国民间文化艺术之乡”称号，是深圳市唯一获此殊荣的参评单位。长期以来，沙头角片区民间艺术非常活跃，除了一些有形的历史文化遗存外，还有一批非物质文化遗产，如民俗民风、节庆仪式、宗教礼仪、民间文学等等，比较有影响的有沙头角鱼灯舞、客家山歌、盐田渔歌、水上迎亲、哭嫁歌、麒麟舞等。近年来，盐田区文化艺术界在加快盐田区的历史文化建设，"冲刺"深圳"文化高地"的进程中，充分挖掘本地历史文化资源，在此基础上求新求变，创作出更多具有时代特征的文艺作品，土生土长的民间民俗文艺在文化春风中盛开了鲜艳的花朵。

首届疍家文化节呈现海洋人文风情 11月25日，以传承疍家文化，共建和谐社区为主题的"首届疍家文化节"在盐田社区广场隆重举行，一曲曲独具海洋风情的节目在舞台上演，吸引了众多居民观赏。疍家人是"海上的游牧族"，又有"海上的吉普赛人"之称，他们以捕鱼为生，没有固定的陆地居住点。而随着经济发展，很多"疍家人"上岸转业，有了固定住所。2007年，疍家婚俗被列入第二批广东省非物质文化遗产名录。活动现场，生动地呈现了一幕幕疍家人的传统生活。老人们煮着迎亲汤圆恭迎远道而来的客人，身穿传统民族服饰的疍家礼仪队整齐划一，"疍家婚俗"传承人苏玉莲独唱山歌、社区居民渔歌对唱……具有浓浓的海洋人文风情。

"乡土曲艺进深圳"增添文化底蕴

"2011年乡土曲艺进深圳"活动是获深圳市宣传文化事业发展专项基金支持的一项公益项目活动，由深圳市紫苑文化发展有限公司主办和策划。活动把深圳市民推荐的乡土曲艺作为考察对象，组织专家、艺术家、媒体深入曲艺来源地采集原生态的素材，挖掘当地民俗文化、戏曲艺术、风土人情，把这些原生态曲艺带回深圳演出的同时，将艺术家在田野调查过程中进行的艺术创作作品以及包括项目进展情况、市民反馈情况等成果进行全方位的展示。

该项目自8月中旬起，发动市民推荐，有数十种曲艺在网络内外得到深圳市民的热情推荐。经专家讨论，深受深圳市民喜爱的惠东渔歌和福建南音成为2011年度乡土曲艺进深圳活动的考察对象，其发源地广东省惠东县和福建省泉州市也成为2011年乡土曲艺进深圳项目的田野调查目的地。

9月中旬，由曲艺专家、艺术家、摄影家、媒体记者、戏曲推荐人等组成的"乡土曲艺进深圳"考察队伍到达惠东县港口镇新村进行了深入的田野调查。他们在海上聆听最原生态的渔歌表演，了解渔歌创作的背景和渔民生长的环境，采集原生态的惠东渔歌，在对当地民俗风情进行全面了解的同时，进行了一系列艺术创作。项目成果于12月上旬在中心书城进行了集中展示，通过周晚峰书画作品展、李玉祥摄影作品展、项目资料图片展全面展示惠东的民俗文化、戏曲艺术、风土人情，并邀请惠东县的曲艺家来深进行了精彩的渔歌演出。

12月，考察团进入福建泉州市开始田野调查。福建南音历史久远，流播深广，派别极多，体现了中国传统音乐文化多元性、开放性的特征，是南国家喻户晓、妇孺皆爱的音乐品种。源远流长的南音已经穿越了1000多年的时光，被誉为"东方古典艺术的珍品"、"中国音乐史上的活化石"、"中国民族音乐的根"。它保存着极为丰富和完整的古代音乐文化遗产，被列入第一批国家非物质文化遗产名录，成为极为珍贵的民间瑰宝。乡土曲艺进深圳项目将通过田野调查更加深入了解福建南音的文化背景，并通过摄制、摄影、绘画和文字等方式采集原生态的曲艺形式。随后进行的成果展把南音这颗中华民族音乐的明珠带到深圳进行展演，让原生态的福建南音在深圳闪耀出更加绚丽璀璨的光彩。此项活动为深圳这座移民城市增添了地方文化气息，对中国本土文化的发扬和继承起到了积极作用。

2011深圳文艺评论·开创新风

2011年的深圳评论在加强和改进文艺评论工作方面做出了积极探索，努力构建“深圳学派”，开创文艺评论新风，发挥文艺评论在宣传评介优秀作品、引导文艺创作等方面的积极作用。文艺评论开始突破单一的宣传推介形态，文艺批评生态趋向多元化，一些评论文章在全国产生影响。

宣传推介本土优秀文艺作品

启动深圳优秀文艺作品宣传推广工程 在深圳市宣传文化专项基金的扶持下，市文联启动深圳优秀文艺作品宣传推广工程，举办了电视连续剧《说好不分手》研讨会、纪录片《风雪可可西里》和动画片《藏羚王》研讨会、“飞天奖”电视剧获奖作品研讨会、深圳音协合唱团在第八届中国音乐金钟奖合唱比赛夺冠座谈会暨汇报演出等。文艺评论家、专家仲呈祥、董丹弟等出席了研讨会或提交了研究论文，对优秀文艺作品的创作特色、思想内涵、艺术风格、表现手法以及深圳在打造艺术精品、创造优秀文化品牌、发掘地域特色文化资源等方面进行了研讨，均给予了高度评价，认为深圳的文艺创作把握住时代前进的脉搏，引发深圳文化现象，值得深入探讨和借鉴。

王京生撰文评论歌曲《走向复兴》 深圳原创歌曲《走向复兴》被盛赞为“新时代的义勇军进行曲”。深圳市委常委、宣传部长王京生在《时代主人》杂志2011年第7期和《瞭望新闻周刊》2011年5月30日分别发表文章《复兴路上的强音》和《<走向复兴>的文化之脉》，探讨深圳原创歌曲《走向复兴》和《义勇军进行曲》的相异与相似，解读《走向复兴》的精神力量，梳理《走向复兴》“岁月之痕”、“创作之源”、“文化之脉”。认为该歌曲深刻地反映了今天中国崛起过程中的时代精神，响亮地传递着民族开拓进取、激情豪迈的自信。

深圳文学受国内评论研究关注 《文艺争鸣》杂志发表杨争光长篇小说《少年张冲六章》研讨会专家发言辑录，收入评论家多篇评论文章，包括李震的《关于杨争光及其小说写作》，王一川《以“反英雄”姿态向国民成才原型宣战——读杨争光<少年张冲六章>》（2011年第2期）。另有罗维的《论杨争光匪类小说的多重文化意蕴》在《武陵学刊》、张贝思的《“问题少年”与“反向成长”杨争光长篇小说<少年张冲六章>的文明视界》在《南方文坛》、张慧的《论杨争光小说的人性主题》在《北方文学》发表。此外，有研究生以“丁力‘深圳情感小说’中的婚姻书写”和以“书写‘读书人’——杨争光作品中的知识分子形象研究”为题撰写硕士论文。

参与策划文艺作品的前期创作 大型儒家文化交响乐《人文颂》是市委宣传部主抓的重点文艺项目，策划筹备历时4年。由王京生创意并担任总策划，韩望喜执笔文学本。2011年，由音乐家王宁进行同名大型交响乐作曲。为了让交响乐作品更臻完美，由市委宣传部主办，于10月举行了大型儒家文化交响乐《人文颂》专家座谈会，王京生、刘璋飙、胡谋、王宁、陈寅、尹昌龙等市委宣传部、市文体旅游局、市文联、深圳交响乐团的领导和作曲家、专家学者出席了座谈会，共同为《人文颂》的创作出谋划策。深圳市作协与《十月》杂志关注本土作家的创作，联合举办了孙向学、付关军、唐成茂作品审读、研讨会，对其尚未发表的作品提出审读意见，促进作品的修改与完善。

文艺理论新成果

《深圳十大观念》推出 源自“深圳最有影响力十大观念”评选活动结集而成的《深圳十大观念》于第七届文博会开幕当天与读者见面。该书对深圳人文精神进行了高度总结，是深圳学术理论的一个重大成果。广东省委常委、深圳市委书记王荣为本书作序《值得铭记和传承的深圳观念》，市委常委、宣传部长王京生撰写引论《观念的力量》。全书25万字，首印10000册。王荣在序中写道：“这些观念与深圳30年发展所创造的物质财富一起，成为深圳对全国改革开放和现代化建设做出的重要贡献，值得我们永远铭记和传承。”

《深圳十大观念》汇聚了深圳改革开放30年观念创新的成果，全书对“时间就是金钱，效率就是生命”、“空谈误国，实干兴邦”、“让城市因热爱读书而受人尊重”等“深圳最有影响力十大观念”进行深入而生动的解读。每条观念分为故事与对话两部分，故事部分对观念产生的背景、经过、影响进行了深入系统的挖掘整理；对话部分邀请了丁学良、强世功、袁伟时等10位国内经济、历史、文化、社会学界的著名学者，就每一条观念进行深入解读与阐述。5月20日，市委宣传部、市社科联和深

传承的乏力与断裂的狂欢

《深圳十大观念》与《我与深圳文化》书影 / 《文学报》发表周思明长篇评论 ^

圳报业集团联合举办了《深圳十大观念》出版座谈会。与会专家学者从学术意义、文化意义等不同角度，阐述了对该书的看法以及对十大观念的理解，认为这是深圳文化史和出版史上的一件大事，向世人展示了深圳发展的精神脉络和精神坐标，昭示了深圳对中国改革开放的贡献不仅是物质、经济方面的，更重要的是精神和价值层面的。该书具有历史纵深感，可读性强，又具有较高的研究价值和较强的现实引领作用，无论从思想内容上看，还是从版式、装帧上看都是一部上乘之作。

在2011年深圳读书月“年度十大好书”评选中，《深圳十大观念》高票当选“年度十大好书”和“年度特别推荐”好书。在北京、香港、天津及本市各区组织召开的“深圳十大观念”巡回座谈会引起强烈反响。

学术专著《我与深圳文化》出版 由杨宏海编著的《我与深圳文化——一个人与一座城市的文化史》于5月由花城出版社出版发行。全书约130万字，分上、下两册，共分九章，依次为《文化深圳——“特区文化”的前世今生》、《都市百态——移民城市的文学景观》、《打工文学——草根阶层的心灵呐喊》、《阳光写作——青春文学的横空出世》、《创意无限——文化产业的跨越式发展》、《客邑人文——追寻客家文化的历史意蕴》、《月照围楼——文化学者的诗意情怀》、《编外钩沉——意犹未尽的吉光片羽》、《纪事珠链——我与深圳文化的备忘录》。书中运用“自叙”、“补注”、“链接”、“大事记”、图片与说明、附录CD光盘视频等形式，进行多角度、全方位的历史叙事。当中包括对“打工文学”、“阳光写作”等深圳文学品牌的培育发展历程的回顾与分析，对传统文化特别是对客家文化的一系列创新实绩，还有在文化战略与策划、文化产业成功个案上的实战经验，以及参与艺术创作的文本等等，勾勒出深圳文化从“拓荒”到“建构”，“从曙光初露到朝阳出海”的过程以及蔚为壮观的景象，涵盖了杨宏海在深圳文化领域的探索思考与研究成果，评论家黄树森评价该书是“深圳文化的‘活字典’和‘百科全书’”。

文艺评论界“深圳声音”渐响 杨华论文《深圳制造，别样的都市命运与情怀——兼评电视剧<命运>》获第二届飞天电视剧论文评选评论类二等奖；张又丹论文《现代教育技术在普通大学音乐欣赏教学中运用研究》获“广东省第三届高校艺术教育科研论文”音乐类一等奖；刘倩等论文《行走的耳朵——探索“世界音乐”》获中国广播电视协会“十年足音”三等奖。文艺评论家周思明文艺批评文章《乏力的传承与断裂的狂欢》在《文学报》12月15日以整版篇幅刊发，文章以近年来大量的影视翻拍复制现象作为批评对象，采用历史的美学的文化学的批评方法，有理、有据、有节地分析批判了当前存在于我国影视界的不正之风。评论家孙振华活跃于国内雕塑界，发表了数10篇探讨当代雕塑问题，关注公共艺术发展动向的论文；美术评论家鲁虹继续关注当代艺术与传统对接问题，发表多篇相关论文。评论家李凤亮在中国现代文学研究领域发表多篇采访海外学者论文；汤奇云、王素霞、赵改燕、陈劲松等青年评论家也发表了多篇评论深圳作家的论文。

学术研讨活动

“文艺转型与文论创新”学术研讨会 由中国文艺理论学会、广东省文艺批评家协会及深圳市社会科学界联合会主办，深圳大学文学院和深圳大学文化产业研究院承办的中国文艺理论学会常务理事会暨“文艺转型与文论创新”学术研讨会于12月24日至25日在深圳青青世界召开。会议期间，来自北京大学、中国社会科学院等国内著名高校和科研机构的50多位专家学者，就当代社会与文学责任、文化转型与文学新样态、文化创意与跨界写作、传媒批评与文学消费、网络文学与跨境写作等相关议题展开了热烈研讨。会议认为，当代社会已经进入了一个以数码传媒引领文化消费的新时代，文学的存在也日益弥散在一个由数码网络与数字传媒所营构的超文本结构中，文学与图像的艺术贯通已成为当代文艺发展的内在需要。与此相应，文艺学在现时阶段应当突破原有的边界，文艺批评家也应该适时调整自己的话语立场，积极介入现实，在多媒共生的文艺生态架构中凸显批评的政治品格与务实精神。尽管与会学者对于会议主题的介入渠道与视点各不相同，但他们在深层的精神诉求上却不约而同地对传统的文学、美学研究进行了深入反思，并力求彰显多元对话的价值伦理。会议还对当下文艺生活中的功利化、娱乐化和低俗化倾向进行了批判，呼吁守护精神家园，重构价值谱系，以真、善、美最高标准引领当代文艺的发展。会议指出，文论的创新与发展离不开对于自身文化传统的继承和发掘，也离不开不同文化体系间的相互融合与贯通，必须打通科学与人文之间的结构性壁垒，在多学科多时空的交会中、在中西文化相互吸纳与借鉴的基础上不断探寻拓展文艺学发展的新领域。论坛推出了同名论文集，为中国当代艺术批评界留下具有一定学术价值的理论资料。

文艺主题活动的组成部分 在本年度的各类艺术展览、诗文活动中，论坛与研讨会成为当中一个不可或缺的组成部分。一方面，有助于提升艺术活动的学术水平；另一方面，有助于加深市民和观众对艺术的理解。其中，文学方面，在“2011中国年度诗会（首届）暨大望诗歌节”对“年度诗人”及作品进行分析，与会专家谢冕、孙绍振、徐敬亚对诗会、诗人、作品以及出版《2011诗探索中国年度诗人》一书进行了点评；在读书月期间，举行了“在诗歌的天空下——洛夫与谢冕关于诗歌的对话”和第五届“诗歌人间”主题学术研讨会，洛夫与谢冕就当下诗歌边缘化、诗人写作自我化以及诗歌被恶炒、庸俗化等问题展开了深入探讨，于坚、韩东、何小竹等20多位诗人、诗评家探讨在国际化背景下中国诗歌“走向世界”的途径。美术方面，在文博会期间，观澜版画原创基地举办了“当代版画的语境与转换——中国当代版画发展论坛”，30余位著名专家学者围绕“版画的历史、功能与创作转变”、“学院版画教学体制与工作室建制”、“版画产业与版画工坊”三个议题，对当代版画创作、教育

· 多个研讨会与论坛现场 ∧

及产业发展的一些核心问题进行了深入探讨；在第二届中国（深圳）大芬国际油画博览交易会暨2011大芬国际油画节期间，举办了多项美术研讨与推介活动，包括2011中国美术产业峰会、中国文化创意产业高峰论坛、艺术与收藏讲座等，对“中国文化产业大发展的路径和发展思考”及“深圳文化产业超前引领中国文化产业发展带来的启示”两大主题进行深入探讨。书法方面，对深圳书法30年发展、创意书法、方斌佛教题材书法等进行了研讨。摄影方面，第六届“吾城吾乡”摄影年展研讨会对该展秉持的人文性和纪实性的原则和年度影像记录作用给予了高度评价。

多个研讨会现场 ^

普及性艺术讲座

公益性艺术普及教育大课堂 2011年度，深圳文艺界以艺术普及为媒介，致力艺术传播与普及服务，运用各种平台，举办文学、戏剧、音乐、舞蹈、美术、书法等各种艺术讲座活动。2011年度市民文化大讲堂的文学艺术讲座有邓启耀的《衣装上的密语——服饰民俗解读》、陈小奇的《中国流行音乐与广东》、南帆的《文学的还原与建筑》、曹文轩的《阅读是一种信仰》、雷恪生的《我的艺术人生》；薛原的《网络时代的书生活》；刘临的《当代工笔画鉴赏》、李唐的《潮音花雨——谈佛教艺术》等。关山月美术馆的“四方沙龙”系列学术讲座，何香凝美术馆系列学术讲座涵盖多个艺术门类，有姚峰的《百年歌曲漫谈》、张新民的《百年摄影之中国社会转型时期的摄影观察》、陆小雅的《世纪风云中的表演艺术》、齐凤阁的《版画年反观中国百年版画》、高小龙、南兆旭的《百年书籍之美——细说民国最美的图书》、张大春的《百年华人文学变迁》、孙振华的《百年雕塑》、汪建伟的《正常的括弧》、张志扬的《西方神对人的诅咒》、潘力的《日本的浮世绘》、王瑞芸的《杜尚与当代艺术》、胡永芬的《台湾当代艺术发展脉络》、颜峻的《用来聆听的音乐专题》、顾彬的《什么是好的中国文学》、吴君亮的《抽象艺术的绽放时代》、李媚的《多重视线——当代摄影现状的几条线索》、郭岱君的《宋子文与近代中国》、沈语冰的《视觉艺术中的现代主义：理论与实践的重新认识》等。保利艺术讲堂、戏聚星期六、剧汇星期天等公益文化品牌活动也将舞台与讲台相结合。这些艺术普及教育活动演讲结合、赏析并重，注重观赏性、互动性，对艺术进行开放性、多元化的阐述，充分发挥艺术教育在提升人的综合素质及城市文化生活品质中所起到的潜移默化、不可替代的作用。

普及性艺术讲座进校园进社区 ^

文学艺术家进校园进社区 6月17日，市文联党组书记罗烈杰应邀为深圳大学文学院研究生讲课，以“我心中的作家”讲述对优秀作家的敬重与深圳作家的期待。9月29日，作为广东省作协“著名作家进校园”活动之一，市文联创作室作家邓一光在深圳大学作了题为《小说中的深圳》的讲座。10月29日，由广东省作协和南方报业传媒集团主办的“诗歌进校园”活动的首场活动宝安区华一实验学校举行，著名诗人、作家王小妮以“每个人都可以有诗意”为题，用图片、故事以及讲解的形式，传播诗歌理念。10月23日、30日，市剧协在市少儿图书馆主办《京剧讲座》、《京剧艺术的表演特色》和《京剧的行当及脸谱艺术》系列活动，邀请市剧协理事、国家一级演员何青贤为主讲嘉宾，并请专业老生演员、优秀青年演员为大家示范演出《拾玉镯》、《霸王别姬》和《空城计》等折子戏。10月28日，书法家周嘉鸿到宝安区翻身实验学校作书法讲座。11月8日，作家曾培新到红岭中学以“从《摆渡家风》——谈艺术散文创作”为主题，进行文学创作讲座。

问题与对策

一、民间文艺评论家力量需凝聚。2011年，随着深圳优秀作品宣传推广工作的拓展，呈现了以大学为主体的学院派文学评论家和以媒体为主体的娱评派文艺评论家，如何凝聚深圳民间文艺评论家的力量，引导他们共同关注深圳文艺作品和文艺现象，加强深圳文艺评论队伍建设，是深圳文艺评论今后应正视和加强的工作。建议发挥深圳文艺评论家协会的作用，通过培训、采风、研讨交流等方式凝聚民间文艺评论家力量。

二、各艺术门类评论应均衡发展。从近年的文艺评论活动看，文学、美术、音乐、影视等方面文艺评论人才队伍相对充实，其他艺术门类相对较弱。建议提高培育各艺术门类评论人才均衡发展意识，为人才提供相应平台和锻炼机会。

三、30多年深圳文艺史的研究缺失。深圳文艺经过30年的发展积累，各艺术门类文艺创作、组织活动、人才队伍建设等都积累了相当丰富的资源，建议加强深圳文艺研究的史观意识，加大深圳文艺史研究的扶持力度。

文艺品牌

综合性品牌活动

在全国率先确立“文化强市”战略的深圳,努力创新、大胆突破、坚持不懈，充分发挥宣传文化事业发展专项基金的作用，不断激发文化创作生产活力，突出特区优势和特色。多层次的立体活动打造，令市民可以迅速找到适合自己的文化活动。对于爱好知识和阅读的人群，有“市民文化大讲堂”、“读书月”；对于大量的来深建设者，“外来青工文体节”是个多彩的节日；对于爱好高雅艺术的人们，“深圳大剧院艺术节”、“中外艺术精品演出季”、“文博会艺术节”和“交响音乐季”为他们提供了多样化的选择；对于社区广大居民，“鹏城金秋社区文化艺术节”是一个狂欢的舞台；对于爱好创意的时尚人群，“创意12月”是个充满惊喜的时节。

深圳市民文化大讲堂

“深圳市民文化大讲堂”是由市委宣传部、市社科联、市文联、市文体旅游局、深圳广电集团、深圳报业集团、深圳出版发行集团联合主办的大型公益性文化活动。2005年6月推出，以“鉴赏·品位”为主题，以“弘扬人文精神，发展公共文化，丰富市民生活，提升城市品位”为宗旨，至2011年底，先后邀请众多名家学者举办了584场讲座，成为社会科学、文学艺术普及的重要阵地和市民业余学习、汲取知识的社会课堂，是深圳一道亮丽的文化风景线，先后被市民推选为最喜爱的“深圳市2006年十大文化事项”和“深圳市十大文化品牌”。2009年文化部授予“深圳市民文化大讲堂”、“文化创新奖”，2010年被列入文化部“中国十大文化创新工程”。

2011年市民文化大讲堂继续以“鉴赏·品位”为主题，沿用主题系列化的方式，每月设定一个主题。分纪念建党90周年系列、民俗文化系列、迎大运讲礼仪文化系列、流行文化鉴赏系列、大运精神励志系列、文学艺术系列及民生系列等七大系列，于4月1日启动，至11月19日结束。本年度，深圳市民文化大讲堂具有如下几大特点：

一、主分会场优势互补，文化之花开遍全市。截至年底，大讲堂除了深圳图书馆主会场之外，在全市设立了24个分会场。无论是在市中心区、街道社区、政府机关、大中院校，还是驻深部队营地，市民都能便捷走进大讲堂。

二、讲座内容丰富、形式多样，讲座安排有张有弛、节奏合理。本年度，大讲堂共邀请了陈可石、雷恪生、张国勇、王立民、丁学良、陈禹山等近百位主讲嘉宾，推出了74场精彩讲座。

三、整合新旧媒体，立体多元传播网日益成熟。大讲堂充分利用新媒体，打造报纸、电视、网络、移动电视、手机短信、户外广告、衍生产品、会员组织等多位一体的立体多元传播网。新媒体的应用，速度快、覆盖广，成为一种极具效率的宣传手段。

11月3日，文化部十大文化创新工程验收工作会议在深圳社科院召开，由文化科技司副司长王丰带队的项目专家组对深圳“市民文化大讲堂”、“新兴城市文化建设中的科技自觉”两个项目给予了高度评价。文化部文化科技司专家组认为，深圳市民文化大讲堂是一种创新型、智慧型、力量型的系列讲座，具有组织承办社会化、服务对象市民化、讲座嘉宾高端化、信息传播多元化等几大特点，是政府搭建的公共文化服务的新形式，是传播先进文化的新平台。专家组表示，深圳市民大讲堂以提高市民综合素质为着眼点，探索出一种政府为市民提供公共文化服务的新形式，搭建起一个满足市民日益增长的精神文化需求的新载体，开拓出一条专家学者走向社会、走进市民生活的新途径，构建了一个先进文化全民共享的新模式，这一文化模式应该尽可能地向中西部地区传播。

第十二届深圳读书月

2011年，《深圳读书月发展规划(2011-2020年)》和《关于深入开展全民阅读活动加快推进学习型城市建设的若干意见》两个文件相继发布，读书月活动上升为整个城市的战略，并对未来有了中长期的考虑，有利于促进深圳读书月的长足发展。

11月2日，第十二届深圳读书月盛大开幕。满城翰墨书香，洋溢着读书的氛围。本届读书月以党的十七届六中全会精神为指导思想，紧紧围绕市委市政府建设深圳“文化强市”的总体工作部署，以“阅读·进步·和谐”为总主题，以“文化深圳从阅读开始”为年度主题，举办重点主题活动42项，一般主题活动488项，共计530项。据统计，直接、间接参与的市民近1000万人次，媒体报道近5000多次。本届读书月活动，规模更大，气势更盛，追求更实，特别注重构建积极价值理念，特别注重创新和铸造精品，特别注重市民的参与互动，特别关注民间基层的阅读需求。活动分“书香深圳”、“知识关爱”、“阅读成长”、“民间阅读”、“分享交流”等5大板块，分别在全市各区机关、企业、街道、社区、家庭、学校等单位和组织举行，充分体现了读书月群众性、专业性的特点。

本届读书月具有新的特色：

一、主题鲜明，立意高远，富有时代性。本届读书月结合深圳文化发展的目标定位，确定了“文化深圳从阅读开始”的年度主题，立意高远，指向明确，突出了阅读在深圳文化改革发展中的独特地位和重要使命，既反映了时代要求，又体现出深圳特色，表达了政府的倡导和社会的诉求。

二、政府引导，专业指导，富有规范性。根据政府牵头、规范程序、面向社会、树立典型、提升品质的原则，读书月组委会、深圳市精神文明建设委员会办公室、市文体旅游局联合开展了首批深圳市全民阅读示范单位、示范项目、优秀推广人评选工作，为全国首创，得到了中宣部、国家新闻出版总署的高度肯定和大力支持，并拟在全国推广。经过组织评选，共有30个单位、项目、个人入选，这些单位、项目和个人，从不同的领域，以不同的方式积极参与全民阅读，覆盖面广，持续时间长，创新性强，集中体现了深圳全民阅读发展水平。本届读书月还首次推出《全民阅读推广手册》和《全民阅读参考读本》，对2007年中央九部委联合发文推动全民阅读活动以来的一系列实践与理论研究成果，做了全面展示与总结提

深圳市民文化大讲堂主会场、分会场观众满座 ∧

全民参与深圳读书月 ∧

炼，体现出读书月高度的规范性及科学性。

三、深入民间，重视基层，富有实效性。本届读书月高度关注民间阅读，首次将民间读书团体的活动作为一个独立板块纳入读书月活动，积极为其提供活动场地，对部分优秀项目进行适当资助，开展阅读推广人的培训及指导，发挥其在全民阅读中的带动提升作用。邀请7家民间阅读团体传达与分享民间读书生活、读书文化与读书精神。注重青工的文化阅读，举办首届全国青工网络写作大赛等。本届读书月在全市各区启动，深入发动8区广泛参与。市教育局举办了“中小学现场作文大赛”、“小学生经典诗文诵读大赛”等校园系列评选活动，市妇联举办了“养心书会”，团市委举办了“周末读书会”，市总工会举办了“十大书香企业、读书成才职工评选”，福田区举办了“送书进企业”活动，南山区举办了“名家名篇讲座”，罗湖区举办了“今夜我们倾听——网上诗文朗诵会”、龙岗区举办了“送书下乡、下企业”，宝安区举办了“好书新书推广”，光明新区举办了“好书进社区”、坪山新区举办了“读书之乐”，深圳少年儿童图书馆举办的名著新编短剧大赛等活动都产生了积极而广泛的影响。

四、活动丰富，精品突出，富有创意性。读书月530项活动，内容丰富，形式各异，既继承传统又大力创新，既有自下而上的演讲比赛、诗朗诵、读书论坛、绘画书法摄影展览，也有自上而下的征文比赛、读书讲座、名家讲堂、文学讲座，能满足不同层次、各个方面的读书要求。重点举办了七大论坛，邀请了国内外大量关于读书、文学、历史、文化、国防、地理、医学等方面的专家，学术含量显著提高，兼具学术性、知识性、思想性、励志性，深入浅出，符合听众趣味。新增设的“在诗歌的天空下对话”专场，洛夫、谢冕、蒋勋等名家先后登场论道。中外新阅读论坛立足国际，邀请了国内外专家探讨新旧阅读的未来趋势。

文学艺术成为“创意12月”的主力军 ∧

“鹏城金秋”孕育文化艺术精品 ∧

文体节为外来青工提供一个展示才艺的平台，中图为器乐比赛，右图为书法大赛获奖者 ∧

开展了“年度十大好书”评选等各类大型评选活动，其中，《深圳十大观念》高票当选为年度十大好书之一。海天出版社精心打造的《深圳当代短小说八大家》系列图书，挖掘本土资源，创造图书品牌，呈现了“书写深圳”和“深圳书写”的文学意图，为深圳创作界与出版界乃至全国首创，得到社会各界高度评价。此外，读书月辩论赛、名家名篇讲座、藏书与阅读推荐书目、诗歌人间、童话节等一系列传统活动日益品牌化令市民耳目一新，参与热情很高。

五、媒体重视，宣传到位，富有感染力。本届读书月继续加强宣传，注重专题制作和深度报道，广泛开展社会宣传。中央、省市各大媒体的广大新闻工作者积极践行“走基层、转作风、改文风”精神，深入现场，面向基层，关注热点，挖掘亮点，制作大量具有感染力和高质量的读书月活动专题报道，不断扩大读书月在市民中的影响力。

坚持了12年的读书月，主题从“营造书香社会”、“实现文化权利”、“提升城市品位”，到“提高市民素质”、“实实在在读一本书”，直到2011年打出“文化深圳从阅读开始”的旗帜，始终与城市文化精神一起律动。在不断创新中打造“政府倡导、专家指导、企业承办、社会支持、群众参与”的深圳读书月模式，将全民阅读的种子播撒到全国各地。从一个文化品牌、城市名片到形成“深圳模式”，读书月已成为深圳实现市民文化权利的重要载体。一座城市的自发行为成长为全民阅读的集体诉求，培育出以读书为荣的价值观和以读书为乐的生活方式。一座移民城市，在这里找到文化认同感和归属感。深圳，正在成为一个因为阅读而受人尊重的城市。

第七届“创意12月”

12月7日，深圳第七届“创意12月”在深圳报业集团会堂正式启动。市委常委、宣传部长王京生，市委副秘书长胡谋，市委宣传部副部长、市社科院院长吴忠，市委宣传部副部长刘璋飙，市文联党组书记、主席罗烈杰，深圳报业集团社长、市创意文化中心主任黄扬略，德国汉堡品牌学院首席教授米·歇尔·汉克斯，香港设计中心董事会副主席刘小康，日本著名设计师黑川雅之等海内外设计界嘉宾，深圳各区各单位、本届活动各项目负责人等出席了启动仪式。

本届活动由市委宣传部、市文体旅游局、市文联作为总主办单位，由市委宣传部总策划、总统筹，主题词为“文化深圳，以创意为代表”，沿用历届活动形象标志。活动的指导思想是深入贯彻十七届六中全会精神，推动文化强市建设，促进深圳文化大发展大繁荣，坚持原创性、专业性和群众性创意，紧紧依托深圳作为“设计之都”的国际影响，进一步提升城市品牌，在全市营造浓厚的创意氛围。活动项目共88个，其中由市总主办单位、各部委办局主办或参与主办的项目35个，各区主办或参与主办的项目43个，报业、广电、出版发行等三大文化集团主办或参与主办的项目10个，各行业协会、企事业单位主办或参与主办的项目18个，当中有交叉。

本届系列活动具有四个主要特点：

一、突出推动文化大发展大繁荣的主题。以“文化深圳，以创意为代表”的主题词为引领，以大文化的视野集萃创意文化活动，既有专业设计领域的项目作为骨干支撑，也推出一批富有创意的文化艺术项目，比如中国纪录片深圳日、钢琴之城专场演奏会、创意书法展、中外创意设计类图书巡展等，展示以创意为代表的深圳文化建设的成就。

二、各方参与热情高涨，活动辐射力影响力更大。本届活动项目的举办单位分为四个层面，即市委市政府总主办单位(包括市各部委办局)、各区委区政府(包括新区党工委、管委会)、三大文化集团、各企事业单位和行业协会。市宣传文化系统、各区及各行业协会在继续发挥主力军的作用，市贸促委、市教育局、市市场监督管理局、团市委、市侨联等各部委办局也积极筹备，参与举办了一批创意项目。中国机械工程学会工业设计分会、清华大学美术学院、中央美术学院等国内知名设计机构参与举办多个项目。

三、项目品质高形式新内容实。按照市委领导对办好本届“创意12月”系列活动提出的要求，市委宣传部牵头，以把创意活动做新、做精为目标，挑选打磨了中国(深圳)国际工业设计节、深圳香港城市／建筑双城双年展、DV大赛、设计之都(中国·深圳)公益广告大赛等在往届广受好评的项目，同时重点策划了一批创意含量、文化含量很高的新项目。近90个项目，形式包括展览、论坛、比赛，涵盖设计、文艺、雕塑、建筑等领域，项目内容丰富扎实，实现了有所扬弃、推陈出新的目标。

四、坚持专业创意和市民生活创意相结合。本届活动共有来自美、法、德、意，以及港澳台等10多个国家和地区的知名设计大师参加，既有“GDC平面设计在中国”11展、国际设计大师品牌创新之旅、国际空间设计大奖——idea-tops艾特奖颁奖盛典及设计论坛、深港设计邀请展等专业项目带来的全新体验，也推出了“塑·绿色深圳”——新资源艺术创作大赛、“寻找创意达人”时尚家居市民设计大赛、市民动漫创意大赛等市民参与的设计项目，还有提高青少年的设计理念和创新能力的“青少年创意设计大赛”。

五、体现创意活动在文化产业发展中的源头作用。“创意12月”系列活动一个重要目标就是吸引创意文化企业参与，让企业在这个平台上展示自我、提升自我，从而推动文化产业发展。设计在文化产业领域占据重要地位，中国(深圳)国际工业设计节、中国(深圳)国际创意设计品牌博览会、深圳设计论坛暨设计展、创意集市、2011中国地产创意精英会等项目显示出创意活动是促进文化产业发展的根本动力。此外，一批新锐文化产业企业在本届活动中也展示了风采，如深圳设计产业园、雁盟酒店创意文化产业园、127陈设艺术产业园等。

六、文艺创意项目成亮点。深圳文艺界一直是“创意12月”的中坚力量。在本届系列活动中，由市文联、各文艺家协会主办、承办的多项活动成为亮点，第二届中国诗剧场——《穿越百年》、第三届创意书法展、城市画廊——彩润都市深圳水彩画系列展、中国纪录片深圳日展映、第六届客家文化节、第四届新人新作曲艺创作大赛暨颁奖晚会等活动贯穿整个12月。

第十届“鹏城金秋”

“鹏城金秋”社区文化艺术节是深圳市每两年一届的常设性群众文化节庆活动，创办于1992年，是“市民喜爱的深圳十大文化品牌”活动项目。20年来，“鹏城金秋”始终坚持面向基层的艺术态度和坚持原创的艺术精神，培育、挖掘了一大批优秀的本土艺术家、优秀作品、优秀民间文艺团体，为深圳的文化事业发展发挥了重要的作用。

第十届“鹏城金秋”社区文化艺术节以“展市民风采、建和谐社区”为主题，于9月19日至10月18日举行，历时1个月。共设8个重点项目，包括开幕式暨广场健身舞大赛，音乐、舞蹈大赛，小品、曲艺大赛，国标舞、交谊舞大赛，社区文化建设经验交流会，优秀摄影、美术、书法作品联展，社团文艺汇演，闭幕式颁奖文艺晚会暨历届艺术节回顾摄影展等，各项活动和赛事共评出金奖105个、银奖133个、铜奖160个，优秀奖239个。与此同时，各区、街道也开展了丰富多彩、形式多样的文艺活动。据统计，共有12家文化事业单位、文化企业和民间文艺社团参与承办和协办本届艺术节各项活动，报名参加各项活动和赛事的市民近1万人次，征集书法、摄影等作品2360多件，直接参与活动的演职员达6000余人次，观众超过10万人次。闭幕式文艺晚会上，历届优秀节目进行了汇报演出，展现出深圳群众文化“不一样的精彩”。

本届“鹏城金秋”社区文化艺术节主要有如下特点：

一是主题突出。本届社区艺术节主题是“展市民风采、建和谐社区”。把市民和社区文化作为艺术节的主题，突出贯彻落实“文化强市”的战略部署，以不断完善的公共文化服务体系，满足广大市民日益增长的精神文化生活需求，保障基本文化权益，营造欢乐、和谐的社区文化氛围。

二是参与面广。本届艺术节由市委宣传部、市文体旅游局、市文明办、市民政局共同主办，深圳报业集团、深圳广电集团和各区委宣传部(文体)局以及光明新区、坪山新区公共事务局协办，进一步繁荣和推广文艺创作，锻炼和培育社区文化队伍，挖掘文艺人才，推出群众文艺精品，繁荣城市文化，促进社区文化建设，打造具有深圳城市特色的社区文化品牌活动。

三是内容丰富。在坚持“政府主导、社会参与、市民受益”的原则下，8个重点项目涵盖了社区文化的各个方面，体现了专业与业余结合的特点。

四是贴近生活。注重市民是艺术节的参与主体，项目设置除音乐舞蹈、小品曲艺、书法摄影等传统项目外，新设置了市民参与面广的广场健身舞项目，以此作为开幕式的启动项目。在各项目的创作上，也要求做到贴近生活、贴近群众、贴近时代。

五是鼓励精品。艺术节设置了音乐舞蹈、小品曲艺、健身舞、社区国标舞交谊舞、社团文艺汇演等五项群众文化艺术的比赛项目，在群众广泛参与中打造群文艺术精品，达到在普及中提升的目的。其中，“戏剧、曲艺大赛”共有来自深圳市各区和社会团体的43个节目亮相，形式有小品、默剧、小戏、相声、群口快板、数来宝、双簧、魔术、腹语等。这些作品内容健康，题材新颖，时代感强，反映了社区建设和百姓生活，突出了深圳特色和社区特色。艺术节音乐舞蹈比赛共有来自各区760人64个节目参与，参赛节目都是第九届“鹏城金秋”艺术节以后创作的，并未获过市级以上常设奖项的业余作者、群文干部创作辅导的作品，强调了作品的原创性。

第七届外来青工文体节

深圳市外来青工文体节的前身为“深圳市外来青工文化节”，创办于2005年5月，为满足全市外来青工的文化需求而设，每年一届，是全国唯一以劳务工为主要受众群体的文化节，深受外来青工喜爱并引起全国关注。2006年，为整合全市文艺和体育资源，实现优势互补，组委会研究决定，将原“文化节”变更为“文体节”。第七届外来青工文体节于4月28日至5月28日举行，由深圳市委宣传部、市文体旅游局、市人力资源和社会保障局、市总工会、团市委、市妇联、市文联和宝安区委区政府联合主办，以“百万青工迎大运”为主题，以“大运会”的举办为契机，围绕建党90周年等重大历史主题，以“关爱”活动为核心，以数百万外来青工为主体，以丰富文体生活、提高文化素养和增强体质为目的，通过广泛开展各类文化、体育活动，吸引广大外来青工踊跃参与，实现其享受、参与、创造文化的权利。

本届文体节共设全市性重要活动共20项，即“两项活动、两台晚会、十六项比赛”。两项活动是外来青工读书成才巡回报告会和外来青工服饰文化展演；两台晚会是第七届外来青工文体节开幕式和闭幕式暨颁奖晚会；十六项比赛是歌手大赛、风采摄影大赛(全国)、书法大赛、才艺大赛、知识竞赛、器乐比赛、街舞大赛、电子竞技比赛、健身路径大赛、乒乓球比赛、三人篮球赛、拔河比赛、棋类比赛、登山挑战赛、集体跳绳比赛和趣味体育比赛。文艺活动方面，本届文体节新设外来青工街舞大赛和电子竞技大赛，进一步丰富文体节的内容，使文体节的项目设置更加贴近外来工的生活，引导外来工参加有益身心的文体活动。在体育项目方面，组委会依托各区体育部门既有的群众基础优势和举办经验，如南山区的乒乓球、龙岗区的三人篮球等，分别承办不同门类的青工体育赛事，让外来青工就近参加各项比赛。最终，全市各项赛事共评出金奖71个、银奖105个、铜奖132个。

公共文化服务体系

经过长期的创新设计,深圳已探索出一条具有特色的保障群众基本文化权益、使群众能够共享文化发展成果的新路子,覆盖全深圳的公共文化活动载体已经形成四大系列——周末系列文化活动、流动系列文化活动、社区系列文化活动和高雅系列文化活动,初步满足了市民和外来工的文化需求,一个立体的城市文化网络已经初具规模。

第八届关爱行动

1月12日,第八届深圳关爱行动在市民中心礼堂正式启动,广东省委常委、深圳市委书记王荣,深圳市委副书记、市长许勤,深圳市政协主席白天,深圳市人大常委会常务副主任谭国箱和深圳市老领导李灏、李海东一同推动了启动杆。深圳市领导王京生、王毅、陈应春、王小毛、陈改户、袁宝成、吴以环以及1000多位市民参加了启动仪式。

关爱行动已与市民温暖同行7年。开幕式内容丰富、形式生动。最具爱心人物孙影、郑卫宁"爱的讲述"感人肺腑,3个小女孩讲述发生在自己身上的关爱与被关爱的故事,让人们看到了"关爱·感恩·回报"的精神在深圳新一代身上传承。"关爱宣言"催人向善,各界爱心代表一起发出了"风雨之中,我们会撑开一把雨伞,让潮湿的生命,感到温暖……"的倡议,在人们心中激起爱的共鸣;"关爱旗帜"在少先队员和爱心大使们手中传递,真情在现场涌动。许勤在致词中对关爱行动多年来所取得的成绩给予高度评价:"一年一度的关爱行动,已成为深圳提升城市人文精神、开展文明城市创建的一张亮丽的名片,成为深圳落实科学发展观、建设和谐社会的一个重要载体。"并对关爱行动的开展提出三点要求:一是要更加突出以人为本,体现生命的价值和尊严。二是要更加突出统一领导,各级、各部门一如既往地大力倡导和组织关爱行动。三是要更加突出共同参与,社会各界更好地履行社会责任,让爱的火种在全社会传递,让关爱之花在深圳常开常新。

由市文明委主办的关爱行动已连续举办8届。本届关爱行动为期一年,集中活动为3个月,共开展1292项活动,较上届增加18%。其中组委会重点活动共有22项,社会各界承办的重点活动277项,其他常规项目993项,关注范围涵盖物质关爱、文化关爱、灾难援助、精神关爱、能力建设、慈善教育等8个板块,各个重点项目突出示范性、导向性功能,充分发挥全市关爱行动中的风向标作用,集聚社会各界的力量共筑幸福和谐的爱心之城。4月28日晚,第八届深圳关爱行动表彰晚会在大剧院举行,对"十大最具爱心人物"、"十大最具爱心家庭"、"十大最具爱心企业"、"十大最具爱心社区"进行了颁奖。晚会上,副市长陈改户和省政协原副主席、深圳关爱行动公益基金会理事长

第八届关爱行动剪影 ∧

李统书一起为“深圳市关爱行动公益基金会”揭牌。这一公募基金会的成立，表明关爱行动步入新的历史时期。该基金会将资助关爱行动组织开展的各类项目，涵盖物质关爱、文化关爱、心理关爱、能力建设、慈善教育、理论研究、交流合作等领域的公益项目，同时组织媒体开展公益信息交流，宣传公益理念。

全覆盖普惠型公益艺术活动

春节期间全市共举办1264项公益性文化活动 2011年春节前夕至元宵佳节，全市各区、各街道、社区以及各级文化场馆面向基层，通过举办迎新春文艺晚会、写春联、公益电影、展览、演出等形式多样的文化活动，陪伴市民欢天喜地过大年。由市委宣传部和市文体旅游局共同主办的“新春艺术关爱活动”共举办了文艺演出120场、展览60个、电影近500场及春节游园、各类讲座和培训、民俗活动107个。其中有深圳市群众艺术馆组织的深圳市“流动大舞台”文艺演出等；各类公益性场馆免费对外开放，并组织各类展览、阅读、讲座、民俗活动近百个；深圳大剧院、深圳音乐厅等演出市场一片火红，为深圳市民和外来劳务工提供丰富的“文化大餐”。各区文化、体育主管部门举办了各具特色的文体、游园活动，突出传统文化特色以及趣味性和参与性。其中包括福田区品牌活动“莲花山民间歌舞大巡游”、罗湖区“大年初一金光华狮子大拜年”、南山区文艺节目送到青工身边，盐田区举办第三届“文化惠民”艺术花会、宝安区举办“新春贺岁剧场”、龙岗区的新春“舞草龙”、光明新区“醒狮巡演”、坪山新区“麒麟祈福巡游”和“真情暖坪山”大型元宵联欢晚会，3000人欢聚盆菜宴，营造了欢乐过大年的浓厚文化氛围。据统计，春节期间参与文化活动的观众人数约100万人次。

“光影星期五”与“周末艺术影院” 由市宣传文化基金大力支持的文化公益品牌“光影星期五”于9月启动，每逢周五在嘉之华中心影城定期播放两场免费文艺影片，受到众多影迷热烈追捧。该活动除了放映电影外，还穿插有不同主题的电影论坛、讲座和沙龙等，片子风格与活动形式趋向多样化，以提高深圳的影视文化氛围，也为那些受到商业院线冷落的文艺电影找到一条出路。《开往春天的地铁》、《伊莎贝拉》、《世界》、《摇啊摇，摇到外婆桥》、《小鞋子》、《岁月神偷》、《清水的故事》等中外电影先后上映。读书月期间，“光影星期五”还根据知名作家作品改编的电影，请作家与观众交流，以影像促进阅读，以阅读带动影像。此外，由市文联主办的“周末艺术影院——红色经典系列”于12月在深圳文艺会堂启动，以放映公益电影为主，穿插不同主题的电影论坛、讲座、沙龙，举办包括戏剧小品、舞蹈观摩演出，音乐合唱团排演、曲艺排演等文艺门类排演观摩的公益活动。项目题材丰富、内容独特，在全市公益类电影活动中独树一帜——所放映的影片洋溢着革命前辈坚定的革命信念的青春朝气，以扣人心弦的故事情节，让中国共产党艰苦卓绝的奋斗历程和优良传统美德深入各阶层

“新春艺术关爱活动”剪影 ∧

“光影星期五”与“周末艺术影院”为市民带来别样的电影艺术欣赏 ∧

群众心中；在论坛、沙龙中，艺术家与市民直接接触与沟通，促进了市民的文艺兴趣和文艺欣赏水平；舞台表演则为市民提供了艺术交流、借鉴的平台，丰富了市民的业余文化生活；同时也为深圳本土文艺工作者进行文艺创新、文化创新、创作出健康向上的文艺文化精品，提供实验基地和学习平台。

“戏聚星期六” 该活动起始于2009年4月，秉承“传承戏剧经典，弘扬传统文化”的宗旨，以中国戏曲普及和欣赏为切入点，以解说、演唱、表演相结合的形式，市民免费听讲解、看戏、学戏、唱戏。为市民提供民族文化的视觉、听觉盛宴，提高市民综合文化修养，建立城市多元文化体系。“聚”，既是各种戏曲形式的荟萃，也是市民参与、提升文化素质的殿堂，更是中国传统文化的发扬光大之地。2011年度“戏聚星期六”由深圳市骏辰影视制作有限公司承办，承办方对舞台场景进行了精心布置，修改舞台布置单调、空洞的状况，为艺术家制作表演服装，增添戏曲元素，渲染戏剧气氛，更符合观众的审美要求，并打破过去以单一剧种为专题的模式，推出时事专题节目，以重大历史纪念日或各种节日为引导，开设专题专场——为建党90周年献礼的红色专场、“母亲节”专场等。全年登台的剧种包括京剧、粤剧、越剧、黄梅戏、楚剧、豫剧、评剧、秦腔、梆子、昆曲、黄梅戏、汉剧等近30个剧种，多位梅花奖获得者及优秀演员为观众演绎和介绍中国传统戏曲。首场演出于4月23日在深圳大剧院音乐厅拉开帷幕，由著名京剧表演艺术家黄孝慈女士担任嘉宾，为观众献上《扈家庄》、《贵妃醉酒》、《大登殿》等经典京剧剧目并作主题演讲。9月3日，“戏聚星期六”进行了“第100场经典汇演”，京剧艺术家尚长荣、川剧艺术家陈智林、粤剧艺术家苏春梅、中央电视台戏曲频道主持人白燕升等各剧种代表人物为戏剧爱好者表演了豫剧、评剧、秦腔、黄梅戏、越剧、昆曲等10个大剧种的经典段子。同时，主办方还举行了题为“戏聚100·姹紫嫣红——从‘戏聚星期六’看公益戏剧模式及传统文化的复兴”座谈会，来自全国各地各剧种的代表人物和一些知名剧院、

“戏聚星期六”演出已超百场 ∧

深圳三大女高音在“美丽星期天”亮嗓 ∧

“音乐下午茶”十分亲民 ∧

剧团的院长、团长，以及深圳文艺界人士等对“戏聚星期六”的经验和发展方向进行了研讨。

“美丽星期天”与“音乐下午茶”该项目由深圳市委宣传部、文体旅游局主办，市宣传文化事业发展专项基金资助，深圳电视台都市频道、《深圳特区报》“文化星空”栏目、《深圳商报》“文化广场”栏目和深圳音乐厅共同承办，始创于从2007年10月，每个星期日下午3时，“美丽星期天”都在深圳音乐厅演奏大厅举行一场免费公益演出，演出内容包括交响音乐会、室内音乐会、管风琴音乐会、音乐大讲堂、合唱音乐会、乐器独奏音乐会等。为了吸引更多的市民走进音乐厅，2009年3月21日，深圳音乐厅推出了“美丽星期天”的姊妹篇——小型普及性公益音乐艺术演出“音乐下午茶”，于每个星期六下午3时至4时，在深圳音乐厅金树大厅对市民免费开放。“音乐下午茶”的节目精彩、多元，包括民族乐器展演、西洋乐器展演、优秀音乐艺术人才才艺展示、音乐知识讲座等主题。2011年3月20日，本年度“美丽星期天”启动，以开拓古典音乐在深圳的市场为主，定位于社会各阶层及各年龄段市民，邀请专业演奏团体或演奏家、教育家，选取通俗易懂的曲目，以边讲边演的方式，向观众介绍古典音乐会的基本礼仪、常识及欣赏的方法。音乐会的类型涵盖交响乐、管乐、独奏、各种室内乐、合唱、声乐、民乐等，以及以音乐为主题的讲座。在节目策划方面，“美丽星期天”采取了两种方式来获得演出资源，一是通过调查周边的演出场所及演出活动，了解专业比赛的成果及获奖演员，挖掘优秀的演出资源；二是公开向市民征集活动，市民可通过自荐或推荐演出的方式，主动参与到“美丽星期天”中来。策划团队制定了一整套严格的节目筛选制度，对所征集的演出活动进行层层筛选，确定最后合格的演出团体。在保证音乐会演出团体及内容高水准、高质量的原则下，“美丽星期天”以邀请本地艺术家参与音乐会演出为主，一方面为本地艺术家提供实践平台，另一方面借助公益演出这个平台，让本地演出团体与其他前来演出的港澳台及国外演出团体进行文化上的交流，促进本地文化事业的发展。此外，“美丽星期天”还不断关注各阶层人群，针对性地组织了一些主题关爱音乐会，让他们感受到音乐带给他们的幸福。如新春关爱音乐会、“外来青工文化艺术节”、全国助残日专场音乐会、建军节专场音乐会、教师节专场音乐会等，深化了该项目的社会意义。

“周末剧场”这是深圳周末文化系列活动之一，开办于2007年4月。“周末剧场”主要邀请深圳及周边城市艺术水平较高的专业或业余艺术团体，每周五晚上在深圳群艺馆影剧场演出，采取5元至10元低票价或免票方式(对未成年人、学生、老人和残疾人等)，旨在引导市民走进剧场享受高层次的艺术。2011年首场演出的是深圳本土话剧《突围》，其后，《人偶剧综合晚会》、《先锋相声剧——今夜相声疯了》、《越剧专场晚会》、《新年电影晚会》、《京剧专场——十八罗汉斗悟空》等电影、话剧、相声剧、人偶剧、京剧、越剧、杂技、合唱等多门类专场演出陆续登场，为深圳市搭建了一个锻炼演艺队伍、展示文艺创作成果和促进深圳文化交流的良好平台。

剧汇星期天 这是一个新创办的公益文化项目，于9月份在深圳大剧院的小剧场开场。其后，每个星期天，邀请戏剧导演、戏剧创作者、戏剧表演者、文化学者、艺术家等戏剧文化界人士，就话剧、歌剧、音乐剧、舞台剧、儿童剧等艺术领域，与深圳市民展开零距离交流与对话。王晓鹰、丁罗男、傅维伯、王宝社、胡野秋、杨立新、影子等大陆戏剧及文化界人士先后登场为观众解读戏剧，台湾戏剧界名人李宗熹、美声歌手詹喆君与观众分享他们的戏剧人生以及话剧和音乐剧背后的故事。在讲座之外，观众们还现场欣赏《雷雨2011》、《将爱情进行到底》、《黄粱一梦》等优秀话剧及深圳本土戏剧的原创演绎。该项目侧重“剧”的探讨和挖掘。在形式上，打破纯粹讲座或演出的单一模式，以戏剧名家讲座为主，结合戏剧表演、15分钟学戏剧的舞台体验形式，把讲座、表演、观众舞台体验结合起来，为观众呈现出戏剧的台前幕后和方方面面，更易于观众走入戏剧创作者的内心世界，在充分理解戏剧内涵的同时，提升自身的艺术欣赏水平和文化素养。“剧汇星期天”与“戏聚星期六”形成“姐妹花”，互补呈现。“戏聚”强调传承与创新，“剧汇”侧重观照当下、反映现实，目标是提升日益成熟的深圳戏剧艺术氛围，让更多的观众，特别是年轻人了解戏剧生产的过程，对当今的戏剧艺术有更多的认识。每一期“剧汇”，也成为实验、创作、观摩和体验的交流会，为怀揣戏剧梦想的剧团提供实现戏剧理想的平台，并以多样化的表演方式，让更多人学习戏剧和喜欢戏剧，培育深圳戏剧的土壤和消费人群。

“深圳晚八点” 这是向市民免费开放的公益文化活动，旨在为市民晚间文化休闲生活提供多元选择。该活动自2008年11月启动以来，围绕“阅读与生活”延展，以市民喜闻乐见的形式呈现和演绎，开设了“职场那点事”、“深圳读书会”、“英语角”、“音乐时空”、“周五书友会”、“生活教室”、“阶梯剧场”7个栏目，分别于周一至周六晚八点时段推出。2011年度，当代优秀华语小说家张大春，国内作家李浩，深圳作家秦锦屏、评论家安裴智等先后在周二“读书会”与现场读者交流。

大剧院艺术节 以“乘着歌声的翅膀，走进红色的记忆”为主题，第十五届深圳大剧院艺术节于9月9日至12月16日举行，深圳再度开启近4个月的艺术之旅。本届艺术节精选11台融思想性、艺术性、观赏性于一体的优秀剧目。包括音乐会、舞剧、舞台剧、粤剧、黄梅戏、音乐剧、话剧等多门类20余场系列演出，传统与现代交织，东方与西方交融，为隆重庆祝中国共产党建党90周年及辛亥革命100周年献上一曲曲精彩绝伦的艺术礼赞。本届艺术节的重头戏是开幕式上演的大型音乐舞蹈史诗《复兴之路》和闭幕式上演的“红色记忆——辉煌中国”《长征组歌》交响音乐会。整个艺术节期间上演的剧目，既有经典、传统，也有时尚气息。大型舞剧《千手观音》、百老汇音乐剧《吻我，凯特》、黄梅戏《徽州女人》、粤剧《春梅》、舞台剧《雷人晚餐》、相声剧《这一夜，Women说相声》相继上演，盛中国、郭淑珍、黄英三大中国著名音乐家分别举行了3场音乐会。

“大运艺术节” 以“青春之约、盛世之会”为主题的“2011深圳大运艺术节”于7月26日

深圳戏剧舞台有针对性地培育青年观众群 ^

“深圳晚八点”有丰富的文学艺术内容 ^

至8月31日期间举行，涵括了音乐、舞蹈、戏剧、魔术、展览等多种艺术形式。儒家主题交响乐《人文颂》、韩国青春歌舞剧《爱舞动》、话剧《七月与安生》、经典音乐喜剧《六月新娘》等国内外优秀剧目精彩上演。在大运村文化体验区，专场演出及展览展示活动除了当代音乐、舞蹈外，还有京剧、豫剧、汉乐、黄梅戏等中国传统戏曲，举办了“深圳30年”摄影展、“大美深圳”航拍展、油画艺术展、版画艺术展、中国水墨艺术展、奇石园艺展、雕塑艺术展、中国传统文化展以及非物质文化遗产展区动态和静态项目等展演展示。全方位展示中国及深圳文化艺术魅力，满足世界各国来宾、运动员、教练员赛事之余的休闲娱乐及文化交流需求。除专场演出外，还有各式艺术展览项目。深圳各美术展馆、博物馆推出展览展示项目21个，展出古今中外绘画艺术精品和本土画家的优秀作品，特别引人注目的是在关山月美术馆举办的《博蕴华光——敦煌艺术展》，该展览展出的藏经洞出土的8卷经卷为国家一级文物。

此外，4000多幅典雅优美的《论语》金句公益广告覆盖全市，阐释“人文大运”的理念。将中华传统文化与现代文化相结合，以公益广告的形式表现出来，这在国内开了先河。在第六届设计之都公益广告大赛中，《论语》金句公益广告获得特别奖。

社会化运作形成合力

公益文化活动公开招标和采购 深圳作为市场经济较为成熟的城市，有“藏财于民”与“藏艺于民”的优势，民间和社会文化资源丰富。因此，深圳在构建公共文化服务体系的过程中，大胆转变思路，转换机制。2011年，共有5个大项目、263场次公益文化活动面向社会公开招标和采购，政府对承办团体进行资助，投入350万元“买单”。至此，深圳已连续8年开展招标活动，累计投入经费约2000万元，扶持了一批民间文艺团体。社会各方面力量的广泛参与，形成推动公共文化服务体系建设的强大合力。

“全球通艺术季” 该项目创办于2003年，由中国移动通讯“全球通”冠名主办，在模式上开创了政府引导、企业支持、市场化运作举办文化活动的新路子。10月12日，由中央歌剧舞剧院演出的大型歌舞剧《四季情韵》掀开2011全球通艺术季“经典时刻”的帷幕。本年度艺术季持续至次年1月，历时4个月，综合演出和鉴赏两大部分的艺术内容，将更丰富、全面的艺术内容呈现给市民。期间，小提琴大师帕尔曼经典演奏会、经典话剧《宝岛一村》、中央芭蕾舞剧院经典剧目《奥涅金》、刘谦魔术专场表演、德国波恩贝多芬交响乐团联合上海合唱团的新年音乐会、经典京剧串烧展演等中外16场各具特色的话剧、音乐会和舞蹈相继亮相。本届全球通艺术季增加了小剧场话剧的内容。小剧场话剧在深圳的演出市场开始展现出独特风格，因其灵活的题材、生动的剧情、贴近生活的基调，在演出市场上独树一帜，开辟了新的空间。《将爱情进行到底》、《我的祖宗十八代》、《黄粱一梦》3个剧目体现了演出季坚持精品路线的一贯原则。为了让更多市民“消费艺术”，深圳移动全球通客户可享受积分兑换精品演出门票的优惠。

“全球通艺术鉴赏季” 2010年，深圳移动通过创新性推出“全球通艺术鉴赏季”，成为企业配合政府丰富公共文化服务、营造城市文化氛围的新探索。首届艺术鉴赏季持续至2011年6月，广大市民免费观赏中外大师艺术杰作、全球设计精品，并获得多项贴心服务和信息化观展体验，展览项目包括“吴冠中油画、水墨、素描作品展”、“美国当代版画艺术展”、“文人意趣——第八届中韩水墨交流展”、“深圳国际水墨画双年展”、“意大利优秀企业VI展”、“直面生命——吴长江青藏高原作品展”、“二十世纪中国平面设计文献展”、“镂尘吹影——关山月美术馆馆藏陕西皮影艺术展”、“关山月美术馆学术提名展之国画系列：乐祥海画展”、无限繁衍——2011当代女艺术家邀请展(重点学术策划)、“华滋天成——2011年中国画作品展”等高水平展览。此外，深圳移动还专门推出“全球通艺术鉴赏手机报”，市民发送编码至指定端口，即可收到包括深圳各大文化机构的最新展览信

11台优秀剧目在大剧院艺术节上演 ^

“2011深圳大运艺术节”全方位展示中国及深圳文化艺术魅力 ^

"全球通艺术季"引导市民消费艺术

"全球通艺术鉴赏季"让市民观赏更多艺术精品

"保利剧院市民音乐会"演奏曲目种类多样化

息、近期画展的重点图片以及风格、题材等艺术鉴赏信息，绘画技巧的彩信，创新开展艺术知识普及。市民在观展后可编辑观展体会、艺术感悟发送到指定端口，展览结束后主办方将筛选精品短信在媒体展示，与市民展开文化互动。专家评述，深圳移动与专业艺术机构合作办展，创新开拓整合社会资源满足市民高端艺术需求的文化合作模式，让高雅艺术为各界市民共享，为市民提供了高品位的公共文化服务，更好地实现市民的文化艺术权利，探索企业、美术馆、观众等多方共赢共享的形式，推动了高雅艺术在我市传播，丰富完善公共文化服务。

保利剧院市民音乐会　2011年，保利剧院推出"首届保利剧院市民音乐会"，以低票价惠民亲民，统一票价为100元、80元、50元、30元。首场于1月开锣，每月一场。香港节日管弦乐团演出的"爱的致意"中外名歌名曲管弦乐音乐会，刘光宇讲座式音乐会"二胡的美与力"，"美丽音符弦乐四重奏"视听音乐会，阿尔卑斯风情金曲音乐会，著名歌星诺雅与米拉演唱会，青岛交响乐团演出的世界著名交响诗、组曲音乐会，重庆市歌剧院、重庆交响乐团演出的大型交响音乐诗画《长江》，小提琴家伊娃·尼科洛娃的奥地利小提琴家独奏音乐会，杭州爱乐乐团演出的欧洲风情音乐会，武汉爱乐乐团演出的梦幻交响乐之旅音乐会，美国纽斯德钢琴三重奏组合演出的"四季·梁祝"中外名曲音乐会，中国歌剧舞剧院交响乐团演出的施特劳斯传世作品音乐会等12场音乐会贯穿全年，内容和形式的多元化，中外并具、古今兼备。

基层文艺

全市各区文艺事业持续发展

建设文化强市的大背景，为文艺工作和文联工作带来重大发展机遇；政府各项实质性措施的出台，为文学艺术的繁荣发展提供了丰富资源和坚实基础，有效地激发了文艺工作者的创作热情。2011年，各区文艺界坚持利民惠民，突出区域特色，发挥资源优势，加快基层文艺事业发展步伐，形成各自的强项和优势，具有不同的特色。

罗湖区

罗湖区文联属下共有9个区级文艺家协会，共有会员1007人，其中，国家级会员102人，省级会员317人，市级会员455人。2011年，罗湖区进一步加强各协会组织建设和队伍建设，强化管理意识，做好服务工作，推动协会管理工作更加规范有序。

罗湖区文艺剪影

“蝶变”罗湖摄影展在区委大堂展出 ∧

区作协举办第四期读书沙龙活动 ∧

1月，区书协送春联进军营进社区 ∧

福田区文艺剪影

7月1日，社会群众美术书法巡展开幕式现场

<

福田原创舞蹈《寄托》

<

大型童话剧《宝宝回家》谢幕现场

<

12月30日，纪念毛泽东诞辰118周年迎新春毛泽东像章绘画艺术展开幕式现场

（本页摄影 朱正安）

<

按照区民政局要求，本年度完成了9个协会的年检工作，加强各协会组织及财务管理，统一对各协会的财务进行年度审计。完成区作协、区剧协、区音协及区舞蹈学会等4个协会法人代表的变更登记工作。各协(学)会定期召开理事会、主席团会议，健全班子，部署工作，推进创作，保证协会工作开展。区作协在理顺社团法人证照的基础上，对会员加强组织管理，基本上做到“信息三齐”，重新制定会员表，编印新名册，整理了通讯录，建立了重点作家QQ群和会员短信群发平台，方便了会员作家间的联系和交流。会员作家由以前的60多人增加到现在的102人，罗湖文学进入了新的发展时期。

由区文联主办的综合性刊物《罗湖文艺》继续坚持办刊宗旨，不断扩大社会影响。进一步加强与外地及兄弟区作家、艺术家的联系和交流，重点培植罗湖作家，大力发掘好作品。本年度配合庆祝建党90周年、第二十六届世界大学生运动会等重大事件，刊发多组专题稿件。全年出刊6期，刊发各类稿件150多篇计30多万字，图片近百幅，受到读者好评。

福田区

福田区文联属下共有作家、戏剧、音乐、舞蹈、书法、美术、摄影等7个区级文艺家协会，会员总数1150人，其中，国家级会员133人，省级会员173人，市级会员435人。2011年，区文联按照区委的要求，以建设“首善之区、幸福福田”为目标，围绕大运会和建党90周年开展各项工作，举办了多项艺术展览，开展“走基层、进社区、上讲坛，献爱心”活动。全年召开多个艺术家座谈会(专家沙龙)，就如何做好文联工作、协会创作、文化活动以及办好刊物进行认真研究，提出方案。区文联主办的《莲花山》、《南国艺术》两个期刊，前者为文学刊物，后者为书画艺术刊物，辖区内文学艺术爱好者及书画界艺术家的许多作品均通过这两本杂志向社会推出。

南山区

截至2011年底，南山区文联属下各文艺家协会共有会员1300人，其中，国家级会员32人，省级会员65人，市级会员148人。本年度，区文联在区委区政府未来5年社会经济发展三大着力点“核”、“形”、“神”思路的指导下，着力围绕全市布局，营造文化氛围；围绕重大主题，创新、打造文艺精品；围绕民生需求，组织文化下社区，全面推进南山文艺的发展。大型原创话剧《小平您好》在全国巡演受到热烈关注，南山区的音乐节成为深圳乃至华南地区具有影响力的音乐品牌，话剧、曲艺实力雄厚。年度主办了美术作品展“图像中的纪念”、“大运字画征集”活动、“纪念中共建党90周年南山盐田书法作品联展”、“九街42号书画展”等活动；组织作家、艺术家创作采风和观摩精品多次。支持文艺创作，举办2011南山文学研讨会暨创作座谈会；组织作协会员多次参加由顾彬、邓一光、谢冕等主讲的文学讲座。组织、协助区影视家协会成立暨召开第一次代表大会，协助区音协、影协、书协等3个协会完成换届工作。主编出版《蓄势》、《重返的意义》、《图像中的纪念》美术作品集，出版《活成一本书》、《五零后》等文学作品集，《山海情·翰墨缘》书法作品集、《九街四十二号》六人书画集，出版《南山文艺》季刊4期。

南山区文艺剪影

南山区“迎大运欢乐社区大舞台“文艺演出” ∧

区文联于8月组织召开南山作家作品研讨会暨文学创作座谈会 ∧

11月，“非遗”进社区展示、展演（本页摄影 刘志远） ∧

第十届“鹏城金秋”南山区获奖舞蹈《畲女情》 ∧

宝安区文艺剪影

宝安作家在“读书月”与市民交流

宝安区领导与文艺界举行新春恳谈会

“拥抱春天”诗文朗诵会

“草根之声”中国劳务工大舞台

宝安区

宝安区文联属下有作家、书法家、美术家、音乐家、舞蹈家、戏剧家、曲艺家、动漫艺术家、民间文艺家、电影电视家、杂技家等10个区级文艺家协会，截至2011年底，共有会员1198人，其中，国家级会员71人，省级会员98人，市级会员253人。2011年，区文联围绕区委区政府“特区一体化”的中心工作，以“五个一批”为抓手，致力抓好一批文艺服务项目，造就一批文艺人才，打造一批文艺精品，建设一批文艺品牌，指导一批文化产业。本年度共有25个文艺作品荣获国际级、国家级、省级奖项，其中，群舞《咱们工人有力量》夺得CCTV舞蹈大赛群文组金奖，成功亮相央视兔年春晚；福永杂技艺术团的《窗花——柔术造型》荣获古巴第十届CIRCUBA国际夏季杂技比赛金奖。“打工文学”、广播剧、街舞、杂技、“草根之声——中国劳务工大舞台”等在全国产生影响。

龙岗区

龙岗区文联下属共有作家、音乐、舞蹈、书法、美术、摄影、民间文艺等7个区级文艺家协会，共有会员777人，其中，国家级会员25人，省级会员83人，市级会员188人。2011年12月29日，龙岗区文学艺术界联合会第三次代表大会在区政府迎宾馆召开。大会总结5年来龙岗区文艺工作的主要成绩和基本经验，确定今后5年文艺发展战略和工作任务，动员全区广大文艺工作者出精品，创佳绩，为龙岗文艺事业大发展大繁荣和全区经济社会全面进步做贡献。按照民主程序，大会选举产生了区文联新一届领导班子，张奇当选为新一届区文联主席团主席。5年来，龙岗区各文艺门类创作异彩纷呈，文学创作精品不断。文学方面，《为了忘却的记忆》获中国散文学会2010年度征文大赛一等奖；音乐方面，多项作品获得国内外大奖，其中歌曲《今天中国》、《南国花儿艳》获广东省“五个一工程”奖；舞蹈方面，创作了一批优秀的作品，塑造的

龙岗区文艺剪影

龙岗区文艺剪影 V

< 龙岗连云港书画展开幕式

< 龙岗区文联第三次代表大会代表合影

< 大运会诗朗诵晚会大合影

< 迎新春书画名家展现场

龙岗品牌——大型原创客家舞剧《大围屋》获广东省“五个一工程”优秀作品奖。此外，书法、摄影、民间文艺方面也获得长足进步。2011年，龙岗区大力发挥大运文化园、区文化中心、各街道场地的阵地作用，采取大舞台文艺演出、“非遗”展示、群众联欢等形式，在大运期间共组织近100场文化活动，各国运动员和深圳市民齐享文化交流的欢乐。

盐田区

盐田区文联下属共有作家、戏剧家等10个文艺家协会和1个书画院，共有会员650人，其中，国家级会员14人，省级会员54人，市级会员115人。与此同时，还吸收了一批团体会员如“国家音乐创意产业基地(深圳园区)”、“东部华侨城”、“明珠艺术团”、“汇霖艺术团”、“军民情艺术团”加入，协会组织获得更多新生力量。9月21日，盐田区第二次文代会在大百汇集团一楼会议厅召开。盐田区委书记郭永航、区长杜玲，市文联专职副主席梁宇，区领导钟瑞兴、孙静、刘卫翔、梁景海、周建明、刘小华、董秀等领导到会祝贺。大会认真总结了第一届文代会以来的各项工作，明确区文学艺术事业的发展目标和工作任务，修改区文联章程，选举产生了盐田区文联新一届领导机构。蒋祖逸当选为主席，许晓峰、王虎当选为副主席，王玉祥当选为秘书长。会议聘请钟瑞兴、孙静为第二届区文联名誉主席，聘请曾炯坚、陈胜南、李宜高为第二届区文联顾问。2011年，成功举办了“庆祝中国共产党建党90周年暨迎大运美术、书法、摄影和红色藏品联展”及“庆祝建党90周年90米长卷毛泽东诗词书法现场创作活动”，完成历史文献片《孙中山庚子首义》的拍摄工作，该片于12月在深圳电视台和广东电视台播出。为了创建文艺阵地，在无专业人员、无专项经费的情况下，开始筹备创办《盐田文艺》，并于年底推出创刊号。

盐田区文艺剪影

首届深港青少年书画大赛香港展现场 Λ

2011年盐田区迎新春茶话会 Λ

组织区美协画家外出采风创作 Λ

2011年度盐田区文联工作总结会暨务虚会现场 Λ

民间艺术团体崭露头角

据不完全统计，截至2011年，深圳有逾7000个民间文艺团体，其中注册的社团200余家，大大小小覆盖全市各区，并活跃于街道、社区。这些文艺团体涵盖面广、数量多，既有综合性演出团体，也有歌舞、合唱、杂技、魔术等专业团体。众多民间艺术团体和个人主动介入文艺创作、文艺活动，以不同的方式为深圳文艺的繁荣发展贡献力量，成为深圳文艺版图上的一支生力军。

深圳民间艺术团体基本状况

民间文艺团体来自民间，服务于民间，当中，既有几十人、上百人的大团队，也有十几人的小团体；既有经营性的文化企业，也有公益性的民间团体；既有以盈利为目的的，也有出于兴趣爱好自娱自乐组建起来的。尽管规模和形式各异，但这些艺术团体却在近年来深圳文化活动和文化市场的繁荣发展中发挥了重要作用。如深圳福永民工街舞团从中国“达人秀”到“春晚”舞台，成为实现梦想的一个样板；深圳福永杂技团登上国际一流杂技舞台，在权威性国际专业赛事——第十届“CIRCUBA”国际夏季杂技节中荣获大赛金奖和最佳女演员奖，展现深圳杂技表演艺术的实力；辛宽魔幻艺术团填补了深圳魔术艺术的空白，近年来一直活跃在国内外的魔术演出市场，原创节目《扇韵》，获得“文华奖”金奖和最佳道具奖、美国国际魔术大赛“最佳杰出金牌奖”等。双双交响乐团是个人自掏腰包组建的一支西洋乐队，团员们来自社会各阶层和各领域，乐队从组建的第二周开始就在各社区进行公益演出，经过数年的刻苦训练，乐团已积累了4个专场音乐会的曲目。梨园艺术团由一批居住在深圳的河南豫剧爱好者自发组成，每周末在荔枝公园、莲花山公园义务为群众演出，累计达数百场。该团“生旦净末丑”各角齐备，演出也具备较高水平。演出剧种以豫剧为主，还有河南曲剧、越调及京剧等。全国首家民营芭蕾舞团——深圳概念芭蕾舞团一直坚持追求原创，几年来创作的200多个舞蹈节目多次在国内外获奖。天乐曲艺团拥有专业曲艺演员16人，他们均来自全国各地的专业和业余团体，大多毕业于天津曲艺学院，平均年龄23岁，是一群充满激情和活力的新生代。总体而言，深圳民间文艺团体具有以下几个特点：

一、多样性。表现在艺术形式、组织结构、投资方式等方面。在艺术形式上，有文学团体、戏剧团体、舞蹈团体、美术团体、书法团体、民间文艺、杂技团体、魔术团体、民间曲艺团体等。在组成结构上，团体内人员来自五湖四海、各行各业，与深圳移民城市的特质相符。在投资方式和资金来源上，既有个人投资和集资，也有企业投资，或者来自政府扶持和项目采购。

二、公益性与自娱性。大多数民间艺术团体不以此谋生，而是出于爱好，通过艺术活动培养文雅的兴趣爱好，寓乐于歌舞、消遣在弹唱，在快乐中陶冶情操；同时，他们积极参与深圳各项公益文化活动，活跃于社区之间和群众之中，节目形式为受众喜闻乐见，丰富了基层业余文化生活，有利于满足群众不断增长的文化需求。

三、市场性与灵活性。多数民间文艺团体对舞台的灯光、音响等条件要求不高，演出道具简单轻便，易于搬运，行动敏捷，机动性强，往往以“轻骑兵”的姿态活跃于文化市场。比如辛宽魔幻艺术团主要的经济来源是商业演出，每年都要在国内举行巡演；福永杂技团常年在旅游景点驻场，并且赴海外商演，开拓了国内外市场，为社团的发展找到了方向。

四、不稳定性。由于部分表演团体的牵头人专业素质偏低，艺术活动组织能力不强，团队成员素质参差，演出停留在原生态状态，节目内容老套路多，再创新少，思想性与观赏性都不够强。加上资金来源主要是自筹、拉赞助、地方企业和单位适当支持、政府扶持等，普遍不足且来源不稳定，呈现组织结构松散、生存能力欠缺、开展活动艰难，“先天不足”、“发育不良”的态势，发展缺乏后劲，既无法在市场大潮中站稳脚跟，也无法形成自己的品牌效应。

五、各具特色。在市场的锤炼和边实践、边探索中，深圳民间艺术团体走出了各具特色的发展之路。如深圳概念芭蕾舞团将舞剧题材通俗化，把《康熙王朝》、《神雕侠侣》等剧目改编为中小型剧目，深入基层社区和边远地

深圳概念芭蕾舞团要做老百姓看得懂的艺术 ∧

罗湖百仕达皮影剧团在社区演出 ∧

南山双双交响乐团与蒋大为同台演出 ∧

区进行表演，并通过舞蹈培训“以教代养”，解决生存发展难题。百仕达皮影艺术团在皮影传统技法中融入当代动漫元素，创造出年轻人喜闻乐见的多媒体表现手段，将皮影这项古老艺术引进校园，推广到年轻人中间，并吸引兼职的年轻演员学习传承。天乐曲艺团努力将北方的“说学逗唱”与粤语方言结合，创造出曲艺领域的“广东流派，深圳特色”。

六、文艺精品创作的一支重要力量。民间艺术团体具有蓬勃的生命力与创造力，是创作文艺精品的一支重要力量，创演水平不断提高，创作成果日益丰硕。比如，第十届“鹏城金秋”社团文艺汇演分别在市属、罗湖、福田、宝安、南山、龙岗、盐田各设一个专场，共 7 个专场，来自全市各区的29个民间社团共创作了73个节目参赛，涵盖声乐、舞蹈、曲艺、戏剧、杂技、魔术等各艺术门类，全面展示了民间社团的艺术风采和创演水平。深圳小品艺术团、罗湖区现代戏剧社获得了团体金奖，被称为“深圳戏剧第一团”。沙头角文化站组织创作的节目曾多次参加国家、省、市级的比赛和演出，荣获过30多项大奖，包括中国戏剧奖·小戏小品奖金奖等专业奖项。福永万福民工街舞团在春晚大放光彩；福永杂技团、辛宽魔幻杂技艺术团、宝安曲艺团等先后获得多个国际和国家级比赛金奖；红叶艺术团连续 4 年代表深圳市参加由央视转播的“红叶风采”全国老龄文艺晚会；市京剧联谊会、福田京韵戏剧协会、福田潮俗皮影社等社团常年活跃在社区舞台，为振兴京剧，保护和传承非物质文化做出了贡献。

扶持与服务民间文艺团体

随着文化体制改革逐步深化，民间文艺团体的发展尤其迅速。为更好地支持民间文艺团体，进一步调动社会力量和民间文艺工作者参与文化建设的积极性，中央有关部委曾多次出台政策，推动民营院团进入良性循环的轨道。早在2005年，文化部等部门联合公布《关于鼓励发展民营文艺表演团体的意见》，提出民营文艺表演团体来自民间、成长于民间、服务于民间，对繁荣基层文化市场、丰富城乡文化生活、满足人民群众精神文化需求，具有重要意义，放宽民营文艺表演团体的市场准入，简化民营文艺表演团体的演出审批手续。2009年，文化部出台《关于促进民营文艺表演团体发展的若干意见》，突破了将民营院团单纯作为营利机构的思路，认为民营文艺表演团体既可以向公益性非营利性机构，也可以向营利性机构发展，同时提出了民营、国有文艺院团一视同仁的政策，明确符合国家规定条件的民营文艺表演团体，文化行政部门要将其纳入重点院团予以重点扶持的问题。深圳市各级政府部门和宣传文化部门也充分认识到民间文艺团体在文化建设中的作用与地位，出台与实施了多项政策措施，为民间文艺社团的成长创造了良好的条件和社会环境。

政策扶持 2008年10月，宝安区委区政府正式出台《关于进一步完善公共文化服务体系加快文化事业发展的意见》。2009年，又陆续出台了《意见》的两个附件(《宝安区文艺创作扶持与获奖文艺作品奖励暂行办法》和《宝安区民办博物馆资金奖励办法》)。其中，《宝安区文艺创作扶持与获奖文艺作品奖励暂行办法》旨在扶持本地文艺作品创作，包括文学、戏剧、音乐、舞蹈、曲艺、杂技、美术、书法、摄影及其他具有原创性、创新性、探索性新兴艺术的创作、演出、出版、展览等，都可以得到支持。对于获奖作品，宝安区按照获奖级别给予奖励。2010年福永杂技团自主创作演出的杂技节目《蹬人空竹》在第三十一届法国巴黎“明日世界杂技节”上荣获金奖，受到宝安区政府给予的50万元重奖。2010年，南山区委宣传部、南山区文体局颁布了《南山区文化艺术活动资助实施细则》，对本土的文艺创作及优秀节目、文化活动进行扶持，明确规定，资助对象为“注册(驻)于南山区，并在南山区进行演出、展览、创作、艺术推广、文化交流等文化活动的团体、机构”。希望通过此举，扶持本地民间文艺团体，把散落在民间的、具有发展潜力的艺术团体纳入政府视野，实行规范化运作，让社团发展壮大，以推动南山区社会文化事业繁荣、发展，培育多元文化，提升南山区文化形象和民众的文化生活质量。

社会化运作文化项目 深圳坚持改革创新，努力形成“政府主导、社会参与、市场运作”的机制，让市场规律在文艺领域充分发挥激励作用，通过市场化运作调动演艺人员的积极性和创造性。每年3月，深圳数百场公益文化活动面向社会公开招标和采购，政府对承办团体进行资助。2011年度，深圳有263场次公益文化活动参与社会化运作，政府投入350万元“买单”。在公益文化活动社会化运作实施过程中，南山区积极引入竞争机制，通过项目征集、招标、评审、竞价和监督实施5个环节，逐步完善运作体系。与此同时，为进一步规范操作程序，降低成本，更加便捷地参与公共文化服务，也为了体现公共文化产品采购的公开透明，南山区委托第三方开发了“南山区公益文化活动社会化运作管理系统”，通过网络平台，完成项目公布、资质审核、项目评审、竞价、实施方案审核、合同备案等程序。位于该区的双双交响乐团于2011年7月中标承办南山音乐节社区音乐会5场，获得经费20.6万元。位于罗湖区的红叶艺术团、罗湖百仕达皮影剧团优质承办深圳公益文化活动项目，创设了“戏剧进社区”品牌。民间文艺社团对政府项目采购十分欢迎，深圳现代芭蕾舞团团长张安慧认为，“政府采购的费用不仅对我们的发展发挥了重要作用，同时我们还获得了更广阔的舞台，提高了知名度，获得了更好的发展。”民间文艺团体的活动已成为深圳市公共文化服务的有益补充。全年度，不少有一定人才实力和艺术造诣的民间文艺社会在政府的扶持和项目采购的有效运作中，承担起各种艺术活动，在社区、军营、警营、工厂、企业等各行各业不断参与公益文化活动，成为深圳文化的一道风景。

开放的舞台 近年来，深圳市委市政府以文化强市为方向，大力推动公共文化服务，深圳音乐厅的“美丽星期天”、“音乐下午茶”，深圳大剧院的“戏聚星期六”、深圳市群艺馆的“周末剧场”等文化品牌活动，为民间艺术团体进入高雅艺术殿堂提供了开放的舞台。通过经常性地组织开展汇演、展演、调演等各类活动，既为民间文艺团体展示自身实力提供了机会，扩大其影响，也为他们互动交流、切磋技艺、共同提高提供平台，实现可持续发展。

构建“大文联”工作格局

作为人民团体，深圳市文联努力整合参与社会管理、促进社会和谐的功能，发挥全市最大创意联合体的优势，通过积极协调，主动服务，整合资源，在引导文艺类社会组织加强自身建设，增强生存发展和服务社会的能力，构建“大文联”工作格局，参与社会管理等方面，进行了积极探索，突出在如下几点：

一、注重在市场中培育扶持专业文艺社团组织。比如，从2005年开始，对自主经营的福永杂技团采用民办公助方式，在政策、资金、环境条件、开拓市场和管理上给予大力支持，对获奖节目予以重奖。福永杂技团从成立之初的30多人发展到180多人，各种杂技、综艺节目100多个，演出足迹遍及美、日等20多个国

福田区京韵戏剧协会鼓乐队

宝安实验曲艺团在校园表演

深圳京剧联谊会在大剧院演出

家和地区，共获得国家级以上奖项17个，其中获金奖6个，国际大奖2个。

二、整合文艺人才，成立相关协会。2006年，整合了福永杂技团、辛宽魔幻艺术团、沙井杂技团、雅特文化发展有限公司等民间社团及众多散落于民间的个体杂技、魔术人才，正式成立了市杂技家协会。2007年，整合散落于南山区、宝安区、福田区的曲艺人才，成立了市曲艺家协会。2007年底，深圳市民政局授权深圳文联为民办非企业组织的业务主管单位，2008年市文联推动深圳市春风古琴社、深圳中数书画研究院、深圳国视文化交流中心等三个民非组织成立。这些文艺类社会组织的成立，丰富了深圳的文艺版图和创意文化的载体。

三、拓宽文艺类社会组织的生存空间。针对文艺类社会组织资金来源渠道少，经费严重缺乏的情况，市文联力尽所能，积极呼吁并争取各种资源，为其生存发展创造一定的条件。首先，积极争取政府文化发展基金资助，逐步向社会组织开放。市文联在社会组织申报市宣传文化基金方面予以大力指导和支持，从项目最初的策划到获批后的实施，包括信息提供、政策传达及解读、与相关单位的沟通等，进行全程指导、跟踪服务，取得了一定成效。如市杂技家协会从2007年至2010年共获得8个基金项目近300万资金的支持。市曲艺家协会自2008年至2010年共获得3个项目80多万资金的支持。同时，市文联在艺术指导、排练场地、表演场地、会议室等资源方面为社会组织提供大力支持，甚至无偿提供。

四、携手打造全市最大创意联合体。针对文艺类社会组织涉及文艺门类广、专业人士多的特点，市文联积极整合文艺资源，以“全市最大创意联合体”的优势，共同打造文艺精品。如市舞蹈家协会及福永街道办联合扶持民工街舞团的街舞《咱们工人有力量》获得央视舞蹈大赛金奖，登上央视春晚。市杂技家协会编排的《蹬人空竹》，在世界四大高水平国际级杂技赛事之一的第三十一届法国巴黎明日世界杂技大赛中荣获金奖，填补了深圳市杂技奖项的一项空白。与此同时，推动社会组织为文化创意产业提供创作源泉。如推动深圳“校园文学”产生了全国性的影响。中学生赵荔与英国创意产业之父的霍金斯合著的长篇小说《如何创造》，由上海学林出版社出版；袁博的长篇小说《大漠落日——一个鸵鸟家族的故事》由深圳腾龙堂动漫文化传播有限公司改编为52集动画片，引起全国关注。

五、培养民间文艺人才。一是针对文艺人才散落民间的特点，市文联首先从社会组织中选拔优秀人才担任文联换届代表大会的代表和新一届文联委员，为他们搭建参与全市文艺工作的平台。二是组织社会文艺人才出国考察学习及国内交流采风，为其开阔视野、提升水准积极创作条件。2008年、2009年、2011年均组织体制外文艺人才出国考察采风学习。三是切实解决社会组织生存发展困难的问题。积极为杂技、曲艺人才呼吁，协调相关部门，拟定特殊演艺人才入户深圳的标准，解决了市杂技家协会主席王敬宇、体制外作家丁力等人的户口问题。四是于2010年启动深圳文艺人才调研课题和社会演艺工作者调研课题，旨在摸清深圳文艺人才情况，找出存在的主要问题，协调有关部门，加以切实的解决，为社会文艺人才在深圳安居乐业创造良好环境。

六、有效服务挂靠社会组织。截至2011年，挂靠市文联的社会组织(包括社会团体和民办非企业组织)20个，其中社会团体17个，会员2500多人；民办非企业组织3个，会员近200人。市文联高度重视对社会组织的业务主管工作，把工作职能放在了组联部，与市民政局保持密切联系，在社会组织筹备的咨询过程中征求市民政局社会民间组织管理局的意见，出台了《挂靠市文联社会组织办理流程》和《挂靠市文联社会组织管理办法(草案)》，在社会组织成立的政策、法律、流程、材料准备等方面予以详细指导，解决了社会组织成立之初经常遇到的政策、法律等方面不明确的困难，为一部分打算成立民间文艺组织的群体创造良好的发展环境和条件，提高社会组织筹建、注册、开展工作的效率。2011年度，市文联加大力度联络、服务、凝聚文化类社会组织。一是为社会组织申报、实施市宣传文化基金项目提供指导和服务。2011年，深圳市春风古琴社的《大运之夜——中华雅韵姚亮古琴欣赏音乐会》和中数书画研究院的《拓荒牛——建党90周年书画展》项目申报获批，得到25万市宣传文化基金资助。“七一”期间，在笔架山公园展出深圳第一批建设者们的书画作品，获得良好的社会效益。大运会期间，由市文联主办、深圳市春风古琴社承办的古琴欣赏音乐会在深圳音乐厅上演，上座率达到九成。二是为挂靠社会组织搭建提升平台。7月份组织挂靠文艺类社会组织负责人一行11人前往香港艺术发展局学习、交流；协调相关政府部门，为挂靠的杂协、曲协争取安全生产、普法教育等政府采购项目。

文艺交流

彰显国际形象

随着国际化城市的建设进程，深圳对外和对港澳台文化交流与合作呈现出更加活跃和蓬勃发展的态势，无论是从交流的数量还是质量方面，都比前几年有明显的增加和提高。2011年第二十六届世界大学生夏季运动会的举办，更是成为深圳对外文化交流的重要契机。利用这个契机，深圳成功地向世界展示了这座年轻、富于活力城市的美好形象。全年诸多交流活动的成功举办，让深圳的国际形象日益彰显。

大运会展示城市文化软实力

2011年8月，第二十六届世界大学生夏季运动会在深圳举行，不同种族、不同肤色、不同语言、来自五湖四海的官员、运动员和观众齐聚大运会，这不仅是一次体育的盛会，也是一次文化交流的盛会，为深圳提供了一个借鉴和吸纳来自世界各地文化精髓的平台，也为深圳提供了一次向世界展示城市形象和文化软实力的机会。

相比于北京奥运会和广州亚运会，深圳大运会更加突出青春色彩，是一届以当代大学生群体为主体的中国青年与世界青年的文化交流盛会、友谊盛会。在“办赛事、办城市”的大运理念指导下，深圳抓住大运会这一重要契机，开展一系列内容丰富、展示形式多样的专题文化活动，体现出注重中国文化特色、突出国际文化交流、展现深圳城市形象等鲜明特色，旨在展示中华优秀文化、展现深圳青春时尚城市特质、提高城市文化品位、丰富各国(地区)运动员和嘉宾文化生活，同时也是深圳“办大运、惠民生”人文关怀的重要内容。

大运会期间，深圳整合全市优质文艺资源，从2011年7月至9月，举办文艺精品演出活动，组织国内优秀舞台艺术来深展演，展示中国的文化特色及国家形象，积极引进国外优秀剧目及文艺精品，营造国际化城市的文化氛围。在3个月里，共有舞台艺术演出62台84场，艺术展览和文物展览36项，非物质文化遗产项目展演展示活动7项，各区举办大中型市民文化活动44项，开放大鹏所城、鹤湖新居等文物古迹景点11个，东部华侨城、世界之窗等主题公园推出大型专题活动4项，大运村及龙岗大运文化园也特别为各国(地区)体育代表团组织举办专场演出及展览展示活动82场。大运会艺术节于7月26日至8月31日组织一系列国内外优秀剧(节)目展演和艺术精品展览。在全市各专业剧场推出35台50场高水准的舞台艺术精品。特别精选了境外优秀剧(节)目11台，国内优秀的剧(节)目13台，本土文艺单位排演的节目11台。演出内容精彩丰富，涵括音乐、舞蹈、戏剧、魔术等多种艺术形式。艺术精品展览活动方面，深圳市各主要博物馆、美术馆引进和举办了各类精品文化展览展示项目共21

大运会期间举行了丰富多彩的文艺展演活动 ∧

个，展出古今中外绘画艺术精品和本土画家的优秀作品。其中，关山月美术馆举办“盛世和光——敦煌艺术大展”，展出敦煌研究院提供的自魏晋南北朝到元代最具代表的精美复原洞窟、敦煌彩塑复制品、敦煌石窟壁画临本等精美艺术品。深圳博物馆举办馆藏文物精品展。深圳美术馆、深圳画院举办馆藏精品作品展，展示多年收藏的艺术成果。大运村文化活动在8月6日至26日，为运动员们呈献艺术之美。其中，大运村形象景观通过在大运村内建筑群布设外立面景观，融入大运吉祥物“UU”、核心图形“欢聚”等大运元素，呈现“从这里开始”的青春主题和文化理念，展示深圳当地历史文化和人文特色，营造出青春、热情、欢乐、和谐的赛事氛围。在大运村音乐广场和团长会议室(剧场)，为各国家(地区)代表团举办了舞蹈、音乐、戏曲、杂技等专场演出23场。在大运村文化体验区举办了“深圳30年”摄影展、“大美深圳”航拍展、中国传统文化展(含“中国传统手工艺展”和“香云纱”丝绸文化展)、油画艺术展、版画艺术展、中国水墨艺术展、奇石园艺展、雕塑艺术展和深圳市中小学生绘画、书法、摄影、手工优秀作品展9项活动，展示中国及深圳文化魅力，体现深圳大运会对运动员的人文关怀。设在龙岗区大运主场馆片区核心位置的大运文化园，每天上演不同类型的文艺节目。近50场的具有中国特色的京剧、豫剧、汉乐、黄梅戏等精彩表演，以及非物质文化遗产展区动态和静态的项目展演展示，力求从多方位展示中央各部委的文化艺术风采，满足世界各国来宾、运动员、教练员赛事之余的休闲娱乐及文化交流需求。8月10日至12日，举办了以“青春闪耀世界”、“青春与大运同行”为主题的世界大运会青年联欢节。联欢节在大梅沙海滨公园、深圳市博物馆、红树林、民俗村等地开展“青春大运”、“魅力深圳”、“文化交融”三大类型的主题青年文化交流活动。期间，邀请各国青年代表观看深圳大运会开幕式，邀请各国驻华大使与青年对话，并组织在深参加大运会的各国青年与深港澳青年近万人参加世界大学生沙滩音乐节，邀请世界五大洲优秀高校艺术团体，中国知名高校音乐社团、乐队参与演出，举办一场充满青春气息的音乐盛宴。中欧青年论坛邀请有关领导、欧盟或欧盟成员国驻华大使、欧盟知名跨国企业高管等与大学生对话交流，共同探讨青年承担的机遇、挑战和使命。

以大运会为契机，以“迎大运·庆大运”为主题的市民文化活动贯穿全年。据统计，从2011年初到8月底，包括剧场演出、艺术展览展示、群众性文艺活动等“迎大运·庆大运”主题文化活动有209项。其中，作为全市迎大运系列活动重要组成部分的“歌声传递微笑”群众歌咏活动，以“放歌深圳·唱响心声”为主题，通过文明窗口服务行业、各行业协会及各区举办各类专场歌咏活动，用微笑传递友谊，用活动促进文明。活动设各区、各单位专场、全市节目展演、优秀节目展演、优秀节目进社区等环节，规模较大，广大市民热情参与，共有366支队伍(组合)、7000多名演员直接参与，观众达1万余人次。在全市营造出一个全民参与、全市欢腾的热烈、喜庆的文化氛围。

大型国际文化交流活动

“中法文化之春”之“鹏城春荟法兰西” 4月至5月，深圳市文体旅游局与法国驻穗总领事馆合作，在深圳举办了“中法文化之春艺术节”之“鹏城春荟法兰西”系列活动。活动由“法国电影展映”、现代舞“堂吉·诃德”、“琴声弦韵——钢琴大提琴二重奏”音乐会、“法国现代舞蹈史专题讲座”等组成。法国电影联盟精选了《科帕卡巴纳》、《安琪和托尼》、《诺和我》、《海洋》、《娜内，莫扎特的姐姐》、《猫在巴黎》、《全局》、《闪亮青春》等9部长片，《吠岛》等11部短片在金逸国际电影城展映。由法国著名编舞多米尼克·博万创编并表演的现代舞《堂吉·诃德》，用舞蹈对经典故事进行个性化的诠释，在深圳少年宫剧场上演。大提琴演奏家埃马纽尔·贝尔特朗与钢琴演奏家帕斯卡·阿摩耶尔自1999年组建二人乐队以来，灌制的唱片多次获得古典音乐方面最具权威的大奖，在法国乃至欧洲具有非常高的知名度。“琴声弦韵”音乐会融会了浪漫时期的李斯特的代表作，并精选了“现代探戈之父”皮亚佐拉的《大探戈》等曲目，以二重奏的形式向深圳观众展示。在中心书城南区大台阶举行的“法国现代舞蹈史”讲座，由法国著名舞蹈艺术方面的记者、作家菲利普·努瓦赛特主讲，向深圳观众介绍20世纪80年代以来法国现代舞发展历程及最新发展趋势。已在中国举办八届的法国电影展映是首次在非省会城市举办，深圳专业的办展水平和高素质的观众群体给法国电影界留下了深刻的印象，活动也受到了深圳市民的广泛好评。

“中法文化之春”活动现场 ∧

第三届深圳国际友城文化艺术周活动现场 ∧

第三届深圳国际友城文化艺术周 这是深圳市外事办与市文体旅游局共同策划的文化交流品牌，宗旨是以深圳国际友好城市作为平台，向深圳市民充分展示国际友好城市的多元文化艺术，增进深圳与国际友好城市之间的相互了解，促进文化艺术交流与合作，为深圳创建国际化城市营造良好的文化氛围。2007年、2009年，深圳已成功举办两届“深圳国际友城文化艺术周”活动。第三届于12月1日至7日举行。本次深圳国际友城文化周的主题为“四海友情，聚艺鹏城”。来自法国维埃纳省、德国法兰克福市、俄罗斯萨马拉州、以色列海法市、法属波利尼西亚帕皮提市、波兰波兹南市、韩国釜山市等国家和地区的友城艺术家共111人来到深圳交流献艺，在深圳音乐厅、深圳大剧院、保利剧院和盐田区政府市民中心广场展示各自独特的艺术风采，内容包括芭蕾、室内乐、爵士乐、民俗舞蹈、跆拳道、声乐和管风琴独奏等多个门类。在前两届成功举办的基础上，本届艺术周除了坚持“友城积极参与，市民喜闻乐见”的特色之外，还加大了主题策划的力度，力求在活动内容及艺术水准上有新的突破。来自德国、以色列两国两个友城的两支不同风格的爵士乐队，成为本次活动的一道亮丽风景。古典芭蕾舞和南太平洋地区的土风舞蹈，从巴洛克时期的古典音乐和现代风格音乐，都体现了本届国际友城文化艺术周多元化。该活动为深圳与国际友城搭建了高层次交流平台。截至2011年12月，深圳拥有36个友好城市和友好交流城市，遍布世界五大洲，分布于23个国家，对所在国或地区具有一定的政治、经济、文化影响力。各国友城艺术家汇聚深圳，有利于促进国际化城市建设和发展；各国友城以文化艺术交流为载体，加深相互感情，挖掘合作潜力，拓宽发展内涵，有利于开展全方位经济文化交流与合作。

文学艺术“走出去”

深圳画家赴非洲创作交流 2011年12月，文化部决定由深圳派出深圳画院4名优秀画家分两批赴坦桑尼亚、埃塞俄比亚进行为期一个月的创作采风，全部费用由文化部承担。此次深圳画家赴非创作交流是文化部为落实中非合作论坛北京峰会关于中非“文化上交流互鉴”的指导思想，以及中国与有关国家的双边文化协定执行计划的一项重要活动。基于深圳近年来对国家对非文化交流工作的突出成绩，特别是深圳画院连续3年承担了文化部“非洲画家客座访问”项目并取得成功的背景。这也是深圳画家首次代表国家赴黑非洲(撒哈拉以南非洲地区)进行相对较长的创作采风活动，任务光荣而艰巨，肩负着对非文化工作的使命和重任。画家王立兴、陆佳、杨晓洋、于长江等被选派远赴非洲7国开展艺术交流和采风活动。在非洲期间，深圳画家收集了大量第一手创作素材，与当地艺术家进行了广泛交流，并将非洲土著艺术的营养吸收到中国画的创作当中，创作了一批具有浓厚非洲特色的水墨画作品。

体制外艺术家赴奥匈采风 继2008年组织体制外作家赴欧洲进行采风、考察和学习之后，2011年6月13日至22日，市文联再度组织蒋庆北、钟国华、彭家煌、张安慧、卢少武、童志雄、王芳、赵睿等8位体制外艺术家组成艺术交流团，由市文联副主席王廉运带队，赴匈牙利与奥地利展开艺术交流、考察采风活动。这是市文联联络、协调、服务体制外艺术家的一项实质性措施，本艺术交流团成员涵括美术界、摄影界、电影电视界、舞蹈界、戏剧界、书法界、评论界、民间艺术界等艺术门类，具有代表性。在10天的行程中，艺术交流团在奥地利与维也纳第22区国立音乐学院进行了正式交流活动，并在多个城市与乡镇进行了历史、人文、电影、摄影、文学、绘画等艺术交流和采风活动，收获与感受良多。团员们一致表示，市文联的关注与支持，使他们树立了精品意识，强化了创作信心。他们认为，体制外艺术家采风活动效果显著，是开拓体制外艺术家视野，增进文联与体制外艺术家之间交流的一个重要手段，建议形成长效机制，打造成品牌项目；并把此项目结合青年艺术家培养计划统筹考虑，作为扶持体制外年轻艺术家的一个重要手段，争取培养和扶持更多有热情、有创作能力和发展潜力的年轻艺术家。

市文联创意文化调研组赴英国考察 8月28日至9月2日，市文联创意文化调研组由市文联副主席杨宏海为领队，率李亚威、李华、于爱成等成员赴英国爱丁堡、伦敦等地进行实地调研，重点考察文学、艺术在创意产业发展、创意城市建设中的重要作用，切实学习先进创意城市的文学艺术领域的经验做法，以服务于深圳创意文化在文化强省和文化强市建设新形势下新的发展要求。此行后，调研组完成了《深圳创意实体课题调研报告》，针对深圳创意实体现状，提出加强整体指导和规划、建立开放式的创意联合体、创造有利于创意的城市文化环境、加强知识产权保护、正确定位艺术家聚集区等建议。

《东方新韵》意大利都灵专场演出 意大利都灵是深圳的友好城市，也是国际大体联宣布深圳获得2011年第二十六届世界大学生夏季运动会举办权之地。在深圳大运会开幕前夕，受都灵市政府邀请，深圳市文体旅游局于4月8日至16日选派深圳市实验艺术团赴都灵访问，举办了具有中华和岭南文化特色的《东方新韵》专场演出。都灵市政府副市长、都灵市音乐学院院长、中国驻米兰总领事馆领事和1000多名都灵市民观看了演出并热情赞誉。

《神州和乐》在曼谷公演 5月11日上午，中国深圳“神州和乐”佛乐团在曼谷举行“神州和乐”公演。泰国公主朱拉蓬殿下到场观看了这场被誉为“东西方文化完美结合”的演出。深圳“神州和乐”佛乐团是应泰国国际卫塞节大会组委会的邀请，受中国文化部的派遣，前往曼谷参加第八届国际卫塞节及泰国国王84寿辰庆典演出的。这台时长80分钟左右的大型交响乐演出，由序曲“九龙浴佛”，“华藏世界”、“慈悲愿怀”、“禅悦慧风”三个主体乐章及终曲“莲幢光明”共5个乐章组成。整个作品将东方的佛教文化与西方的交响乐完美地结合在一起，以“和谐世界，从心开始”为主题，蕴涵“世界庄严、禅慧圆融、众生欢喜、万物和谐、天地光明”之意蕴，以音乐的形式来阐述中国构建和谐社会之理念。

深圳艺术团赴非洲演出 7月18日，作为2011“中国文化聚焦”的重要项目——深圳艺术团赴非洲访演活动启程。由26人组成的深圳访非艺术团前往非洲的塞拉利昂、乍得和喀麦隆3个国家，代表中国展开为期18天、公演7场的出访行程。2009年11月，中非合作论坛第四届部长级会议通过了《沙姆沙伊赫行动计划(2010-2012年)》，规定“要共同打造中非文化交流‘文化聚焦’品牌，逢双年在中国举办‘非洲文化聚焦’活动，逢单年在非洲举办‘中国文化聚焦’活动”。同年，首届“中国文化聚焦”活动在非洲举办。2011年为第二届，具体承办交由深圳完成。深圳访非艺术团由深圳市实验艺术团、雅特杂技团以及辛宽魔幻艺术团等优秀艺术团体的演员组成，节目内容以中国民乐、民族歌舞、杂技等为主，重点突出中国文化的博大精深和中非人民的友好。

深圳歌舞团赴南太平洋演出 为进一步加强中国与太平洋地区的文化交流，文化部选派

体制外艺术家在奥匈采风 ∧

创意文化调研组与英格兰艺术委员会座谈 ∧

《神州和乐》在曼谷公演 ∧

深圳参展团在伦敦设计展上 ∧

中国当代海报展现场 ∧

深圳歌舞团一行30名演职人员于8月25日赴南太平洋岛国斐济和汤加进行访问演出。深圳歌舞团的演出队伍以世界之窗五洲艺术团为主，还包括福永杂技团、深圳艺校等单位的演员，表演了汇集中国多民族文化传统特色的杂技舞蹈晚会。舞蹈节目包括组舞《中国元素中国风》、维吾尔族群舞《掀起你的盖头来》、藏族舞蹈《康定情歌》等，杂技亮出了《晃管》、《钻圈》、《手技》等绝活，魔术师辛亚飞携曾获文化部文华奖最高金奖的魔术《扇韵》登场，民乐表演《喜洋洋》、《赛马》、《扬鞭催马运粮忙》等以不同的韵味和内涵传递中国民乐风情，为斐济和汤加人民呈现深圳艺术水准。

深圳组团参加伦敦“百分百设计展” 9月22日至25日，全球最具影响力的设计盛会之一——伦敦百分百设计展在英国伦敦举行。“设计之都”深圳首次组团参加这一海外设计展。该展是世界设计领域风向标。2011年英国百分百设计展涵盖室内设计、工业设计等领域，参展商数量突破500家，观众总数达到30,000人。深圳市工业设计行业协会组织了一个实力强大的参展团队，包括了中世纵横、洛可可、融一等为代表的深圳知名设计企业，以及飞亚达、科隆、聚福德、大羽营造等品牌企业共18家机构的代表40多人，全面代表了深圳“设计之都”的水平。首次参展即成为最大展团的深圳设计，受到了该展组委会的高度评价和国外设计机构及材料商家的关注。

中国当代海报在波兰展出 由关山月美术馆策划的中国当代海报展于3月25日在波兰的重要城市波兹南市立当代艺术馆(the Municipal Gallery Arsennal)开幕。共展出中国设计师的海报作品约60幅，其中包括深圳著名设计艺术家陈绍华、王粤飞、韩家英、毕学锋、张达利等人的作品。这是深圳和波兹南两座城市之间的一次重要文化交流活动，波兹南市政府对此次交流活动非常重视，该市文化局长米特曼斯卡和市长办公厅副主任萨本出席了开幕式。当地设计界、艺术界的朋友和部分波兹南大学孔子学院的师生约200人出席了此次交流活动。关山月美术馆馆长、美术家陈湘波等一行4人作为深圳市的代表专程出席了活动。

国际艺术走进深圳

意大利制造LOGO设计展 1月20日至2月13日，“意大利制造LOGO设计展”全球巡展首站在关山月美术馆举行。意大利在世界制造业中占有举足轻重的地位，不少品牌在全世界成为时尚人群追逐的目标。本次展览汇集了30余个意大利知名品牌，通过实物和文字、影像相结合的方式，在现代多媒体技术的支持下，生动形象地融合了意大利的商业、文化、艺术、科技和经济元素，展现了意大利一些重要公司的历程、人、产品、故事、销售区域和社会历史发展的联系、艺术发展趋势、潮流和意大利传统等丰富内容，揭示了意大利产品及艺术设计的创造性和多样性。

观澜版画基地交流展 1月20日，由中国·观澜版画原创产业基地与加拿大环海及大西洋版画艺术家协会(MAAPS)联合主办的“时间·空间——中、加、韩、美当代版画交流展”在观澜版画基地举行。共展出中国、加拿大、韩国、美国4个国家20位艺术家的版画作品40幅。作品风格多样，有的歌颂大自然的美丽和力量，有的揭示人类与社会、与环境的关系，有的则通过视觉隐喻来探索和阐释当代人对人类生命的反思和对终极价值的关注，也有的关注生理环境和人类生活以及人们内心的个体经验。通过艺术，各国人们用心灵触摸彼此的情感和艺术成就，感受彼此的异同，实现相互间文化的理解和包容。本次展览此前已在北京环铁艺术

意大利LOGO设计展吸引深圳观众 ∧

中加韩美当代版画交流展现场 ∧

莫拉与作品 ∧

城展出，计划在北京、深圳、美国威斯康星州和康萨斯州进行巡展，在四国文化艺术交流史上留下绚丽的一页。

2月18日至3月20日，“旅行——科夏夫·莫拉版画作品展”在观澜版画原创产业基地东区展览馆举行，展出法国职业艺术家科夏夫·莫拉创作的45幅版画作品。莫拉是入驻观澜版画原创产业基地的艺术家。此次展览是观澜版画基地首次为外国抽象版画艺术家举办个展，对进一步深化版画基地与国际艺术界的交流、促进版画基地学术建设起到积极作用。

印度现代艺术展 为庆祝中印两国建交60周年，两国从2010年起互办“中国节”和“印度节”。作为在中国举办的“印度节”重要组成项目之一——“印度现代艺术展”巡展经成都、上海、杭州等城市之后，在2010年12月28日至2011年2月28日在深圳博物馆老馆举行。画展融汇了诸多艺术大家的杰作以及他们在这一时代的视觉表达艺术，展出了20世纪初以来部分主要思想流派，旨在展现自19世纪50年代开始印度艺术发展的概貌。不同文化的交融创造出独特的艺术展现手法和绘画语言，讲述了150多年的印度视觉发展史。

哈维·伊诺霍沙摄影作品展 4月26日至5月13日，“玛雅：记忆的空间——哈维·伊诺霍沙摄影作品展”在关山月美术馆举办，共展出墨西哥著名摄影家哈维·伊诺霍沙关于玛雅文明的摄影作品40幅，用一种清晰直接的方式向观众揭示了墨西哥的广袤丛林与在其中繁衍生息了20多个世纪的玛雅人之间的亲密关系，表现出灿烂的玛雅文明的无限魅力。

日本艺术家作品展 为推动中日文化艺术交流，由何香凝美术馆主办、房桦策划的“午夜蓝——佐野缝作品展”于2月26日至3月20日在何香凝美术馆展出。日本当代艺术家佐野缝以女子美大学校长的身份，将其近年来创作的抽象油画作品带给深圳观众，并将本次展出的抽象油画《bleu nuit》赠予何香凝美术馆收藏。“蓝”是佐野缝个人艺术意识与客观世界之间相互角力的象征。此次展出的作品体现其对现实世界、生活细节和场景的一种独特经历和体验，作品中的蓝调魅力，是艺术家于激烈与冷静之中所凝练出的创作主旨。

由深圳画院和深圳观澜版画原创产业基地共同主办的“园山晴巳平版画艺术展”于3月1日至4月3日，在深圳画院陈列厅举行，展出园

“印度现代艺术展”与“玛雅：记忆的空间”展现场 ∧

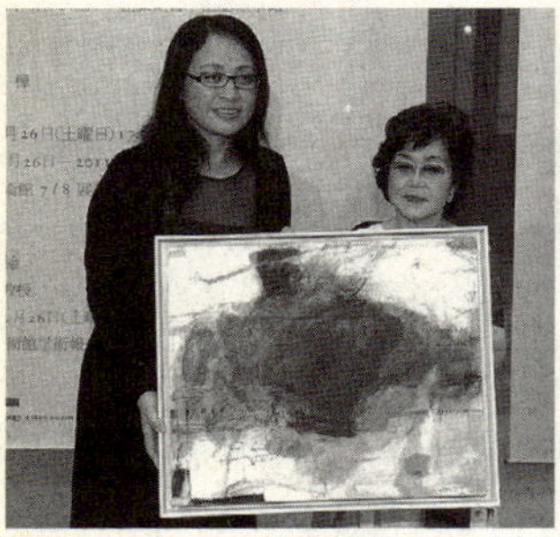

何香凝美术馆收藏佐野缝作品 ∧

园山晴巳的版画作品 ∧

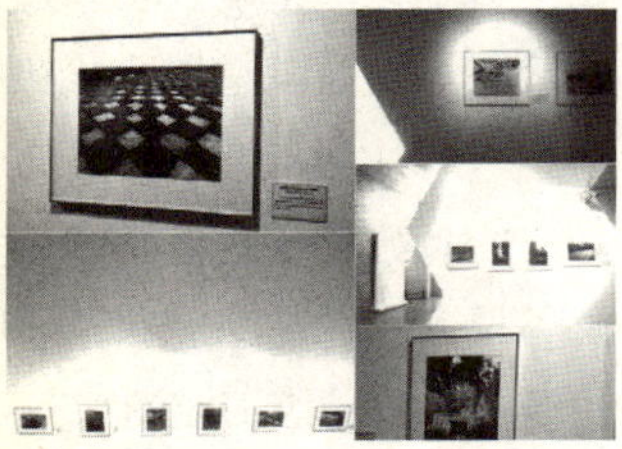

“隐秘在自然中的日本”展览现场 <

山晴巳近30年间所创作的精品力作共60余幅，为深圳观众展示了日本版画家的高超技艺。园山晴巳从事版画创作多年，擅长运用石版画丰富而细腻的调子进行艺术创作，其作品常采用相类似的图式与造型，以具象手法，营造虚拟或宏大而幻化的空间，具有一种超现实主义的氛围。

3月5日至25日，“隐秘在自然中的日本”在华·美术馆展出，展出日本著名艺术设计家、摄影艺术家矢萩喜从郎的85张黑白摄影作品，以独特的艺术之眼，解读日本的风土人情，并以黑白摄影的形式，再现隐秘在自然中的日本。繁华都市的高楼大厦与古老市镇的街巷庭院以及神社寺院，快速的现代生活节奏与恬静的自然景观形成强烈对照，纯美的影像蕴含着作者对人与自然的思考。该摄影展曾先后在美国、加拿大、法国、马来西亚、越南、新西兰、俄罗斯等地巡回展出。

法国艺术家个展 6月4日至6月28日，“静·灵”——法国艺术家米歇尔·马多个展在深圳华·美术馆举行，共展出马多近两年创作的数十幅大尺寸纸本作品及5件雕塑作品。马多的艺术源自西方，但绘画中的元素与理念却和东方不期而遇。2010年初，马多途经中国古都西安，引发他穿越时空的强烈感触，并延续影响到他最新的创作。在巴黎郊外的工作室，马多埋首数月潜心作画，在本次深圳个展上呈现出静美的心灵与骚动的万象交相辉映的景象。

古巴客座艺术家作品展 由文化部主办、深圳市文体旅游局协办、深圳画院承办的“城市共享——古巴客座艺术家作品展”于7月20日至25日在深圳画院美术馆举行，展出来自古巴的两位艺术家路易斯·恩瑞克·卡梅霍·温托、艾贝尔·巴罗索的艺术作品49幅。开幕当日，古巴艺术家进行了一场艺术讲座。两位艺术家在深圳进行了一个多月的艺术交流活动，包括采风、创作、交流、讲座和展览，此次展览的作品都是两位艺术家在深圳的最新创作。展览的主题“城市共享”，表达了他们在中国游历的体验和对中国文化、生活的体悟。

美国艺术家用装置艺术衔接大芬 7月23日至8月23日，第一批入驻大望文化高地的美国艺术家Danny Crump、Karl Hofmann、Terrence Campagna，举办“罕有的衔接”装置艺术展。在为期一个月的展期里，3位艺术家向观众展示他们的创作。这些作品原材料均来自大芬村，通过再创作，使大芬油画村获得一种新的语境。

中法媒体艺术交流展 作为2011年第六届

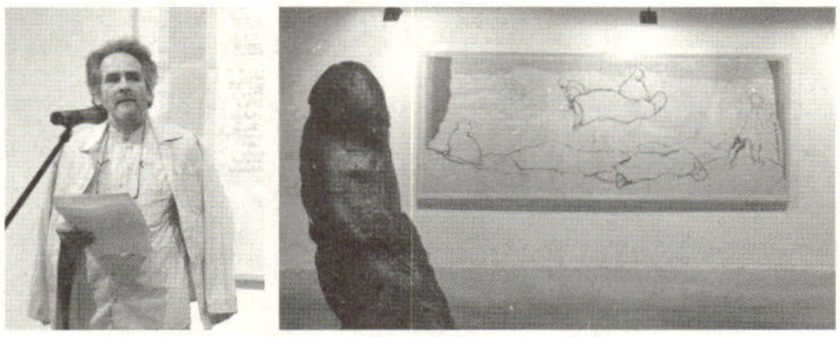

法国艺术家米歇尔·马多在展览现场 ∧

古巴艺术家卡梅霍与巴罗索的作品 ∧

美国艺术家用大芬油画村材料创作作品 ∧

中法媒体艺术交流展现场 ∧

四国艺术家在深创作与展览 ∧

“中法文化之春”的核心活动之一，“感知增生——中法媒体艺术交流展”于8月15日至9月11日在华·美术馆举行。展览由查尔斯·卡克皮诺(法国)与颜晓东(中国)策展，以室内展览、现场表演以及展映等形式，将来自中国与法国对艺术、科技、文化的发展及趋势的洞察和思考，通过近30位具有代表性中法艺术家的28件作品呈现给观者。围绕“感知增生”这一主题，参展艺术家透过作品呈现了他们对于持续中“媒体变革”的洞察与思考。法国媒体艺术活动始终与戏剧、表演、音乐、文学等传统文艺领域间保持有效的互馈机制；中国的新媒体艺术发展大约始于上世纪八九十年代录像艺术发展之际，逐渐向其他媒介延伸，观念上受欧美新媒体艺术的影响。同时，越来越多中国新媒体艺术家不断地结合中国本土现状，对于媒体艺术多线索的发展模式与现状进行反思。中法艺术家的不同观点通过一系列的装置作品进行对话，探讨在数字革命中人类的命运。

四国艺术家进驻深圳 由何香凝美术馆OCT当代艺术中心(简称OCTA)主办的第六期OCTA国际艺术工作室交流计划于8月15日启动，至11月结束。应邀者分别是来自英国的策划人Paula Orrell，来自斯洛文尼亚的艺术家组合Nilka Oblak和Primoz Novak，来自德国的艺术家Thomas Adebah和来自荷兰的艺术家Frank Havermans等。OCAT国际艺术工作室交流计划是常设性交流项目，以推动具有不同学科和文化背景的艺术家之间的有意义的对话为特色。首期启动于2006年9月，每期应邀者入驻3个月进行考察、创作和交流。工作室共设有5套，配有相应的居住生活和必要的创作等软硬件设施，此外，OCAT还提供一定的经费支持应邀者进行考察和创作，为他们的创作、策展、研究提供空间，进行多层面的艺术交流活动。国内外优秀的艺术家、策展人和学者等相关领域的艺术工作者均有资格自愿申请。2011年11月11日，第六届OCAT国际艺术工作室汇报展在OCT当代艺术中心开幕，展期至2012年1月8日。汇报展以“明天，谁说了算？”为主题，4位艺术家用新的视角对明日、未来的艺术景象作出探讨和解读，给深圳艺术家和市民带来不同角度的艺术体验与启示。

泰国艺术家联展 11月22日，9位来自泰国的艺术家携作品以“我为什么来到这里？”为题，在大望文化高地联展，透过雕塑、油画、装置等展示他们眼中的中国和深圳。此次参展的9位艺术家在泰国本土和国际上都有一定影响。其中，Vasan是一名多产的综合门类艺术家，其艺术作品表现出多元的主题和风格。从泰国国立艺术大学毕业的Rattana Salee、Suwanee、Jittagarn等其他8位艺术家，都通过不同的视角和多种创作方式，围绕人们在大城市里的不安、孤单和沮丧展开创作，呈现出对城市文明的忧虑。这9位艺术家中有几位在展览开始之前已入驻大望文化高地，并进行了为期两个月的创作。在展览中，观众可以感受泰国艺术家对国际和本土问题的解读和他们眼中的深圳。

荷兰艺术家“物华·墨色”展 荷兰艺术家苏珊·雷金德斯(Susan Reijinders)于2011年应深圳画院之邀，来到深圳进行为期两个多月的客座交流。12月28日，“物华·墨色——荷兰艺术家苏珊·雷金德斯水墨作品展”在深圳画院开幕。展览分“葡萄园”、“韵律”、“牡蛎”、“花卉”四个系列水墨作品，前两个系列是来华以前创作的作品，后两个系列作于深圳。在深圳创作的作品中，运用了水和墨在生宣纸上的晕化、渍留、撞水、撞墨等技法，打破了固有的“程式”，拓宽了当代水墨画表现领域。

举办联展的泰国艺术家与作品 ∧

荷兰艺术家苏珊作品展开幕式及作品 ∧

深圳与港澳台交流合作

深港“三十乘三十创意展” 4月8日至5月25日，“What’s Next三十乘三十创意展”在深圳华·美术馆开幕。展览以香港艺术家黄炳培(又一山人)30年创作历程为线索，邀请30位国内外艺术家，展开多重对话与创作。李永铨、陈幼坚、王序、刘小康、卢冠廷、韩家英、欧宁等深港设计艺术名家出席了开幕式。这是包揽国际30人、跨越30年的一份创意榜单，有标杆性大师、有创意中坚、也有备受推崇的新生力量；这也是一个人30年的创作历程和际遇，回顾过去、关注当下，并叩问未来。展览分为“社会”、“理想国”、“时间·生命”三部分。靳埭强、朱铭、中岛英树、山本耀司、王序、原研哉、John Clang、施德明、马可、蔡明亮等30位创作人通过30组跨平面、建筑、服装、摄影、电影、音乐、雕塑、装置等范畴的作品，传递来自不同背景的创作人对自我与社会的认知以及对自然与生命的思考；作为策展人兼参展人的黄炳培用30件作品分别与之对应，从而形成对话姿态。同时展出的还

“三十乘三十创意展”作品

“1+1——两岸四地艺术交流计划”展览现场

深港澳第二届中国诗人节大会与会诗人合影

领导和嘉宾为辛亥革命百年两岸四地书画联展剪彩

澳门、深圳美术家中国画联展作品与现场

王英伟与罗烈杰互赠礼物

深港澳交流持续深入

有黄炳培与30位创作人通过现场录影、书信、邮件、blog、电台节目、skype、电话等方式形成的一对一的访谈资料，力图共同传递对于未来的思考。此次展览在深圳结束后，移师香港进行巡展。

“两岸四地艺术交流计划” 近年来，何香凝美术馆以“两岸四地艺术交流计划”为平台，致力建立一个地缘文化意义上的当代艺术交流机制。继2008年的“出境”、2009年的“蝴蝶效应”之后，第三届“艺术交流计划”以“1+1”为主题，将交流进一步推向具体和深入。“1+1”是指两位不同地区艺术家的创作组合。合作或许会出现几种不同的结果：一种是合作顺畅，作品相对和谐而充分；一种是无法合作，作品呈现出不同的冲突样式；还有一种是中间状况的，合作牵强、别扭而呈现出指向不完整的作品形态。该计划启动之后，来自两岸四地的14位艺术家、两组设计师在跨地区的前提下进行自由组合，产生出7个艺术家组合。为使合作能够充分展开，何香凝美术馆支持每组艺术家中的一位访问对方的工作室，先后有4组艺术家组合，在前期通过邮件、电话沟通的基础上，聚集到其中一方的工作室，实施后期的细节调整和制作。在项目实施中，不断有各式各样“情理之中，意料之外”和“情理之外，意料之中”的事情发生，类型各异的7组作品(49件)和一套平面设计方案是最终呈现的交流成果之一，它们打开了许多此前从未触及到或未曾深入的话题。

作为坚持以实验性为工作方向的艺术项目，“两岸四地艺术交流计划”不断探索当代艺术创作、展出、推广中的多元化、开放性和包容性的同时，注重发掘它与美术馆所在地深圳的人文状况的内在关系。4月3日至5月8日，由冯博一担任策展人的“1+1——两岸四地艺术交流计划”展览及一系列活动向社会开放。

参与艺术家有百强、邬建安、白小刺、梁远苇、陈志建、魂游、何明桂、苏约翰、黄卓轩、刘俐蕴、单凯悌、赵赵、许雅舒、姚仲涵。艺术家们通过项目回顾座谈会、讲座等，把开幕式变成面向公众的艺术交流主题日。在“1+1”的基础上，丰富、扩展其交流的内涵。

此项目开展以来一直得到两岸四地艺术机构和艺术界人士的支持，本届展览在何香凝美术馆展出后，再赴香港艺术中心、台北关渡美术馆巡回展出，使“计划”在两岸四地的框架下有更多更实际的接触空间，创造更多的在艺术上交互往来的机会。

深港澳第二届中国诗人节大会 6月6日端午节，为纪念屈原，以“诗魂、国魂、民族魂”为主题的“深港澳第二届中国诗人节大会暨弘扬中华文化特殊贡献奖颁奖典礼”在深圳文艺会堂举行。该活动由香港诗词学会主办，深圳市书画家协会、市戏剧家协会、中华诗词网协办。香港诗词学会会长林峰、常务副会长唐大进，中华诗词学会驻会会长郑伯农、常务副会长李文朝、副会长刘麒子，中华诗词学会顾问岳宣义、梁东，深圳市老领导厉有为，深圳大学校长章必功，市文联副主席杨宏海，市剧协主席从容以及来自香港、台湾，以及新加坡、马来西亚、美国、法国等诗界名流50余人和内地多个省市、深圳的诗人400多人出席了大会。

“中国诗人节大会”创办于2009年端午节，此为第二届。本届活动由“当代诗词的现状与未来”主题研讨、“善缘杯”诗词书画作品邀请展、诗歌朗诵会、颁奖仪式等四部分构成，诗歌朗诵、古诗新唱、诗词吟唱、传统乐器演奏和京剧演唱等表演令大会充满诗情。大会颁发了“特殊贡献奖”，何鹰、马家楠、黄坤尧、许连进、梁旭龙、高山、蔡丽双、叶国兴等诗人荣获此奖。与会诗人豪情四溢，诗情勃发，为大会留下了许多诗篇。

辛亥革命百年两岸四地书画联展 12月13日，庆祝辛亥革命100周年两岸四地书画联展在澳门提督马路林则徐纪念馆二楼拉开帷幕，展出由深圳市企业联合会、深圳报业集团、《时代商家》杂志社、深圳市时代商家书画艺术研究院推荐的78幅作品。其中，有香港作品8幅、台湾作品5幅、澳门作品5幅。全国政协常委、中国书法家协会副主席苏士澍，中国书法家协会分党组书记、驻会副主席赵长青，全国政协委员、澳门中华总商会会长马有礼，澳门中联办副部长刘晓光，澳门书法家协会主席连家生等出席了开幕式。此次活动，是在深圳举办的“纪念辛亥革命100周年，深港澳台书法绘画摄影展”后，应澳门书法家协会邀请赴澳联展的。

澳门、深圳美术家中国画联展 在辛亥革命100周年、庆祝澳门回归12周年之际，由澳门广州地区联谊会、赏心堂(澳门)书画会、澳门理工学院主办，深圳美术馆、深圳市民进画院和深圳市谷风画院协办的“澳门、深圳美术家纪念辛亥革命一百周年暨庆祝澳门回归十二周年中国画联展”于12月28日在澳门理工大学体育馆开幕，澳门和深圳两地画家聚会濠江，以画会友，共展出112幅作品，这是自澳门回归后澳门深圳两地参展画家人数和作品最多的一次展览，参展画家有年逾八旬的老艺术家，有青年画家中的佼佼者，堪称两地文化艺术交流的盛事。深圳方面参展的画家有宋玉明、祝焘、游天云、陈广发、邹明、潘喜良、马顺先、于长江、高坤水、尹晶华、刘声雨等。开幕当日，澳门深圳两地画家在澳门理工学院举行了笔会，深圳美术家现场创作了《峡江图》、《牧归》、《红了樱桃，绿了芭蕉》等作品。展览期间，澳门城市大学学生积极参与，透过欣赏国画艺术，学习中国绘画精粹。

2011深圳湾艺穗节 由深圳市南山区政府、深圳湾艺穗节组委会主办的深圳湾艺穗节始创于2010年。2011年第二届艺穗节分为巡游、节目、加料活动及特别项目四个版块，并对四个版块进行了独立策划，每个部分都囊括不同地域、风格各异的作品。

艺穗大巡游是最受大众欢迎的全民参与活动。社区、社会团体、学校、艺术家及商业机构共同参与其中。奇装异服的表演者，出人意料的可移动艺术装置，另类的行为艺术随时出现。巡游期间不设栅栏，巡游队伍沿途邀请民众加入队伍。本届大巡游设立了多个大奖，其中包括：艺穗星球大奖、艺穗精神大奖、艺穗视觉大奖、艺穗评委大奖、GAGA最爱大奖、DADA最爱大奖等。

在节目板块舞蹈方面，《青年舞蹈双城2012》由来自香港和广州两地的青年现代舞者，利用鱼篓长廊的独特空间，演绎9位年轻编舞家的7台作品，将“我型我秀”的舞蹈带入市民公共空间；《圆艺共生——社区艺术共融深圳湾艺穗之旅》是一项结合舞蹈、剧场、音乐及绘画跨媒体的社区艺术计划。在悠扬的音乐伴奏下，残疾人士翩翩起舞，一起享受着跳舞的乐趣，展现自己独特而美丽的动作词汇，残疾艺术家的精彩演出更加引起观众对生活及艺术的思考。《踢踏飚城》带来了一场“听得见的舞蹈，看得见的声音”的舞蹈体验，舞蹈进行及结束后，舞者们通过教授观众踢踏舞基本舞步与观众进行互动，让观众在观赏演出的同时，亲身体验踢踏舞。作品《寻找》由多个地区的艺术家合力创作，利用巴黎摄影师作品制作的现场装置，舞者将自己的身体沉浸在不同的影像中，通过舞蹈语言表达出都市男女在城市空间中的各种生活感受，让城市居民在接触先锋艺术的同时，引发他们对城市生活的思考。《把我带到水边》在蓝色多瑙河圆舞曲的美妙旋律下，来自南宁的舞者在天利广场水上木制舞台自由奔放地起舞。唯美的肢体语言与妙趣的艺术表式，与艺穗节的户外场地产生化学作用，为观众带来意想不到的惊喜。

戏剧方面，由香港艺穗默剧实验室表演的《都市男女chok chok chok》，通过三个短篇面具剧演绎都市中的亲情、友情、爱情。香港音乐剧旗舰剧团用纯粤语演出了《恋爱轻飘飘》，该团演戏家族还跳离剧院走到深圳的大街上演出，以音乐，舞蹈及幽默将爱情的喜、怒、哀、怨，以别具一格的方式与大众分享。由艺穗节顾问杨阡带领的胖鸟剧团表演的原创戏剧《曼陀罗》结合了艺穗节科幻和关注生态的特色，与观众一道思考人类与地球的关系以及未来。《一人一故事剧场》由深圳本土的牙牙剧社和香港一代人公社首次合作，在封闭的空间中，每个观众都是有故事的

2011年深圳湾艺穗节汇聚了深港澳穗等地的艺术家，涵盖舞蹈、戏剧、音乐、美术、影视等艺术门类

客家音乐联谊会赴台湾交流演出

人，观众看着演员将自己的故事演绎出来，对尊重和聆听的意义有了更深的理解。《Défilé欢乐之旅》默寄默剧团穿上色彩缤纷的戏服、化上瑰丽夺目的妆容，游走于观众之间。通过默剧短篇、小丑表演、面具即兴表演等为观众带来了不一样的欢乐，《仲夏夜之梦》为观众呈现了富有专业水平的小剧场话剧，舞台简单却极具氛围，服装丰富而精致，深大表演系的学生全新演绎了莎翁的经典戏剧。

在音乐方面，来自香港的艺术家萱宁以《心宁对话》为题，为观众演唱了10首歌曲，并在舞台旁设有投影放映其多年来的绘画作品，画作投影与现场音乐表演融为一体，在安静的氛围中，观众聆听音乐，欣赏画作之余，也与萱宁进行了近距离的交流。《路灯下的爵士音乐会》将爵士乐带到深圳街头。“玩具船长乐队”是一支使用潮汕南澳岛方言来演唱的乐队，其音乐模式为中国根源文化融入世界音乐提供了又一种可能性。《摇摆爵士派对》是香港艺穗会力荐的节目，乐团由19位对音乐充满热诚的年轻人组成，年龄最小的仅15岁，鼓励年轻人透过音乐表达自我。由香港orange无伴奏演唱团队演出的街头音乐会演出方式自由多样，为观众带来多重体验。《2011：太空漫游》是配合本届艺穗节的未来主题量身定做的节目。来自欧洲，以及台湾和香港地区的电子乐手HGDC(Happy Gorilla Dance Company)、fish.the, DJDee(李劲松)共演一部向人类想象力致敬的华彩乐章。伴随科幻电影经典场面，在没有终点的宇宙里漫游,伸向无限的未知。

在展览方面，《幻空绘卷插画展》由一群热爱绘画、热爱自由、爱幻想的年轻人创作而成，将艺术融入公共场域。《武术文化传统展览——“武林宝藏”》由群英民间武术俱乐部承办，通过展示各种武术相关用品和兵器，现场演示武术以及和观众互动，令观众了解中华文化传统之一的武术。《木偶展览》集合了澳门艺穗节巡游上展示过的艺术作品和深圳湾艺穗节社区工作坊上创作出的人偶作品。

在影展方面，“艺穗·电影+映像展”是艺穗节独立策划的艺术项目，分为海岸影城放映、拾穗馆放映、露天放映、圆筒艺术空间放映4个部分，在非商业电影和独立影像两个层面上展开，向观众提供院线以外的电影欣赏选择，与上一届相比，增加了国外的作品放映，令活动更具国际视野。

在加料活动中，在社区开设工作坊，让社区居民亲身参与艺术创作，让艺术成为社区居民日常生活的一部分。

深圳客家音乐唱响宝岛台湾 应台湾乡土艺术国际文化交流学会邀请，深圳布吉客家音乐联谊会组织了27人的赴台湾文化交流团，于11月20日至26日赴台湾进行客家文化交流活动。活动期间，进行了客家音乐文化专题座谈会和晚会演出等项目，深圳客家乐团为当地群众献演了一台精彩的客家山歌、汉曲、汉乐节目。具有专业水准的精彩演出，原汁原味的客家文化节目，受到当地台湾客家乡亲的称赞。

深化文化交流合作 3月，香港中联办宣传文体部刘汉祺副部长一行5人来深交流，受到市文联的热情接待。5月，应香港艺术发展局邀请，市文联党组领导参加2010香港艺术发展奖颁奖礼。7月5日至6日，市文联组织挂靠文艺类社会组织负责人一行11人前往香港艺术发展局学习、交流，与香港艺发局行政总裁周勇平进行了深入座谈，就深港庞大的艺术需求、对口社会文艺类组织交流合作、文艺项目合作走上实质化进程进行了深入探讨，并参观了香港石硖尾“赛马会创意艺术中心”、香港艺术馆、香港文化中心，香港文化博物馆。参加人员反映香港之行不仅在艺术资讯方面收获很多，还了解到香港文艺社会组织发展情况，希望以后文联能多组织类似活动。7月20日，第二十二届香港书展开幕，市文联、市作协组织深圳优秀文学作品参加香港书展，参展作家与香港作家进行座谈。12月21日，香港艺术发展局主席王英伟、行政总裁周勇平、委员戴杰文、方文杰等一行6人应邀来深，进行文艺交流活动。市文联主席罗烈杰宴请香港客人一行，并共同观摩由市戏剧家协会承办的第二届诗剧场《穿越百年》演出；市文联副主席谢君心陪同香港一行参观了华强文化科技集团、华侨城欢乐海岸。深圳市文体旅游局与香港联合举办年度深港文化交流工作会议，推进两地社区体育交流。充分发挥深圳图书馆等全国首批粤港澳文化合作示范点的作用，共同举办2011年“4·23世界读书日主题创作比赛及深港获奖作品联展”等活动，进一步推进深港两地文化资源共享。拓展深澳文化交流与合作内容，与澳门签署《文化创意产业合作意向书》和《旅游合作备忘录》，组织重点文化企业赴澳门访问交流。成功承办“香港·台北·上海·深圳城市文化交流会议2011深圳年会”，受到媒体的广泛关注，提升了深圳文化的影响力。

组织建设

深圳市第六次文代会召开

深圳市第六次文代会自2010年9月开始筹备，于2011年9月21日开幕，9月22日圆满结束。这次大会，是深圳文艺界承上启下、继往开来的新起点。

深圳文艺界盛会

9月20日至22日，深圳市文学艺术界联合会第六次代表大会在市委党校隆重举行。广东省委常委、深圳市委书记王荣在开幕式上发表重要讲话，深圳市市长许勤为大会作关于当前经济形势报告。省文联党组书记、副主席白洁出席开幕式并致词。大会开幕式由市委常委、宣传部长王京生主持。市人大常委会副主任闫小培、副市长吴以环、市政协副主席林洁，省作协党组副书记孙丽生，深圳文艺界代表433人和特邀代表以及港澳文艺界嘉宾出席了大会。中国文联，青岛、大连等14个副省级城市的文联专门给大会发来了贺信贺电，市妇联主席蒋立代表深圳市人民团体致贺词。

这是深圳文艺界共商文艺事业大发展大繁荣大计，规划蓝图，承先启后，继往开来的一次盛会。这次大会的主要任务是：认真总结过去7年来的工作，研究部署今后5年的工作任务，修改市文联《章程》，选举产生市文联新一届领导机构，团结和带领广大文艺工作者，继续解放思想、实事求是、与时俱进、锐意创新，为全面提升城市文化软实力，建设文化强市，推动文艺事业大发展大繁荣作出新的贡献。

市第五次文代会召开于2004年。在过去7年，伴随深圳经济建设持续发展，城市文化软实力不断增强，文学艺术蓬勃发展。广大文艺家、文艺工作者积极投身火热的现实生活，“在人民的历史创造中进行艺术创造，在人民的进步中造就艺术的进步”，努力肩负起创作文艺精品，打造文艺品牌，构建和谐社会，推动文化体制改革的历史重责，努力满足人民群众多样化的精神需求，艺术影响力在国内外不断提升。王荣书记在第六次文代会开幕式讲话中对此给予了高度评价：“这些丰硕的成果，充分说明我市文艺创作成绩是出色的，广大文艺工作者是优秀的！深圳过去31年创造了工业化、城市化、现代化的奇迹，深圳的文化发展同样创造了奇迹！”

王荣在讲话中要求全市文艺工作者牢记胡锦涛总书记的殷切嘱托，肩负新使命，把握新机遇，再创新业绩，当好文艺事业发展的“领头羊”，并提出了四点希望：一是要牢记崇高责任，努力唱响时代主旋律。二是要坚持源于生活，努力打造群众喜爱的精神产品。三是要坚持改革创新，努力开创文艺创作新天地。四是要坚持德艺双馨，努力成为人民推崇的文艺家。

王荣出席文代会并发表重要讲话，图为王荣接见深圳文艺家 ^

许勤在文代会上作关于当前经济形势报告 ^

深圳文学艺术中心项目建设启动仪式 ^

许勤在作当前经济形势报告中，要求文艺界要勇于追求卓越，文艺事业发展要努力实现“三个一批”，即涌现一批德艺双馨的文艺名家，推出一批广为传颂的精品力作，创造一批影响深远的文艺品牌。

在为期两天的会议期间，代表们紧紧围绕着推动文艺大发展大繁荣这一主题，认真学习体会领导讲话精神，履行义务，同商大计。大会审议通过了市文联党组书记罗烈杰代表市文联第五届委员会向大会所做的题为《立足新起点，牢记新使命，为率先实现文艺大发展大繁荣作贡献》的工作报告；讨论通过了修改后的《深圳市文学艺术界联合会章程》。

大会在公开、公平、民主的选举程序中，选举产生了市文联第六届委员会。根据深圳市文联第六届委员会第一次全体会议的选举结果，罗烈杰当选为深圳市文联第六届委员会主席，谢君心、冷炳冰、钱强、梁宇当选为专职副主席，杨争光、杨黎光、林树森、陈新亮、陈钦硕、李也平、于长江、茹仙古丽、苏春梅当选为兼职副主席。任命谢君心为市文联第六届委员会秘书长。

大会选举产生市文联第六届委员会和主席团 ∧

根据《深圳市文学艺术界联合会章程》相关规定，经市文联第六届主席团推举，特聘董小明为深圳市文联第六届名誉主席。王子武、冯刚毅、卢绍武、吴启泰、但昭义、何煌友、其加达瓦、郑凯南、姚关荣、胡经之、蒋开儒、彭名燕、斯英琦、熊源伟等14位艺术家被聘为市文联荣誉委员。

新一届文联主席团提出了今后 5 年的工作思路和工作重点：以率先繁荣为第一要务，以构建和谐为第一主题，以创新突破为第一出路，以提升服务为第一责任，努力破难题、拓空间、增后劲、上台阶。面对新形势、新任务，广大作家艺术家、文艺工作者有信心、有能力担当新使命，在深圳这片改革开放的热土上锐意进取、大胆创新、不负众望，努力创作出更多无愧于时代和人民的优秀作品，为深圳文艺事业的大发展大繁荣做出新的贡献。

深圳文学艺术中心项目建设启动

市第六届文代会期间，举行了深圳文学艺术中心项目建设启动仪式。王荣、白洁、王京生、闫小培、吴以环、林洁、孙丽生等领导及胡经之等知名艺术家出席了启动仪式并为此项目剪彩。这是深圳文化建设中的一件标志性大事，是市委市政府送给文艺工作者和广大市民的一份大礼。

深圳文学艺术中心项目于2006年立项，是深圳市政府的重大建设项目，地处市中心黄金地段，占地1万平方米，建筑面积4.3万平方米，总投入5.1亿元。深圳文学艺术中心以原创为基本定位，兼有文艺创作实验、创意开发、作品展示展演、综合服务功能，设计上分为视觉、演艺、影像与文字四个空间，包括专业展厅、创意剧场、城市舞厅、艺术影院、录音间、名家工作室、当代文学馆、文艺图书馆、市民

深圳市文化艺术专家联谊会成立大会现场 ∧

文化大讲堂及服务配备，建成后将是一个开放性的大型公共文化设施。一方面，它大力支持原创，为我市文艺工作者提供文艺原创基地，艺术家具有创造性、实验性的原创项目都可以在此完成并进行展示和交流；另一方面，它为广大市民提供一个享受公共文化服务的地方，满足市民文化创造的权利，市民可以在此参与文化创造，接受艺术熏陶，分享文化成果。

文学艺术中心的兴建，既实现了文艺工作者的长期心愿，也完善了深圳文化设施的布局，体现了市委、市政府对文艺事业的重视和文化建设上的大手笔，必将对市文联打造全市最大的“创意联合体”、对深圳文学艺术事业的繁荣发展，提升城市文化品位和影响起到积极的推动作用。

深圳市文化艺术专家联谊会成立

7月12日，深圳市文化艺术专家联谊会第一次会员大会在大中华喜来登酒店召开。大会审议通过了《深圳市文化艺术专家联谊会章程》(草案)，选举产生了第一届领导班子。董小明任会长及法人代表，龙兆曙、邓一光、茹仙古丽、姚峰、吴庆捷任副会长，王廉运任秘书长。该会是在市委组织部、宣传部、市民政局的关怀和支持下，由本市各艺术门类专家和社会知名文化人士共53人发起，自愿组成，经市民政局注册批准成立的地方性、联合性、非营利性社会组织，由深圳市文联主管和业务指导。该会的宗旨是：遵守宪法、法律、法规和国家政策，遵守社会道德风尚，以马列主义、毛泽东思想、邓小平理论、三个代表、科学发展观为指导，坚持文艺为人民服务、为社会主义服务的方向，贯彻“百花齐放，百家争鸣”的方针；联络、团结广大文艺专家，增进友谊、服务社会；尊重艺术规律，发扬民主，促进我市文艺事业的繁荣和发展，为社会主义精神文明建设，为改革开放和社会主义现代化做出贡献。该会的业务范围是：(一)打造学术交流和合作的平台，加强与文学艺术界高级知识分子的联系，促进高级知识分子之间感情、知识、信息的交流和技术合作，巩固和壮大文化艺术界人才队伍；(二)为会员提供联络、协调、信息咨询等服务，维护会员在学术活动中的合法利益；(三)组织学习、研讨、采风、创作等学术活动；(四)举办演出、观摩和交流活动；(五)为市委市政府献计献策，提供文化决策咨询；(六)承担政府委托的符合本会宗旨的其他事项。该会的成立，是市文联推进“文化强市”建设的一个重要举措，旨在充分发挥深圳文化艺术界专家站在文化艺术创作的前沿和高端，熟悉文学艺术规律，学术造诣深厚等优势，推动深圳文化艺术事业的创新与发展，为提升深圳的文化软实力做出更大的贡献。目前，市文化艺术专家联谊会的会员涵盖了深圳文化艺术多个门类，除了文学艺术范畴的文学、戏剧、音乐、舞蹈、美术、影视、评论、摄影、书法、民间文艺、杂技、曲艺等之外，还有设计等门类。这些会员，皆是享受国务院、广东省政府、深圳市政府特殊津贴的高级人才，在各自专业有一定的造诣，获得省部级以上重要奖项，在市内外有一定影响的文艺专家，以及各文艺门类带头人或其行业有较强代表性的文化艺术工作者。他们是深圳30年文化艺术发展与繁荣的参与者、创造者，是文化创新的开拓者、推动者，是优良文风和学术道德的践行者，更是建设文化强市的重要力量。专家联谊会将发挥桥梁纽带作用，成为培养深圳文化艺术人才，出精品、出大家的重要平台。深圳市文联党组书记罗烈杰，党组成员、专职副主席谢君心、冷炳冰、钱强、梁宇出席了大会并热烈祝贺专家联谊会的成立。

文化产业

2011年度相关政策规划

2011年，深圳文化产业的发展势头强劲，呈现良好的发展态势：一是“文化与科技”、“文化与旅游”的高度融合，一批代表未来文化产业发展方向的新业态不断涌现，为全国做出示范，发挥带动作用；二是印刷、工艺品等一批传统优势文化制造类企业充分利用高新技术手段，不断强化创意设计环节，推动了传统文化制造企业的优化升级，加快了“深圳制造”向“深圳创造”的转变；三是文化产业园区基地建设不断发展，产业集聚带动效应逐步呈现；四是文博会已经成为推动全国特别是深圳文化产业发展的重要平台。文化产业成为深圳市最活跃、最具竞争力的第四大战略型新兴产业。

《深圳文化创意产业振兴发展规划》及配套政策出台

9月15日，市政府五届三十八次常务会议审议并通过了《深圳文化创意产业振兴发展规划(2011-2015年)》(以下简称《规划》)及配套政策，10月12日，市委常委会讨论并通过了《规划》及配套政策。

市委市政府对全市文化改革发展工作高度重视，2010年7月，广东省委召开建设文化强省工作会议期间，王荣代表市委市政府提出了争当文化产业龙头大市，努力建设文化强市的新的战略目标。许勤指示市委宣传部、市发改委、市文体旅游局认真落实中央、省委和市委的要求部署，抓紧研究编制《规划》及其配套政策，努力把文化创意产业打造成为重要的战略性新兴产业。为做好《规划》及配套政策的编制工作，2010年8月初专门成立了由许勤任组长，王京生、吴以环任副组长的领导小组，具体由市委宣传部、市文体旅游局分别牵头组成规划和政策起草课题组，市发改委、市科工贸信委、市财政委、市规划国土委、市统计局、市法制办等有关部门协同推进此项工作。许勤先后6次主持专题会议听取课题组汇报，10多次作出重要批示，亲自指导，就《规划》及配套政策进行深入研究和修改完善。王京生直接指挥和督导课题组做好起草工作，吴以环等市领导多次参加专题汇报会，对《规划》及配套政策的修改完善提出意见。《规划》初稿多方征求意见和建议，历经30多次较大规模的修改，逐步趋于成熟。

《规划》及配套政策的出台，成为指导深圳2011-2015年间文化创意产业发展的纲领性文件。深圳站在新的历史起点上，提出将文化创意产业定位为重点和优先发展的战略性新兴产业，这在全国各大城市中是第一家。

《规划》明确了深圳文化创意产业5年发展目标——“2011-2015年，文化创意产业年均增长25%左右，2015年文化创意产业增加值达到2200亿元，文化创意产业总产出超过5800亿元，使文化创意产业成为深圳重要的战略性新兴产业和国民经济支柱性产业。”根据《规划》，2011-2015年，市政府每年集中5亿元资金，设立文化创意产业发展专项资金并制定相应管理办法，用于引导和支持文化创意产业的发展。在加大投入的同时，深圳还将构筑文化人才高地，面向国内外重点引进文化创意产业的领军人物，积极探索建立各种类型的创意人才工作室。

2003年，深圳开始实施“文化立市”战略，把文化产业确定为四大支柱产业之一，深圳文化产业，特别是作为新型业态的文化产业发展受到全国瞩目，产业环境不断优化，发展模式特色鲜明，行业发展全国领先，产业规模不断扩大，2004至2010年，文化创意产业增加值占全市GDP的比重由4.6%提高到7.6%，2011年文化创意产业增加值达726亿元，位居全国大中城市前列。文化产业成为带动经济快速健康发展的重要引擎。

根据《规划》，2011-2015年，深圳在推动文化创意产业发展中重点发展十大产业。《规划》提出，深圳将强化文化创意支撑和科技创新支撑，重点发展创意设计、文化软件、动漫游戏、新媒体及文化信息服务、数字出版、影视演艺、文化旅游、非物质文化遗产开发、高端印刷、高端工艺美术等10大产业，努力形成新的特色优势领域，不断提高产业综合实力。此外，还提出了发展文化创意产业的8大任务，包括加大产业创新力度、着力构建产业支撑平台、提高产业集约化水平、做大做优做强文化创意企业、优化产业布局、推动文化创意产业“走出去”、深化文化创意国际和区域合作、积极扩大文化消费共8个方面。

为全面提升文化创意产业发展水平，根据《规划》要求，深圳市将实施会展平台、技术支撑、产业集聚、文化金融、传播推广等5大工程。其中，会展平台工程明确了“将文博会打造成为国际知名品牌”的目标，提出“到2015年，展会总成交额达到1800亿元以上，出口额超过30亿美元，使文博会成为展示我国文化改革发展成果的重要窗口、促进文化创意产业发展的重要引擎、推动中华文化‘走出去’的重要平台”。文化金融工程提出，积极推动文化创意企业上市融资，力争10家左右的文化企业实现上市目标。

同时出台的《深圳文化创意产业振兴发展政策》与规划的内容相衔接，涵盖了文化创意产业发展的机制建设、核心要素、市场环境、保障条件等关键环节，重点解决资金投入不足、原创内容产业薄弱、关键技术研发能力不足、市场主体竞争力较弱和投融资瓶颈约束等问题。

《规划》和配套政策有三个突出特点：一是战略定位高。不但把文化创意产业定位为国民经济支柱性产业，而且更进一步将其定位为重点和优先发展的战略性新兴产业，这在全国各大城市中是第一家。二是《规划》及其配套政策同步起草，相互衔接，同时推出，让《规划》在第一时间落地，尽快得到落实，尽快见到效果，这在国内也是少见的。三是把握中央的精神到位，充分体现和贯彻了胡锦涛总书记在庆祝建党90周年大会上的重要讲话、在深圳经济特区建立30周年大会上的重要讲话，尤其是大运会期间要求深圳“争当文化产业发展的领头羊”的重要讲话精神，也充分体现和贯彻了中央关于加快文化产业发展的最新部署，特别是李长春、刘云山同志于第七届文博会期间在深召开的文化改革发展座谈会、文化产业发展座谈会的重要讲话精神。

宣传文化事业发展专项基金年度批准扶持项目253项

1994年，深圳市委市政府批准建立了宣传文化事业发展专项基金，专项用于扶持深圳市宣传文化事业发展和精神文明建设。“深圳市宣传文化事业发展专项基金领导小组”为其领导决策机构，下设深圳市宣传文化事业发展专项基金领导小组办公室(以下简称基金办)，具体承担基金的日常管理工作。这是全国较早设立的文化基金之一。基金秉承“资助公益文化，推动文化创新，促进文化交流，扶植文化人才，鼓励文艺创作，推进文化立市战略实施和建设高品位文化城市的进程，致力于宣传文化事业的繁荣发展”的宗旨，按照“公开、公平、公正”的原则，实行“项目申报、专家评审、社会公示、科学决策、绩效评价”的联动式管理。据统计，基金办2011年全年共收到年度项目申报506项，涉及申报金额7.5亿元。其中，宣传文化系统外的组织、机构共申报项目58个，占总申报项目的比例为11.2%。2011年度基金合计共批准项目253项，总金额约2.4亿元。基金资助逐步面向社会，拓宽了资助对象范围，有效调动了社会其他宣传文化组织、机构和个人参与文化事业建设的主动性和积极性。

在市委市政府和财政部门的支持下，经过十几年的发展，基金已形成一整套完善的项目资助申报流程、项目审批程序、资金用途监管跟踪、项目绩效评审等制度，开创了一种全新的政府性文化基金运行管理模式：一是以项目管理为对象。通过项目运作，配置社会资源，转变了行政事业单位经费划块统筹的粗放管理模式，增强了政府资金投放的指向性和有效性，有利于项目决策、文化资源配置、项目实施、社会资金进入等方面引入市场机制，从而调动了体制外的很多资源参与文化事业发展，淡化了单位的性质，拓宽了基金的资助范围，基金向全社会开放。这样使更多、更好的企业、社会团体、个人等参与到文化事业的发展中来，既更大限度地发挥了基金的功能，又使得很多优秀、新颖的文艺作品、文化项目等得以传承、发展和创新，树立、孵化更多的精品和名品，为深圳文化事业的繁荣和发展提供了强有力的支持、引导和保障。

二是以资产管理为核心。以项目“资产”作为管理的核心，把经济核算引入到文化事业中来，既遵循了宣传文化项目的特殊规律，又强化了投入与产出的关系，转变了过去以“资金”管理为重点的行政预算控制模式。在项目核算上，加强了对项目成果、后续开发和后续成果的处置及运用，大大提高了资金的使用效率，同时，还有利于实现文化项目的可持续发展。影视剧项目是其中的例子。

三是以绩效管理为手段。将市场的组织机制和选择机制有机结合，运用市场机制来检验文化项目的成败、效果的好坏，并以菜单式一对一的评估方式对不同类型的项目量身定做，分别建立不同的评估体系，让有能力、有创意、有执行力的项目和项目申报单位脱颖而出，强化项目单位的责任意识，有利于促进基金资助项目按时、保质、保量完成，促进资金的科学管理和安全、有效使用。同时这也是了解、掌握市民文化需求的一个窗口，有利于制定正确的引导政策，促进项目的创新发展。这一绩效管理模式获得了财政部、广东省委宣传部的好评。其中“政府公益性文化活动项目综合绩效评估”体系在全国同类基金管理工作中处于领先地位。

此外，基金办还开发完成了“项目申报审批管理系统”，建成了集项目申报、项目审批、项目维护、数据管理、信息发布、绩效审计、宣传推广等多种功能于一体的数字化平台，实现了“科学、规范、高效”的管理要求。据有关项目申报单位称，数字化平台的建成，极大地方便了项目的申报，简化了手续，提高了效率。在全国同类基金中，深圳这一数字化平台的建成具有创新性。

由基金资助，“影视工程”、“音乐工程”、“文学创作工程”和“美术创作工程”四大文化工程，催生了一批体现时代精神、富有艺术内涵的在全国有广泛影响的精品力作。2011年，全市文艺精品成果斐然：深圳福永万福民工街舞团登上了央视春晚大舞台；深圳原创歌曲《走向复兴》和《迎风飘扬的旗》从18132首应征歌曲中脱颖而出，获得“唱响中国——群众最喜爱的新创作歌曲”十佳歌曲的前两名；以《兵峰》领衔的7部“深圳制造”电视剧将第二十八届中国电视剧“飞天奖”揽入怀中；动画片《藏羚王》获美国第四十四届休斯敦国际电影节动画片金奖；基金扶持的大型梵呗交响乐《神州和乐》先后赴东南亚、印度和韩国等地演出，成为促进中华文化走出去的重要文化交流载体。

基金的项目定向资助，有力地支持深圳建立完善的公共文化服务体系，特别是在推动公共文化服务的丰富性、均等性、便利性方面重点着力，形成覆盖全市、面向全体、丰富多彩、均等享受、融入生活的六大文化服务系列，包括节日文化活动系列、社区文化活动系列、高雅艺术活动系列、流动文化活动系列、周末文化活动系列和网络文化活动系列六大系列文化活动，成效显著。

第三批文化产业基地评选8家单位上榜

12月28日，由深圳市文体旅游局组织开展的深圳市第三批文化产业基地评选揭晓，8家单位榜上有名并获得授牌。它们是：中国观澜版画原创产业基地、深圳设计产业园、蛇口网谷、深圳南山互联网产业园、笋岗工艺礼品城、127陈设艺术产业园、中国(观澜)山水国画产业基地、雁盟酒店创意文化产业园。这次认定的8家单位在综合规模、规划起点、资金投入、经济效益、自主知识产权、进驻企业的产业集聚效应等各方面均符合《深圳市文化产业园区和基地认定管理办法》的有关规定，有着比较明显的“文化＋科技”、“文化＋创意”、“文化＋旅游”的特色，符

中国观澜版画原创产业基地、深圳设计产业园、蛇口网谷(从左到右) ∧

深圳南山互联网产业园、笋岗工艺礼品城、127陈设艺术产业园(从左到右) ∧

中国(观澜)山水国画产业基地、雁盟酒店创意文化产业园(从左到右) ∧

合文化创意产业重点发展方向，发展前景较好，具有良好的成长性与可持续发展能力，文化创意产业的集聚效应十分突出。

至此，全市已拥有48家文化产业园区基地，年产值超过500亿元，涵盖了创意设计、文化软件、动漫游戏、新媒体和文化信息服务、数字出版、影视演艺、文化旅游、非物质文化遗产开发、高端印刷、高端工艺美术等文化产业的重点领域。其中包括国家级文化产业示范基地8家(华侨城集团、大芬油画村、雅昌企业集团、腾讯、深圳古玩城、华强文化科技、永丰源、南岭文化创意园8家单位先后被文化部评为国家级文化产业示范基地)；国家级文化产业示范园区1家(华侨城集团同时被文化部评为国家级文化产业示范园区)；国家原创音乐基地1家(梅沙原创音乐前沿基地被新闻出版总署评为国家原创音乐基地)；国家动漫画产业基地1家(深圳怡景国家动漫画产业基地被广电总局评为国家动漫画产业基地)；广东省文化产业示范基地4家(环球数码、腾讯、天威视讯、雅昌4家单位被广东省文化厅评为广东省文化产业示范基地)；广东文化(创意)产业园区3家(田面设计之都创意产业园、深圳文化创意园、怡景国家动漫画产业基地3家单位被广东省文化厅命名为第二批广东文化(创意)产业园区)。

文化创意企业获工行融资近50亿

据中国工商银行深圳分行公布的数据，截至2011年末，工行深圳分行共向深圳各类文化创意产业客户融资近50亿元，有力地支持了一大批文化创意企业。工行深圳分行表示，为响应深圳市政府和总行支持文化产业发展的精神，该行已将文化创意产业列为优化支持类行业，并在信贷准入、规模管理等层面实施信贷资源倾斜。结合文化创意产业“轻资产、重创意”的特点，采取现金流管理、产业链上下游融资、收入账户监管或附加无形资产抵押等多种模式，必要时采取无抵押信用贷款方式，满足了文化创意类企业的金融需求。

深圳市创意文化中心正式挂牌

在第七届“创意12月”启动仪式上，深圳市创意文化中心正式挂牌。这是市委市政府贯彻落实中央十七届六中全会精神，发展创意文化产业的一个举措，是深圳市推动社会主义文化大发展、大繁荣，在全国先行一步的具体成果，是深圳报业集团“媒体与创意相融合”的重要尝试，为“设计之都”品牌的推广创造了更好的条件。

2008年，深圳获联合国教科文组织批准，成为中国首个加入“全球创意城市网络”、获得“设计之都”称号的城市，深圳市创意文化中心也应时而生。3年来，深圳市创意文化中心在管理运营“设计之都”品牌、推动深圳创意设计产业发展方面，做了大量卓有成效的工作。2011年，深圳市创意文化中心完成相关注册手续，正式获得事业单位法人身份。

深圳创意文化中心作为深圳“设计之都”品牌运营管理执行机构，在“设计之都”工作领导小组及办公室、“设计之都”推广办公室领导下有计划地组织开展各项品牌建设工作。在深圳新一轮文化发展中，市创意文化中心将发挥“设计之都”建设“发动机”的作用，以“设计之都”品牌开发、运营、管理为核心，紧密结合市委市政府的发展政策，履行深圳“申都”中的承诺，对“设计之都”品牌进行有效的运营管理，推动“1+6”规划的实施，包括打造一个国际专业展会、一个国际专业论坛、一个国际专家网络、一个国际性创意设计大奖和一个创意设计博物馆。该中心借助联合国教科文组织全球创意城市网络这个平台，积极促进深圳市创意领域引进国际先进的设计理念和创意思想，培育和发展深圳本土的设计思想，为深圳的经济、文化与社会发展服务，并借此输出深圳创意思想和中国文化产品。

王京生为深圳市创意文化中心授牌 ∧

深圳市文化创意产业协会大会现场 ∧

深圳文化创意产业成立行业协会

为深入贯彻《中共深圳市委深圳市人民政府关于大力发展文化创意产业的决定》，加快落实《深圳市“十二五”文化创意产业振兴规划》纲要政策，由深圳出版发行集团、A8音乐集团、深圳华强文化科技集团、深圳雅图数字视频技术有限公司等8家主要发起单位，联合200多家文化创意企业，申请成立深圳市文化创意产业协会(英文简称SCCI)。该协会自2010年3月发起筹备，2010年9月获得深圳市民政局准予筹备成立的批复。9月23日，深圳市文化创意产业协会揭牌成立，选举产生了该协会第一届领导班子，深圳出版发行集团总经理尹昌龙被选举为会长。

文化创意产业是深圳经济的重要组成部分，至2011年底，全市文化创意产业企业共有30000家，市文化产业创意产业协会会员有330家，其中上市企业8家，拟上市企业15家，会员企业在深圳文化产业领域具有广泛的代表性和知名度，涵盖创意设计、动漫游戏、文化软件、数字出版、新媒体及文化信息、文化旅游、影视演艺、高端印刷、高端工艺美术等9大行业门类。协会宗旨是整合、服务、链接、共赢。协会将协助政府部门落实促进文化创意产业发展的相关政策，搭建文化创意产业的公共服务平台，联合国内外金融机构、投资机构，建立文化创意产业基金，为文化创意产业企业提供投融资服务和资金支持，承担深圳市政府发展文化创意产业的其他服务工作等。

第七届文博会再创新高

已成功举办了七届的文博会，成为展示中国文化产业进入新时代的亮丽窗口。它最突出的成效之一，就是将产业和经营意识带入了文化艺术领域，人们从中可以感受到文化产品从思想到商品环环相扣的整个产业链。文博会已显现出对文化产业的巨大推动作用，向全国提供了文化产业发展可资借鉴的方向。

总成交额1245.49亿元

一年一度的中国(深圳)国际文化产业博览交易会(下简称“文博会”)是目前中国唯一的国家级、国际性、综合性文化产业博览交易盛会，也是唯一一个获得UFI(国际展览联盟)认证的综合性文化产业博览交易会，被列入《国家“十一五”时期文化发展规划纲要》重点扶持的展会之一。5月13日至16日，第七届文博会在深圳会展中心举行，中共中央政治局委员、中央书记处书记、中宣部部长刘云山宣布大会开幕，中共中央政治局委员、广东省委书记汪洋等出席了开幕式并共同启动开幕水晶球。文博会组委会主任、国家广播电影电视总局局长蔡赴朝，文博会组委会主任、广东省省长黄华华分别致辞。中宣部副部长、文化部部长蔡武，新闻出版总署署长柳斌杰，广东省委常委、深圳市委书记王荣等领导出席了开幕式。开幕式由文博会组委会主任、深圳市市长许勤主持。

本届文博会由文化部、商务部、广电总局、新闻出版总署、中国贸促会、广东省政府和深圳市政府联合主办，坚持“专业化、国际化、市场化、精品化、规范化”的办展方针，突出文化产业核心层、突出创意度、突出文化产业科技含量，以“博览与交易”为主题，凸显“文化+科技”、“文化+旅游”、“文化+贸易”的创新模式；设博览与交易、论坛、评奖、节庆活动和网上文博会五大板块；主会场设立8个专业展馆和1个特色展馆，总面积10.8万平方米，分别是文化产业综合馆、创意生活馆、影视动漫游戏馆、非物质文化遗产馆、设计精品馆、新闻出版馆、美术馆及工艺美术馆。此外，还设立分会场40个，比上一届增加5个。进一步强化权威配套活动，总活动479项，包括重要活动36项，主展馆活动69项，分会场活动374项，其中由中央有关部委牵头主办的活动14项，包括文化发展论坛、文化产业高级人才培训班、中国(国际)新媒体影视动漫节、新媒体高峰论坛、数字出版产业高峰论坛、中国杂技艺术“走出去”研讨会、中欧文化产业合作研讨会暨工作坊、云计算与版权法的未来(深圳)研讨会、绿色印刷技术交流会等权威配套活动。同时，强化招商引资和投融资功能，推动优秀文化项目与海内外资本有效对接。各省市文化产业投融资项目达到3226个，建行、中行、招行、兴业银行、深创投、软银、IDG、达晨等国内100多家金融机构通过资本对接会、银企对接会参加文博会投融资活动。

本届文博会吸引了全国1881个政府组团、企业和机构参展，比上一届增加84个，文化产业综合馆再次博得政府组团“满堂红”，31个省区市以及香港、澳门、台湾地区全部参展。本届文博会共吸引观众354.05万人次，其中专业观众50.26万人次，同比增加28.83%。展会上，产业核心层和龙头企业更加突出，主会场龙头企业参展比例达56%，比上一届提升5个百分点；文化产业核心层参展率达92%，其成交总金额达417.69亿元。据文博会组委会统计，截至5月16日12时，本届文博会总成交额达1245.49亿元，同比增长14.42%，创历史新高。

亮点与特色

本届文博会深入贯彻落实中央领导重要批示精神，根据中宣部和各主办单位部署，围绕国际知名品牌会展目标，进一步突出国家级和国际性，突出交易量和核心层、突出文化含量和影响力。

第一，会展规模更大。主会场规模首次实现突破，在深圳会展中心主展馆外增设特色馆——演艺产业项目交易馆(设在深圳保利剧院)，主会场展览总面积达到10.8万平方米，比往届增加3000平方米，一定程度上缓解场馆面积不足问题。主会场有1896家展商参展，比上一届增加99家；全国31个省、自治区、直辖市及港澳台地区参展更加踊跃，在“满堂红”基础上，多省政府组团由往届的几十人增至数百人。分会场数量进一步扩大，由第六届的35个增至40个。

第二，内容档次更高。本届文博会首次出现展位供不应求的现象，在巩固招商招展成果的基础上，按照“好中选优、优中选强”原则，确保更多有代表性、有分量的龙头企业和品牌项目参展。中国国家数字出版基地等一批国内具代表性和影响力的“国字号”企业、品牌产品项目踊跃参加。全国各省市区政府组团逐渐摆脱“形象展”，组织当地代表性强、产业化程度高、生产链条完整的文化产品和项目参展。各展馆参展质量进一步提升，如特色馆演艺产业项目交易馆首次采取院线合作形式，引进中国歌剧舞剧院、中央歌剧院、新加坡华乐团等70家国内外知名企业、机构参展；8号馆美术馆创新组团模式，与中国国家画院合作，举办“艺术家眼中的当代中国——中国油画艺术展”，展示高端精品画作。在注重参展内容质量提升的同时，重视布展设计内涵，在展示展览和布展方面强调体现高品位的文化内涵，特别是注重体现“中国概念”和“中国创造”理念，突出艺术性和观赏性。据统计，本届文博会特装比例显著提高，特装展位达90%以上。

第三，文化遗产展现更集中。深入贯彻落实中央领导关于安排市场开拓有成效的文化遗产进展的批示精神，把推动非物质文化遗产市场化开拓作为重点，着力调整优化展陈结构。首次设立非物质文化遗产馆(4号馆)，重点展示国家级、省级具有市场开拓前景的传统美术、传统技艺、传统饮食医药等非物质文化遗产内容。据统计，全国共17个省241个非遗项目报名参展，报名参展面积远超过该馆7500平方米的展览面积。经过严格甄选，确定青海唐卡、江西南昌瓷版画、江苏苏绣等208个全国具代表性、具市场开拓成效的参展项目，其中国家级项目67个，省级项目124个，特装率达80%。此外，设立了文博宫、坂田手造文化街、永丰源瓷文化产业园等非遗项目为文博会分会场，着力把文博会打造成为推动全国非物质文化遗产市场开拓的重要阵地。

第四，促进经济发展方式转变的展示内容更突出。进一步强调绿色低碳、新技术、新业态等促进经济发展方式转变的展示内容，3号馆影视动漫游戏馆重点突出新媒体特色，设立主题展区，立体全方位的展现“三网融合”和“CMMB”技术，集中展示全国12个三网融合试点城市数十种新业务、新技术，推出“原创动漫游戏海外推广计划”展区，搭建原创产品对外文化贸易平台；在7号馆新闻出版馆以“数字出版·低碳印刷”为主题，突出“差异、高端、科技、低碳、实效”五大特色，引进30个展团100多家全国优秀新闻出版印刷企业参展，力求打造中国新闻出版行业“文化+科技”型的权威展示交易平台。

第五，国际化程度更高。一是营销模式走向国际，首次与境外策划机构香港方子国际营销策划公司合作，采用B2B门户网站、搜索引擎推广、线上线下展览联动等国际会展先进营销模式，面向国际上660万独立互联网使用者传递文博会信息，以广泛发掘、吸引和聚集国际买家资源。二是主动走出去，开拓国际市场。3月中旬，商务部和深圳市政府共同组团赴欧洲举行海外招商推介会，与欧盟KEA创意机构、巴黎工商会、法国高美爱博集团、法兰克福书展公司、意大利外贸促进协会等企业和机构达成了合作意向，并成功邀请罗马艺术双年展等一批有前景、有实力的合作项目参加文博会。三是借助商务部、文化部等驻外机构作用，加强与加拿大大西洋商会、德国经济技术交流协会等36家海外机构的招商合作伙伴关系，并开通文博会香港(国际)直通车，组织常驻香港的各大国际商会、会展旅游企业、文化机构负责人到文博会参观采购。另外，结合第二十六届世界大学生夏季运动会，设立“大运会历史回顾及成果展示”专题展区。

第六，引资交易功能更强。一是进一步发挥文博会招商引资平台作用，坪山新区华谊兄弟文化城、中新国际创意设计产业园等一批重点项目通过文博会落户深圳。举办多场银企资本对接活动，组织全国近100家知名投资机构和深圳市本地文化企业进行项目资本对接。二是进一步发挥深圳文交所作用，在文交所现场为文博会设立功能专区，与主展馆形成互动，开通中国文化产业网“交易中心”等平台，为文化产权和项目交易提供专业化、市场化服务。三是采取“主动出击、事前储备”方式，储备一批可交易、有潜力的文化产业项目，突出项目、强化交易。

第七，配套活动更丰富。国家级配套活动精彩纷呈。中宣部牵头举办全国文化产业发展座谈会，揭晓2010年度中国文化企业30强；文化部牵头主办中国杂技艺术走出去座谈会，进一步促进杂技演艺产业市场化；商务部与欧盟合作，主办中欧文化产业合作研讨会及工作坊，引进一批欧洲知名的文化企业与机构参加文博会，并探索建立长期合作关系；广电总局作为本届文博会轮值单位，在加强文博会筹备工作指导协调的同时，进一步强化第二届中国(国际)新媒体影视动漫节，丰富内涵、提高质量；新闻出版总署牵头主办中国数字出版产业高峰论坛、云计算与版权法的未来(深圳)研讨会等活动，研究如何推动全国出版业高端化发展。举办文博会艺术节、设计精品奖、国际设计奖论证会、旅游纪念品设计大赛、深圳礼物设计大赛等活动，进一步提升文博会的质量与档次。

第八，展览配套设施更完善。一是结合大运会大力实施环境提升工程，重点整治深圳会展中心主展馆及各分会场周边环境，深入开展绿化、美化、净化、亮化工作，场馆及分会场周边环境在短时间内实现较大提升。二是进一

文学艺术元素充满文博会 ∧

步改善和提升主展馆内设施水平，对会展中心进行全面彻底的检修和整改，增设中英文双语导视系统和30台触摸式查询机等一批现代化、高科技、专业化设备，确保展馆设施完备、功能齐全、营运安全。三是首次建立参展客商、服务商“星级”评定体系，对特装的参展商实施搭建商“星级”推荐制度，把具有良好资质的搭建商、服务商推荐给参展商，增强文博会文化含量与特色。四是调整开幕式举办地点，从原来会展中心5楼梅花厅调至5号馆，调整后面积为2666平方米，增加近900平方米，容纳人数由原来1500人增至3000人，更多的海内外嘉宾特别是各省市区政府组团代表能够参加开幕式，扩大开幕式参与度和影响力。

培育文学艺术市场主体

从第二届文博会开始，深圳文学艺术界就已经与文博会结下对接之缘，将产业和经营意识带进文化艺术领域。第二届文博会始创“文稿交易拍卖会”，致力创建全国性文学作品常态化交易平台。此后每届文博会，文学艺术都成为重要的组成部分。第七届文博会在保持展出内容综合性的同时，重点展示文化创意、新闻出版发行、影视制作、创意设计、新媒体、数字内容及动漫游戏、非物质文化遗产、书画艺术、工艺美术等重点文化产业领域代表行业发展水平的文化企业、产品和项目，文学艺术的展示空间进一步扩展。在新闻出版馆，特设深圳优秀文学图书展，以图书实物展示、图片文字介绍等形式，向参观者系统、全面、生动地展示了自2006年深圳启动改革开放30周年文学创作工程以来5年间深圳创造的文学成果。在美术馆，举办了“俄罗斯列宾美术学院优秀教师作品邀请展”、“艺术家眼中的当代中国——中国油画艺术展”、“新世界杯”深圳首届书法艺术大展等，形成艺术的跨国界交流。在新闻出版馆，上海、北京及深圳3个国家音乐产业基地第一次集体亮相。国内第一家以数字音乐概念上市的中国高新技术企业A8音乐呈献旗下原创作品及数字音乐成就。影视动漫游戏馆以“新媒体·新生活·新未来”为主题，集中展示中国新媒体、影视、动漫、游戏等优秀精神文化产品，全力打造中国影视动漫游戏行业“文化+科技”型的权威展示交易平台。在非物质遗产文化馆，被称为“软黄金”的香云纱首次亮相。在设计精品馆，举办了首届设计精品奖评选活动颁奖典礼、手绘艺术沙龙、创意产品T台秀、国际设计大师座谈会。配合个性展示台、展板以及个人成果创意展四大主题活动给全国优秀设计师一个展示作品的平台。

文博会艺术节上演一流剧目

第七届文博会还没拉开序幕，丰富多彩的文博会艺术节已率先登场，从4月25日开演至5月29日结束。一共有29台46场国内外一流的舞台艺术精品在深圳各大剧院轮番上演。按照惯例，本届文博会艺术节由市宣传文化发展专项基金资助，采取多种补贴形式，实施低票价政策，定价在100元以下的票占到20%，以较低票价面向观众，惠及市民。

本届文博会艺术节涵盖话剧、舞剧、歌剧、粤剧、黄梅戏、儿童剧等。其中，从文化部推荐的18台国家优秀保留剧目大奖获奖剧目中精选了3台演出，包括辽宁省人民艺术剧院演出的话剧《父亲》等。首场演出是法国钢琴家帕斯卡·阿摩耶尔和大提琴家艾玛纽尔·贝尔特朗二人组合表演的钢琴大提琴二重奏音乐会。5月12日晚，在深圳保利剧院上演中国歌剧舞剧院大型情景歌舞《四季情韵》，招待出席文博会的海内外嘉宾。

本土专业演出团体深圳交响乐团、深圳市粤剧团、深圳市辛宽魔幻艺术团也演出了3台经典剧(节)目，包括原创交响乐作品音乐会、粤剧《五鼠闹东京》和原创大型魔术专场晚会《魔界》。

各区分会场精彩纷呈

第七届文博会共有40个分场，分布于各区。

罗湖区以“先行先试打造国际消费中心”为目标，在文博会打出“时尚牌”、“创意牌”和“文化牌”，文化创意蕴含浓郁的艺术气息。在动漫画产业基地，市民可以参加举办COSPLAY(角色扮演)同乐会、动漫涂鸦大赛、新媒体互动体验等11类互动类活动；在艺展中心，市民可以与多位油画艺术家一起作画绘图，亲身体验艺术创作乐趣；在航诚艺都分会场，“庆祝建党90周年香港名家书画展”展出陈勉良、王子天、伍月柳等近百位香港书画名家的优秀书画作品，意境悠远的水墨画、恢宏大气的书法、色彩缤纷的泼墨、细腻逼真的丹青，展现文化与艺术的美好。

福田区以“文化与科技相融合，产业与市场相促进”为主题，进一步扩大福田文化产业的影响力。作为首个都市音乐文化分会场，雅乐荟中心城突出“音乐与生活”的鲜明主题，借助文博会这一平台，以音响为媒，以音乐为桥，以文化为线，拉近与音乐发烧友、爱好者及音乐人的距离，致力成为音乐文化产业链的“锻造者”；在雅昌艺术馆分会场，开展“中国书画中的儒释道精神”、“品味经典——你应该知道的艺术大师”等系列展览，以“艺术教育”为主线，以“雅昌艺品流动美术馆”的形式，为广大观众送上文化艺术之旅。

南山区5个分会场活动丰富多样，各有侧重，观赏性、参与性强。演艺产业项目交易馆移师保利剧院，提供更为专业、便捷的演出、展示、交易、洽谈一条龙服务；环球数码分会场融合动漫与市民的互动，展现动漫与高科技的完美结合；深圳大学分会场展出高水平的艺术原创作品《鹏城万里图》，持续打造3号艺栈原创艺术高地品牌，推动校园文化创意产业推广与市场对接；设计产业园分会场和华强文化科技集团分会场彰显“文化+科技”特色。共举办了“南山区文化产业成果展”、“OCT-LOFT华侨城创意文化园整体开园”、“守望传统——鹏宝轩艺术馆馆藏书画精品展”等20多项系列活动。

宝安区拥有8个分会场及4个专项活动点。在会展中心主展馆，宝安展区以“创意·质量·

各区分会场特色分明 ∧

跨越”为主题，有效地把现代经济的发展和文化历史的传承结合在一起，并通过民工街舞团表演街舞展示宝安演艺产业蓬勃发展，以COSPLAY(角色扮演)等方式展现宝安动漫企业作品特色、产品信息等，触动观众视觉神经，聚集人气。在F518时尚创意园分会场，以“演绎中国原创力”为主题，邀请本土乐队演奏以大运会为题材的原创歌曲，展现深圳活力与深圳魅力；关玉良、张雷、易凯等名家与F518时尚创意园签订名家工作室合作协议，进一步扩大创意名家一号工作站的名家阵容，提升创意园的创造力；并通过举办主题展览、采购交易、论坛研讨等活动，多角度、全方位地整合产业资源，推动创意产业的对外交流和产业驱动，丰富和提升广大市民对文化、创意、设计的认知和理解。

龙岗区的大芬油画村是“元老级”分会场，于5月10日率先开场，“中国当代艺术年鉴展”在大芬美术馆向市民开放，所展作品艺术形式丰富，有油画、水墨、综合材料创作、雕塑等，类型多元，充满生机。展出的260件作品包含三个主题：“现象”、“‘景’中之‘境’”和“双重语境”。“‘景’中之‘境’”展现胡建之、黄京哲、伊德尔等21位艺术家对当下自然环境恶化、重复建设、人为景观蔓延等人与自然生存关系的反思和批判；“双重语境”展出了曹澍、黄文亚、李大鹏等9位艺术家的作品，当中包含的表面和隐喻两重意义，耐人寻味。

盐田区全面展示“滨海、生态、时尚、休闲，创意、高端”的文化特色。除了在主会场拥有225平方米展示区外，东部华侨城、国家音乐产业基地(深圳园区)两个分会场彰显生态盐田、人文盐田和现代化国际化先进滨海城区的风采。东部华侨城除了保留原有的“天禅”、“天机”大型演出之外，还打造了以“水”为主题的系列活动，用多种艺术表现形式结合东部华侨城现有旅游资源来感悟“保护环境，低碳出行，爱护地球”这一主题。国家音乐产业基地致力开发流行音乐完整的产业链。此外，非遗项目沙头角鱼灯舞、孙中山庚子首义雕塑园、中英街历史文化街区等，也作为重点展示内容参与展览。

文化产业集团挺进一流行列

2011年10月，中共中央十七届六中全会的召开以及《中共中央关于深化文化体制改革、推动社会主义文化大发展大繁荣若干重大问题的决定》的发布，进一步明确把文化产业培育成为国民经济支柱性产业，提出了文化产业的顶层思路：构建结构合理、门类齐全、科技含量高、富有创意、竞争力强的现代文化产业体系；形成以公有制为主体、多种所有制共同发展的文化产业格局；完善管人管事管资产管导向相结合的国有文化资产管理体制……在国家政策的感召下，2011年社会力量进入文化产业的热情空前高涨，各个部门也对文化产业发展频出实招，营造了良好的发展环境，深圳文化产业迎来了黄金发展期。

三大文化集团总资产达112亿元

据2011年度三大文化集团经营工作会议公布，本年度深圳报业集团、广电集团、出版发行集团三大文化集团账面总资产112亿元。

三大集团当前的业务主要集中在传统文化传媒领域。2011年，在复杂多变的形势下，三大集团沉着应对，在巩固原有优势的同时，积极寻求新的增长点，牢牢守住阵地，不断扩大和提升影响力。紧紧围绕打造"效益集团"，不断提升社会效益和经济效益，争当文化改革发展的领头羊，出色地完成各项任务。在社会效益方面，大运会报道有声有色，第七届文博会规模、质量和水平进一步提升，读书月、创意12月、关爱行动等重大品牌文化活动成功举办，《深圳特区报》、《深圳商报》等品牌影响力不断提升，深圳卫视跃居全国前10，三大书城继续保持全国书城前10名佳绩，深圳文化产权交易所、中国文化产业投资基金等文化产业公共服务平台的建设也有了实质性的突破和进展。在经济效益方面，三大集团各项主要经济指标总体上呈现全面增长的良好态势：一是资产规模不断扩大，至2011年底，三大集团账面总资产达112亿元，较上年增长8%；净资产74亿元，增长7.9%。二是营业收入大幅增长，三大集团合计营业收入64.7亿元，较上年增长17.6%，报业集团、广电集团的增幅分别达到18.2%和21.6%。三是利润税收总体增加，三大集团合计利润总额增长4.6%，已交税金6.16亿元，增长10%。

深圳广电集团打造"文化航母"

在11月28日召开的广东省文化改革发展工作会议上，汪洋书记提出："要积极实施扶优扶强战略，把省广电有线网络公司、南方报业传媒集团、南方广播影视传

广电集团主办的大型活动和《年代秀》、《饭没了秀》深受观众欢迎 ∧

媒集团、广州传媒控股公司、深圳广播电影电视集团、广东新华发行集团、深圳华强文化科技集团公司一批文化企业打造成为全国一流的‘文化航母’”。此前，省委常委、市委书记王荣提出，要进一步支持深圳广电集团等国有文化集团大力发展新媒体、新技术、新业务，增强舆论引导能力和文化传播能力，打造现代大型文化传媒集团。

为贯彻落实有关精神，广电集团提出了通过“六个着力”打造全国一流的“文化航母”的基本思路。一是着力打造以深圳卫视为旗舰的品牌战略，使深圳卫视跻身全国一流方阵，以内容品牌的全面提升带动文化的传播力；同时深圳卫视国际频道发挥毗邻香港的优势，探索用商业和产业的形式在国际上形成强大的文化竞争力和影响力。二是着力实施大整合、大产品、大品牌的内容产业发展战略，打造更多体现社会主流价值观和有文化引导力的文化精品，这些文化精品将全方位体现全球视野、国家立场、深圳表达。三是着力推进并实施全媒体发展战略，推进传统媒体内容优势向全媒介推送与分发，建立多媒体传播平台，以“新闻立台”为抓手，牢牢把握舆论宣传主导权，引领主流价值观，全面提升媒体传播能力。四是着力加快实施媒体跨界融合战略，构建跨媒体、跨行业、跨地区传媒产业链，整合营销，多业态经营，实现资产快速增值，将深圳广电集团打造成资产超百亿元的文化集团。五是着力改革创新文化体制机制，实施人才工程，引进中国文化媒介顶尖人才与团队，努力提高运营效率和队伍素质，在深圳倡导的“想干、敢干、快干、会干”的氛围里，燃烧激情干事创业。六是着力整合扩充多个投融资平台，充分发挥集团拥有的两个国家级平台作用，即国家动漫基地、深圳文化产权交易所；充分释放深圳文交所产业政策优势与交易平台的能量，力推CUTV、宜和购物公司上市，在网络整合中，集团有效实现对天威、天宝和天隆有线电视网络资产的保值增值能力。

2011年度，广电集团圆满完成大运会宣传报道工作和承担的大运会相关工作，组织策划了近百场特别直播节目和几十个大运栏目、专栏。开幕式当晚，集团各频道在深圳地区收视率总计达21.02%，收视份额达50.02%，全国超过3亿观众与全球70多个国家与地区的观众一起收看了开幕式。此外，集团圆满完成了建党90周年、辛亥革命100周年、十七届六中全会等重点宣传报道。

截至11月底，集团8个电视频道在深圳的总体收视份额为40.95%，4个广播频率收听份额为58.33%，超额完成年度目标任务。其中，10月份的电视收视份额创下历史新高，达46.36%。1至11月，集团实现总收入35.18亿元，同比增长21.25%，实现利润2.45亿元，同比增长9.86%。集团总资产达67.71亿元，同比增长8.71%。

2011年，深圳卫视进入全国前10，截至11月底，频道覆盖人口数量达到8.14亿，5月份推出的《年代秀》收视率稳居全国同时段卫视节目收视前三，在12月2日创下了排名第一的好成绩。深圳卫视国际频道在大运会期间全天收视排名香港前三，创造了内地电视频道在香港收视的最高纪录。

广电集团的精品工程成效显著，大型活动影响力不断增强。截至11月底，集团共有近200件广播电视作品在各级各类评奖中获奖，3人获省级以上奖项，投资监管的电视剧《兵峰》、《命运》、《天地民心》在2011年“飞天奖”评选中分获一个一等奖和两个三等奖，承办的第八届中国音乐金钟奖流行音乐大赛参赛选手达20万，观众规模超过1.6亿人次。

深圳报业集团打造现代一流传媒信息产业集团

成立于2002年9月的深圳报业集团，是中国规模大、现代化程度高的传媒集团之一，旗下拥有《深圳特区报》、《深圳商报》、《深圳晚报》、《晶报》、《香港商报》、《深圳青少年报》、《Shenzhen Daily》(英文版的深圳日报)、《地铁早8点》、《汽车导报》、《游遍天下》、深圳新闻网、中国文化产业网、深圳报业集团出版社等10报5刊7网站1出版社，出版的各类报刊占深圳地区平面媒体90%以上的市场份额。集团资产总额近60亿元，员工总数6000多人。集团采编系统电子化科技水平在中国报业中处于领先地位，印刷设备的印力和快速便捷的报刊发行物流能力在中国报业中名列前茅。根据世界品牌实验室于2011年6月28日发布的第八届《中国500最具价值品牌排行榜》，深圳报业集团旗下两大主报入围前200强，品牌价值稳步提升。其中，《深圳特区报》品牌价值85.91亿居第151位，《深圳商报》品牌价值71.69亿居第190位，两报品牌总价值突破150亿大关。集团已成为集报刊出版、网络新媒体、地铁广告、户外广告等于一身的综合型跨领域的多媒体文化传媒产业集团。

2011年，深圳报业集团面对国内经济通胀压力和世界经济危机并存的特殊环境，特别是针对国内新媒体迅速发展给传统媒体带来的冲击与挑战，紧紧围绕市委中心工作，以科学发展观为指导，深入贯彻落实党的十七届六中全会精神，以建设“阳光报业、和谐报业、效益报业”的全媒体信息产业集团为目标，以不断强化与改善党报和党报集团的宣传功能为核心，坚持以平面媒体资源为依托，调整优化结构，创新管理模式，积极培育新的产业集群，大胆探索经营手段的创新，形成了“主业突出、多点支撑”的立体化产业发展格局，在继续保持社会效益和经济效益可持续增长的良好态势下，集团取得了社会效益和经济效益的双丰收，集团经营工作全面完成年度经济考核指标，经营收入和利润保持稳步增长，全年完成营业收入18亿元，利润总额1亿元。

作为一个党报集团，深圳报业集团主流媒体的地位得到确立并持续发展。集团秉持党报宗旨，不断强化党和人民的喉舌地位，始终坚持党的宣传事业属性和文化产业属性的统一，在围绕中心、服务大局、引导舆论、创新形式上，不断努力提高党报集团对主旋律宣传的感染力和吸引力。2011年，紧扣十七届六中全会精神和全

<
深圳报业集团增强主流媒体的传播功能

市中心工作大局，报业集团深入开展“走基层、转作风、改文风”活动，不断增强媒体传播能力、提高舆论引导能力，集团各媒体多声部唱响主旋律“交响乐”。在大运会期间，集团围绕“从这里开始，不一样的精彩”的核心理念及“办大运办城市”的办会思路，突出“青春深圳·活力之都”、“绿色深圳·低碳之都”、“创意深圳·设计之都”、“文明深圳·爱心之都”等宣传主题及特点，各报网全力以赴，出色完成了“本年度最大的报道战役”——大运会的报道任务。大运会开幕前，各报常设13个大运专版、近百个大运专栏，推出报道近两万多篇。大运开幕前一天至大运会闭幕后一天，各报共推出大运相关报道1400多个版面，稿件6700多篇，图片5240多张。深圳新闻网从大运倒计时200天开始，陆续推出20个大运系列专题，文字发稿量5万多条。在全市营造出了激情参与、共同分享的大运氛围。围绕重大节庆纪念日，精心谋划，浓墨重彩地推出了建党90周年、辛亥革命100周年等主题宣传报道。据统计，集团各报有关“建党90周年”的报道超过1100篇、近40万字，深圳新闻转载1500多篇，点击量突破300万人次。对辛亥革命100周年的报道，集团各报网也推出了《辛亥先贤·南粤身影》、《辛亥革命百年变迁》等精彩专题报道。同时，“走基层、转作风、改文风”活动有声有色，365个基层联系点成效显著，在十七届六中全会、全国及省市两会、高交会、文博会、读书月、创意12月、“公民道德建设”等若干主题的重大宣传报道方面，有力地配合了全市的中心工作，体现了新闻媒体“辅政亲民”的优良作风。

深圳出版发行集团构建数字基地

12月27日，深圳出版发行集团数字出版中心揭牌成立，标志着该集团数字出版“三一工程”进入实质性实施阶段。在转型升级的过程中，深圳出版发行集团提出“改造提升传统书业、探索发展新兴业态”的战略思路，集团数字出版的范围包括四个方面：媒体化建设、电子商务、教育数字出版整体解决方案、产业基地，旨在打造“数字出版王国”，重点建设包括一个数字出版分众平台、一个数字出版云资源中心、一个国家级数字出版产业基地在内的“三一工程”。

数字出版分众网络平台是指全民阅读数字出版分众网络平台，这是国内首个基于整个出版价值链解决方案的数字出版分众平台，已入选国家新闻出版改革发展项目库重点项目，获在2011数字出版年度新锐品牌和新闻出版业最具潜力发展网站等多项荣誉。该平台从专业化、分众化、社区化、媒体化、产品化五个立足点来打造数字出版集合平台，建设了分众、出版和电商三大系统，继承深圳出版发行集团在传统出版的优势，建设原创数字内容资源中心，通过新平台和新技术的结合，不断实现内容资源的价值创造。

数字出版原创资源中心由原创出版资源库和IDC云中心构成。在加快原创内容资源建设的基础上，实现知识多层次的DOI标识，形成内容资源颗粒化和表现形式多样化的数据库，实现内容资源的全媒体加工、全媒体出版和跨平台推送。构想建设一个区域性的IDC云资源平台，实现集团数字出版产业的配套完善。

前海国家级数字出版基地项目已正式纳入前海文化创意产业园的功能规划。规划建筑规模131800平方米，拟用地面积9950平方米，计划投入建设资金6.67亿元左右。入园出版业、数字印刷、文化电商、教育产业、文化创意、现代科技、信息产业等高端专业服务企业300家左右，预计5年后基地总产值80亿～120亿元。

“三一工程”形成层次分明、构建有序的数字出版产业价值链，实现服务于“全球华文数字出版基地”建设的战略构想。

<

深圳出版发行集团数字出版中心揭牌仪式现场

深圳两企业上榜最具影响力国家文化产业示范基地

为激励国家文化产业示范基地开拓创新、加快发展，推动文化产业成为国民经济支柱性产业，文化部办公厅于9月5日下发了《文化部办公厅关于做好“国家文化产业示范基地影响力评价”组织推荐工作的通知》。收到通知后，文化部根据文化内容创新、社会效益和经济效益三个评价方面，综合各项定量指标评价和专家定性指标评价结果，在演艺娱乐、文化旅游、动漫业、游戏业、民族特色等文化产业门类中遴选出10家最具影响力国家文化产业示范基地。11月23日，文化部在北京举行2011年度国家文化产业示范基地影响力评价结果发布会，华侨城集团公司、深圳华强文化科技集团股份有限公司入选全国10家"最具影响力国家文化产业示范基地"。

据文化部文化产业司司长刘玉珠阐述，此次评价确定了4项原则，即"鼓励文化内容创新、兼顾社会效益和经济效益、行业内领先示范和统筹考虑行业间和地区间平衡"。参与评价的基地须在行业内具备全国领先地位和示范意义，同时要把社会效益作为发展的首要目标，坚持发展先进文化，坚持社会效益和经济效益的协调统一，提供的文化产品和服务很好地把思想性、艺术性和观赏性统一起来，对社会产生较大影响。同时，还确定了推荐示范基地需要达到的最低经济效益指标。根据文化内容、社会效益、经济效益3个方面的评价内容，设定了内容原创性、获国家级文化奖项数量、著作权和发明专利总数、品牌知名度、文化设施建设、目前员工人数、社会捐赠额、开展公益性文化活动、净资产总额、年主营业务收入、年税前利润、年净利润同比增长率等12个评价指标。其中，定性指标4个，定量指标8个。最终入选的10家企业都具有较强的实力，是中国文化产业的领航者、先行者和探索者，在文化产业领域引领、示范作用明显，为全国文化产业的发展树立了标杆。

华侨城集团立足深圳辐射全国

华侨城集团的入选，是来自国家层面对其文化产业的领航者、先行者和探索者地位的认可。从1985年于深圳湾的一片滩涂起步，华侨城集团发展成为以深圳为基地，辐射全国的集旅游、文化、娱乐、影视、动漫于一体的大型文化产业集团，占国内领先地位。华侨城艺术和创意文化资源更是独树一帜，国家级美术馆——何香凝美术馆、OCT当代艺术中心、华·美术馆共同组成的"华侨城艺术三角"，形成全方位的艺术布局，互相借力，联动发展，在国内以致国际均拥有极高声誉，对中国艺术形成更为强大的推动力，成为体现深圳甚至中国文化软实力的一个重要窗口，为推动艺术交流与教育、提高公众的艺术素质起到了举足轻重的作用。由华侨城东部工业区改造的OCT-LOFT华侨城创意文化园，坚持原创精神，致力发展成为融合"创意、设计、艺术"于一体的中国创意文化产业基地。

华侨城旗下文化旅游景区演艺项目如《中华百艺盛会》、《蓝太阳》、《绿宝石》、《东方霓裳》、《龙凤舞中华》、《创世纪》、《跨世纪》、《千古风流》、《欢乐无极》、《E秀》、《天禅》、《金面王朝》、《天地浪漫》、《天机》等一系列原创艺术精品，赢得中外游客赞誉。精美的服饰制作、精心的歌舞编导、新颖的舞美手段和高科技的舞台效果，造就了旅游文化演艺鲜明的艺术特色和突出的艺术成就——在2008年的国际主题公园协会(IAAPA)大会上，北京欢乐谷《金面王朝》和深圳世界之窗《千古风流》荣获最佳演出奖，深圳东部华侨城《天禅》和锦绣中华·民俗村《龙凤舞中华》荣获最佳演出荣誉提名奖。

华侨城的文化产业具备了鲜明的特色和个性：特色之一是文化产品的原创性，一系列原创艺术精品群星璀璨，为海内外游客带来了无限欢乐；特色之二是文化形态的多元化，华侨城的文化产业包括文化创意、文化展览、文化设

华侨城各项展演活动与文化产业息息相关

施、文化机构、文艺演出等多个支点，通过整合剧场演出、节庆活动、创意作品等，形成了涵盖面广泛、内容多元化的特色；特色之三是产业链的完整性，华侨城文化产业涵盖创意、研发、设计、制造、展览、交易、编导、演出等所有环节，形成了一条成熟的、一体化的产业链；其特色之四是文化价值取向的公益性，作为一家隶属于国务院国资委管理的大型中央企业，华侨城承载着一种浓郁的文化使命感和深厚的社会责任感，积极致力于非盈利性、公益性文化事业的发展。2004年被文化部授予首批“全国文化产业示范基地”；2007年8月，被文化部授予首批仅有的两家“国家级文化产业示范园区”之一。2010年，华侨城集团总资产逾700亿元，营业收入343亿元，利润总额41亿元，其中文化旅游业务综合收入合计94亿元。根据2011年年报显示，本年度实现销售收入173.2亿元，实现利润总额43.2亿元，基本与上年持平，实现净利润31.8亿元，同比增长4.5%。合并资产总额达到627.6亿元，同比增长29.3%。全口径旅游接待人数达到2430万人次，创历史新高。2011年，华侨城在新兴业务拓展方面取得一定进展，演艺业务资源整合及演艺输出进一步发展，通过增资并购成立文化科技公司，完善文化产业链条，并成功进入儿童教育娱乐消费领域。

华强文化科技集团打造“文化＋科技”产业链

深圳华强文化科技集团股份有限公司是知名的大型文化产业集团，先后获评“第二届中国文化企业三十强”、“国家文化产业示范基地”、“世界知识产权组织版权金奖(中国)推广运用奖”、“2009-2010年度国家文化出口重点企业”、“广东省十大创新企业”、“广东省版权兴业示范基地”等多项殊荣，旗下多家企业认定为国家动漫企业、国家高新技术企业、国家规划布局内重点软件企业、深圳市重点文化企业等等，多项产品荣获国家重点新产品奖。

华强文化科技集团致力将现代高新科技和文化产业相结合，以文化为核心，以科技为依托，坚持创新，不断探索，走出了一条文化科技产业发展的新道路，逐步打造出集“创、研、产、销”于一体的文化科技产业

华强文化科技集团走出了一条文化科技产业发展的新道路 ∧

链，较好地解决了文化科技产业创新与创意、开发与研究、规模化生产以及市场营销等从源头到末端市场的一系列问题，形成了企业的核心竞争力。采用多元化、规模化、国际化的市场战略，在国内首次将文化、科技、旅游产业相结合，业务领域覆盖“创意设计”、“文化旅游”、“影视娱乐”、“网络媒体”、“文化消费品”五大领域，以及“创意设计”、“主题公园”、“特种电影”、“数字动漫”、“影视出品”、“影视后期”、“网络游戏”、“电视联播网”、“文化衍生品”、“主题演艺”、“旅游服务业”等11个专业，各业务领域形成优势互补，互为上下游，互为发展平台。集团坚持自主创意、自有知识产权，拥有100多项国内外专利、百余项著作权和电影、动画片作品版权，是国内唯一具有成套设计、成套制造、成套出口大型文化科技主题公园的企业，除在芜湖、泰安、汕头、重庆投资建设第四代文化科技主题公园外，还将文化科技主题公园输出到伊朗、南非、乌克兰等国家；集团拥有截至2011年国内最大、设备最齐全的数码电影制作专业公司，具有强大的数码电影技术研发力量，成功研发出10大类特种电影，其中环幕4D电影系统已输出到全球40多个国家和地区，4D影片每年出口20余部；原创动漫品牌——“方特卡通”实现了二维、三维动画片规模化生产和出口，2011年，深圳华强数字动漫有限公司年产量达到18512分钟，位列全国10大原创动画片制作生产机构榜首，一跃成为全国产量最大的动画企业，数万分钟作品出口美国、俄罗斯、克罗地亚、新加坡等100多个国家和地区；在影视剧方面，华强成功通过国际化合作、国际发行的模式来提高中国电影进入国际电影主流市场，并提出资源性投资的发展策略，打造国际先进的影视技术平台，先后投拍了两届奥斯卡影帝 Kevin Spacey主演电影《形影不离》以及《未来警察》、《古今六人行》等多部电影电视作品。

深圳两人荣获“创意产业大奖”

11月14日，由中国新闻出版总署主办的“龙腾奖——2011第六届中国创意产业年度大奖”在北京国际新闻中心揭晓，深圳共有两人获此殊荣：龙岗区文化产业发展办公室主任黄虎获“2011第六届中国创意产业领军人物奖”，雅昌集团董事长万捷获“2011第六届中国创意产业杰出贡献奖”。

“中国创意产业年度大奖”是国内创意产业领域最具权威性和影响力的公益性奖项，自2006年首次成功举办以来，已经连续举办了6个年头。2011年度的调查评选活动历时几个月，调查范围深入我国26个省、400多个文化创意产业园区、5000余家企业。来自全国创意产业领域的众多文化创意产业人士直接参与了调查和评选。

2011深圳动漫·跻身前列

深圳动漫产业发展迅速，年产量一年一个台阶，2011年，已跻身全国前列。“熊大”和“熊二”等“动漫明星”亮相世界舞台，深圳动漫渐渐开启通往世界的大门。从寂寞无名到成为传播中国文化的探路先锋，深圳动漫一步一个脚印前行。

全国动画片创作生产深圳数量位居第二

据国家广电总局下发的《关于2011年度全国电视动画片制作发行情况的通告》，2011年，国务院以及各地政府出台的国产动漫产业优惠扶持政策收效显著，一些主要城市动画片生产积极性持续增长。全国共有21个省份以及中直有关单位生产制作了国产电视动画完成片。其中，全国动画片创作生产数量排在前五位的省份是浙江省、江苏省、广东省、辽宁省、福建省。国产动画片创作生产数量位居前列的十大城市分别是：杭州、深圳、无锡、沈阳、广州、苏州、宁波、北京、福州、大连。

通报显示，2011年全国制作完成的国产电视动画片共435部261224分钟，比2010年增长18%。其中，广东省动画产量42164分钟，比2010年增长了37.52%，继续位列全国第三；深圳市动画产量23683分钟，比2010年增长了44.47%，由第四位上升至第二位；华强动画产量18512分钟，占广东省总量的43.90%，占深圳市总量的78.17%，排名全国第一。

按国产动画片生产数量，中国原创动画片制作生产十大机构是：深圳华强数字动漫有限公司、无锡亿唐动画设计有限公司、平潭水木动画有限公司、杭州漫奇妙动漫制作有限公司、宁波水木动画设计有限公司、浙江中南集团卡通影视有限公司、央视动画有限公司、大连卡秀数字科技有限公司、沈阳易品动漫有限公司、福州翰格文化传播有限公司。

华强动漫产量跃居全国第一

据国家广电总局通告，在2011度全国原创动画片制作生产十大机构中，深圳华强数字动漫有限公司位列榜首，成为全国产量最大的动画企业，并以18512分钟的年产量创下全国动画企业产量的历史新纪录。深圳文化企业又缔造了新的“深圳速度”——从进入动漫领域到摘下桂冠，华强仅用了4年，成为“文化+科技”模式的开拓者和产业升级的践行者。

从2008年下半年进入动画领域，到2011年成长为全国最大的动画企业，华强动漫以每年一大步的节奏，实现了跨越式发展：2009年，动画产量5032分钟，排名全国第六；2010年，产量飙升至12818分钟，排名全国第二；2011年，产量位列全国第一。

深圳华强数字动漫有限公司是深圳华强文化科技集团旗下的一家从事原创动画设计、制作的专业公司。公司以自有知识产权的旅游产品为开发背景，以2D、3D、手偶系列剧、卡通形象设计、卡通娱乐节目为主要开发内容，以电视台、电影院、主题公园、网络、DVD音像制品为市场开拓平台，致力于打造一个中国顶尖、世界一流的原创动漫品牌——方特卡通。至2011年，公司拥有优秀动漫专业人才600多人，先后在深圳、芜湖、长沙、重庆等地成立了三维和二维制作中心，拥有国际一流的全无纸化动画开发设备，研发和制作实力雄厚。

华强动画片精品迭出，《生肖传奇》、《小鸡不好惹》等系列多部作品获得了广电总局国产优秀动画片、中国动画学会大奖、白玉兰奖、金龙奖、金熊猫奖等国内大奖，引起业界关注。并且从一开始就瞄准国际市场，组建外籍专业配音团队，采用双语制作，动画片出口至美国、俄罗斯、新加坡等100多个国家和地区，部分作品进入了全球知名的尼克国际儿童频道Nickelodeon。在2010年法国戛纳电视节上，《十二生肖闯江湖》入围儿童评审团Kids Jury大奖，是当中唯一的亚洲动画片。《十二生肖快乐街》也被组委会选入亚洲内容交易展进行特别推介，成为该环节中唯一的中国动画片。此外，《十二生肖总动员》、《小鸡不好惹》、《猴王传》也分别获得日本TBS Digicon6大奖和意大利海湾卡通节Cartoons on the Bay普尔辛耐拉奖Pulcinella Awards提名大奖，为中国动漫产业的国际化发展进行了有益的探索。

华强自主开辟播出渠道，2010年7月，打造出国内最大的首播动画剧场《方特大世界》，剧场采用“一经播出，不再重播”的首播模式，以每天30分钟，全年日播的形式展播华强动画。截至2011年，《方特大世界》已经联合嘉佳卡通、广州少儿、深圳少儿、陕西都市、江苏城市频道等全国120余家电视台联合播映，充分实现动画片“生产”与“播出”的完美组合。

华强集团总裁梁光伟在论及华强成功的原因时说：“华强动漫之所以能在4年里实现质的飞跃，得益于深圳市大力发展文化产业，得益于高新技术在动漫生产中的应用，得益于文化与科技在创意和人才结构方面的充分融合，得益于从创意源头到末端市场的产业链。”

华强动漫营销策略及成功案例

在华强文化科技集团完整的产业链优势、自主创新优势和技术人才优势支持下，华强数字动漫公司采取积极务实的营销策略。在国内方面，华强数字动漫拥有《捕快一个半》、《熊出没》、《小鸡不好惹之咸蛋寺》、《小鸡不好惹》、《小虫虫有大智慧》、《生肖传奇》系列、《海螺湾》等20多部动画片，塑造出多个品牌、多种形象，不同动漫品牌针对不同年龄层。为了拓宽营销渠道，打响自有品牌，华强主要以传统媒体、新媒体再结合其他营销方式推广动画产品。通过央视少儿、央视综合、全国各大卡通卫视等多家电视台及《方特大世界》动画剧场城市联播网进行动画品牌形象的宣传；与全国主要新媒体结成联盟，在新媒体大范围传播动画产品，吸引更多观众关注；每年的“上海电视节”、“北京电视节”、“杭州动漫节”、“深圳文博会”及各类玩具展、国内各大动画评奖，均踊跃参与，积极推广宣传；除了通过媒体聚集传播效应，还利用已运营开园的8个华强文化科技主题公园，通过公园游玩项目、海报、广播等各种方式，向庞大的入园游客群进行全方位、潜移默化的渗透性宣传；持续通过电视、报纸、网络宣传报道华强动漫相关信息。此外，华强还创建了自己的动漫作品播出平台，拥有《方特大世界》

<
华强数字动漫公司拥有一支实力雄厚的创作与营销队伍

<
华强动画片在国内外市场“走红”

动画剧场，在全国170多家电视台每天播出25分钟华强原创动画片，构建起集制作、发行和播出于一体的城市电视网络平台；同时，《方特大世界》剧场置换了大量黄金时段贴片广告资源，以此进一步宣传推广企业产品。

在国际方面，多管齐下：一是自主发行和代理发行模式相结合，在对市场进行了解和分析的基础上，将版权方发行和代理发行两种模式有效地融合使用，一方面与国外播出机构直接联系并促成交易，另一方面借用当地发行公司优质的发行渠道开拓国际市场尤其是新兴市场，促进动画片的海外销售。二是多种宣传推广平台的开发和运用，积极参加各类国外权威专业展会，利用行业数据库，对节目进行有计划和针对性的宣传和推广，此外，踊跃参加国际知名动漫评奖活动，为作品争取更多的肯定和曝光机会，提高知名度。与电视、行业杂志等传统媒体保持良好合作的同时，广泛开发社交媒体和专业网络营销推广平台，与客户和观众取得直接沟通获取第一手信息。三是发行区域市场的细分根据不同区域的市场需求、经济状况、文化特点、动漫发展水平划分出不同的发行区域。把握不同节目特点，针对适应地区重点包装宣传，增强当地市场对节目的认同，获取更多市场份额。四是客户的分级和授权数量，根据客户的实力以及不同区域、不同节目的市场策略进行客户分级，争取价格收益和传播效果最大化。五是探索其他合作方式寻求产品增值。在获得电视播放收入的同时，寻求开发海外市场的形象授权等其他合作机会，进一步发掘市场潜力。

成功案例在国内方面，418集《小鸡不好惹》、52集《十二生肖总动员》、52集《十二生肖闯江湖》、104集《十二生肖快乐街》、104集《小虫虫有大智慧》、104集《熊出没》、52集《猴王传》、104集《海螺湾》等，先后在央视少儿、北京卡酷卫视、湖南金鹰卫视、广东嘉佳卫视、中国教育卫视等国内200余家电视台轮番播出，获得观众热烈反响。其中，《小鸡不好惹》、《十二生肖总动员》在央视少儿等170多家电视台播出，前者在央视少儿的平均收视为1.22(最高1.50)，在央视少儿同期所有播出节目中收视率排第一；后者在央视少儿的平均收视为0.92，创2010年暑期收视率第一。华强组建起一个全国综合实力最强的动画播出网络——《方特大世界》动画剧场，截止2011年底，已经联合江苏城市、山东教育卫视、广东嘉佳卫视、陕西都市、河北少儿、云南少儿、内蒙古少儿、辽宁新动漫、安徽综艺、安徽科教、宁夏教育、黑龙江导视、广州少儿、深圳少儿、济南少儿、宁波少儿、福州少儿、海口娱乐、郑州商都等全国170余家省、市电视台，集中在17:00-19:00的晚间黄金时段播出华强原创动画片，收视率连创新高，构建起集制作、发行和播出于一体的城市电视网络平台。在发行渠道方面，将传统媒体与新媒体全面结合，将所有动画片发行到爱奇艺、新浪、搜狐等国内20余个主流新媒体平台，点播火热。

在国际方面，一是着重国际化题材节目的推广。对于广受国际市场欢迎的系列喜剧，发挥其题材国际化的优势，突出节目风格特点，针对目标受众群体，有的放矢。典型案例有：《熊出没》紧张搞笑和动作结合、保护动物家园的题材，受到不同国家观众的欢迎，华强整合动漫展会、相关媒体、广告等渠道资源进行重点推介，并积极参加国际评奖活动。在动画成品完成前发行已覆盖美国、意大利、德国、俄罗斯、塞尔维亚、土耳其、中东、非洲等94个国家和地区，引起多家知名媒体的关注。另一部轻松诙谐的《小鸡不好惹》，剧情简单但发展紧凑快速的典型动画喜剧风格，华强准确地将目标受众定位为3到8岁儿童，成功发行到包括东欧、中东、北非，覆盖了亚洲绝大部分国家和地区，登陆国际知名卡通频道Nick Asia、Nick India，并取得高收视率，多家电视轮番重播，受到当地小观众和电视台客户的一致好评，Nick India也因此购买了续集《小鸡不好惹之咸蛋寺》。二是对中国特色文化题材节目的推广。华强数字动漫公司基于中华文化基础出品的《生肖传奇》系列极具中国特色，集功夫、东方生肖习俗、个人成长等文化价值因素于一身，三维技术制作精湛。在《生肖传奇》系列的营销推广过程中，十分注重对节目中大量的特色文化进行包装和宣传，着力强调“功夫、成长”这一广受全球各地儿童欢迎的主题，以国外观众理解的方式传递中国的文化价值。该片受到国际电视知名频道和专业买家的重点关注，获得了骄人的评价，并成为多个国际顶级评奖、展会重点推介的节目。《生肖传奇》系列已发行到国外70多个国家和地区，在多家国家级电视台播出，并成为独联体电视台首次播出的中国动画片之一。

截至2011年底，主营项目收益在国内各类媒体播出授权、衍生产品授权等方面超过2000万元；《方特大世界》动画剧场170余家电视台，每年置换广告刊例价2亿元。在国际方面，《熊出没》成交金额571540美元；《小鸡不好惹》成交金额404440美元；《十二生肖》系列片成交金额374272美元。

深圳国家动漫画产业基地

深圳国家动漫画产业基地位于罗湖区，是深圳唯一一家国家级动漫画、游戏产业基地。2011年被国家广电总局评为“国家最佳动画产业基地”。

该基地依托深圳的区位优势，积极为企业提供全方位优质服务：建设公共服务性技术平台，引进国际培训机构，吸引国内有原创、有实力的动漫游戏企业，促进企业生产出更有竞争力的原创品牌；构建电视频道、新媒体视频、互联网三网三频播出体系，科学合理的打造影视动画播出体系和视听点播体系；通过对正版生产软件的购置与认证，实施版权的保护和规范管理，实现规模化的国内外版权销售和出口交易；通过引进境外代理机构，实现中国动画“走出去”的战略目标。基地遵循产业化的核心模式，即：发展繁荣原创、扶持精品制作、积极推进衍生产品开发等涵盖完整产业链条的三个环节，同时引进投融资机构，为企业提供产业金融服务，共同构成良性的动漫产业发展大环境。

截至2011年底，共有83家企业入驻基地，入驻企业的注册资金合计约为人民2.5亿元，其中境内78家，境外5家(来自香港、澳门地区，以及韩国、日本等国家)。按企业性质划分，包括原创动漫企业45家，原创手机动漫、网络游戏企业13家，衍生产品开发企业6家，出版发行企业3家，投融资企业1家，技术设备企业1家，协会3家，原创影视制作企业4家，人才培训企业1家，软件研发企业2家，行业协会4家。基地目前从业人员超过2000人，其中研发创作人员占58%，大专以上学历占43%。

2011年度，深圳动漫基地总产值近10亿人民币，其中经营动漫产品的主营业收入为8.5亿，占总收入的85%，自主开发生产的动漫产品总收入为4.9亿，占总收入的60%。(截至10月)企业纳税超过千万元人民币(限罗湖区)。2011年度动漫基地投入动漫原创产品的研究开发经费近7000万人民币。本年度，基地共有27部原创动画作品，计23774分钟，出口到70多个国家及地区，出口创汇收入约9300万人民币。基地官方网站累浏览人次达到了54万余人次。截止到2011年11月，基地生产完成30部原创动画片，获得了广电总局发出的《播出发行许可证》(共计1872集，23683分钟)，跃居全国第二(国家广电总局宣传管理司统计数字)。基地入驻企业共有30部动画片，共计2245集，21124分钟在国家广电总局通过立项审批。

除了深圳华强动漫公司的杰出成就之外，深圳方块动漫公司创作推出的国内首部少女题材动画片《甜心格格》于2011年在央视首播，并陆续登陆东南亚地区及全国各地方台。由深圳欢乐动漫公司创作的三维动画片《欢乐之城》在创作内容、技术和艺术上均有所突破，被广电总局推荐为优秀国产动画片。本年度基地共有7部原创作品相继在央视少儿频道播出，16部作品在全国50多家电视频道播出，播出收入超过200万元人民币，有近10部作品获得国家级奖项，有27部原创动画作品，共计23774分钟，出口到70多个国家及地区，出口创汇收入约9300万人民币，取得了良好的社会效益和经济效益。由盈富通公司创作的《都市情感系列MV》、博克斯动画创作的《淘米系列动画短片》等手机新媒体动画，形象生动活泼、内容风趣幽默、下载点击率高，市场反响好。由掌世界公司开发的《战鹰2046》、《抢滩俄罗斯》等IPTV射击游戏抢滩新媒体行业，上线后取得较好的市场收益。由卡曼公司开发的《仓鼠乐园》系列网络游戏、手机游戏贴近低幼龄群体，为少年儿童提供了绿色健康的教育游戏平台。卡米拉公司的三维建筑动画和雅歌公司的立体激光动画把传统三维动画技术，运用到新媒介等多种领域，拓宽了动画产业的应用。基地多部优秀漫画出版物《欢乐宝宝新三字经》、《仓鼠乐园》等均破销量大关，制作了同名动画片。欢乐动漫公司原创项目制作精良、市场前景好，获得金融投资机构的贴息贷款，为文化创意产业特别是动漫行业与金融投资行业的合作起到示范作用。衍生产品开发、版权交易、音影像出版发行等也取得了可喜的成就。初步实现以市场回报来促进原创作品生产的良性产业链。投融资市场的不断扩展，为入驻企业的做大做强注入了新的动力。

作为第七届文博会分会场，动漫基地吸引众多海内外专业观众和普通观众共计73486人次，其中接待了来自全国各地(含港澳台)的专业观众参观团体嘉宾164批次，总人数超过13229人次；海外专业团队和专业人士7268人次(包括英国、美国、加拿大、法国、日本、俄罗斯等)。文博会期间，动漫基地分会场成交项目共计161个，成交总金额为101280.27万元人民币，其中合同成交数为121个，合同成交金额为63990.62万元人民币；意向成交数为40个，意向成交金额为

37289.21万元人民币；零售成交数为495个，零售交易额为4400元。已获得罗湖区分会场活动补贴50万。同时又获得了“第七届文博会优秀分会场”称号。

基地积极组织企业参加各项展会及赛事，2011年度共计15项，累计50家企业，20部作品，30余人参展参赛。包括：第六届“美猴奖”动漫大赛、“哈尔滨冰雪动漫展”、香港国际授权展及玩具展、第十五届香港国际电影节、第七届杭州国际动漫节、四川电视节“金熊猫”奖国际动画作品评选、第十三届日本TBS Digicon6数字内容作品大赛、韩国第六届国际文化创意产业展览会、罗湖区人才交流中心共同组织企业参加湖南长沙高等院校的专场人才招聘会、亚洲图形图像展等。全年共开设20个动漫项目的专业培训，共计培训650余人。基地努力开拓动漫新业态新媒体技术业务，业务增长迅速，拓展了全市动漫、影视、游戏、新媒体、广告等核心内容的开发、发行渠道，实现社会效益和经济效益双丰收。仅罗湖区动漫企业，原创项目代理(7个)、原创衍生产品授权(20个)、原创游戏作品(7款)、出版物(2部)、动漫影视新媒体衍生作品(32部)的总体收入超过3000万人民币。

文博会动漫馆突出“新媒体 · 新生活 · 新未来”

在第七届文博会，影视动漫游戏馆以“新媒体 · 新生活 · 新未来”为主题，集中展示中国新媒体、影视、动漫、游戏等优秀精神文化产品，全力打造中国影视动漫游戏行业“文化＋科技”型的权威展示交易平台。馆内，新媒体影视企业展区主要进行新媒体影视作品展播、“多屏融合”媒体业务互动体验以及家庭数字电视体验；知名网络机构展区主要进行网络新媒体技术及应用、CMMB手机电视展示及体验、网络电视展示及体验以及手机电视展示及体验；“三网融合”展示体验区主要进行全媒体互动电视展示、基于NGB的广电网宽带接入设备体验、基于NGB的物联网系统体验、新业态数字电视展示、多网融合新业务展示；全国优秀动漫企业展区主要进行全国优秀动漫企业形象展示、新媒体动画影片展映、卡通形象授权以及新产品发布及售卖；全国优秀游戏企业展区主要包括优秀网游企业品牌形象展示、最新网络游戏试玩、网游玩家见面会以及网络游戏周边产品售卖；影片展映区主要展映最新数字电影及动画片。来自国内优秀的影视、动漫企业展示出原创作品：深圳华强集团原创方特卡通动漫作品《猴王传》、《海螺湾》、《小虫虫有大智慧》、生肖系列、特种电影《恐龙危机》、《飞越极限》等循环展播；新技术、新媒体、新业态展现新发展。

文博会期间，由国家广播电视总局、深圳市人民政府主办、深圳广播电影电视集团承办，举行了“第二届中国国际新媒体影视动漫节新媒体高峰论坛”。论坛以文博会和第二届中国国际新媒体影视动漫节为平台，以“新媒体内容繁荣发展”为主题，旨在通过业界交流，力求为我国新媒体产业发展探索新途径、开辟新天地。深圳市副市长唐杰在论坛致词中说：深圳是改革开放的窗口，要发挥先行先试的作用，深圳市委市政府为加快推进深圳作为国家创新型城市的建设，高度重视发展新技术、新媒体产业，大力推动数字化城市的建设，加快了三网合一的步伐，出台了深圳互联网产业振兴规划，并正在制定深圳文化创意产业的发展规划。从资金、技术、人才和产权保护等方面对新技术、新媒体产业给予全力的支持。国家广播电影电视总局副局长田进做发展主旨演讲，他评述：当前，新兴媒体作为重构新闻传播的重要力量，深刻影响着人们的精神文化生活。另一方面，作为文化产业重要的组成部分，为加快经济结构战略性调整发挥了积极的作用。随着文化体制改革的进一步深化，新兴媒体迎来了繁荣发展新的春天。同时，新兴媒体是人类信息传统的一次重大变革，也是影响广播影视领域一次深刻的革命。在这个前所未有的过程中，人们对新兴媒体的已知远不如未知，诸多不确定因素和风险挑战依然存在，机遇要紧紧把握，挑战要妥善地应对。论坛上，国家广电总局领导、国内外新媒体领军人物、国内知名视频门户网站代表等作为主讲嘉宾，就新媒体内容多元化的发展和新媒体内容的运营和盈利模式等前沿话题进行了对话和交流。

首届动画产业基地论坛

由国家广播电影电视总局宣传管理司、广东省广播电影电视局、深圳市文体旅游局、深圳广播电影电视集团主办，深圳国家动漫画产业基地、深圳市动画制作中心承办的“首届中国国家动画产业基地论坛”于第七届文博会期间在深圳香格里拉酒店举行。论坛以“中国动画产业基地发展之路”为主题，邀请国家政府部门主管领导、国家广电总局批准并管理的动漫基地主要负责人、国内知名动漫公司负责人、动漫行业专家学者，就中国动画产业基地发展方向、动漫产业基地的管理与运营模式、中国未来动漫产业基地发展新思路、播出机构如何推动原创影视动画的繁荣等专题进行了经验交流和研讨，梳理中国动漫产业基地差异性格局发展，展望“十二五规划”动漫文化之发展，共同促进基地间的互相交流与合作，推动动漫产业健康有序发展。会议还特别安排了

第七届文博会深圳国家动漫画产业基地分会场剪影 ^

第七届文博会动漫馆及第二届中国国际新媒体影视动漫节新媒体高峰论坛现场 ^

“首届中国国家动画产业基地论坛”现场

“中国十大卡通形象”获奖作品

第三届深圳动漫节开幕式及活动现场

“重点项目推介会”，旨在选拔和发现优秀影视动漫游戏项目和团队，服务扶持优秀原创项目，所有项目均免费进行发布、推介、对接，促进动漫制作机构、播出机构、投资机构、衍生产品生产机构广泛开展动漫项目的合作、推广和发行。

第三届深圳动漫节入场总人次超60万

由国家广播电影电视总局宣传管理司、深圳第二十六届世界大学生夏季运动会组委会执行局、深圳市文体旅游局、深圳广播电影电视集团联合主办的“迎大运——动漫活动周暨第三届深圳动漫节”，于7月21日至25日在深圳会展中心 2 号馆举行。动漫节开幕当天，创下11万首日入场人次纪录。展期5天，入场总人次突破60万，相比2010年增涨10万人次。官方网站流量每天20万，腾讯官方微博一个月内听众高达20万。本届动漫节的成功举办，得到了国家广电总局宣传管理司及各级领导的一致好评，也获得专业观众和参展商的广泛认可。

本届动漫节展览面积1.5万平方米，参展企业共计240余家，其中一线动漫企业占40%。华强文化科技集团、北京辉煌动画公司、上海炫动卡通、杭州玄机科技信息技术有限公司、浙江中南卡通股份有限公司、深圳市方块动漫画文化发展有限公司、广东咏声文化传播有限公司、广州漫友文化科技发展有限公司、沈阳非凡创意动画制作有限公司、广东明星创意动画有限公司、西安唐艺坊文化传播有限公司、深圳玩具行业协会等来自境内外的优秀动漫企业集中亮相。

经过两届的成功铺垫，深圳动漫节已成为一个动漫盛会，第三届升级为国家广播电影电视总局宣传管理司主办，升级后的动漫节以做“最好玩的漫展”为目标，本着“好玩、原创、时尚、动感”的宗旨，结合大运主题，组织了丰富多彩的活动。“放飞大运梦想——中国原创动漫插画大赛”，以“放飞大运梦想，创意深圳未来”为主题，面向各大学、职业学校、高中、初中以及小学热爱动漫插画和漫画的爱好者征集作品，共收到有效作品1100幅。大赛邀请了徐静茹(主评)、唐月辉、徐庚明、张巍、杨凯等动漫插画界专家组成评审团。经过严格评选，林鸿耿的《快乐大运会》获金奖，张志贤《伟岸》、田野《魅惑少女》获最具风格插画奖，张弛《深圳之夜》、陈果《自我》获最具风格漫画奖，文梓超《机器时代大运幻想》、王翰文《无题》获最具潜力插画奖，王泽钦《刀客》、赵昊宇《无题》获最具潜力漫画奖。动漫节还特设大运特许商品展区，各种UU衍生品有T恤、手袋、玉器等。展区旁设置了一堵主题为“深圳因我而精彩，为大运加油”的“动漫墙”，吸引了众多涂鸦爱好者和普通市民的积极参与，寄托对大运的美好愿望。此外，COSPLAY挑战赛、城际街舞大赛、摄影大奖、名家签售等活动强力吸引广大青少年观众。

“中国十大卡通形象”评奖活动永久落户深圳

由国家广播电影电视总局宣传司、深圳广播电影电视集团和中国动画学会共同主办的“第二届中国十大卡通形象评选”于3月8日启动，面向所有国内动漫机构、企业及个人征集自2010年元月至2011年3月24日所创作的原创卡通形象作品，要求塑形新颖、夸张、特征鲜明、幽默独到、喜闻乐见，具有产业开发潜质，具有良好的社会美誉度和影响力等。这是一项由政府、业界共同推动产业、促进发展的评选活动，以“创新、交易、促进”为指导理念，旨在鼓励优秀原创动画形象创作，促进中国动画产业发展，打造中国原创动漫领域的年度风向标。评选活动为每年一届，首届于2010年5月在“首届中国国际新媒体影视动漫节”上成功举行。本届评选分为参评报名、初评、终评、颁奖及展示五个阶段，于7月23日在第三届深圳动漫节主舞台举行颁奖仪式。国内最新创作的《秦时明月》的天明、《开心宝贝》的开心超人、《月亮大马戏团》的猴子非非、《兵马俑——额叫秦比昂比昂》的秦比昂比昂、《小鸡不好惹》的鸡小龙、《兔子帮》的白枝、《恐龙宝贝之龙神勇士2》的暴宝、《乐比悠悠》的悠悠、《秦汉英雄传》的虞姬、《快乐猪宝贝》的草莓姐等动漫形象从880部参赛作品中脱颖而出，荣获年度十大最佳卡通形象大奖。

从本届开始，“中国十大卡通形象”大奖永久落户深圳动漫节，每年举办一届。

2011深圳设计·厚积薄发

据统计，截至2011年，深圳有60000多名设计师，其中，平面设计领域占有20000至30000名，规模居全国前列，专业设计机构上千家，年产值达6亿元。在工业设计领域，约有200多家设计公司，占广东的70%，全国的49%。在这些数字增长背后，蕴含着深圳创意设计业厚积薄发的力量。

重要活动与展览

深港设计邀请展移师香港 继2009年“深圳香港设计邀请展”在关山月美术馆成功举办，2011“深圳香港设计邀请展”移师香港，于7月15日至26日在香港九龙塘创新中心举行。该展由深圳市平面设计协会主席孔森、香港设计中心项目总监周婉美担任策展人，以“体会多元文化都市”为主题，以“双行线”为标题，共邀请香港和深圳两地40多位设计师参展。香港设计师包括毛灼然、李永铨、区德诚、梁志刚、陈幼坚、黄炳培、靳埭强、刘小康等，深圳设计师有孔森、杜峰松、韩家英及一批年轻新会员。展览分为两部分：一是符合主题的作品展览，二是以“双行线”为创作基本、响应主题的全新作品。作为两条“并行线”，香港和深圳具有不同的价值观、不同的思考及行为方式，彼此的尊重和观念交织，期望诱发一个“新系统”的诞生。

第四届国际工业设计节 11月27日至12月3日，“创意12月”的重头活动“第四届国际工业设计节”在宝安恒丰海悦酒店举行，本次设计节由中国机械工程学会工业设计分会、深圳市文体旅游局、宝安区政府主办，以“跨界设计体验”为主题，吸引了超过1000家来自国内外顶尖品牌企业参与。与往届相比，本届特点在于进一步整合了资源，尤其是与香港、北欧设计界的推广机构的联手合作。联合合作伙伴有设计名城芬兰赫尔辛基和瑞典斯德哥尔摩。本次设计节共有6大系列活动，包括“聚焦北欧”、“东西方文化跨界先锋设计展”、“全国工业设计产业创新联盟落户活动”、“第八届中国工业设计精英赛”、“第五届中国国际工业设计高峰论坛”、探索品牌创新之旅的企业一对一交流活动等。通过高峰论坛、考察访问、展览展示、设计工作坊、精英大赛、全国联盟年会等专业领域的高端国际交流活动，促进深圳设计水平的提升。

“GDC11”系列活动 GDC(Graphic Design in China)是中国首个面向全球的大型综合性设计竞赛年展活动，每两年举办一次，由深圳平面设计协会于1992年创办，已经成为世界华人地区影响大、水平高、具权威和公正性的设计盛典。12月4日，由市委宣传部、市文体旅游局、市文联、深圳广电集团主办，市平面设计协会、关山月美术馆承办，董小明、孔森担任总策展人的“GDC11 影响中国未来的设计”系列活动在关山月美术馆开幕，系列活动包括颁奖典礼暨作品展、国际评委系列讲座、国际评委作品展及“回到中国”主题邀请展。在GDC11竞赛类别及奖项设置中，反映了设计行业的发展趋势以及多样性和新方法、新理念。竞赛类别涵盖平面视觉、RGB、空间视觉及综合类别，由国际设计专家组成的评审团直接对提交的作品加以现场的鉴别比较，评出最佳设计作品。评审结果直接体现当下设计与文化、商业、生活的互动关系，为中国未来的设计建立全新的价值标准。经过国际评审团两轮评审，共有238件作品入围，其中77件作品获得提名。在入围奖项中，专业组占180件，学生组占58件；在获得提名的77件作品中，专业组占57件，学生组占20件。最佳奖项分为专业组和学生组两种，各设置4项最佳奖。此外，还设置了传媒奖、公众奖和协会奖。获奖作品被收录进GDC11的作品年鉴。获得GDC11大奖的作品是《没边——2010年秋冬服装展》(作者：广煜)，获得专业组“设计与文化”最佳奖的是：《隐于此隐于彼艺术展整体推广》(作者：郭东)、《国语》(章霞)，获得“设计与商业”最佳奖的是《Trés Trés Marche》(作者：Masayuki Terashima)，获得“设计与生活”最佳奖的是《绿色步行》(作者：DDB上海)，获得“探索与试验”最佳奖的是《汉字字体试验》(作者：刘永清)、《2011首尔国际字体艺术海报双年展作品——字象乾坤》(作者：韩家英)、《封笔》(作者：XEX GRP)。学生组获“设计与文化”最佳奖的是《80后自杀者的告白》(作者：刘雅坤)，获“设计与商业”、“设计与生活”最佳奖的是《巢居》(作者：冯敏)，获“探索与试验”最佳奖的是《黑洞》(作者：张利文)。

“回到中国”主题邀请展　GDC11特别推出“回到中国”主题邀请展，其主旨与方向是重新认识传统、认识中国，思考并架构新时代的设计价值观与审美标准，探索全球化下的文化包容性，输出中国文化五千年的审美特质与精华，进而达到从社会学、生态学等基础上，多角度、多层次地“解放设计”，彰显与时代相融的“共生设计”思想。该主题邀请展由毕学锋、高鸣担任策展人，邀请的设计作品力求与现实、社会、生活发生更直接的关系。展览结构由“始发”(正在启动并带有启发性的项目或思考)、“移动”(正在进行的项目或思考)、“换乘”(换一种思考方式进行的工作或项目)、“减速”(改变常规工作方式或探索传统文化新的设计方向)、“落地”(已经发生的事件、观点或未来思考)5个部分组成。同时实行展览推荐人制，所推荐的入选作品须提交300字内的“推荐理由”。展览共邀请20多名设计师或跨界创作人的作品参展，作品的形式与媒材丰富多样，结合华侨城创意文化园OCT-LOFT北区A3+展场建筑原有的结构和特征进行展示，并与展馆周边的特定场所发生关系，强化与市民互动。

“美哉书籍”设计邀请展　由深圳市新闻出版局、深圳读书月组委会、中国出版协会装帧艺术工作委员会、深圳出版发行集团等主办的“美哉书籍——深圳书籍设计邀请展”于11月9日在深圳中心书城深圳艺廊举行。展览以“设计，让阅读更美好”为主题，以“美”的角度来欣赏书籍、推动阅读，传递书香与书籍之美，提升市民的审美趣味，展现深圳“阅读”与“设计”的双重魅力。展览邀请了靳埭强、吕敬人、宁成春、韩家英、速泰熙、毕学锋、朱赢椿、吴勇、张达利、韩湛宁、朱锷、赵清、小马哥等20位中国当代具有代表性的书籍设计家参与，共展出200件优秀书籍设计

< 深港两地设计师在“深圳香港设计邀请展”上做深度交流

< 第四届国际工业设计节开幕式上，签订“深圳-瑞典”、“深圳-赫尔辛基”等战略合作协议

“GDC11”系列活动国际评委云集 ∧

“GDC11”颁奖典礼现场 ∧

< “回到中国”主题邀请展及论坛现场

< “美哉书籍”设计邀请展现场

作品，展现当代中国书籍设计为阅读所进行的美的尝试与贡献——韩家英的书籍作品体现出强烈的国际化视野和现代精神；朱赢椿擅长用讲故事的手法编辑与设计书籍，普通的平装书散发着丰富而细腻的情感；吴勇专注于书籍形态的探索；韩湛宁提倡书籍设计“美的外化”，主张形式即内容的精神外化理念；刘晓翔注重书籍设计的整体性，呈现质朴之美。

全国性大赛与评奖

文博会表彰设计精品 第七届文博会设计精品馆以四大主题活动为主：首届设计精品奖评选活动颁奖典礼、手绘艺术沙龙、创意产品T台秀、国际设计大师座谈会。配合个性展示台、展板以及个人成果创意展，给全国优秀设计师一个展示作品的平台。一方面，彰显设计的艺术价值；另一方面，将艺术创意设计与实用产品融为一体。其中，“设计精品奖颁奖典礼”特别引人注目。该活动共收到参评作品3582件，经多名国际设计大师组成专业评审团层层选拔，最终评出“上市组”和“非上市组”的金银铜奖及十大优秀入围奖，挖掘出一批优秀的原创设计作品。

第六届设计之都公益广告大赛 本大赛是深圳打造“设计之都”的一项重要活动，被评为“2011年度深圳优秀设计项目”。本届赛事从7月20日开始至11月10日结束，共征集到平面作品9536件，影视、广播作品611件，总计10147件，数量较2010年显著增加。作品选送的地域除中国内地外，还收到了来自美国、韩国、德国、马来西亚、荷兰等国家与中国香港、台湾和澳门地区的参赛作品。评委们认为，本届大赛获奖作品立意好、质量高，地域覆盖范围广，在国内公益广告界达到空前的高度，体现出本届大赛整体水平和实力，体现了制作单位和个人强烈的社会责任感，更体现了一种文化上的自觉。本届大赛作品题材广泛、创意丰富，包括生态文明、卫生健康、社会公德、公共安全、廉政建设、诚信守法、关爱弱势群体等多项内容。经过初评和终评，共评出入围作品412件，获奖作品57件。获得平面类金奖的作品是：王樱儒、秦卿、金成兰主创的《通则不痛》系列；获得影视类金奖的作品是：上海观池文化传播有限公司选送的《一小步幸福计划——早餐篇》；获得广播类金奖的作品是：曲阜师范大学(日照校区)选送的《推广普通话——急救篇》。获得大赛特别奖的是深圳市委宣传部监制的《公民道德·论语篇》系列平面公益广告，该作品融会中西，贯通古今，传达中华文化神韵独特魅力。12月20日，“第六届设计之都(中国·深圳)公益广告大赛”颁奖仪式在深圳市市民中心隆重举行，同一主题作品展也于当日向市民开放，展出本届大赛参赛选手所有入围作品。

本届大赛呈现如下新亮点：一是确立了大赛的总主题为“文明·进步·责任”，大赛总主题的确立，体现了主办单位对优秀创意和设

“设计精品奖颁奖典礼”现场 ∧

深圳艺术设计力量雄厚 ∧

观众欣赏创意设计 ∧

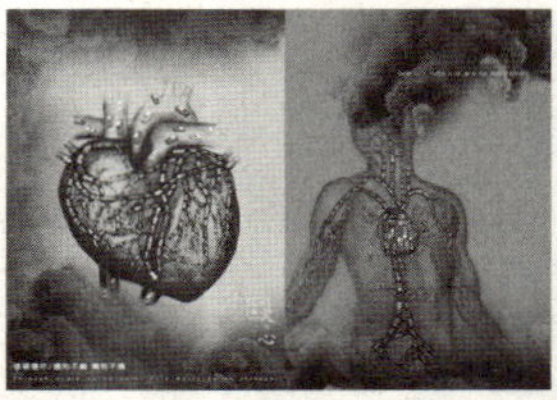

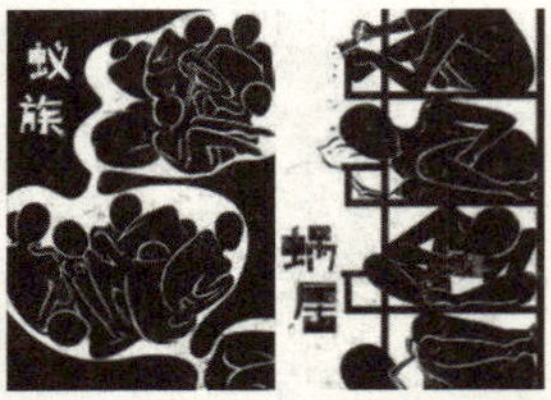

< 第六届设计之都公益广告大赛部分获奖作品

< “2011年度优秀设计师”颁奖现场

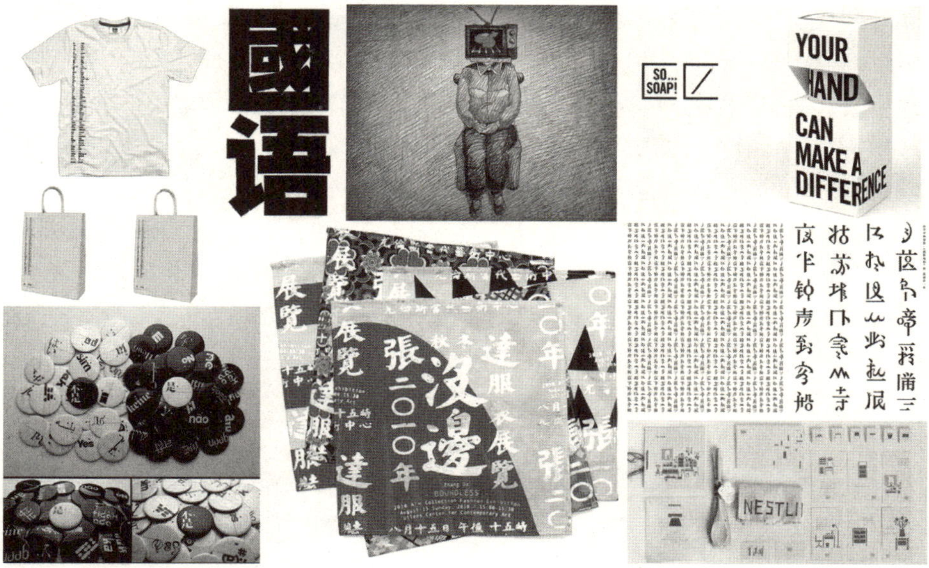

深圳设计师
部分优秀作品

计的追求，也体现了促进社会进步、提倡良好风尚的社会责任，进一步提升大赛的形象，每年在这总主题下设立年度选题。二是增设了新浪、优酷和中国时刻三大网络赛区，加强了与设计师和网民的互动，大赛官方新浪微博自11月份开通，至年底有效“粉丝”数30000个，增强了赛事的传播效果；三是举办了公益广告作品邀请展，除展出本届大赛参赛选手的入围作品外，组委会还特邀展出国内10多位著名设计师的公益主题作品，从新加坡、荷兰等国家征集“联合国森林年城市公益设计作品”，供广大参观者欣赏。其表现形式新颖，创意视角独特，体现了当前国际艺术设计界较高的公益艺术水准。

“2011年度优秀设计师” 12月7日，在第七届“创意12月”启动仪式上，深圳市创意文化中心评选的“2011年度优秀设计师”名单公布。这是深圳首次在全市范围内评选优秀设计师。获奖的优秀设计师共11名：朱德才、孙磊、郑罡、杜半、黄庆中、刘波、陈加国、陈日飙、许琳璧如、钱国栋和罗峥；同时受到表彰的还有13个优秀设计项目以及2名优秀设计新人。

高端论坛

第二届深港文化创意论坛 7月15日至16日，由深圳市工业设计行业协会、香港设计中心和香港艺术中心联合主办的第二届“深港文化创意论坛”在香港九龙塘创新中心举行。主论坛以“亚洲设计城市——创意·文化·政策”为主题，深入探讨深港文化创意合作内容，实现两地融合发展。分论坛以“深圳香港双城·前海发展”和“亚洲创意都会要素”为主题，为把前海片区打造成深港设计中心、深港国际文化创意中心献计献策。深圳市工业设计行业协会组织了由设计、创意、艺术、文化、品牌推广等诸多行业共50多人的团队，与香港200多位创意设计界人士共同参与此次论坛。两地创意人才深入探讨深港两地的城市、艺术、人文的建设与融合，推进深港两地城市经济转型发展，共同打造国际文化创意中心。“深港文化创意论坛”始创于2000年，每年一届，开创两地文化创意交流之风，已经成为深圳市“设计之都”城市软文化建设的重要内容。本届是继2008年首届双方签署“深港创新圈”设计战略合作协议之后，两地再度携手共同举办活动，特别邀请了国际工业设计联合会的现任主席(ICSID)、韩国设计中心主席(韩国)李淳寅，2010年上海世博会新加坡馆总设计师、新加坡总统设计奖获得者陈嘉毅(新加坡)，时尚生活中心集团总裁(上海)黄瀚泓，香港艺术中心总干事(香港)林淑仪等众多文化创意界的设计大师、品牌CEO和商界领袖参加此次论坛。

GDC11展国际评委系列讲座 11月9日，GDC11国际评委系列讲座在深圳大学科技楼启动。首场讲座由来自北京的蒋华、来自日本的八木义博和来自香港的朱力行与听众分享各自的创作理念及设计作品。设计师们选用大量有趣而独特的设计案例，结合多媒体展示，让分享的理念更加生动而容易理解。蒋华从批判的角度讲述了在中国汉字语境下的设计方法，认为字体设计不等于文字设计，文字设计担负着沟通交流的功能和责任。八木义博以“创意设计如何加强广告效果”为主题进行演讲，用实际案例阐述分享设计心得。朱力行演讲了更广大的创作空间。其他来自全球的国际评委何见平、植原亮辅、何塞·阿尔贝加里亚、黑一烊、广村正彰、派屈克·托马斯、肖恩·帕金斯、马克·波特等相继登上讲坛，与听众进行现场交流互动。国际评委系列讲座有利于资源整合、跨界合作及公众参与的项目实践，从展示、交流、研讨、互动等方面构成GDC11的核心内容。

2011深圳书籍设计论坛 与“美哉书籍——深圳书籍设计邀请展”同期，2011深圳书籍设计论坛于11月9日在深圳图书馆五楼报告厅开讲。吕敬人、宁成春、韩家英、朱赢椿、吴勇、韩湛宁、刘晓翔等7位中国当代书籍设计师以“设计，让阅读更美好”为主题各作表述，为深圳高涨的阅读文化新增“美”的一课。吕敬人认为，

出席第二届深港文化创意论坛的嘉宾

GDC11国际评委系列讲座现场

2011深圳设计论坛与会者合影及论坛现场

书籍是一个带有情感的物体，除了文字传达，还可以赋予美感，他提出了“五感设计”观念，为书籍设计带来新的认知和探索。设计能为书籍带来视觉上的美好，引导读者阅读和进入书籍的情感世界。他演讲的题目是《留住书籍阅读温和的回声》，体现了在电子阅读潮流勃兴的时代对纸质阅读的信心。宁成春演讲的题目是《书籍设计的工艺之美》，他认为，书籍是一种艺术品，是能够把文化意图传达给读者的载体，当内容与形式完美结合，便具有了收藏的价值，使书籍的艺术品质得到体现。韩湛宁认为，当今社会越来越重视视觉传达艺术，人们阅读的内容，还包括书的整体形态。策办书籍设计论坛及展览目的在于阅读，并推动深圳的出版事业发展，创造高品质的书籍和阅读形态，让城市因为书籍之美而美好。

2011深圳设计论坛暨设计邀请展 12月2日，由深圳市“设计之都”推广办、市文体旅游局和深圳大学主办的“2011深圳设计论坛暨设计展”在深圳大学开幕。活动旨在为国内外设计界提供信息和成果的交流平台，为国内外设计在深圳推介和转化设计成果开辟道路，促进深圳及全国设计健康发展，是一次具有国际性的、高规格的设计界学术盛会。论坛以“设计·改变的力量”为主题，邀请国内外30余所院校的近百位学者、设计专家展开深入的研讨与交流，并与广大参与者进行互动。论坛从“设计——产业升级的核心动力”、“可持续发展观下的生态设计”、“后工业化消费社会的设计应对”、“创新型设计人才的培养及模式转换”、“创意设计产业的现实与愿景”、“设计领域的跨界与融合”等多个方面切入，研讨了中国设计艺术发展的新方向。与会的国内外设计领域嘉宾、企业代表和深圳本市的设计师、设计专业学生进行了5场分会场讨论，采用专家、设计师演讲，学生提问、自由发言等互动方式，拓展研讨范围，开阔学生视野，增进人们对现代设计的认识和了解，让人们更强烈地感受现代设计对于当代都市生活和建设和谐社会的作用与价值。作为设计论坛的组成部分，“设计邀请展”对论坛议题进行了精彩诠释，着重突出国际性、综合性和探索性，选自各院校师生们的作品全面展示中国当前设计教育的最新成果，展现中外艺术学子的新颖创意及超前理念。参与深圳设计论坛的人员在论坛期间参观、评论设计邀请展所展示的作品，进一步了解中国设计界的现状。活动结束后，组委会公开出版发行《2011深圳设计论坛暨设计邀请展作品集》和《2011深圳设计论坛暨设计邀请展论文集》，扩大活动影响，促成共同探讨问题、共同总结经验、共同促进发展的学术平台，创建严谨和谐的学术氛围。

深圳市平面设计协会换届 深圳平面设计协会换届大会于1月14日在市文联九楼会议室举行，协会会员、市文联、市民政局及有关政府部门领导70余人出席了会议。主要审议通过第四届理事会工作报告，选举产生新一届理事会及主席团。孔森当选主席，冯志锋(常务)、曾军、朱德才当选副主席，龙刚担任秘书长。截至2011年，深圳市平面设计协会已有100多名会员。协会会员多次获得世界各地设计赛事和国际展览的奖项，取得一定的设计艺术成就。同时，深圳设计师的设计服务遍及全国的大型企业集团和文化机构，为中国特别是深圳的经济建设与企业发展做出了贡献。

深圳平面设计协会换届大会新一届理事合影 ∧

文艺专论

全面落实科学发展观 争当文化产业发展领头羊

王荣

今年8月，胡锦涛总书记在出席深圳第二十六届世界大学生夏季运动会开幕式期间，专门考察了深圳的文化建设，要求深圳认真总结成功做法，进一步做好文化改革发展这篇大文章，使物质文明建设和精神文明建设取得双丰收。总书记特别寄望深圳要争当文化产业发展的领头羊，把广东、把全国的文化产业做大做强。

深圳经济特区是在几代中央领导同志的亲切关怀下成长和快速发展起来的。总书记寄予深圳的期望，是对特区所肩负的历史使命提出的新要求，意味着在全面落实科学发展观、实现中华民族伟大复兴的时代背景下，深圳要当好推动科学发展促进社会和谐的排头兵，不仅要继续在经济体制改革和经济发展方面发挥好探路先锋的积极作用，还要以高度的文化自觉和文化自信，牢牢把握社会主义先进文化前进方向，争当文化体制改革和文化产业发展的领头羊，为促进社会主义文化大发展大繁荣做出新贡献。

一、全面落实科学发展观，做大做强文化产业

文化产业是市场经济条件下发展繁荣社会主义文化的重要载体，是满足人民群众多样化、多层次、多方面精神文化需求的重要内容，是推动产业结构优化升级、转变经济发展方式的重要途径，是增强文化软实力和综合竞争力，提升国家形象，扩大中华文化国际影响力的重要举措。大力发展文化产业，是贯彻“三个代表”重要思想，深入落实科学发展观的必然要求，是实现社会主义文化大发展大繁荣的题中应有之义，也是全面建设小康社会的重大战略任务。

(一)做大做强文化产业，有助于丰富活跃广大人民群众的文化生活，保障人民群众文化权益。

科学发展观最根本的出发点和落脚点，就是以人为本，实现人的全面发展。人的需求是多方面的，不仅有物质生活的需要，也有精神生活的追求；不仅要实现经济上的权益，也要实现文化上的权益。在市场经济条件下满足人们的精神文化需求，越来越需要借助市场的力量，以产业为载体，以市场为纽带，充分调动一切可用资源和社会各方面的积极性，提供丰富多样的文化产品和文化服务，最大限度地满足人民群众多样化、多层次、多方面的精神文化需求，充分保障人民群众的文化权益。改革开放以来，深圳人在创造和享受物质财富的同时，生活方式也发生了天翻地覆的变化，人们对生活品质的要求越来越高，精神文化层面的需求越来越多。

加快推动文化产业发展，是落实以人为本，丰富广大人民群众文化生活的本质要求，也是深圳在新时期面临的一项紧迫任务。

(二)做大做强文化产业，有助于发挥先进文化的引领作用，提升公民素质和城市品位。

文化产业不同于其他产业，不但具有产业的经济属性，还具有意识形态方面的属性和社会教育的特殊功能。先进的文化，借助先进的技术手段、表现形式和市场化的传播渠道，能够更好地发挥引导社会、教育人民、推动发展的功能。大力发展文化产业、构建城市文化品质和品牌，在陶冶人民情操、提升市民文化素质和品位、增强城市的精神力量方面具有不可替代的积极作用。近年来，深圳从一座历史文化资源底子薄、甚或被称为“文化沙漠”的城市，巨变为一片郁郁葱葱的“文化绿洲”，蝉联“全国文明城市”、荣获“杰出发展中的世界知识城市”称号，除了在发展文化事业、构建公共文化服务体系等方面付出的不懈努力外，文化产业的迅速发展和产业发展模式创新所引起的瞩目，也是这座城市文化含量提升的重要因素。过去的发展经验表明，深圳要进一步弘扬社会主义核心价值观，锻造创新型、智慧型、力量型城市文化，提升城市人文精神和文明程度，增进民生幸福，就必须以科学发展观为指导，紧紧抓住难得的战略机遇，大力推动文化产业实现新的发展。

(三)做大做强文化产业，有助于转变经济发展方式，促进国民经济可持续发展。

全面协调可持续是科学发展观的基本要求。文化创意产业作为新兴的智慧型产业，具有高附加值、低能耗、低排放、低碳绿色、生态环保的重要特征和优结构、扩内需、增就业、促跨越、可持续的独特优势，其影响力与渗透力大大超出了一般产业的范围，是加快转变经济发展方式、推进经济结构战略性调整的重要抓手。当前，日趋严峻的人口、资源、环境压力已经成为世界范围内的发展难题，粗放式发展的局限性、经济结构层次较低以及资源环境矛盾等问题越来越突出。另一方面，国际产业发展的最新趋势表明，文化创意和创新已经成为城市发展与繁荣的基本动力，知识和理念推动着财富的创造和社会的现代化。深圳作为我国对外开放的窗口，要以国际视野把握未来产业发展方向，积极适应国际需求结构调整和国内消费升级新变化，将发展文化产业作为实现经济发展突围转型的重要途径，积极培育新的经济增长点，以增量调整带动存量调整，加快推动产业结构优化升级，率先转变经济发展方式，不断提高经济增长的质量和效益，促进国民经济可持续发展。

(四)做大做强文化产业，有助于增强文化软实力和综合竞争力，扩大中华文化的国际影响力。

当今世界，文化传播出现了崭新的特点，文化的传播渠道范围及速度发生了极大变化，文化价值观念及生活方式更多地附载在文化产品和服务当中，并随全球化的过程而流动、扩散。强势经济支撑着强势文化的渗透，文化贸易成为新的国际竞争热点，各个国家和城市纷纷制定文化产业发展战略，抢占发展先机，维护本国文化安全，提升国家或城市形象。在新的国际竞争格局下，可以说，没有强大的文化产业，就谈不上社会主义文化的大发展大繁荣。只有拥有了雄厚的文化产业基础，拥有了强大的文化传播能力，才能在国际上赢得更大的发展空间。2010年，深圳文化产品出口占全国的20%，进口占全国的18%，深圳已成为我国文化产品进出口的重要基地和主要口岸。大力发展文化产业，是深圳进一步做大文化贸易，提升城市国际形象的重要基础，也是深圳为更好地维护国家文化安全和文化主权所应承担的重大责任。

二、大力实施文化立市战略，推动文化产业实现跨越式发展

深圳高度重视文化建设，早于2003年就在全国较早实施“文化立市”战略，将文化产业作为四大支柱产业之一，推动文化产业跨越式发展。2010年，全市文化创意产业增加值达726亿元，占GDP的比重从2003年的4.6%提高到7.6%；发展模式特色鲜明，形成了“文化+创意”、“文化+科技”、“文化+金融”、“文化+旅游”等产业发展新模式；行业发展全国领先，创意设计、动漫游戏、网络内容、数字电视、数字音乐、文化旅游、高端印刷等均占全国较大份额；深圳还首创文博会，设立了文化产权交易所，参与发起首支国家级大型文化产业投资基金，文化投融资体系建设日趋完善。在发展文化产业的历程中，深圳始终坚持做到“五个结合”：

(一)坚持内容导向与市场需求相结合，不断提升文化产品的内涵和质量。

就文化而言，内容永远是根本，是核心竞争力，发展文化产业要把内容摆在十分突出的位置。深圳在推动文化产业发展过程中，牢固树立“内容为王”的观念，坚持以文化产业承载文化理想和文化价值，以价值创新提升文化产品的内涵和质量，以高尚品位支撑文化创意，以丰富供给满足文化需求，以内容质量开拓文化市场，以价值优势赢得产业发展优势。由深圳组织创作的《春天的故事》、《走进新时代》、《走向复兴》等优秀歌曲，就是以内容的价值赢得了老百姓的喜爱，唱遍大江南北。同时，作为市场经济发育较早的地区，深圳注重通过市场机制把握文化供需动向、发现优质文化元素、引导高尚文化生活，依靠市场运作使文化内容延伸到文化产品和服务的生产、制作、传播、营销、消费各个环节，大力挖掘文化资源，提升文化创意，打造文化品牌。

(二)坚持科技创新和体制改革相结合，增强文化产业发展的活力与动力。

科技创新和体制改革是推动文化发展的两大动力。深圳作为国内较早发展高新技术产业的城市，充分认识到科技进步对于文化发展的重要作用，以创新精神走出了一条“文化+科技”的发展道路，涌现出一批以腾讯、华强文化科技、A8音乐为代表的“文化+科技”企业，催生了一批新兴文化产业形态，有效延伸了文化产业链。以华侨城为代表的“文化+旅游”模式和以文化产权交易所、中国文化产业投资基金为代表的“文化+金融”模式，也都成为文化产业创新发展的亮点。同时，不断深化文化体制改革为文化科技创新给力加油。深圳作为全国首批文化体制改革综合性试点地区之一，着力推进国有经营性文化单位、文化事业单位、文化行政管理体制、国有文化资产监督管理体制和文化投融资体制的改革创新，以改革创新优化文化资源配置，解放和发展文化生产力，壮大文化产业发展主体，推动文化产业健康快速发展，取得了明显效果，两次被中宣部等国家部委评为“全国文化体制改革先进地区”。

(三)坚持社会效益和经济效益相结合，充分发挥文化产业的综合功能。

坚持经济效益与社会效益相结合，反映了文化产业发展的内在要求。深圳在推动文化产业发展过程中，坚持把社会效益放在首位，努力实现社会效益和经济效

益的有机统一，强调人文价值和市场价值并重，引导文化企业树立文化自觉、履行社会责任，使文化产品反映正确的价值理念、传播先进的思想文化，以合格的文化产品服务社会，在满足文化消费的过程中引导文化需求。深圳对报业、广电和出版发行三大国有文化传媒集团提出建设“效益集团”目标，在探索国有文化资产监督体制机制创新中，统筹考量导向要求和利润指标，要求三大集团不仅当好新闻宣传的组织者、策划者，还要当好社会文化建设的参与者、促进者，做到社会效益最大化、经济效益最优化。

(四)坚持政府引导和企业主导相结合，形成文化产业发展的联动机制。

政府引导和企业主导是文化产业发展的两个“轮子”，只有“双轮”驱动，才能实现产业发展提速。一方面，深圳注重抓方向、抓规划、抓扶持，以立法手段出台了《深圳市文化产业发展促进条例》，制定了《深圳文化产业发展规划纲要(2007-2020)》、《关于加快文化产业发展若干规定》、《关于促进创意设计业发展的若干意见》、《关于支持和促进深圳文化产权交易所发展的若干意见》等一系列规划和政策措施，为文化产业发展提供了有力的政策保障。另一方面，注重发挥文化企业的主体作用，培育和涌现华侨城、腾讯、华强文化科技等一批领军文化企业，汇聚了田面“设计之都”创意产业园、怡景国家动漫产业基地、大芬油画村等一批国家级文化产业园区和基地，文化要素市场日益健全。

(五)坚持立足国内开发与“走出去”相结合，培育和开拓文化产业广阔市场。

统筹好国际国内两个市场，发掘国际国内两种资源，是文化产业发展的必然选择。深圳毗邻港澳，面向东南亚，在利用两个市场、两种资源上拥有独特优势。深圳着力打造“文博会”品牌，七届文博会累计成交额超过5000亿元，已经成为国家级、国际化、综合性文化产业博览交易会和中华文化走向世界的重要平台。一批文化创意企业借助政府的政策和服务跳板，迅速实现国际化发展。华强文化科技集团将自主开发的高科技文化主题公园项目出口到伊朗、南非、乌克兰等多个国家，实现了我国自主品牌文化主题公园向国外输出，嘉兰图设计公司接连拿到跨国公司的设计订单，雅昌公司连续9年荣获18座素有全球印刷“奥斯卡”之称的“班尼”金奖……这些充满活力的文化企业，已成为推动我国文化产品和服务“走出去”的市场先锋。深圳创意设计业在国际上崭露头角，被联合国教科文组织授予世界第七个、中国第一个“设计之都”称号，实现了中国城市参与国际创意设计组织的突破。

三、加快文化强市建设，争当文化产业发展的领头羊

我们理解，党中央寄语深圳争当文化产业发展的领头羊，就是要求深圳紧紧围绕科学发展主题和转变发展方式主线，在文化体制改革和文化产业发展上先行一步，努力在推动社会主义文化大发展大繁荣的进程中发挥好示范和辐射带动作用；就是要求深圳在文化产业发展的道路和模式上进一步探索创新，着力推动经济结构优化升级，努力增进社会文明和民生幸福；就是要求深圳以国际视野把握文化产业

发展趋势，积极借鉴和引进国外新兴产业发展理念、先进管理方式和优秀创意灵感，着力推动文化产业走向国际市场。站在新的历史起点，承担新的历史使命，深圳将牢记总书记嘱托，朝着文化产业发展领头羊的目标，拿出特区人“敢为天下先”的气魄，锐意进取，勇于担当，加强文化改革发展各项工作，重点实施“六大工程”，努力建设文化产业龙头大市和文化强市，打造“文化深圳”，率先实现社会主义文化大发展大繁荣。

(一)实施高端引领工程，着力构建现代文化产业体系。

实践证明，立足产业发展前沿，着力发展高端产业，是构建现代文化产业体系的首要内容。目前，深圳制定的《文化创意产业振兴发展规划》及其配套政策，就是在把握文化产业发展的基本规律和趋势的基础上，着眼处于产业价值链高端的文化内容、创意成果和知识产权，一手抓新兴文化业态发展，一手抓传统优势产业升级，不断优化文化产业结构。我们将每年集中5亿元专项资金，以前所未有的力度重点支持发展创意设计、文化软件、动漫游戏、新媒体及文化信息服务、数字出版、影视演艺、文化旅游、非物质文化遗产开发、高端印刷、高端工艺美术等十大产业，做大做强以创意内容为核心的文化服务业。我们的目标是，到2015年，深圳文化创意产业增加值将达到2200亿元，占全市GDP的比重超过14.5%，使文化创意产业成为重要的战略性新兴产业和国民经济支柱性产业，成为推动全市产业结构优化升级和经济发展方式转变的主导产业之一。

(二)实施文化创新工程，着力提升文化产业核心竞争力。

高新技术是文化产业发展的重要支撑，科技的每一次革新都会带来文化产业的快速跃升。深圳将依托高科技城市的既有优势，自觉利用科技发展的最新成果，不断完善文化与科技相融合的产业发展模式，做到“文化与科技紧密结合，创意与创新水乳交融”，抢占文化产业的制高点，牢牢掌握文化产业发展的主动权。积极利用数字技术、互联网、软件等高新技术改造传统文化产业，推动文化生产方式、营销方式、传播方式的创新，拓展新型文化产品和服务，延伸产业发展的新空间。进一步完善以企业为主体、市场为导向、产学研相结合的文化科技创新体系，推动在创意设计、动漫游戏、数字出版、影视制作、新媒体等领域加快建设一批技术水平先进、服务功能强大的文化创意产业公共技术平台，在关键技术领域和重点企业建设一批企业技术中心、工程中心、工程实验室和重点实验室，大幅提高文化企业的装备水平和研发能力，提高文化产品的科技含量和文化产业整体创新能力，使深圳成为重要的文化产业应用研发中心。

(三)实施品牌建设工程，着力打造一批国家级领军文化企业。

文化企业是文化产业发展的主体，决定着文化产业发展的总体水平，文化企业强则文化产业强。只有在文化产业的各个领域加快培育和扶持发展一批真正的领军企业，深圳才能当好全国文化产业发展的领头羊。我们将牢牢把握先进文化前进方向，密切关注国内外文化市场需求，以创新创意为动力，进一步鼓励和支持优势文化企业走创新发展道路，不断提高经营管理水平和市场竞争能力，以多种形式进行跨地区、跨行业、跨所有制兼并重组，提高产业规模效益；支持国有文化集团大力发展新媒体、新技术、新业务，增强舆论引导能力和文化传播能力，打造现代大型文化传媒集团；同时促进中小文化企业向“专、精、特、新”方向发展，形成富有活力的文化企业集群。重点要在“文化+创意”、“文化+科技”、“文化+金融”、“文化+旅游”等领域打造一批业态先进、掌握核心技术、拥有原创品牌、具有较强国际竞争力的骨干文化企业和企业集团，打造具有更高知名度和更强竞争力的自主品牌，塑造文化产业领域的“华为”、“中兴”，引领我国文化产业实现腾飞发展。

(四)实施集约发展工程，着力增强文化产业可持续发展能力。

大力发展文化产业园区，是实现文化产业内涵式增长、集约化发展的有效途径。深圳将大力发展文化产业总部经济，统筹文化产业园区建设，整合各方面有效资源，在现有基础上着力打造一批主业突出、集聚效应明显、具有国际影响力的优势文化产业集聚区，促进文化资源合理配置。加强产业集群内部的有机联系，进一步推动产业融合、集聚以及产业链整合，提高产业集中度和单位面积的经济效益。依托重点文化产业园区和龙头文化企业，引进和建设一批投资规模大、辐射带动作用强、科技含量高、市场前景好的文化产业大项目，不断增强文化产业发展后劲，使深圳成为具有领先水平的文化产业集聚区。

(五)实施人才集聚工程，着力构筑文化产业人才高地。

文化产业是智慧型、知识密集型产业，文化人才的数量和素质决定了文化产业的前途与命运。深圳将牢固树立人才是第一资源的观念，积极创造有利于培养、吸引、汇集全球创意创新人才的政策环境和人文环境，使深圳成为文化人才创新创业、成就事业的一片热土。积极探索健全文化产业人才评价体系、资质认证和激励机制，加快培养和引进一批既懂文化、又善于经营管理的高层次文化管理人才，一批掌握高新技术、善于运用科技手段推动文化产业发展的文化创新人才和一批熟悉文化贸易规则、善于开拓国际文化市场的文化贸易人才，为文化产业发展提供坚强的人才保障和智力支撑。

(六)实施“走出去”工程，着力打造国家级文化产业发展平台。

文化产业市场广阔，借助更高更大的平台才可以走得更好更远。深圳将着眼于“服务全国、面向世界”，不断做强文博会、深圳文交所、中国文化产业投资基金等国家级文化产业发展平台，大力促进文化创意产品与项目的国际贸易，努力扩大我国文化产品和服务在国际市场的份额，提升中华文化在全世界的影响力。坚持“专业化、国际化、市场化、精品化、规范化”的办展方针，进一步提升文博会的国际知名度，使文博会成为展示我国文化改革发展成果的重要窗口、促进文化创意产业发展的重要引擎、推动中华文化“走出去”的重要平台。加强深圳文交所建设，支持中国文化产业投资基金发展，构筑国家级的文化产权交易、文化无形资产评估和投融资综合服务平台。利用深圳独特的区位优势，把“引进来”和“走出去”更好结合起来，广泛借鉴国外先进文化发展成果、理念和经验，积极引进资金、技术、项目和人才培养机制，加强文化创意领域的国际交流与合作，提升深圳文化产业的国际化水平。

（原载2011年9月29日《人民日报》，作者系中共广东省委常委、深圳市委书记）

深圳文化发展创造了奇迹

——在市第六次文代会开幕式上的讲话

（2011年9月21日）

广东省委常委、深圳市委书记 王荣

在党的十七届六中全会召开前夕，在深入贯彻落实胡锦涛总书记近期视察广东重要讲话精神之际，深圳市文学艺术界联合会第六次代表大会在这里隆重开幕，这是我市文艺界承先启后、继往开来，推动文艺事业大发展大繁荣的一次盛会。借此机会，我代表市委、市政府，向大会的开幕表示热烈的祝贺！向长期以来关心支持深圳文艺事业的省文联、省作协表示衷心的感谢！向应邀参加会议的人民团体代表和港澳艺术家表示热烈的欢迎！向全市广大文艺工作者，致以崇高的敬意和诚挚的问候！

过去31年来，深圳经济特区在改革开放的时代浪潮中诞生和成长，给文艺精品创作提供了肥沃的土壤。我市广大文艺工作者激情燃烧，灵感迸发，热情歌颂改革开放的伟大实践，积极传播社会主义先进文化，极大地丰富了人们的精神生活，有力地鼓舞了人们的精神斗志，为深圳经济社会发展，也为推动我国改革开放和社会主义现代化建设注入了强大精神动力。

特别是市第五次文代会以来，全市文艺工作者在党的领导下，坚持围绕中心、服务大局，奋发努力、辛勤耕耘，创作了《走向复兴》、《迎风飘扬的旗》、《命运》、《兵峰》等一大批反映深圳改革开放风貌、贴近现实生活、弘扬民族文化、讴歌时代精神的精品力作；催生了打工文学、网络文学、流行音乐、创意舞蹈、都市水墨等文艺新现象、新作品，涌现出一批深受群众喜爱、在国内外有较大影响的作家和艺术家。7年来，我市先后有700多部文艺作品荣获国家级和省级奖励，尤其是在全国和全省精神文明建设“五个一工程”评选中，我市多部作品入选，取得了突出的成绩。这些丰硕的成果，充分说明我市文艺创作成绩是出色的，广大文艺工作者是优秀的！深圳过去31年创造了工业化、城市化、现代化的奇迹，深圳的文化发展同样创造了奇迹！

当前，深圳的发展正处在新的起点上，特区的文艺事业面临新的重大使命和发展机遇。去年9月，胡锦涛总书记亲自出席深圳经济特区建立30周年庆祝大会并发表重要讲话，赋予深圳“当好推动科学发展、促进社会和谐的排头兵”的崇高使命，要求我们“坚持社会主义先进文化前进方向，促进人的全面发展，交好物质文明建设和精神文明建设两份答卷”。前不久，胡锦涛总书记专程来深圳出席大运会开幕式并考察我市文化建设情况，勉励我们“当好领头羊，把深圳、把广东、把全国的文化产业做大做强，为推动社会主义文化大发展大繁荣作出积极贡献”。胡锦涛总书记的指示要求和殷切嘱托，给我们以巨大的鼓励和鞭策，也为新时期的特区文艺发展指明了方向。今年10月份，党的十七届六中全会将对推进新形势下的文化建设进行全面部署，这必将在全国掀起新一轮的文化建设高潮，也将为我市文艺事业发展带来新的重大机遇。

面对新形势新任务，全市文艺工作者要牢记胡锦涛总书记的殷切嘱托，肩负新使命，把握新机遇，再创新业绩，当好文艺事业发展的“领头羊”。借此机会，我提几点希望，与大家共勉：

一、要牢记崇高责任，努力唱响时代主旋律

文艺工作者是人类灵魂的工程师，肩负着引导社会、传播文明、服务发展的重要责任。当前，我们国家经济发展、社会进步，综合国力不断增强、国际地位显著提升。与此同时，人民群众的精神文化需求快速增长，对文化产品的质量和水平提出了更高要求。当代文艺工作者有责任、有条件创作出更多符合时代发展要求的文艺精品。特别是深圳经济特区地处改革开放的前沿，“当好推动科学发展、促进社会和谐的排头兵”、建设现代化国际化先进城市的生动实践，呼唤着反映时代脉搏的文艺精品，也为文艺创作提供了更多鲜活的素材。刚刚结束的大运会开幕式成功实现了“不一样的精彩”，给世人留下了深刻印象，这一成绩的取得离不开我们30多年文艺创作的积淀。开幕式上演奏的《春天的故事》是深圳的原创文艺精品，很好地反映了深圳的改革开放，反映了这个伟大的时代，也将会永远打动人们的心灵，永远表达这座城市乃至我们这个时代的精神内涵。希望广大特区文艺工作者牢记自己肩负的崇高责任，以优秀的作品唱响时代发展和社会进步的主旋律，从波澜壮阔的改革开放实践中汲取创作灵感，从热火朝天的特区建设发展中汲取新鲜养料，把个人的艺术追求融入国家发展的洪流之中，创作出更多无愧于历史、无愧于时代、无愧于人民的精品力作。

二、要坚持源于生活，努力打造群众喜爱的精神产品

人民群众是文艺作品表现和服务的主体，也是文艺作品鉴赏的主体。一切优秀的文艺作品总是来源于人们的现实生活，也只有真正得到人们喜爱、引发人们共鸣的作品，才是真正能够广泛流传的文艺珍品。希望广大文艺工作者坚持贴近实际、贴近生活、贴近群众的原则，深入社会生活最基层，倾听人民呼声，抒发人民情感，满足人民需求，把人民群众满意不满意、欢迎不欢迎作为衡量文艺作品的重要标准，创作出更多反映现实生活、深受人民群众喜爱的文艺精品。深圳作为一座特大型的移民城市，具有外来人口多、年轻人多，思想活跃、生活节奏快等特点，更需要创作出人民群众喜闻乐见而又健康向上的优秀文艺作品，让人们在美的享受中得到启迪，在情感的共鸣中获得教益，让人们以阳光心态面对人生、以辛勤劳动创造生活、以感恩情怀融入社会。

三、要坚持改革创新，努力开创文艺创作新天地

文艺作品的魅力在于创新，文艺事业的生命力也在于创新。特别是在文化产品日益丰富多样、人民群众欣赏习惯和审美情趣发生很大变化的今天，特别需要以创造的激情、创新的思

维、新颖的形式来增强文艺作品的吸引力、感染力。希望广大文艺工作者继续发扬特区改革创新的精神，大胆探索、推陈出新，焕发创造热情，激发原创能力，大力推进文艺观念、内容、风格、流派的改革创新，使文艺创作的体裁、题材、形式、手段得到充分发展。同时，积极学习借鉴各地的好经验好做法，加强与港澳的文艺交流合作，进一步探索新形势下文艺工作的新规律、新机制，积极鼓励和引导社会民间资本资助文艺事业发展，建立和完善促进文艺创新的体制机制，最大限度地激发广大文艺工作者的创造精神，不断为文艺事业发展注入新鲜活力。

四、要坚持德艺双馨，努力成为人民推崇的文艺家

“德”是文艺工作者安身立命之根，“艺”是文艺工作者成就事业之本，“德艺双馨”这四个字既是对优秀文艺家成功之路的科学概括，也是党和人民对文艺工作者的殷切期望。只有既具有高尚精神追求又具有高超艺术才华的文艺家，才能成为人民群众推崇的文艺大师。希望广大文艺工作者积极践行德艺双馨的要求，不仅在艺术上要刻苦磨练、勤于钻研、执著追求，不断提高创作水准，更要注重加强思想道德修养，恪守职业道德、弘扬职业精神，淡泊名利、甘于奉献，追求积极的人生价值、培养健康向上的审美情趣，努力用自己的人格魅力赢得社会的认可、赢得人们的尊重、赢得艺术的声誉。

文艺事业是党和人民事业的重要组成部分。全市各级党委、政府要加强对文艺工作的领导，全面贯彻党的文艺方针政策，深入学习和把握文艺创作的特点和规律，积极关心和支持文艺事业的发展。经过31年的发展，我们有能力、也有责任为文艺工作者潜心创作提供更好的条件。宣传、文化等职能部门要进一步制定规划、完善政策、增加投入、改善条件，加快推进深圳文学艺术中心工程建设，切实解决文艺工作中面临的实际问题和具体困难。要重视发挥文艺界人民团体的作用，密切同广大文艺工作者的联系，政治上充分信任，创作上热情支持，生活上真诚关怀，努力成为他们的贴心人，为优秀作品不断涌现、优秀人才脱颖而出创造良好条件。

文联是党联系文艺工作者的桥梁和纽带，肩负着促进文艺繁荣发展的重要使命。希望市、区两级文联及所属各文艺家协会进一步围绕中心、服务大局，坚持正确文艺方向，发挥自身优势，切实履行好联络、协调、服务职能。要努力探索适应社会主义市场经济体制、符合文艺发展规律和人民团体特点的管理体制、运行机制、组织形式、活动方式，不断激发文联工作活力，努力形成有利于出人才、出作品的环境和体制。要坚持服务为本，进一步扩大服务范围、创新服务手段、提升服务层次，努力为文艺工作者做好事、办实事、解难事，坚持在服务中推动创作、凝聚人心、树立形象，真正把文联建成温馨和谐的文艺工作者之家。

各位代表，同志们、朋友们，伟大的时代呼唤伟大的作品，火热的实践孕育文艺的大师。深圳这片改革开放、创新创业的热土，为广大文艺工作者提供了施展才华的广阔舞台，也赋予了大家崇高的使命。希望广大文艺工作者以本次代表大会的召开为动力，锐意进取、大胆创新，不辱使命、不负众望，努力创作出更多无愧于时代和人民的优秀作品，为深圳文艺事业的大发展大繁荣，为切实当好推动科学发展、促进社会和谐的排头兵作出新的更大贡献！

最后，祝大会圆满成功！

（标题为编者所加）

为我市文艺事业的全面繁荣注入强大动力

——在市第六次文代会上作的报告(节选)

(2011年9月21日)

深圳市市长 许勤

今年是深圳经济特区新时期的第一年，是“十二五”开局之年，是我市文化产业新的发展时期。在深圳成功举办第二十六届世界大学生夏季运动会后，当前全市正在认真贯彻落实胡锦涛总书记“七一”重要讲话、在深圳经济特区建立30周年庆祝大会上的重要讲话和出席大运会开幕式暨视察广东重要讲话精神。胡锦涛总书记要求我们进一步做好文化改革发展这篇大文章，当好文化产业发展的“领头羊”，为我市文艺事业的全面繁荣注入了强大的前进动力。

为贯彻落实胡锦涛总书记的重要指示精神，加快我市文化创意产业发展，我们在深入调研、反复讨论的基础上，根据国家《文化产业振兴规划》、《广东省建设文化强省规划纲要(2011-2020年)》，编制了《深圳文化创意产业振兴发展规划(2011-2015年)》，目前该规划及政策已经市政府常务会议审议原则通过，即将正式颁布实施。

我们提出的目标是，2011-2015年，文化创意产业年均增长25%左右，2015年文化创意产业增加值达到2200亿元，占全市GDP的比重达到14.5%以上，文化创意产业总产出超过5800亿元，使文化创意产业成为深圳重要的战略性新兴产业和国民经济支柱性产业，努力将深圳打造成为我国乃至国际上重要的文化创意产业先锋城市、世界知名“设计之都”和国际时尚创意中心。

我们还即将出台《深圳文化创意产业振兴发展政策》，从加大财政投入、培育文艺领军人才、促进自主创新、打造品牌文化活动、加强文化交流等方面，全面营造有利于文化创意产业发展的政策环境。比如，政府每年集中5亿元设立文化创意产业发展专项资金，推动文化与市场对接、文化与资本、文化与科技相融合，促进文化创意产业加快发展。

今天，深圳市文学艺术界联合会第六次代表大会隆重召开，这对凝聚文艺工作者力量，形成新的广泛共识，推动文化大发展大繁荣，当好全国文化产业发展的“领头羊”具有重要而深远的意义。借此机会，我就推动深圳经济特区文化大发展大繁荣谈几点想法和大家共勉。

（一）顺应时代潮流，推动文化社会经济融合发展。当今时代，文化与社会、经济日益交融，在为社会、经济发展提供强大精神动力的同时，文化的社会功能和经济功能明显增强，文化的社会价值和经济的文化含量不断提高，文化产业对促进经济增长、经济发展方式转变和社会建设的贡献越来越大。未来，我们要从经济社会发展的全局和战略高度，自觉把文艺事业的发展融入时代潮流，推动文化与社会、经济深度融合、互动发展。具体来讲，希望大家做到“三个更加注重”：更加注重弘扬社会主义核心价值，大力发展社会主义先进文化，把社会主义核心价值体系建设融入国民教育、精神文明建设之中，让人民在文艺的审美中受到鼓舞，在情感的共鸣中得到启迪，在心灵的震撼中提升素养，形成文明诚信、平等友爱、团结互助、融洽和谐的良好社会风尚。更加注重满足群众多样化、多层次、多方面的文化需求，不断丰富艺术创作和表现形式，大力发展公益性文艺事业和经营性文化产业，实现好、维护好、发展好广大人民群众的文化需求。更加注重推动经济发展方式加快转变，把文化产业发展作为转变经济发展方式的重要途径和突破口，开辟经济转型发展的新途径、新空间，推动文化产业与旅游、休闲、信息等产业相融合，使文化产业成为国民经济新的增长点和现代服务业的支柱产业。

（二）把握历史机遇，全面提升文化软实力和竞争力。深圳经济特区发展取得的辉煌成就，既为广大文艺工作者提供了不竭的创作源泉，也为文艺事业的发展奠定了坚实的物质基础。当前，深圳经济特区正在新30年的宏伟征程上阔步前行，各项事业发展机遇叠加、欣欣向荣。就文艺事业来讲，希望大家牢牢把握“四大机遇”，即把握中央特别重视的机遇。胡锦涛总书记要求我们进一步做好文化改革发展这篇大文章，当好文化产业发展的“领头羊”，为我市文艺事业的全面繁荣注入了强大的前进动力。我们要不负胡锦涛总书记的重托，加快文艺事业发展，切实把文化产业做大做强，为推动社会主义文化大发展大繁荣作出积极贡献。把握大运会成功举办的机遇。大运会给了深圳一个充分展示形象的国际舞台，提升了深圳的国际知名度、国际地位和国际竞争力，也为深圳的文艺事业、文化产业走出国门、面向世界提供了全新的机遇。我们要以此为起点，以国际的视野传承文明，传播文化，不断提升文艺创作、文化发展的国际化水平和国际竞争力。把握新时期经济发展方式转变、产业结构优化和消费需求增长的机遇。积极发展新兴文化业态，做大做强文化创意产业，使文化创意产业成为推动全市产业结构优化升级和经济发展方式转变的主导产业之一。把握我市推动文化强市建设的机遇，文艺工作者要放开手脚地创新创造、施展才华，为全面提升深圳文化软实力和竞争力作出更大的贡献。

（三）勇于追求卓越，推动文艺事业大放异彩。追求卓越、锐意进取是深圳经济特区精神风貌的重要特征。文艺事业的发展，也是一个开拓进取、追求卓越的过程。当前，我市的文艺事业正步入又一个创新发展的春天。文艺战线要在推动经济特区文化大发展大繁荣的生动实践中积极作为、建功立业。我想，深圳文艺事业发展要努力实现“三个一批”，即涌现一批德艺双馨的文艺名家，在20世纪中国文艺发展的光辉史册上，记录着鲁迅、巴金、老舍、常香玉等一个个德艺双馨的文艺大师，他们以自己崇高的人格魅力和杰出的艺术创造，为后世所敬仰，希望广大文艺工作者正确处理德与艺的关系，提高精神境界，培养高尚人格，潜心艺术创造，努力攀登人生和艺术的高峰，实现人品与艺品的统一。推出一批广为传颂的精品力作，一部经典篇章可以穿越时空、世代传承，一首经典歌曲可以唱遍大江南北、经久不衰，一个经典剧目可以反复品味、百看不厌，这就是文艺精品的价值和魅力所在。希望广大文艺工作者始终保持对文艺事业的不懈追求和执着精神，孜孜不倦地进行艺术锤炼和雕琢，创造出更多思想精深、艺术精湛、制作精良，无愧于时代、无愧于历史、无愧于人民的精品力作。创造一批影响深远的文艺品牌，唐诗、宋词、元曲、明清小说等历史文艺品牌千古绝唱，京剧、越剧、黄梅戏等地域文艺品牌享誉中外，深圳是一座年轻的城市，也催生了颇有时代影响的打工文学、网络文学、流行音乐、创意舞蹈、都市水墨等新的文艺现象、样式和作品，希望广大文艺工作者深入挖掘具有经济特区浓郁地域特色的文化资源，借鉴先进创作理念和表现手法，努力创造一批“立得住、叫得响、传得开、留得下”的文艺品牌。

（四）共同担当使命，争当全国文化产业发展“领头羊”。推动文艺事业又好又快发展，争当全国文化产业发展“领头羊”，是胡锦涛总书记的嘱托，是我们全体特区人的共同事业和共同使命。在这里，我首先代表市政府表个态：我们将一如既往地支持文艺战线开展工作、创新发展。各级各部门要全面贯彻党的文艺方针政策和市委、市政府的决策部署，切实关心和支持文艺工作，努力营造文艺人才不断涌现、文艺精品不断推出的良好环境。我们将大力支持各级文联进一步发挥党委、政府联系文艺工作者的桥梁和纽带作用，探索和建立体现社会主义精神文明建设要求、适应社会主义市场经济体制需要、符合文艺发展规律和人民团体特点的管理体制、运行机制、组织形式、活动方式，不断加强行业服务、行业管理、行业自律，依法维护文艺工作者的合法权益。我们将努力关心文艺人才的成长，积极扶持和奖励优秀文艺人才和文艺作品，努力培养和造就一大批德艺双馨的文艺家，尤其要造就一批有全国影响的文艺领军人物，力争深圳文艺界多出大家、多出名家；特别是对作出过重大贡献的老文艺家及正处创作高峰期的青年文艺家，要给予扶持和关爱；对独具个性的文艺家，也要有宽广的胸怀和包容的气度，努力为全市文艺界营造生动活泼、民主团结、宽松和谐的良好氛围。

各位代表，各位同志，神圣的使命在召唤，奋进的征程已开启。希望我市全体文艺工作者牢记使命、抢抓机遇，讴歌时代、服务群众，努力创作出更多具有深圳特色、体现深圳风格、彰显深圳气派的传世之作，为争当全国文化产业发展的“领头羊”，创造“深圳质量”，当好推动科学发展、促进社会和谐的排头兵，加快建设现代化国际化先进城市再立新功。

最后，衷心祝愿本次大会圆满成功!

（标题为编者所加）

多出精品力作　打造文化深圳

——在市第六次文代会闭幕式上的讲话

（2011年9月22日）

深圳市委常委、宣传部长 王京生

古人讲以文会友，文人相聚是雅事一桩，更是盛事一桩。

多年来，深圳文艺家默默耕耘，以文学、文化事业为己任为生命，为深圳贡献了很多精神食粮，值得我们尊重。在本次文代会上，深圳文艺界齐心协力，共同推动文化事业的发展，会议取得圆满成功。

近年来，深圳大力实施文化立市战略，文化发展硕果累累。胡锦涛总书记出席大运会开幕式期间，专门视察了深圳文化建设，寄望深圳做好文化改革发展这篇大文章，当好文化产业发展的“领头羊”。中共中央政治局委员、中央书记处书记、中宣部部长刘云山同志大运会期间在深圳考察之后，也殷切寄语深圳积极推进文化强市建设，争当中国文化产业发展的“领头羊”。在文代会开幕式上，王荣同志充分肯定深圳文艺事业所取得的成就，认为与经济发展成就相比，深圳的文化发展同样创造了奇迹。

如果说，一位艺术家是一抹亮色，组合起来就是绚烂的历史画卷。深圳这片热土，富有理想和激情，满载光荣与梦想。当前，深圳的文艺工作者要自觉投身新一轮特区发展的伟大实践，再创深圳文化新奇迹，全力以赴打造文化深圳。

服务服务还是服务，精品精品还是精品

在文联换届、新老交替之际，我想起了河南一个古县衙的一副楹联：“得一官不荣、失一官不辱、莫道一官无用、地方全在一官”，得失没有荣辱之分，深圳文艺搞得好不好，主要看文联这一文化界的核心能否真正发挥核心作用。

说起文联的职能，可以用两句话来概括：“服务服务还是服务，精品精品还是精品。”

服务什么？第一，是文联要服务所有成员和文艺界人士，让他们感到文联是一个家；第二，是艺术家要服务基层、服务百姓，解决人民群众文化需要。深圳市舞协服务福永街道民工街舞团，让农民工舞上春晚舞台，就是一个很好的例子；第三，是服务时代，服务祖国。深圳的文艺家富有家国情怀，感知新生活、感恩新时代的情怀特别深厚，正因如此，深圳产生了《春天的故事》、《走进新时代》、《走向复兴》、《迎风飘扬的旗》等一系列精品佳作，实现了国家立场、深圳表达。从这个意义上讲，深圳的艺术家是和国脉相通的。

至于精品，无论是文联还是艺术家，都要靠作品说话。文联是深圳最大的创意联合体，我们的艺术家就是要拿出作品和创意。深圳这几年创作的精品，都是群策群力所取得的。现在，深圳仍然缺少扛鼎之作，而大作正是激情澎湃的创意爆发。深圳的艺术家不仅要善于创作主旋律作品，同样要善于追求作品的多样化。不过，正如唐伯虎说过的一句话“闲来写幅丹青卖，不使人间造孽钱”，文艺家可以娱乐大众，可以获取利益，但是底线不能突破，要做到“上不欺天，中不欺心，下不欺民”。多样化是非常可爱的，希望深圳文艺家身体力行，引领文艺界走健康发展之路。

文艺家的高度，就是深圳文化的高度

回首深圳30年的文化发展，在经济特区建立之初，深圳文化确实就是一块贫瘠的土地，被冷嘲热讽为“文化沙漠”。可现在，深圳的文化发展创造了奇迹。前不久，胡锦涛总书记在视察华强文化科技集团时听取了深圳文化建设的汇报。10分钟的汇报后，总书记带头鼓掌，这是为深圳文化鼓掌，在座诸位乃至更多深圳文化人创造的成果得到了总书记的肯定。胡锦涛总书记鼓励深圳争当文化产业“领头羊”，希望深圳做好文化改革发展这篇大文章。深圳何以能走在全国前列，正因为我们有一批文化建设硕果，有一支文艺深军。如此种种，让我们有了领先的底气。

文代会开幕式上，王荣同志说深圳的文化建设为全国乃至世界作出了贡献。说“为全国”，这无需解释。为何说“为世界”呢？我们不妨来看看——深圳音协合唱团在国际比赛中捧回了许多第一名，深圳中学生合唱团也在国际上获奖无数，但昭义老师培养了 5 个世界钢琴冠军，这不都是对世界文化的贡献吗？不久前，著名曲作家印青谈到深圳走向全国的几首歌时评价，这些歌写出了时代的心声，属于整个改革开放时代。

深圳文化为什么能创造奇迹，为什么能为全国和全世界作出贡献，深圳文化的崛起历程是怎么样的，这都值得我们认真去思索，认真去总结，从而在传承的基础上再造深圳文化新奇迹。当前，深圳文化要当全国的“领头羊”，文联责任重大，各位艺术家的责任重大，因为你们都是各行各业文艺的领军人物，你们的高度就是深圳文化的高度。希望大家继续领好这个军，无愧于自己的良知，无愧于我们这座新兴的城市，无愧于这个时代。

张扬深圳观念的力量，弘扬优秀的传统文化

文代会的举行恰逢其时。在党的十七届六中全会之后，深圳还要召开文化强市工作会议。当前，深圳文化的建设，有几个努力方向。

一是张扬深圳观念的力量。最有影响力的深圳十大观念，代表了深圳的地位，梳理了深圳的心灵史。深圳是一个以观念立市的城市。纵览诸多记录城市的书，有的从经济角度，有的从历史角度，有的从名人角度，鲜有一个城市从观念的角度来

记录，而深圳恰恰是可以从观念的角度来记录的城市。这个观念首先来自小平同志，他以伟大的创意和观念设立了经济特区，而后，深圳人创造了一系列的观念。十大观念，是由几百万人投票选出来的，这些观念不独属于深圳，它是时代留存的共同精神财富，我们要把这些观念继续宣传好。

二是弘扬优秀的传统文化。大运会期间，4000多幅论语金句公益广告遍布深圳大街小巷，向海内外来宾展示深圳文化不一样的精彩。对中国优秀文化的传承，必须站在民族复兴的角度高度重视。说到底，民族的复兴不仅仅是经济的强大，最终复兴的标志一定是文化、是文明，是在世界各种文明之中的话语权。大运会期间，联合国教科文组织总干事博科娃在看到深圳的书城、音乐厅、图书馆之后赞叹不已。有一天，她在下午参观了书城之后，当晚又自己到书城看书到晚上11点。目睹身处现代化城市的深圳人在书城里安静读书，她觉得不可思议；听说深圳连续办了11年的读书月，她感慨连连，认为深圳对书的尊重、对阅读的尊重，不仅在中国是突出的，在世界上也是突出的。我会见她的当晚，她还抽空去深圳音乐厅听了一场音乐会，一个业余合唱团的表演吸引了1000多名深圳市民去观看，市民的礼貌与文明再次让她感叹，“深圳人太有素质了，这座城市太可爱了，我还要再来。”见多识广的总干事对深圳都有这么高的评价，我们确实要为深圳孕育和创造的这么多东西自豪。现在，我们正酝酿推出《人文颂》大型交响乐。天地万物以人为本，《人文颂》则是回答人以什么为本。人，就应该以“仁义礼智信”为本，这五个字缺一不可，加起来就是一个大写的“人”字，这就是中国的人文精神的精髓。到时候，“仁义礼智信”分别作为交响乐中的一个乐章，将推动中国的传统文化走向世界。文联的各个协会和学会，同样要把民族的优秀传统文化和崭新的时代观念结合起来，弘扬开来。

三是推动文化产业的发展。文联是最大的创意联合体，文艺家们可以走进深圳文化企业，看自己的文艺创意如何与企业文化产品相结合，发挥出最大的效益。深圳要当文化产业“领头羊”，需要文艺家们贡献好的创意。

文化因多元而可爱，不因单一而高贵

在新形势下，如何开创深圳文艺工作新局面，推动特区文化大发展大繁荣呢?

希望大家多出好作品，多出好主意。以精品创作为源头，抓好各种文学艺术门类的创作，继续大力实施音乐工程、影视工程和文学创作工程，做强做大深圳制造的文艺精品，多出精品力作，多出优秀人才特别是名家大师。

希望大家多下基层，倾听民间喜乐，能为百姓鼓与呼。文艺家要自觉把群众作为文艺创作表现的主体和服务的对象，把特区改革发展的生动实践作为文艺创作的丰富题材，创作更多反映现实生活和时代要求、深受群众喜爱的精品力作。

希望大家为深圳学派的建立做贡献。1994年，我和梁晓声对话时就提出了一个观点，凡是工商发达之地，必是文化兴盛之邦。从历史上看，扬州学派、苏州学派、法兰克福学派等都形成于工商发达之地，现在，深圳经济发达，文化百花齐放，已有了形成学派的条件。作为全国文化的先锋城市、创造奇迹的城市，在学派建设上，我们不能妄自菲薄！期待深圳作为名都大邑，而在形成学派的过程中，文艺界也能形成文学深军，音乐舞蹈等也能各有发展。现在，深圳设计已自成一派领跑全国，深圳也荣膺“设计之都”，音乐发展也不错，其他的都要努力。事在人为，因为没有哪方热土像深圳这样富有理想和激情，满载光荣与梦想。

尊重艺术的多样化，互相尊重，百花齐放。文化因多元而可爱，不因单一而高贵，中华文明从来都是愿意和其他文明交流和共融的，世界也因为这种多样性而可爱。从文联来说，不管是搞探戈、国标还是街舞，我们都支持；不管是搞流行音乐、古典音乐还是民歌，我们都支持。我们不能束缚住任何文学家、艺术家的手脚，而要让大家充分迸发想象力和智慧，这才是深圳文化之魂！我们不能因为强调了某一种东西，而压迫其他东西，尤其要扶助那些新的艺术创作形式，甚至有些是异想天开的形式。动力来源于创造和想象、创新，要保护创造的激情和创新的激情。

一路走来，有荣耀，也有艰辛。因为你们的存在，深圳文化必定能够有更丰硕的果实，文化深圳必定有一个更为美好的明天。

立足新起点　牢记新使命 为率先实现文艺大发展大繁荣作贡献

——在市第六次文代会上的工作报告

（2011年9月21日）

深圳市文联党组书记　罗烈杰

深圳市文学艺术界联合会第六次代表大会今天开幕，这是我市文艺界继往开来、共谋繁荣的一次盛会。会议的主要任务是：认真总结过去7年来的工作，研究部署今后5年的工作任务，修改市文联《章程》，选举产生市文联新一届领导机构，团结和带领全市文艺工作者，继续解放思想，实事求是，与时俱进，锐意创新，为提升文化软实力，建设文化强市，推动文艺大发展大繁荣作贡献。

今天，广东省文联、作协和市领导在百忙中专程出席会议，来自全市各艺术领域400多名艺术家，肩负全市广大文艺工作者的重托，共商繁荣发展大计。我谨代表大会主席团对各位代表和嘉宾的到来，表示热烈的欢迎和诚挚的谢意!

市委对开好这次大会高度重视，王荣书记亲临大会并作重要讲话，许勤市长将到会作专题报告。这是对深圳文艺事业的重视支持和对文艺界的关心厚爱，给我们以莫大的鼓舞和鞭策。我们一定要认真学习领会讲话精神，全面贯彻落实。

现在，我受市文联第五届委员会主席团委托做工作报告，请各位代表审议。

一、五次文代会以来的工作回顾

深圳市文学艺术界联合会第五次代表大会以来的7年，是我国文化建设大发展大繁荣的7年，也是文联工作大有作为、成绩卓著的7年。党的十六大、十七大确立了文化建设的战略地位，在新的历史条件下对文化建设提出了更高要求。深圳市委市政府高度重视文化建设和文艺工作，2003年确立“文化立市”战略，出台了《关于全面提升文化软实力的意见》和《关于进一步繁荣和发展文学艺术事业的意见》等文件，为推动深圳文学艺术事业的大发展、大繁荣提供了坚强有力的政治保证。

在市委市政府的正确领导下，在市委宣传部的有力指导下，在中国文联、中国作协和省文联、省作协的支持帮助下，市文联带领全市文艺工作者高举邓小平理论和“三个代表”重要思想伟大旗帜，努力学习和实践科学发展观，坚持“二为”方向、“双百”方针和“三贴近”原则，认真履行“联络、协调、服务”基本职责，围绕“出精品、出人才”的根本任务，主动服务中心工作，文艺事业有了较大发展，开创了文艺工作的新局面。

（一）努力实施“文化立市”战略，参与和谐文化和公共文化服务体系建设，提升城市文化品位。深圳“文化立市”战略的实施，使深圳的文艺事业进入一个新的发展阶段。我市文艺界抓住机遇，锐意进取，积极参与公共文化服务体系建设，在建设和谐文化，提升城市文化品位中发挥了重要作用。围绕国家和深圳的重大节庆，深圳文艺界按照上级部署，组织一系列活动，营造昂扬向上的和谐氛围。在纪念邓小平同志诞辰100周年、深圳经济特区成立25周年、反法西斯战争胜利60周年、庆祝香港回归10周年、新中国成立60周年、特区建立30周年和建党90周年等重大活动中，市文联较好地完成了任务。特别是纪念中国改革开放30周年，由深圳市委宣传部、市文联参与策划并演出的“春天的故事——大型交响合唱朗诵晚会”在北京举行，多位中央领导观看了演出并给予肯定。参与筹办“北京文化周”，配合央视“心连心”艺术团来深圳演出等，为庆祝特区建立30周年营造了良好的节庆氛围。

加强与上级部门的合作，举办了多个高规格、高水平的重大主题文艺活动。市文联先后承办了国际水墨画双年展、第六届全国优秀儿童文学奖颁奖、第三届鲁迅文学奖颁奖系列活动、“中国作家深圳行活动”、“中国改革开放文学论坛”、“中国音乐家深圳行活动”、“2007中国国际标准舞艺术表演赛”、“首届中国诗剧场——我听见深圳在歌唱”、全国打工文学论坛、“和谐文化建设与文艺工作创新研讨会”、第三届广东诗歌节等大型活动。成功举办了“全国第六届篆刻艺术展”、“第十一届全国美术作品展览·艺术设计展”等大型展览。这些活动展示了深圳的文化成果，扩大了深圳文艺在全国的影响力。

组织一系列主题性文艺创作活动，宣传典型，鼓舞斗志。配合宣传郭春园、丛飞等先进人物，创作了纪录片、报告文学，其中长篇报告文学《丛飞震撼》获得中宣部“五个一工程”奖。举办了该作品全国研讨会和“诗与歌的怀念”朗诵会，弘扬正义、大爱奉献的良好风气和社会主义核心价值观。市文艺界在历次抗灾救灾重大任务中，积极组织文艺创作展演，书画义卖，发挥文艺凝神聚力的作用。四川汶川地震发生后，深圳文艺家创作的歌曲《孩子，来生我们还要一起走》成为全国抗震救灾行动中广受好评的文艺精品。市文联积极参与陇南灾区的文艺重建工作，分别在深圳和陇南举办多个摄影、书法、美术展览。

积极参与公共文化服务体系建设，开展文艺惠民活动。参与主办“深圳市民文化大讲堂”，先后邀请国内近百位知名的文学艺术专家来深演讲。在历届关爱行动中，充分发挥文艺优势，举办慰问演出、书法家送春联活动、艺术讲座近百场，用优质的文艺成果普惠于民。市文联策划主办的“温暖你我心——艺术进社区”活动，每年在全市巡演。“深圳艺廊”常年举办深圳本土艺术家作品展览，供观众免费欣赏。通过提供多层次、多样化的文化产品和文化服务，满足市民文化需求。

(二)尽力打造“创意联合体”，探索文联工作新方式，培育城市创意文化。打造“创意联合体”是拓展文联“联络、协调、服务”新空间，促成文化界、艺术界和创意界大联合，建设城市创意文化的新思路，市文联对此进行了积极的探索。积极参与打造“创意12月”品牌，推出一大批创意活动项目，为发现和锻炼艺术创意人才、培育市民创意意识搭建良好平台。经过近6年的精心打造，产生了“创意剧场”、“深圳创意舞大赛”、“深圳DV作品大赛”、“深圳网络原创文学拉力赛”等文艺创意项目和 “地铁有画看”、“新客家、新歌谣演唱会”等文艺创意活动。

注重对社会创意文化资源的整合。为推动大芬村美术产业发展提供专家指导。与中国美协、宝安区政府合作，在观澜建立“中国版画观澜原创产业基地”，创办中国“观澜国际版画双年展”。由市委宣传部牵头，与市文体旅游局、宝安区委和福永街道办联合打造杂技剧《梦幻西游》，该剧获得全国杂技比赛展演一等奖，并在演出市场上赢得良好的经济效益。

成立艺术家工作室制度，吸纳创意人才。2009年，市文联成立艺术家工作室，分别由冯双白、董小明、邓一光、杨争光、闵惠芬、杨宏海、冯刚毅等艺术家领衔，涵盖文学、美术、戏剧、舞蹈、音乐、影视、民间文艺等艺术门类。成立艺术家工作室是市文联文艺体制改革的新举措，经过一年多的努力已取得实质性成果，杨争光文学与影视艺术工作室推出由杨争光创作的长篇小说《少年张冲六章》荣获2010年度“茅台杯”人民文学长篇小说奖及2010年深圳十佳好书之一。最近由邓一光工作室推出的电视剧《兵峰》获第二十八届飞天奖一等奖，长篇小说《我是我的神》入围茅盾文学奖评奖。

(三)竭力抓好“深圳创造”，发挥文学艺术系列工程的示范作用，集中精力组织精品生产，提高城市文化原创力。文艺精品是文化发展成果积累和文化繁荣的重要标志，是提升城市文化软实力的重要力量。多年来，深圳市委市政府加强对文艺精品创作的领导，相继出台多项政策措施，狠抓文艺精品生产。广大文艺工作者在文学工程、音乐工程和影视工程的示范效应下，从深圳这块热土上汲取到许多创作灵感和激情，以对新生活的感知和对新时代的感恩，创作了一大批反映改革开放，体现时代精神，思想精深、艺术精湛的优秀作品，涌现出以歌曲《走向复兴》、《迎风飘扬的旗》，电影《走路上学》、《我们手拉手》，电视剧《兵峰》、《命运》，文学作品《瘟疫：人类的影子》等为代表的一大批文艺精品。市音协合唱团及福永杂技团多次在国际比赛中获得奖项。产生了新都市文学、打工文学、阳光写作、创意舞蹈、创意书法、都市话剧、都市水墨、客家新民俗以及“创意联合体”等文艺现象、群体、风格和品牌。据不完全统计，7年来，各文艺家协会会员共获国家级常设文艺专业(政府)奖352项，省级常设文艺专业(政府)奖349项，国际常设专业奖项23项。

举办赛事和研讨推广是繁荣创作的重要途径。7年来，通过举办深圳创意舞大赛、中国深圳电视小品戏剧大赛、深圳青年文学奖颁奖系列活动和深圳原创网络文学拉力赛等全市性文艺赛事，催生了一批优秀作品。加强文艺评论和研讨，启动“深圳优秀文艺作品宣传推广工程”，推介立足本土题材、唱响主旋律的文艺佳作。

(四)着力培育文艺深军，发掘培养人才，为深圳文艺发展提供人才保障。人才是推动文艺事业科学发展的第一资源。7年来，深圳文艺队伍不断壮大。市属文艺家协会由2004年的10个增加至12个，挂靠市文联的文艺类社会组织达到20个。全市各门类文艺家人数从2004年的3641名增加至现在的6817名，其中省级会员2315人、国家级会员881人，有22人为国家级协会的理事，94人为省级协会的理事，形成一支拥有基础人才、优秀人才、杰出人才和著名文艺家的创作队伍。

加强文艺家和文艺工作者的思想作风建设，通过培训班、座谈会和讲座等方式，及时组织艺术家深入学习党的十七大精神，学习胡锦涛总书记、温家宝总理及其他中央领导同志关于文化和文艺工作的重要讲话精神，学习市委、市政府的重要会议精神，开展“三项学习教育”、党的先进性教育和科学发展观学习实践活动，引导文艺家牢固树立正确的文艺创作思想，不断提高宣传主流价值观的自觉性。

加大对文艺人才的发现、扶持、培养和推广力度。制定对体制外作家的扶持办法及实施细则，协助解决入户和子女上学问题，为优秀艺术家提供良好的创作和生活环境。举办培训班、研究生班，推荐会员到高校及艺术研究院校学习，多渠道培养文艺人才。充分利用电视栏目“美术欣赏”及“深圳艺廊”等文艺品牌以及各类赛事，采取座谈、研讨会或与文艺刊物合作等多种形式，全面推介本土文艺人才。

注重在文化交流和采风创作中锻炼队伍，组织艺术家到国内外采风学习，加强与港澳台的艺术交流，为文艺家提供体验生活、积累素材和交流学习的机会。

(五)全力拓宽工作领域，不断探索符合文艺发展规律和人民团体特点的管理体制、运行机制，扩展文联发展空间。市文联及各文艺家协会、各区文联充分发挥桥梁和纽带的作用，努力探索适应社会主义市场经济体制，符合文艺发展规律和人民团体特点的管理体制和机制，优化组织形式，拓展活动领域，创新服务方式。市文联先后制定了《深圳市文联文艺体制改革工作方案》及配套实施的4个子方案。起草了《深圳市文联实施作家、艺术家工作室制管理办法》(征求意见稿)、《深圳市文联实施作家、艺术家项目签约制管理办法》(征求意见稿)等基础性文件。在全市开展文艺人才、创意实体、文艺事业繁荣发展等专题调研，为文艺繁荣发展提供决策依据。

注重整合市区及社会资源。市区文联建立联席会议制度，通过联合举办活动，项目对接等方式，形成合力，新的运作模式初现成效。如与中国作协、市委宣传部及宝安区委区政府，连续联合主办6届“全国打工文学论坛”，在全国引起较大影响。与中国美协、宝安区共同打造观澜版画基地，与中国诗歌学会合作举办“首届中国诗剧场”，与市委宣传部、宝安区和福永杂技团合作打造《梦幻西游》，与市教育局合作，成立深圳市中学生文学社联合会，举办全国校园文学论坛和深圳青春文学研讨会等系列校园文学活动。加强挂靠社会组织的管理和服务，为他们争取政府采购文艺项目，鼓励和资助有实力的社团参加国家级、国际级演出和比赛。成立杂技家和曲艺家协会，并创新协会工作体制，有力地扶持了创意产业和民营团体。

加强与港澳台文艺交流与合作。积极与香港艺发局及民间社团联系，举办“深港文艺家座谈会”、影像展览及演艺交流等活动，选派艺术家参加香港艺术节、香港书展、舞蹈节、戏剧演出、音乐会等相关文艺活动。与澳门文化局建立艺术交流关系，组织艺术家赴台进行两岸文化艺术交流。

阵地建设有新进展。深圳文学艺术中心项目被列入市政府重大投资项目，并顺利完成前期审批工作，即将破土动工。深圳文艺会堂完成改造并投入使用。《特区文学》杂志社完成改制工作，《深圳文艺通讯·百家》、《深圳文艺年鉴》和“深圳文学艺术网”成为展示文艺家风采，体现我市文艺工作成就的窗口。《罗湖文艺》、《莲花山》、《南国艺术》、《南山文艺》、《龙岗文艺》等各区文艺刊物质量不断提高。

服务水平不断提高。成立深圳市文艺家法律咨询服务中心，为我市文艺家提供法律咨询，开展服务和法律援助。加强文联机关党建工作和作风建设，健全规章制度，明确各部室职能和各岗位责任，严格按照规章制度办事，提高服务质量和水平。

回顾7年来的工作，我们深深感到，**只有自觉服务党和政府的工作大局，文联工作才能更有作为**。文联是党和政府联系广大文艺家和文艺工作者的桥梁和纽带，是宣传思想战线不可代替的一支重要力量。文联的工作只有围绕大局来考虑，来谋划，主动服务于党和政府的中心工作，才能大有作为。**只有得到全社会的广泛支持，文联工作才能充分发挥作用**。文联是人民团体，自身资源有限，只有广泛调动各方面的资源、力量和积极性，才能在全社会的大力支持下，使广大文艺工作者的聪明才智得到施展和发挥。**只有坚持文艺为民，面向基层，文联工作才能找到出发点和落脚点**。文艺为人民服务、为社会主义服务是党的文艺工作方向，文联工作只有坚持贴近实际、贴近生活、贴近群众，组织创作生产更多深受群众喜爱，思想性、艺术性、观赏性相统一的优秀作品，才能实现好、维护好、发展好广大人民群众的基本文化权益。**只有注重策划、突出重点，文联工作才能事半功倍、取得实效**。文联工作体现着党领导文艺工作的能力和水平，各文艺家协会组织的重点创作和活动具有对各艺术门类创作和活动的示范作用。只有加强策划、抓住重点，才能充分调动广大文艺家的积极性、主动性和创造性，发挥文艺工作的示范和指导作用。**只有坚持改革创新，积极推进文艺体制机制改革，文联工作才能不断适应新形势，才能永葆文联的生机活力**。改革创新是深圳文学艺术发展的动力，也是深圳文联事业发展的根本出路。只有建立完善的文艺创作生产、扶持和激励机制，才能充分激发文艺创作创新能力，释放文艺生产力，才能把深圳的文艺事业发展得更加辉煌。

我们也清醒地看到,文艺工作与市委市政府的要求和市民的期待还有不小的差距，工作中还面临不少困难和问题。文艺作为提升深圳文化软实力的力量还不强；文学艺术精品生产力有待加强，精品生产体制机制不够完善，专业艺术评奖制度尚未建立；文艺品牌活动影响力不足；高端人才缺乏，引进与培养力度不足；文艺事业发展资源不足，文艺精品生产和活动投入渠道还不多等等。这些问题，需要我们深入研究并认真加以解决。

二、未来5年的工作构想

今后 5 年，是全面实施“十二五”规划，加快建设文化强市、争当文化产业发展领头羊、率先实现文化大发展大繁荣的5年，也是深圳文艺事业破难题、拓空间、增后劲、上台阶的 5 年。市五次党代会确定了未来5年城市发展的总体目标，根据建设“文化强市”的目标要求，深圳进入新一轮推进文化建设的高潮，深圳文学艺术事业面临前所未有的发展机遇。我们要以饱满的激情和高度的责任心，脚踏实地，开拓创新，不断提高多元文化产品的供给能力，率先实现深圳文艺事业的大发展大繁荣。

未来 5 年文联工作的总体目标是：着眼于提升文化软实力，建设文化强市的要求，努力建设南方最具活力的文学原创中心和艺术创意中心，逐步达到与深圳经济社会文化发展相适应的文艺发展水平，把市文联建设成团结进取、人才荟萃、设施完善、充满活力的人民团体，为打造“文化深圳”提供精神动力和智力支持。

(一)提高服务本领，发挥文艺在提升文化软实力中的作用。文艺是文化软实力的重要组成部分，也是提升深圳文化软实力的核心内容。增强服务意识，勇于担当责任，全面提高深圳文艺服务工作大局、服务中心任务、服务社会民众的能力。提高文艺精品生产能力，扩大文化惠民范围，通过优质的文艺产品和丰富的文化活动，满足人民日益增长的文化需求。紧密配合深圳建设创意中心、魅力都会、现代化国际化先进城市的目标要求，充分发挥文艺交流的优势和独特作用，推动深圳文艺走向全国、走向世界。

(二)实施精品战略，提高文艺精品生产能力。树立精品意识，实施精品战略，努力生产更多的文艺精品，为社会和人民奉献最好的精神食粮，是文联工作的根本任务。继续推进文学、音乐和影视等文艺精品工程，加大服务、扶持、指导力度，增强服务精品生产的能力，提高文艺精品创作水平。继续抓好深圳重大题材作品创作生产，反映城市发展风貌和人民大众干事创业的激情和业绩。组织广大文艺家深入生活、采风创作，继续加强文艺理论工作，办好《深圳文艺通讯·百家》、《深圳文艺年鉴》、“深圳文学艺术网”和《特区文学》等文艺阵地。创办并组织好文艺评奖，办好国际水墨双年展、“荷花杯”现代舞大赛、创意剧场、网络文学大赛、客家文化节等各类文艺品牌。发挥深圳春天文学基金会的作用，加大对重点优秀文艺作品创作生产、研讨宣传和重大文艺节庆的扶持力度。关心文艺家的创作和生活，为文艺家创造更好的创作环境和条件。

（三）深化体制改革，建设全市“创意联合体”。打造全市的“创意联合体”目标，科学推动深圳文艺事业全面、协调、可持续地发展，是文联工作的新途径。通过各文艺家协会，形成激励文艺原创力迸发的公共意识和群体追求，夯实社会基础，搭好公共平台，探索完善重点题材创作扶持签约制和艺术家工作室制度，在办好深圳青年文学奖等传统文艺奖项基础上，创办常设性文艺奖，建立文艺精品奖励机制，对产生重大社会和经济效益的文艺作品进行奖励。举办高水平的文艺节庆活动，形成文艺培训和交流机制，办好深圳文艺刊物。建立健全管理体制和工作机制，进一步改革我市文艺创作体制，探索建立开放式的深圳文学艺术院，激活全社会的文艺创造力，创作出更多文艺精品。

（四）加强队伍建设，加快文艺人才的培养和优势资源集聚。凝聚和培养文艺家，扩大文化精品的传播力度，是文联工作的重要内容。落实市委、市政府的人才政策，做好人才发现、培养、引进工作，最大限度激发各类文艺人才的创造活力和创业热情。培养造就一批德艺双馨的领军文艺家，建设一支德才兼备的文艺队伍和文联工作队伍。继续办好与鲁迅文学院、广东省作协、深圳大学合作的作家培训班，支持文艺家协会推出各艺术门类人才的培训措施，形成精英荟萃、人才辈出、人尽其才的生动局面。

（五）拓宽交流领域，推动深圳文艺“走出去”。毗邻港澳，面向世界，是深圳文艺工作的优势。加强与国内外文艺界的交流合作,举办各类文艺节庆、研讨、展览、演出等活动,开展中外文艺团体的互访和学术交流,推进深圳文艺走向全国、走向世界,展现深圳文化形象。继续努力创造条件，选派更多的作家艺术家出国访问、讲学，加强与海内外文艺家的交流与合作，开阔文艺家的视野。加大与港澳台地区的交流力度,联合举办文学、美术、戏剧、舞蹈等文艺活动，不断开辟交流的新领域，增加交流的内容和项目。

（六）夯实基础建设，提高服务文艺家的质量和水平。加强自身建设，是文联组织更好地履行职能、发挥作用的重要保障。加强领导班子和干部队伍思想政治建设、作风建设，努力提高建设先进文化、和谐文化的能力。切实改进工作作风，建设一支团结进取，求真务实，想干、敢干、快干、会干的文联队伍。关心文艺工作者的工作与生活，帮助他们解决创作中的困难。加快深圳文学艺术中心的建设，为全市广大文艺工作者提供一个优良的工作、创作和作品展示环境。

各位代表、同志们、朋友们，波澜壮阔的时代为文学艺术工作者提供了大显身手的广阔舞台，在深圳迈向新的30年、再造一个干事创业、激情燃烧的火红年代的征途中，深圳文艺大军重任在肩，使命光荣。我们相信，在市委市政府的领导和关怀下，我市文艺工作者一定会豪情满怀地投身到深圳文艺大发展大繁荣的伟大实践中，为深圳文化强市建设谱写绚丽多彩的新篇章！

文艺纪事

1月

5日，由国务院侨办宣传司主办，华夏艺术中心承办的"海外华人文化社团——中华才艺培训班高级班"汇报演出——"文化中国——海外华人中华才艺展演"在华夏艺术中心剧院隆重举行，来自美国、澳大利亚等15个国家的48名海外华人文化社团的文艺骨干，与著名歌唱家郭蓉、著名二胡演奏家陈军同台献艺。

6日，由市委宣传部、市文体旅游局、市文联和深圳广电集团主办，深圳广电集团音乐频率和深圳音协承办的"音乐工程·鹏城歌飞扬2010年度颁奖典礼"在深圳音乐厅举行。《南方以南》、《迎风飘扬的旗》、《谢谢你》等10首原创歌曲获得"音乐工程2010年十佳歌曲"；《南方以南》、《思念》、《我很快乐》等10首原创歌曲获得"'鹏城歌飞扬'2010年度十佳金曲"；阿海和原琳琳分别获得年度最佳男、女歌手奖，叶尔波利、潇峰分别获得年度最佳唱作人奖、新人奖，金科、祈合、积木鱼分别获得年度最佳作词奖、作曲奖、制作奖，梅沙原创音乐基地、立音国际、翔歌文化、本色音乐获得年度原创推动大奖，深圳市福田区委宣传部和深圳广电集团获得突出贡献奖。深圳市人大常委会副主任陈彪、深圳市政协副主席林洁等出席典礼，并为获奖者颁奖。

6日，由市委宣传部、市文联主办，市剧协承办的第五届深圳"创意剧场"之"深圳30年全国获奖小品精品大展"在深圳少年宫上演。

8日，南山区东滨路濠盛商务中心的至正博物馆开馆，中国古书画研究院同时挂牌揭幕。市委常委、常务副市长吕锐锋出席开馆仪式并讲话。

8日，由深圳市大运会执行局主办，福田区文产办，深圳航空协办、北京北奥会展有限公司承办的"墨舞丹青，喝彩大运"——姜昆、管峻助威大运书画展暨大运主题书画作品捐赠仪式在深圳雅·昌艺术馆举办。市委常委、宣传部长王京生，以及来自北京、江苏的多位政商名人、中华文化促进会、中国奥委会、北京北奥集团及相关单位的嘉宾出席了捐赠仪式。

8日，由福建省美术馆、深圳画院共同举办的"半亩方塘——董小明水墨综合媒介作品展"在福建省美术馆开幕。文化部艺术司副司长诸迪、中国美术馆馆长范迪安等领导及嘉宾应邀出席开幕式。

10日，由市委宣传部、市文体旅游局、市文联主办，深圳报业集团、深圳广电集团、深圳出版发行集团协办，市文联文艺创作室、市影视协承办的"献给深圳经济特区建立30周年"深圳优秀影视海报展在深圳中心书城展出。

13日，"《当代》长篇小说2010年度论坛"在北京华侨大厦举行，共评选出5部"2010年度最佳长篇小说"，其中包括深圳作家杨争光在2010年推出的长篇小说《少年张冲六章》。

14日，深圳市平面设计协会2011会员大会暨新一届理事会选举会议在深圳市文联9楼会议室举行。市文联、市民政局及有关政府部门领导和会员70余人出席会议。会议选举孔森担任协会主席，冯志锋、曾军、朱德才当选为副主席，秘书长由龙刚担任。

16日，由深圳市职业摄影协会、关山月美术馆、深圳商报文化广场共同举办的"吾城吾乡摄影年展"在关山月美术馆开幕，共展出 9 位摄影师的200多幅摄影作品。

21日,市作协第五次会员代表大会暨主席团、理事会换届选举在深圳文艺会堂举行,选举产生了市作协第五届理事会和主席团。李兰妮当选为第五届主席,杨争光、南翔、吴君、梅毅、田地、于爱成、丁力、吴亚丁当选为副主席。

21日，由新华社广东分社、南方报业传媒集团、南方广播影视传媒集团联合主办的第六届2010年度“广东十大新闻人物”揭晓，来自深圳福永街道的民工街舞团荣获2010年度的广东十大新闻人物。

22日，由深圳报业集团主办，市美协和深圳美术馆协办的《深圳本土中国美术家协会会员中国画精品展》在深圳市高路德珠宝艺术品交流中心开幕。展览展出鲁慕迅、邹传安、马波生、宋玉明、邹明、于长江、高坤水、陈湘波、马顺先、尹晶华和陈丹芝等11名深圳艺术家的112幅中国画作品。

23日，由市委宣传部、市文体旅游局联合主办，深圳画院、关山月美术馆、深圳美术馆联合承办的“深圳书画家送艺术进基层系列活动”在深圳中心书城开幕。

24日，由中国舞蹈家协会与台北市艺术文化交流协会主办的“2011海峡两岸青少年舞蹈交流展演”在台北教育大学结束，深圳市青少年芭蕾舞团在本次交流展演中共获得 3 个金奖、 1 个银奖。

25日，由文化部、教育部、海南省政府主办的第四届中国少年儿童合唱节在海南省歌舞剧院举行闭幕式暨颁奖晚会，深圳市宝安中学合唱团荣获金奖。

25日，由关山月美术馆与中央美术学院联合主办、许平与陈湘波担任策展人的“国民·人民·公民——20世纪中国平面设计文献展”在关山月美术馆开幕。

本月，由市文联主办、市摄影学会协办的“爱心摄影·记录快乐瞬间”活动在深圳大运会场馆建筑工地举行。

本月，由国家人口和计划生育委员会、广电总局、中国文联、中国作协和中国人口文化促进会等部门联合创立的“中国人口文化奖”在北京揭晓。深圳出品的《走路上学》夺得电影类唯一的一等奖。

本月，文化部公布了首批国家重点美术馆名单，深圳关山月美术馆位列其中。

2月

3日，深圳欢乐谷全新推出大型现代综艺秀《炫艺@天空》。

14日，“我是其中一只蝌蚪——罗旭的艺术传奇”展览在华·美术馆举行开幕仪式。全国人大教科文卫委员会副主任徐荣凯，中国文联副主席丹增，中国青少年基金会会长及希望工程创始人徐永光，云南省文化厅厅长黄峻，云南省宣传部副部长尹欣，云南省文联主席郑明，深圳市文联主席董小明等来自文艺界的嘉宾莅临现场。

16日，市作协第五届主席团第二次会议在市文联9楼会议室召开。市委宣传部副部长刘璋飙，市文联党组书记罗烈杰，副主席杨宏海，市评协主席章必功，专家胡经之等与市作协主席团全体成员出席了会议。

16日，文化部副部长欧阳坚一行领导调研视察作为国家文化产业示范基地的雅昌企业集团北京公司。

16日，由宝安区委组织部、区委宣传部、区文明办主办，区老干中心、区书法家协会承办，区老干部书画摄影联谊会、区文化艺术馆协办的深圳市第五回“宝城十二品”老干部书法提名展在该区文化艺术馆开幕。

17日，宝安区福永民工街舞队以群舞《咱们工人有力量》在“我最喜爱的2011年春晚联欢晚会节目”评选活动中，荣获“我最喜爱的2011年春节联欢晚会节目”特别节目类一等奖。

20日，市美协举行2011年迎春茶话会，市文联党组书记罗烈杰、主席董小明、副主席谢君心出席了茶话会。鲁慕迅、骆文冠、其加达瓦等著名美术家及100多位理事出席。

21日，由市文联、深圳出版发行集团、市美协联合主办的“画里有话——庄锡龙、王建明、王向民、曾蓝康四人漫画联展”在深圳艺廊举行，共展出4位漫画家的40幅作品。

22日，由深圳美术馆、深圳市谷风画院共同主办的“墨象·心性——中国书画邀请展”在深圳美术馆开幕。展览展出了高坤水、黄国武、查律、温锦照、许敦平、黄文祥6位书画家近年来习古创新的80余件力作。

23日，《咱们工人有力量》央视春晚演出成功表彰座谈会在宝安区福永召开。广东省委常委、市委书记王荣，市长许勤出席，王荣同志讲话。 市委常委、宣传部长王京生主持会议。市委常委、常务副市长吕锐锋，市委常委、市委秘书长王毅，市政府秘书长李平；宝安区委书记鲁毅、区长张备，区委常委、宣传部长李桦，区委常委、区委区政府办主任戴斌出席座谈会。

本月，由市文联、深圳出版发行集团、市摄影学会联合主办大运建设图片展在深圳艺廊展出，该展图片由龙岗摄影师钟致棠以大运建设为主题，全程拍摄完成。

3月

1日，由市文联、深圳出版发行集团主办，市美协承办的“心墨舒扬——王同仁书画作品展”在深圳艺廊开幕，共展出中央美术学院国画系教授王同仁的作品60多幅。

2日，由福田区文联和深圳美术馆联合主办的深圳本土女画家王永苗个人画展在深圳美术馆展出。

3日，由广东省作协《作品》杂志社主办的“第十届(2010)作品奖”评奖结束，深圳青年作家毕亮的《外乡父子》夺得“全国打工文学短篇小说大赛”一等奖。

5日，深圳中学美术老师吴健晖拍摄的作品《蛇雕与蛇的较量》获得中国国家地理第二届“飞羽瞬间”摄影大赛的最高奖项。

8日，由市文联、市书协主办，市女书法家协会承办的“国学经典书法系列之一——《道德经》册页书法展在深圳中心书城展出，市老领导刘波、邵汉青、姜忠，市文联党组书记罗烈杰、副主席谢君心，市女书协主席王永苗、副主席廖晓花，副主席兼秘书长徐洁，市青年书协主席赵永金和社会各界有关人士、女书协会员等近200人出席。

10日，深圳举行文艺创作座谈会，市委常委、宣传部长王京生参加会议，听取市、区各有关部门和文艺工作者的创作情况汇报，市委宣传部副部长刘璋飙主持会议。

11日，由市文联、市出版发行集团主办，市书协承办的“深圳中青年书法作品展系列之六”在深圳艺廊揭幕，展出王少云、冯春兰、李维华、李国辉、许介川、张庆、杨世武、杨锋、杨杰、宋洪涛、金辉、韩光凯12位中青年书法家作品。

12日，深圳画家应天齐的“世纪遗痕——应天齐艺术展”在中国美术馆展出。

15日，“原来生活——陈丹芝中国画作品展”在深圳美术馆展出。

16日，“回归本真——大乐水墨人物画展”在关山月美术馆开幕。展览共展出“大乐”乐祥海2010年新作70余幅。

18日，在书香中国——第二届中国出版政府奖颁奖典礼上，深圳雅昌彩色印刷有限公司获“优秀出版单位”称号，北京雅昌彩色印刷有限公司印制的《中国美术60年：1949-2009》获印刷复制奖。中共中央政治局委员、中央书记处书记、中央宣传部部长刘云山，中共中央政治局委员、国务委员刘延东致信祝贺，全国政协副主席、中国文联主席孙家正出席了颁奖典礼。

19日，由市文联、广东客属海外联谊会主办的“陈明日课——书法作品展”在深圳博物馆老馆举行，展览展出书法家陈明近期作品80余幅。

19日，深圳本土画家潘喜良水墨人物画展在宝安F518创意园举行，首次集中展示他在深圳14年期间创作的7个系列59幅水墨人物画作。

20日，市文联、市美术界领导和嘉宾罗烈杰、董小明、谢君心、骆文冠、孙振华、杨晓洋、孔森等与众多市民一起，在中心书城深圳艺廊参加戴耘《静·物》雕塑展开幕式并欣赏展览。

20日，由深圳美术馆和上海全华水彩艺术馆共同主办的“深圳水彩画家提名展”在上海全华水彩艺术馆开幕，展览展出16位深圳本土水彩画家的近百幅作品。

23日，深圳出品的电视剧《梨花泪》在中央电视台8套晚间黄金档开播。

24日，由华侨城国际传媒公司负责创作的大型音舞诗画晚会《天府蜀韵》在成都欢乐谷大剧院正式对外公演，是传媒公司承接的第一台大型演艺晚会。

30日，由关山月美术馆和浙江省衢州市美术家协会联合主办的“以形写形有无之境——许铁铮、朱传富山水画展”在关山月美术馆开幕，展出许铁铮、朱传富两位浙江画家的作品64件。

30日，由中国出版工作者协会装帧艺术工作委员会、雅昌企业(集团)有限公司主办华彩书香——《世界最美的书》中国获奖设计师作品展亮相于北京雅昌艺术中心。

31日，由中国文联、中国音协、深圳市委宣传部共同主办，深圳广播电影电视集团、中国音协流行音乐协会承办的2011·中国音乐金钟奖流行音乐大赛在京举行启动仪式，市委宣传部副部长刘璋飙出席并在会上讲话。

31日，由市委宣传部、文艺报社、市文联主办，市音协承办的歌曲《走向复兴》、《迎风飘扬的旗》研讨会在京举行。中国音协副秘书长韩新安出席了研讨会，王强、刘璋飙、吕先富、刘玉琴、钱强、白宙伟、金兆钧、朱海、胡滨、熊家源以及歌曲的四位主创参加了会议。会议由市文联党组书记罗烈杰主持。

4月

1日，由深圳摄影学会承办的深圳、珠海、汕头、厦门经济特区摄影作品联展深圳站巡展在深圳艺廊举行揭幕仪式，展览精心挑选反映经济特区发展变化的224件摄影作品。广东省文联党组副书记、专职副主席廖曙辉，深圳市文联党组书记罗烈杰、副主席谢君心以及四特区摄影协会负责人出席了揭幕仪式。

1日，由市美协、罗湖区文化局、深圳美

术馆联合主办的《深圳记忆——本土画家杨德祺画展》在深圳美术馆展出。共展出深圳本土艺术家杨德祺画作70多件，涵盖国画、油画、版画、水彩等门类。

8日，深圳实验艺术团在意大利都灵举行《东方新韵》专场演出。市人大常委会副主任周光明带队参加了交流活动。

11日，深圳市首届信札作品展在深圳艺廊展出。市文联党组书记罗烈杰、副主席谢君心、暨南大学书法理论家丁政，市书协顾问邹炯文、市书协常务副主席兼秘书长陈浩、副主席黄开稼、王宪荣、金龙、童志雄和作者及观众近百人出席了开幕式。

13日，由关山月美术馆和中国美术家协会版画艺委会共同主办的“刀笔生辉——罗映球版画艺术展”在关山月美术馆开幕。

14日，由市文联、深圳报业集团联合举办，市书法家协会和深圳报业集团书画院承办的“新世界杯”深圳首届书法艺术大展在文博会开展。

14日，由关山月美术馆主办的“与美丽的邂逅——马媛媛水墨作品展”在关山月美术馆开幕，展览共展出马媛媛自2009到2011年创作的精品力作50余幅。

14日，“和光祥蕴——唐卡艺术展”在关山月美术馆开幕，展览共展出130件西藏当代唐卡艺术精品。

15日，由深圳报业集团、深圳大学、深圳鹏宝轩艺术馆和深圳美术馆主办的《深圳四家·中国画邀请展》在深圳美术馆开幕。展览展出了深圳本土画家宋承德、宋玉明、邹明和潘喜良四人的优秀中国画作品80件。

16日，由深圳市文联、广东人民出版社、深圳报业集团联合举办的报告文学《大逃港》研讨会在深圳商报社举行。省老领导方苞，市老领导邹尔康，广东省作协党组副书记孙丽生，市委宣传部副部长刘琸飙，市文联党组书记罗烈杰，深圳出版发行集团总经理尹昌龙，深圳报业集团副总编辑李南玲、市文联专职副主席杨宏海、广东人民出版社副社长卢家明、市作协主席李兰妮以及来自深圳文学、出版、新闻界的专家学者彭名燕、梁二平、苏曼华、南翔、于爱成、丁力、赵小燕、齐霁、娄荔、汤奇云、赵婧、涂俏、成君忆、秦锦屏、孙夜等30多人出席了会议。

17日，故宫博物院常务副院长李季、院长助理冯乃恩一行参观雅昌艺术馆。

18日，市委宣传部召开音乐工程座谈会。座谈会由市委宣传部副部长刘琸飙主持，市文体旅游局、市文联、深圳报业集团、广电集团负责人和音乐界专家、市民代表，“唱响中国”36首入围歌曲深圳4首词曲作家参加了会议。

21日，由市文联、市出版发行集团主办的“传统·现代人物作品展”在深圳艺廊举行，展出王时、王雪涛、陈广昌、傅潮波4位深圳画家30余件中国人物画作品。

22至23日，香港著名导演许鞍华、高志森执导，由香港著名演员焦媛、尹子维主演的舞台剧《金锁记》在华夏艺术中心剧院上演2场。

25日，“唱响中国”深圳大型演唱会在深圳大剧院举行。中宣部文艺局影视处处长王强，深圳市副市长吴以环、市政协副主席林杰等领导出席，一千余名观众观看了演唱会。

25日，由市文联和深圳报业集团联合举办，市书协和深圳报业集团书画院承办的“新世界杯”深圳首届书法艺术大展评出获奖作品42件，其中书法家左奇志一幅近400字的草书获得特等奖。

26日，由墨西哥驻广州总领事馆、深圳关山月美术馆、墨西哥国家人类学与历史研究所联合主办的《玛雅：记忆的空间——哈维·伊诺霍沙摄影作品展》在关山月美术馆开幕，展览展出墨西哥当代著名摄影家哈维·伊诺霍沙拍摄玛雅建筑遗址的系列作品。

27日，由市委宣传部、市文体旅游局、市文联、深圳广电集团主办，深圳广电集团音乐频率飞扬971和市音协承办的“鹏城歌飞扬”深圳原创音乐2011年第一季度颁奖典礼在深圳音乐厅小剧场举行。

28日，由市委宣传部、市文体旅游局、市人力资源和社会保障局、市总工会、团市委、市妇联、市文联及宝安区委、区政府联合主办的深圳市第七届“外来青工文体节”开幕式在福永举行。

28日，由文化部、深圳市政府指导主办，中国国家画院、深圳报业集团联合主办的“艺术家眼中的当代中国——中国油画艺术展”在关山月美术馆开幕，共展出作品227件。

28日，由雅昌艺术网举办的“第五届ACC艺术中国·年度影响力评选(2010)”颁奖晚会在北京故宫举行。由深圳艺术评论家鲁虹和孙振华联合主编的《当代艺术与艺术史写作》获得年度出版物奖。

29日，第二届(2010)“美丽深圳”摄影大赛“发现深圳之美”摄影大赛的10个奖项揭晓。梁家合的作品《流动》获得本届大赛“年度大奖”；王标等7位作者的8幅(组)作品获得8项最佳摄影单项奖；赵宏发等100位作者获得优秀摄影作品奖。

29日，由深圳美术馆和深圳画院联合主办的《色彩·乐章——田克盛油画艺术展》在深圳美术馆开幕。展览共展出深圳本土油画家田克盛近年创作的油画精品近80幅。

29日，由宝安区总工会和区书协联合主办，区书协青年委员会承办的“汉字水墨书法艺术展”在宝安区档案馆开幕。

30日，由关山月美术馆和华南城主办的“艺术进社区”系列之“德国艺术家马蒂亚斯作品——馆藏海报展”在华南城展出，共展出该馆馆藏海报作品40余件。

30日，由市文明办、市文联、深圳报业集团主办，深圳广电集团、深圳出版发行集团协办、市职业摄影协会承办的第二届“美丽深圳”摄影大赛获奖作品在深圳艺廊展出。

5月

4日，由深圳市大运会执行局主办，深圳市民俗摄影学会、深圳市群文学会和深圳市民协承办的“迎大运倒计时100天——百幅大运摄影作品展”在深圳荔枝公园湖边文化长廊开幕。

4日，市文体旅游局组织策划了迎大运倒计时100天动员大会文艺会演。深圳交响乐团、深圳交响乐团合唱团、深圳市群声合唱团、深圳中学合唱团、深圳高级中学合唱团、团市委鼓号团6支演出团队近500名演员，在誓师大会现场市民中心广场演出。

7日，离骚18期活动结合“What’s Next三十乘三十创意展”在华·美术馆举办，6位深港音乐人龚志成、Shadow Kim、许敖山、陈柏达、袁伟峰、陆正现场呈现实验音乐表演。

8日，由深圳交响乐团为主的中国艺术团一行180人赴泰国演出大型梵呗交响乐《神州和乐》。

10日，由市侨联、市文体旅游局、市文联等单位联合主办的“深圳市第二届侨界书画艺术作品展”在深圳博物馆(老馆)开幕，共展出近200件艺术作品。

10日，“深圳四家·中国画邀请展”在河

南省美术馆开幕，展出深圳本土画家宋承德、宋玉明、邹明和潘喜良的80件中国画作品。

10日，由宜兴市政府主办的“陶都风——宜兴陶瓷艺术深圳展”在关山月美术馆开幕，共展出来自陶都宜兴的250多件(套)紫砂、均陶、青瓷、精陶和美彩陶等陶艺精品，其中包括6件清代紫砂壶作品。

11日，由市美协主办的“中国画名家作品展”在观澜山水田园国画产业基地举行。

12日，第三届观澜国际版画双年展及第五届中国(观澜)原创版画交易会在观澜版画原创产业基地举行。来自近80个国家和地区的200多幅版画精品亮相双年展。中国文联副主席、中国美协主席刘大为，中国美协分党组书记、驻会副主席吴长江，深圳市副市长吴以环，市文联党组书记罗烈杰、主席董小明，宝安区领导张备、蔡颖等，以及国内外参展艺术家、艺术机构代表出席活动开幕式。

12日，由深圳大运执行局支持，深圳市青年书法家协会和济南市青年书法家协会承办的《2011迎大运——深圳济南青年书法家提名展》在深圳美术馆开幕。展览共展出两地32位青年书法家的98幅书法作品。

13日，第七届中国(深圳)国际文化产业博览交易会在深圳会展中心隆重开幕。中宣部副部长、文化部部长蔡武，中宣部副部长、广电总局局长蔡赴朝， 新闻出版总署署长柳斌杰，广东省省长黄华华，中宣部副部长孙志军，文化部副部长赵少华，商务部部长助理、党组成员仇鸿，广电总局副局长田进，新闻出版总署党组副书记、副署长蒋建国，中国贸促会副会长张伟等文博会主办单位领导；广东省委常委、深圳市委书记王荣，广东省委常委、宣传部部长林雄等出席了开幕式。开幕式由文博会组委会主任、深圳市市长许勤主持。

13日，第七届文博会设计精品奖颁奖典礼在6号馆举行，深圳青年设计师段然“旋风卷发器”获最高奖项——至尊金奖。中国工业设计协会理事长、国家轻工业部原副部长朱焘，深圳市政协副主席钟晓渝等出席了颁奖典礼。

13日，由国家广电总局和深圳市政府主办，深圳市文体旅游局、深圳广电集团承办的第二届中国国际新媒体影视动漫节暨金鹏奖颁奖盛典在深圳广电大厦1800平方米电视演播大厅举行。中宣部副部长、国家广电总局局长蔡赴朝宣布第二届中国国际新媒体影视动漫节开幕。其后举行的第二届中国国际新媒体短片金鹏奖颁奖盛典揭晓了最佳金鹏短片、最佳剧情短片、最佳纪实短片、最佳动画短片等大奖的获奖名单。其中，德国参赛作品《登陆阿尔法46号星球》夺得最佳金鹏短片奖。国家广电总局副局长田进，深圳市政协主席白天，广东省委宣传部常务副部长、省广电局局长杨健，深圳市文体旅游局局长陈威，中国著名电影导演陆川，香港著名导演陈学人，德国柏林国际短片电影节主席Heinz Hermanns，法国克莱蒙费朗国际短片电影节主席Roger Gonin等出席盛典。

13日，市文体旅游局举办中国杂技艺术“走出去”座谈会，文化部副部长赵少华出席座谈会并作讲话。座谈会由文化部艺术司、文化部外联局、中国杂技家协会、第七届中国(深圳)文化产业博览交易会组委会办公室主办，来自国内顶尖杂技团团长与与会嘉宾重点分析了当前杂技艺术走出去的现状，也提出了一些比较好的措施。

13日，第七届中国(深圳)国际文化产业博览交易会雅昌艺术馆分会场启动仪式暨“中国书画中的儒释道精神”展览、“品味经典——你应该知道的艺术大师”系列展览、雅昌拍卖电子图录深圳发布会等活动在雅昌艺术馆隆重开幕。

14日，由市文联、深圳报业集团等联合主

办的“新世界杯”深圳首届书法艺术大展在深圳文博会美术馆举行开幕式暨颁奖仪式，开幕式由市文联副主席谢君心主持，中国书法家协会副主席申万胜，中国书协副秘书长戴志祺，中国国家画院书法篆刻院院长曾来德，广东省书协副主席、广东书法院院长李远东，深圳市政协副主席姚欣耀，深圳市文联党组书记罗烈杰，深圳报业集团党委书记、董事长黄扬略等领导、嘉宾和获奖参展作者，以及社会各界人士500多人参加了开幕式。

15日，由人民音乐出版社主办，市音协、中国宝安网等单位承办的深圳少儿红歌大赛《童歌唱给党》——2011快乐阳光童歌会深圳赛区正式启动。

19日，第八届茅盾文学奖初步审核认定180部长篇小说作品符合参评条件。其中，深圳作家邓一光的《我是我的神》与王十月的《无碑》入围。

19日，由福田区教育局、深圳市美协、深圳美术馆共同主办的“行迹2011——福田区美术教师十五人画展”在深圳美术馆开幕。

20日，由深圳画院画家杨晓洋创作的水墨画《建设中的深圳地铁 5 号线》荣获 2011年全国中国画展优秀奖。

20日，知名书法家、篆刻家徐子屏书法篆刻展在深圳博物馆开幕。展览展出徐子屏书法、篆刻作品近百件。

20至22日，著名话剧导演孟京辉、著名编剧廖一梅作品，内地演员郝蕾、詹瑞文主演的话剧《柔软》在华夏艺术中心剧院上演3场。

21日，由深圳画院、中国国家画院书法篆刻院、世界华商书画院共同主办的“微云起泰山——曾来德小品书法展”在深圳画院美术馆开幕。展览共展出书法家曾来德近年创作的60余件小品书法作品。深圳市政协副主席林洁参加了展览开幕式。

21日，由中国电影集团公司和深圳市委宣传部联手民营影视公司出品的《守护童年》在深圳报业集团会堂举行首映仪式。同日下午，该片研讨会在五洲宾馆举行，市委宣传部副部长刘瑋飙出席并讲话。

25日，由深圳华强数字动漫有限公司制作的208集全三维功夫爆笑系列动画《十二生肖快乐街》在央视少儿频道《银河剧场》开播。

25日，由关山月美术馆主办，挪中文化交流中心承办的“东方墨——第三回当代水墨画家邀请展”在关山月美术馆开幕，共展出了老中青三代116位艺术家的200多幅作品。

26日，由市音协主办，福田区委宣传部、文体局、文产办指导和支持，深圳市佳邦文化发展有限公司承办的首届“幸福杯”G3网络原创音乐大赛新闻发布会在市文联举行。

26日，著名“黄梅歌后”吴琼主演的黄梅戏《严凤英》在华夏艺术中心剧院上演。

28日，深圳市第七届外来青工文体节闭幕式暨颁奖晚会在新安影剧院举行，市政协副主席陈思平、宝安区副区长李慧民等领导出席了活动。

28日，广东省艺坛书画院揭牌仪式暨首届作品展开幕式在深圳市博物馆(老馆)举行。深圳市政协副主席张效民、深圳报业集团社长黄扬略等出席了开幕式。

28日，首届“诗探索·中国年度诗人诗会”在深圳大望村举行，诗坛名家谢冕以及孙绍振、徐敬亚、《诗探索》主编吴思敬以及来自全国的30多位诗人到会。周亚平、徐芳、阿吾、非亚、川美五位诗人获得“诗探索·中国年度诗人”称号。

31日,“唱响中国——群众最喜爱的新创作歌曲”征集评选颁奖音乐会在中央电视台综合频道黄金时间播出。深圳歌曲《走向复兴》、《迎风飘扬的旗》获得此次评选前两名。

6月

1日，由市文联、深圳出版发行集团主办，市书协承办的“迎大运·深圳第二届篆刻展”在深圳艺廊开幕。

3日，深圳交响乐团在深圳音乐厅举办“姚关荣从艺50周年专场音乐会”，由姚关荣亲自执棒，演奏意大利近代著名作曲家雷斯皮基的交响诗集《罗马》。

3日，市文联副主席、研究员杨宏海在深圳大学文学院会议室主讲《我的特区文化之旅》，并向深圳大学赠送其新著《我与深圳文化——一个人与一座城市的文化史》100套。

4日，由华·美术馆主办，法国驻华大使馆、法国驻广州总领事馆协办，法国文化中心、法国电力公司EDF DAP提供特别支持的“静·灵——法国艺术家米歇尔·马多个展”在华·美术馆开幕。

4日，北京市委常委、宣传部长、副市长鲁炜一行莅临雅昌北京艺术中心调研文化创意产业发展现状。

5日，由中华宋庆龄国际基金会主办，中华宋庆龄国际基金会文化艺术委员会、深圳市曲艺家协会承办的“庆龄枫叶奖”中华民间老艺术家表彰活动启动仪式——金文和从艺50年庆典暨收徒仪式在深圳隆重举行。

6日，由香港诗词学会主办，市书协、市剧协、中华诗词网协办的以“诗魂、国魂、民族魂”为主题的“深港澳第二届中国诗人节大会暨弘扬中华文化特殊贡献奖颁奖典礼”在深圳文艺会堂举行。

9日，第二十三届中国人民解放军全军电视剧“金星奖”在北京揭晓，市文联文创室专业作家邓一光编剧，“深圳制造”的长篇电视剧《兵峰》夺得长篇电视剧一等奖、最佳导演奖和最佳制片人奖三项大奖。

9日，第十七届上海白玉兰国际电视节颁奖礼在沪举行，由深圳出品的纪录片《发现少校》获得银奖。

10日，深圳画家周利群“隐喻的风景”绘画作品展在关山月美术馆举行，共展出周利群30余幅水彩作品和50余幅速写作品。

11日，由市文联、深圳出版发行集团主办，市美协承办的“方晓龙水彩作品展”在深圳艺廊展出，30余幅水彩作品一展画家“心随天地宽”的意境。

11日，内地著名音乐人，摇滚音乐代表人物汪峰的“汪峰·荒岛音乐会”在华夏艺术中心剧院上演。

13日，市文联组织美术、摄影、电影电视、舞蹈、戏剧、书法、评论、民间民艺界等8名体制外艺术家组成艺术交流团，赴匈牙利与奥地利展开艺术交流、考察采风活动。

14日，第二届全国戏剧文化奖优秀剧目调演评选结果揭晓，深圳市粤剧团新版现代粤剧《风雪夜归人》获得经典剧目大奖、男女主角表演大奖、剧本改编金奖、导演金奖、音乐设计金奖等9项大奖。

14日，由市民协主导举行深圳市客家文化交流协会筹备会议。市文联副主席谢君心以及30多名民间文艺、客家文化专家、学者出席了会议。会议由市民协主席杨宏海主持。

14日，由中国电影公司和市委宣传部联手出品的电影《守护童年》座谈会在市文联二楼会议室举行。座谈会由市文联文艺创作室主任、市影协副主席李亚威主持，深圳评论家胡滨、刘健民、周思明、李华等，出品人肖明星、小演员肖韵以及部分学生、家长出席了座谈会。

16日，由市委宣传部、市文联主办、市文联文艺创作室和市作协承办的邓一光长篇小说《我是我的神》学术研讨会在市文联9楼会议室举行。市委宣传部副部长刘璋飙、市文联党组书记罗烈杰、深圳出版发行集团总经理尹昌龙、市文艺创作室主任李亚威、市作协主席李兰妮，作家、评论家南翔、胡野秋、汤奇云、吴君等出席了研讨会。

22日，深圳摄影家郑丽萍的个人摄影作品展在深圳中心书城南区开展，同时推出《一个女摄影家记忆中的深圳与工会》摄影集。

22日，由中国文联、云南省委省政府、中国音协主办的第八届中国音乐金钟奖合唱比赛在昆明落幕，深圳音协合唱团夺得本次大赛的金奖。

22日，由关山月美术馆、北京大学视觉与图像研究中心、吴作人国际美术基金会联合主办的“素描基础：新中国画的革命？——吴作人学术专题展”在关山月美术馆展出。

23日，“永远跟党走——深圳市老干部纪念中国共产党成立90周年红歌颂党喜迎大运文艺演出”在市老干部活动中心举行，来自全市各行各业的800多名老干部、老党员自编自演，举行了合唱、舞蹈、诗朗诵、京剧等多种表演。

23日，“为人民艺术服务——雅缘相续，艺+杭城”大型艺术展览暨雅昌杭州艺术中心启动仪式在浙江美术馆隆重揭幕。中国文联副主席、中国美术家协会主席刘大为、中国新闻出版总署印刷发行管理司司长王岩镔、国家文化部文化产业司副司长李小磊、中国书法家协会副秘书长戴志琪、浙江省文化厅厅长杨建新等领导，中国美术学院院长许江等知名艺术家出席了开幕式。

24日，2011卷《深圳文艺年鉴》撰稿人研讨会在市文联2楼会议室召开。来自市文联、市作协、深圳报业集团的近20位文艺门类撰稿人出席会议。会议由市文联办公室主任顾焕金主持，市文联党组成员钱强出席会议并作指示。

27日，深圳市各民主党派、无党派人士庆祝中国共产党成立90周年书画作品展在市民中心开幕，参展作品110余幅。市委常委、统战部长张思平出席了开幕式。

28日，由“白石山房”策划，市委统战部、市博物馆、齐白石纪念馆支持的“齐派百年”大型艺术巡展在深圳博物馆老馆开幕，400多件齐派大师级的作品悉数亮相，其中包括齐白石《虾蟹图》、《老来红》两幅真迹，李苦禅、娄师白、刘一庄、齐灵根、娄述德等齐派重要传承人的作品，以及于右任、丰子恺等白石友人的大作及书信。

29日，由市委宣传部、市文体旅游局、市文联共同主办的“迎风飘扬的旗”——深圳市庆祝中国共产党成立90周年大型交响合唱音乐会在深圳音乐厅上演。广东省委常委、深圳市委书记王荣等市领导和老领导、市直各部门、各区委区政府、驻深局以上单位负责人、党员代表、市民代表等欣赏了音乐会。

29日，由华夏艺术中心、湖北省文化厅、聚橙网共同主办的“庆祝建党90周年，朝鲜平壤艺术团访华巡演——歌舞晚会《盛开的金达莱》”在华夏艺术中心剧院上演。

30日，由宝安区政府、现代工笔画院主办，区文体旅游局承办，区群众文化艺术馆、区女画家学会协办的“丹青世界——中国现代工笔画女画家22人作品展”开幕。区领导鲁毅、赵燕民、戴斌、李慧民和现代工笔画院院长王天胜等参加开幕式并剪彩。

30日，“民国最美书籍私人典藏展”在北京雅昌艺术中心拉开帷幕。

7月

1日，荣获“唱响中国——群众最喜爱的新创作歌曲”全国十佳第一、第二名的深圳原创歌曲《走向复兴》、《迎风飘扬的旗》的词曲作者李维福、印青、唐跃生、姚峰在央视名牌栏目“艺术人生”，与全国观众分享创作主旋律红歌的心得与感悟。

1日，由市直机关工委主办的“我用歌声伴随你——党史音乐课”在深圳音乐厅举办三场演出，近5000名党员以聆听革命红歌的方式纪念中国共产党成立90周年。

1日，由市文联、深圳出版发行集团主办，市书协承办的“守望传统——深圳第二届临书展”在深圳艺廊举行，共展出深圳书家临习作品近50件。

2日至8月28日，华侨城举办“深圳欢乐谷第十二届狂欢节系列活动”。

4日，“向党旗报告”军地共庆中国共产党成立90周年文艺晚会在深圳保利剧院举行，军民载歌载舞庆祝建党90周年。广东省委常委、深圳市委书记王荣，市长许勤等市几套班子领导以及75200部队部队长尤海涛少将、政委岳世鑫少将等观看了演出。

5日，由市文联党组书记罗烈杰，党组成员、副主席谢君心带队，挂靠市文联的社会组织负责人一行赴港进行学习和交流活动。

7日，2010年度广东省广播电视节目奖颁奖会在中山举行。2010年度广东省广播电视节目奖的评奖活动共吸引了1044件作品参评，最终评出一等奖61件、二等奖159件、三等奖343件，包括广播电视新闻、专题、文艺、播音主持、论文等奖项。深圳广电集团共有47件作品获得该奖，其中一等奖12件，占比达19.67%。广东省委宣传部常务副部长、省广电局局长杨健，省广播电视协会会长胡国华等领导出席颁奖会，并为一等奖获得者颁奖。深圳广电集团集团副总编辑陈志荣、刘强出席颁奖会。

5日，由广西壮族自治区文联和深圳市文联主办的“翰墨丹青艺道行——覃日飞、覃志刚、覃志强书画展”在关山月美术馆举行。

5日，国家行政学院社会和文化部副主任祈述裕一行莅临雅昌艺术馆参观调研，听取了雅昌集团的经营理念、集团属下各个业务板块、未来十年的发展愿景的系统汇报。

6日，由福建省文化厅、深圳市文体旅游局、南山区政府、深圳保利文化广场、深圳保利剧院、市文联共同出品制作的话剧《小平，您好》在福州的福建大剧院上演。

6日，“深沪作家座谈会”在深圳市文联会议室举行。上海市作协副主席、复旦大学中文系主任陈思和率17位上海杨浦区作家，与十几位深圳作家交流座谈。市文联党组成员钱强、市作协主席李兰妮、著名作家邓一光、深圳大学文学院副院长南翔、《打工文学》周刊执行主编徐东、《新城市文学》主编裴亚红等出席了座谈会。

7日，市群艺馆馆员李振飞创作的油画作品《春天的细雨》入选“光辉历程·时代画卷”——庆祝中国共产党成立90周年美术作品展览。展览由文化部主办，中国美术馆承办。

8日，由深圳美术馆和上海全华水彩艺术馆共同主办的“迎大运：水韵光影——深圳水彩画家提名展”在深圳美术馆开幕，展览展出16位深圳本土水彩画家的近百幅作品。

9日,献礼建党90周年的主旋律电影《权力有限》在深圳市民中心礼堂举办首映礼。中纪委中国方正出版社社长肖建国、全国工商联副主席孙晓华，以及来自最高人民检察院、国务院新闻办公厅、中央党校、中国公益事业促进会和广东省纪委、深圳市纪委等单位的有关负责人出席了首映礼。

9日，由华·美术馆、中央美术学院美术馆、日本DNP文化振兴财团(DNP Foundation for Cultural Promotion)、王序设计主办，深圳市创意品牌促进会协办，深圳华侨城股份有限公司支持的“纽约图钉工作室回顾展”在华·美术馆开幕。深圳市文联副主席梁宇，日本艺廊馆长北沢永志，纽约艺术指导俱乐部前执行总监、创意顾问、撰稿人迈娜·戴维斯(Myrna Davis)，深圳市平面设计协会学术顾问毕学峰，主席孔森，参展艺术家代表、图钉工作室主要成员之一保罗·戴维斯(Paul Davis)，以及王序、陈幼坚、韩湛宁等知名设计师、艺术家出席开幕式。

10日、11日晚，由南山区政府、深圳市保利文化广场、深圳市保利剧院演出经营有限公司和市文联联合出品的大型原创多媒体话剧《小平，您好》在北京保利剧院演出。

11日，深圳第三届DV大赛第一季评审会在深圳新闻网会议室进行。本次大赛初评入围的作品有纪实类：《东直门——纪录短片》、《话剧老人》、《摩托妈妈》、《神翳》、《苏式汤面》、《调兵山》、《我的身体我做主》、《消失的羊城》、《雨果的假期》、短片《太阳打伞》11部作品。

12日，深圳市文化艺术专家联谊会第一次会员大会在大中华喜来登酒店召开。大会审议通过了《深圳市文化艺术专家联谊会章程》(草案)，选举产生了第一届领导班子。董小明任会长及法人代表，龙兆曙、邓一光、茹仙古丽、姚峰、吴庆捷任副会长，王廉运任秘书长。

12日，深圳本土知名篆刻家钟国康献礼第二十六届大运会的“大运·中国印”艺术作品发布会在南山区南侨花园举行。市老领导李灏，文学评论家、中山大学博导谢有顺等30多人参加了发布会，观摩作品并进行了座谈。

12日，由深圳广电集团与深圳市文明办、深圳市文联、深圳报业集团联合主办，深圳市电影电视家协会、深圳移动电视频道承办的第二届“幸福深圳”DV大赛颁奖典礼在深圳大剧院音乐厅举行。大赛评出了《我们这群人》、《寻找遗失的幸福》等二等奖2名、三等奖3名、优秀奖15名和组织奖2名(一等奖空缺)。深圳市政协副主席林洁及活动主办、承办和协办各方，大赛获奖作者及从DV作品中评选出的“幸福主角”等共600多人参加颁奖典礼。深圳市委宣传部副部长、市文明办主任刘璋飙在颁奖现场致辞。

14日，深圳卫视《年代秀》节目专家研讨会在北京广电国际大酒店举行。与会专家就该节目的本土化、创意、节目版权保护等问题发表了各自的意见和看法。国家广电总局副总编辑、宣传管理司司长金德龙，国家广电总局收听收看中心主任金文雄，著名演员朱明瑛，节目顾问张颐武等出席研讨会。深圳广电集团总编辑陈君聪、副总编辑李也平、副总经理郭莉出席了研讨会。

15日，由深圳市对外文化交流协会、市文体旅游局、市文联、福田区委宣传部、区文体局主办的2011WDC标准舞拉丁舞世界杯暨第九届中国·深圳国标舞拉丁舞世界公开赛正式开幕，全世界近30个国家和地区超过4000选手参赛。

15日，2010年度云南省广播电视政府奖文艺、广告类评选会结束，由楚雄彝族自治州委宣传部、深圳市文联联合摄制，市文联文艺创作室李亚威编导的纪录片《腊湾舞者》荣获云南省广播电视政府奖“特别奖”。

15日，香港文化界著名人物林奕华作品，由著名歌手、演员刘若英，台湾演员王耀庆主演的话剧《红娘的异想世界之在西厢》在华夏艺术中心剧院上演。

17日，2011“中国文化聚焦”的重要项目——深圳艺术团赴非洲访演活动正式启程。由26人组成的深圳访非艺术团前往非洲塞拉利昂、乍得和喀麦隆三个国家，代表中国展开为期18天、公演 7 场的出访行程。

17日，2011中国播音主持“金话筒奖”颁奖典礼在北京举行。深圳广播电影电视集团首席主播吴庆捷荣获2011中国播音主持“金话筒奖”播音员主持人奖。

18日晚，由市委宣传部主办，深圳广电集团音乐频率“飞扬971”和市音协承办的深圳原创音乐品牌“鹏城歌飞扬”今年第二季度十佳金曲在深圳大学颁奖。积木鱼、青格、王胤祺、金科等原创音乐人送评的《微笑深圳》等11首作品获得十佳金曲。

18日，深圳作家刘斌创作的长篇报告文学《崛起水晶城》首发仪式在深圳书城举行。中国报告文学学会、深圳市作家协会、香港作家协会、深圳市建筑工务署等相关单位领导以及100多名大运会志愿者参加了首发仪式。

20日，第二十二届香港书展在香港会展中心举行，由市文联主办，市作协承办的“深圳文学名家名作荟——深圳优秀文学图书展”在香港书展现场开展。邓一光、成君忆、厚圃等20多位深圳作家到场参展，并向香港读者签名赠送部分新书。

20日，由关山月美术馆和敦煌研究院联合主办的“博蕴华光——敦煌艺术展”在关山月美术馆开幕，共展出敦煌原大洞窟整窟复制的洞窟模型3个，彩塑临品10件、几代名家单品临摹壁画30件、敦煌藏经洞绢纸画临摹复制品10 幅及敦煌藏经洞出土经卷、花砖等文物20件以及千年敦煌美术发展史文献等资料。

21日，由关山月美术馆和龙岗区文化产业发展办公室共同主办的“关山月美术馆馆藏俄罗斯油画精品展”在大芬美术馆开幕，共展出关山月美术馆精心挑选的馆藏俄罗斯油画27幅。

21日，由国家广电总局宣传管理司、深圳第二十六届世界大学生夏季运动会组委会执行局、深圳市文体旅游局、深圳广电集团联合主办的“迎大运——动漫活动周暨第三届深圳动漫节”开幕式在深圳会展中心2号馆主舞台举行。广东省广电局副局长高林，深圳市委宣传部副部长吴忠，市委宣传部副巡视员、市文改办主任倪鹤琴，深圳大运会执行局副局长赵广华，深圳市文体旅游局副局长杜勤，深圳广电集团总经理张合运、副总经理郑鼎文等领导出席了开幕式。

28日，深圳美术馆策划的大型展览“迎大运：深圳美术馆典藏精品特展”开幕，共展出深圳美术馆自建馆35年来收藏的艺术精品80余件。

29日，由广东省作协、深圳市文联、宝安区委宣传部主办的“孙向学长篇小说《仙儿堂》学术研讨会”在广东文学艺术中心举行。中国作协创研部研究员牛玉秋，《文艺报》副总编辑张陵、《十月》杂志常务副主编陈东捷，《北京文学》知名编审、评论家肖夏林等专家在现场发表了评论。

30日，由关山月美术馆、深圳雕塑院、深圳商报《文化广场》、深圳大学艺术与设计学院共同主办的“四方沙龙”年度第五次讲座在关山月美术馆开讲。此次沙龙特邀敦煌研究院赵声良博士主讲“二十世纪40年代的中国美术新动向”。

30日，由东部华侨城与中国音乐家协会主办的“为大运喝彩、为深圳加油——宋祖英魅力中国 · 2011大型巡演”在东部华侨城大侠谷露天剧场隆重上演。文化部特别巡视员曾庆淮，深圳市委常委、组织部长戴北方，市文体旅游局局长陈威，盐田区委副书记、区长杜玲，华侨城集团公司领导郑凡、苏征、吴斯远等领导观看了演唱会。

31日，由市委宣传部、市文体旅游局、市文联、深圳大学共同举办的《界·限——迎大运当代版画家油画作品邀请展》在深圳大学美术馆隆重开幕。来自全国各大美院的苏新平、钟曦、宋光智、张敏杰、梁宇、罗必武、郭鉴文、王家增、李康、祝彦春和香港艺术家吴松等11位版画家的版画和油画作品在国内首次并列展览。

8月

4日，市文联举行深圳导演刘宇军的纪录片《风雪可可西里》、动画片《藏羚王》创作研讨会，两片分别获得第四十四届休斯敦国际电影节“评审团大奖”及“金奖”。

5日至21日，由深圳市对外文化交流协会、市文体旅游局、香港康乐及文化事务署联合主办，关山月美术馆和香港艺术推广办事处、香港版画工作室承办的“2011 新一代大学生图像艺术节”在关山月美术馆开幕。

6日，深圳画院举行“新兴的城市，创新的艺术——深圳都市水墨精品展”，从深圳画院历年来收藏的都市水墨画中选出40余幅精品进行展出。

8日，第十届CIRCUBA国际夏季杂技节在古巴哈维那隆重举行，深圳福永杂技艺术团经我国驻古巴大使馆文化处推荐，文化部选派出国参加此次大赛。

8日，“大运·中国印——钟国康书法篆刻展”在深圳大学艺术村美术馆举行。

8日，深圳市高级中学百合少年合唱团《花儿开了是春天》专场音乐会在北京国家大剧院音乐厅上演。

9日，由市文体旅游局主办，市群艺馆和市艺术摄影学会承办的“多彩深圳”摄影展在市民中心B区展厅开幕，展览共展出百余幅展现深圳自然及人文之美的摄影图片。

10日，由共青团中央、中华全国青年联合会、深圳市政府主办，深圳广电集团联合深圳市青年联合会、盐田区政府承办的“架起友谊之桥——世界大学生沙滩音乐会”在深圳大梅沙开幕。欧洲青年论坛副主席卡塔琳娜·妮维达洛娃和全国青联副主席、伊利集团董事长潘刚启动了世界大学生沙滩音乐会。本场沙滩音乐会邀请了包括康奈尔大学、剑桥大学、悉尼大学、北京大学、南非开普敦大学等来自五大洲的12支名校乐队和组合。深圳卫视“2011中国流行音乐金钟奖”优秀选手“人声失控”组合、“0755”组合及崔楠在开幕式上表演。深圳广电集团总编辑陈君聪、副总编辑李静出席了开幕式。

10日，由市文联、市文体旅游局以及宝安区和龙岗区联合举办的“激越之美——第二十六届世界大学生运动会主题版画作品展”和“深圳30年”摄影展、“大美深圳”航拍摄影展、油画艺术展等在大运村文化体验区开展。

11日，深圳籍青年钢琴家、德奥派古典音乐继承人袁芳在深圳音乐厅举行“多媒体音乐会”，一曲改编版钢琴曲《春天的故事》，表达出这位深圳籍钢琴家的感恩情怀。

11日，由市文联、深圳出版发行集团主办

的“迎大运”花鸟画三人展在深圳书城中心城深圳艺廊开展，共展出文继新、汪峰和李春华三位深圳本土画家31幅花鸟画作。

12日，深圳交响乐团承担了国家领导人宴请出席大运会开幕式贵宾接待演出任务，取得圆满成功，演出后受到胡锦涛主席的接见。

12日，“一乘·殊相——张小纲、胡西非、刘向东、方晓龙水彩画作品联展”在广东东莞莞城美术馆开幕，共展出4位深圳水彩画家80幅新作。

12日，国务委员、公安部部长孟建柱参观视察雅昌集团深圳公司。

13日，第二十六届大学生运动会系列活动之一，华夏艺术中心主办的《华夏之声——民乐民家音乐会》在华夏艺术中心剧院上演。国家一级演奏家冯少先与冯满天父子献上了精彩的月琴演出。

14日，第十届CIRCUBA国际夏季杂技比赛现场再次传来喜讯，由文化部选派的深圳福永杂技艺术团在此次比赛中一举夺得大赛的两项唯一奖项。《窗花——柔术造型》荣获此次大赛最高奖金奖，《高空椅技》夺得最佳女演员奖。

16日，“为大运喝彩——世界三大女高音环保爱心演唱会”在深圳音乐厅开唱。三位世界顶级女高音歌唱家——意大利的西蒙娜·贝尔蒂尼、美国的艾莉森· 坎佩琦、乌拉圭的鲁丝·德·阿尔巴和深圳交响乐团一起合作，演绎了20余首著名歌剧选段。

16日，深圳优秀影视海报作品在深圳图书馆、嘉之华中心影城、深圳华夏太古国际影城进行巡回展出。展览共展出特区30年来深圳制作的140部影视作品海报。

17日，第二十六届大学生运动会系列活动之一，由福建省龙岩市委、市政府主办的原生态客家风情歌舞集《土楼神韵》在华夏艺术中心剧院上演。

25日，由国家广电总局主办的第二十八届中国电视剧“飞天奖”颁奖盛典在国家体育馆举行。深圳制造的《兵峰》获长篇电视剧类一等奖，《天地民心》、《命运》、《春暖南粤》获长篇电视剧类三等奖。

26日，由中国文化部和中国驻斐济大使馆主办，市文体旅游局和深圳市对外文化交流协会承办的赴南太平洋斐济、汤加巡演的交流演出活动在斐济首都苏瓦上演。

26日，知名画家余重光在深圳美术馆举办“彩墨飞舞颂大运”个人画展。深圳原市委书记、全国人大原财经委副主任李灏，广东省原副省长、省政协原副主席许德立等，以及深圳市宣传文化部门，报业、广电等新闻单位负责人，企业界人士出席了开幕式。

26至27日，第二十六届大学生运动会系列活动之一，深圳市委宣传部、深圳市文体旅游局主办的韩国首尔芭蕾舞《古典与时尚》在华夏艺术中心剧院演出3场。

27日，由中国文联、山西省委宣传部、朔州市委、市政府、中国电视艺术家协会、山西省旅游局主办的首届全国DV作品大赛评选在北京揭晓。深圳白俊江拍摄的纪录片《寻根》荣获首届中国DV大赛长片一等奖和最佳摄像奖。

30日，由文化部、宁夏回族自治区政府主办的第九届全国舞蹈比赛决赛在银川市宁夏人民会堂闭幕，由宝安区龙华街道文体中心创作选送的群舞《竹蜻蜓》获得群舞表演三等奖。盐田区文化馆及深圳市德玉轩文化传媒有限公司共同选送的舞蹈《我的经幡》获单双三组优秀奖。

31日至9月4日，在第十八届北京国际图书博览会上，雅昌集团、北京国际图书博览会、中国出版协会装帧艺术工作委员会联合主办“书韵华风——中国当代艺术书籍展”。

9月

2日，全国第十届书法篆刻作品展览(上海展区)评审揭晓，中国书协会员、罗湖区书协主席于延丰的隶书作品及中国书协会员陈守斌的楷书作品入选本届国展。

2日，雅昌在由国家新闻出版总署印刷发行管理司指导，中国印刷科学技术研究所、科印网主办的2011“绿色大奖”评选中，获“绿色企业(机构)大奖。”

7日，由湖北美术馆和深圳美术馆主办的“混搭的图像——中国当代油画展”在湖北美术馆开幕。

10日，由中国文联、中国音协、深圳市委宣传部主办，深圳广电集团、中国音乐家协会流行音乐学会承办，深圳市文体旅游局、深圳市文联、深圳报业集团、深圳市音协担任联合制作单位的第八届中国音乐金钟奖流行音乐大赛颁奖盛典在深圳宝安体育馆举行。经过评选，孙琦获得女子组金奖，王晰获得男子组金奖，组合金奖由两组男子团体HALO组合和PTS组合共同获得。本次盛典由著名主持人赵忠祥、刘芳菲及深圳卫视主持人刘茗茗、张达主持，30多位华语音乐界的领军人物和音乐界专家出席盛典，谭晶、汪峰、古巨基、陶喆等明星在盛典上演唱。全国政协常委、中国音协名誉主席吴祖强，中国文联副主席吴雁泽，中国音协流行音乐学会名誉主席谷建芬，中国音协主席赵季平，中国音协分党组书记、常务副主席徐沛东，中国文联国内联络部主任罗成琰，中国音协副主席廖昌永、印青，中国音协流行音乐学会主席付林，中国音协分党组成员、副秘书长韩新安，深圳市政协副主席林洁，深圳广电集团总裁王茂亮，总编辑陈君聪，副总编辑陈志荣、李静出席颁奖盛典。

11日，第六十二届美国印刷大奖颁奖典礼在美国芝加哥落下帷幕。雅昌独揽6项班尼金奖和1项全场大奖，另获7个优异奖、9个优秀奖和印刷铜奖，总计24项奖项。

14日，市交通运输委在深圳大剧院举行“大运之行”交响音乐会，庆祝大运交通保障工作取得圆满成功。市政协主席白天、副市长张文观看了音乐会。

15日，由市委宣传部、市文体旅游局、市社科联主办，深圳博物馆承办的《辛亥革命在广东》展览暨第九届深圳社会科学普及周开幕式在深圳博物馆老馆举办。该展览共展出400余张照片、150余件(套)实物和文献。

17日，由市文明办、市教育局、市文联主办，深圳青少年报社、市青年书法家协会承办的深圳市中小学生主题书法大赛在深圳书城中心城正式启动，全市中小学生围绕主题“从小做一个有道德的人”创作书法作品参赛。

20日，参加第二届全国戏剧文化奖优秀剧目调演的深圳宝安区本土原创话剧《突围1978》在北京长安大戏院演出。该剧在本届全国戏剧文化奖优秀剧目调演中共获得6项大奖。

21日，深圳市文学艺术界第六次代表大会在深圳市委党校开幕。400多名深圳文学艺术界代表和特邀代表、特邀嘉宾与会。大会开幕式由市委常委、宣传部长王京生主持。广东省委常委、深圳市委书记王荣，广东省文联党组书记白洁，广东省作协党组副书记孙丽生，市人大常委会副主任闫小培，副市长吴以环，市政协副主席林洁等省市领导出席了开幕仪式。市文联党组书记罗烈杰在会上作了《深圳市文学艺术界联合会第五届委员会工作报告》。

22日，深圳市文学艺术界第六次代表大会在深圳市委党校闭幕。大会审议通过了《深圳市文学艺术界联合会章程》修改草案，并成立了新一届领导机构，罗烈杰当选为市文联主席，谢君心、冷炳冰、钱强、梁宇当选为专职副主席，秘书长由谢君心兼任。市委常委、宣传部长王京生出席了闭幕式并发表讲话。

23日，深圳市文化创意产业协会在大中华喜来登酒店举行隆重的成立揭牌仪式。市委、市政府、市委宣传部、市文体旅游局等领导及协会300多家会员代表出席。市老领导李灏、厉有为、李海东为协会成立题词祝贺。

23日，“罗湖区文联美术书法创作基地”正式挂牌，省、市文联领导和罗湖区有关领导为“罗湖文联美术书法创作基地”和“秋·罗湖区中青年画家中国画展”开幕式剪彩。

25日，第三届英国万像国际华语电影节在英国著名的欧典剧院闭幕，由秦岚、方中信、汪裴主演、“深圳制造”的影片《母语》获得最佳原创编剧、最佳摄影、最具潜力演员等三项大奖。

25日，由深圳社科联主办，深圳华文文学学会承办的以“文化创意与新媒体文学发展”为主题的研讨会在深圳社科院举行，20余位学者、作家参会。

26日，由市委宣传部、市文体旅游局、中央电视台音乐频道主办的深圳市国庆大型交响音乐会《江山多娇》在深圳音乐厅举行。

26日，由广东省作协主办的首届广东省散文奖颁奖典礼在佛山市南海区九江镇举行。在全部11部(篇)获奖作品中，深圳作家荣获3项，居全省各市之首。这3项作品分别是：彭名燕的《瞬间与永恒》(散文集)、杨黎光的《我们为什么不快乐》(散文集)和秦锦屏的《山海重》(单篇)。

26日，由中华全国总工会、共青团中央、中华全国妇联联合发起，中国伟人蜡像馆、炎黄子孙热爱祖国联合会共同举办的“庆祝新中国成立62周年·小平(蜡像)莅鹏城暨红旗检阅车展览”活动在金光华广场开幕。

26日，由深圳市投资控股公司主办、深圳市粤剧团承办的“红梅花开——苏春梅粤剧艺术专场”亮相第十五届深圳大剧院艺术节。市老领导李灏、邹尔康、李海东、李广镇、张中林、梁达均等观看了演出。

28日，由深圳美术馆主办，深圳市读书月组委会协办的“倪萍水墨画作品展”在深圳美术馆举办，共展出倪萍水墨画作品100幅及其多年从艺影像。

29日，首届“幸福杯”G3网络原创音乐大赛在福田区文化馆石厦南分馆进行总决赛。来自新疆的原创歌手骆驼强子夺得冠军。

28日，深圳广电集团中层以上干部大会在深圳广电大厦21楼多功能厅举行。市委常委、宣传部长王京生代表市委宣布：由集团总编辑陈君聪主持深圳广电集团全面工作；集团总裁王茂亮调任湖北广播电视台台长。市委宣传部副部长吴忠、苏会军出席大会。深圳广电集团总裁王茂亮、总编辑陈君聪分别发表讲话。

30日，市文体旅游局组织策划了大运会总结大会文艺汇演，中共中央政治局委员、广东省委书记汪洋，省长黄华华等领导出席大会并观看了演出。

10月

1日，第五届夏威夷国际青少年艺术节在夏威夷剧院开幕。深圳市高级中学学生舞蹈团作为艺术节特邀团队，荣获“最高艺术成就奖”。

1日，2011年法国戛纳秋季电视节Mipcom在戛纳举行。深圳华强数字动漫有限公司出品的三维喜剧动画片《笨熊笨事》获得“儿童评审团”KIDS’ JURY大奖，这是中国动画片首次登上戛纳奖台。

1日，以“欢乐五次方魔幻来袭”为主题，第十二届深圳欢乐谷国际魔术节登场。此节特邀来自美国、英国、荷兰、白俄罗斯、古巴、中国等世界各地的国际魔术大师聚首此次魔坛盛会，进行魔术文化交流。

10日，由深圳大学、甘肃画院、甘肃书法院、甘肃美术馆联合举办，深圳大学艺术学院以及图书馆、艺术创展中心联合承办的《书境》——马国俊书法学术交流展在深圳大学美术馆开幕。

11日至17日，第六届CCTV电视舞蹈大赛决赛在北京举行。由市舞协选送的两个舞蹈作品荣获大奖。其中，由万素编导，齐志峰、蓝帆表演的国标舞《探戈的变奏》一举囊括国标舞组的三项金奖：作品金奖、演员金奖及编导金奖；由邱伟军编导，深圳市STO街舞团演出的街舞《STO》荣获十佳作品奖。

11日，由深圳市文联与深圳出版发行集团主办的“深圳本土优秀美术家推广工程”在中心书城深圳艺廊开展，推出“臧国福中国画作品展”，共展出水墨山水作品26幅，展览至20日。

12日，中央歌剧舞剧院大型歌舞剧《四季情韵》在深圳保利剧院上演，拉开了2011全球通艺术季的帷幕。

12日，由广东省美术家协会、深圳市关山月美术馆、揭阳市文联主办的“彩笔生气——魏明亮花鸟画作品展”在关山月美术馆开幕，展出魏明亮花鸟画作品50余幅。

12日，“李小澄水彩作品展”在关山月美术馆开幕，展览共展出广东水彩画家李小澄的水彩作品100多幅。

14日，“2011中国广播影视大奖中国原创歌曲奖”颁奖典礼在天津举行，深圳原创歌曲《南方以南》、《梦的翅膀》获得年度优秀原创歌曲奖。

17日，由中国摄影家协会主办的第十四届中国国际摄影艺术展览入选名单揭晓，深圳摄影师章力的摄影作品《城市狂想》摘得银牌。

18日，“文博会艺术品展示交易中心”暨“俄罗斯艺术品展示交易中心”在深圳商报社四楼展览厅举办开馆仪式。市委常委、宣传部长王京生，副市长吴以环，以及俄罗斯联邦驻广州总领事馆副总领事马克西姆、文化部艺术司副司长诸迪出席开馆仪式。

18日，由市委宣传部、市文体旅游局、市文明办、市民政局共同主办，深圳市群众文化学会承办，深圳报业集团、广电集团和各区文体局、光明新区和坪山新区公共事业局协办的第十届“鹏城金秋”社区文化艺术节的重点项目——社团文艺汇在市群众艺术馆落幕。

18日，由文化部主办、上海市政府承办的第十三届中国上海国际艺术节在上海文化广场开幕。由市文联组织，副主席谢君心、冷炳冰带队，市文化艺术专家联谊会董小明、胡经之、王廉运、姚峰、其加达瓦、杨黎光、陆小雅、尹良、蒋开儒、庄锡龙、吴庆捷、应天齐等27名专家赴沪参加第十三届中国上海国际艺术节开幕式，并参观了“2011毕加索中国大展”、“中国影像艺术20年大展”和红磨坊城市雕塑园。

21日，市宣传文化系统举行学习贯彻党的十七届六中全会精神座谈会，研究部署在新的起点上全面推动深圳文化改革发展的具体举措，推动文化强市建设，打造文化深圳，争当文化改革发展领头羊。

21日，市委宣传部在五洲宾馆召开大型儒家文化交响乐《人文颂》创作座谈会。来自中国音乐学院、深圳交响乐团、市音协、深圳报业集团、深圳出版发行集团、深圳市社科院等单位的领导和专家学者出席了座谈会，市委常委、宣传部长王京生出席会议并讲话。

22日，由广东省委宣传部出品、深圳航都文化产业投资有限公司投资拍摄的电视连续剧《下海》在中央电视台一套黄金时间播出。

22日，深圳市第四届新人新作曲艺大赛组织专家进行终评，15个作品分别获得本届大赛一、二、三等奖。

23日，第二届中国深圳国际钢琴协奏曲比赛在深圳音乐厅开幕。市委常委、宣传部长王京生，市政协副主席陈思平出席开幕式。联合国教科文组织特别代表玛丽·玛达莎希女士应邀出席开幕式。

24日，由市文联主办，市杂协、市音协、市曲协承办的《温暖你我心》文艺进校园慰问演出在宝安区福永桥头小学开演。

24日~11月5日，市文体旅游局成功举办了第二届中国深圳国际钢琴协奏曲比赛，13名国际钢琴大师担任评委，15个国家和地区的近70名选手报名参赛。

25日，由市政府、国家文化部文化产业司、中国美术家协会主办的第二届中国(深圳)大芬国际油画博览交易会暨2011大芬国际油画节在大芬村大芬油画广场正式开幕。市委常委、宣传部长王京生，市委常委、龙岗区委书记蒋尊玉，副市长吴以环出席了开幕式。

25日，国内知名美术家杨德衡两岸四地个人巡回展在关山月美术馆开幕。

25日，由福田区委宣传部主办的“金陵传承 墨彩相辉——宋文治／宋玉明山水画展”在深圳珍风阁画廊开幕。展出了知名画家宋文治、宋玉明父子的多幅作品。

26日，“隐喻的风景——周利群绘画作品巡展”在深圳大学美术馆开幕。此次展览展出了深圳画家周利群的30余幅水彩作品和50余幅速写作品。

27日，由中国美术馆、中国美术家协会、广东省美术家协会联合主办的《信号·远方——梁宇作品展》在中国美术馆开幕。中国文联副主席、中国美协主席刘大为，文化部艺术司司长董伟，中国美术馆馆长范迪安等出席开幕式。文化部副部长王文章参观了梁宇作品展。

27日，市委宣传部、市文联举行深圳市文艺界学习贯彻党的十七届六中全会精神座谈会。市委宣传部副部长刘璋飙，市文联党组书记、主席罗烈杰，副主席钱强，市委宣传部文艺处负责人王国猛，不同艺术门类的文艺界代表李兰妮、从容、李建平、唐跃生、李华、于长江、陈钦硕、吴金富、王敬宇及各区文联代表郑钢坚、戴有斌、张奇、张若雪、王玉祥等出席了会议。

27日，宝安区委、区政府举行话剧《突围1978》剧组、福永杂技团获奖表彰座谈会，重奖在国内外获得大奖的《突围1978》剧组和福永杂技团。宝安区委副书记张洪华和区委常委、宣传部长李桦分别为两个剧组颁发了20万元和30万元的奖金。

30日，由深圳报业集团和鹏宝轩艺术馆联合主办的“王乃栋书法艺术展”在深圳鹏宝轩艺术馆开幕，展览共展出了深圳书法家王乃栋的书法作品40多幅。

31日，由深圳广电集团举办的“新广播·新聆听——深圳广播25周年分享会”在深圳君悦酒店举行。市委常委、宣传部长王京生，市政协副主席林洁出席分享会。深圳广电集团总编辑陈君聪、副总编辑李静分别在会上致词。集团党组副书记刘焯铿，副总编辑陈志荣、于德江，总工程师傅峰春出席了分享会。

本月，2011年第三届芬兰5地巡回国际摄影展揭晓，深圳中学美术老师吴健晖拍摄的《长颈鹿之恋》、《跟随母亲的脚步》、《探寻历史的印记》入选，其中《长颈鹿之恋》获该项赛事最高奖国际影联金牌。

本月，首届“中国设计业十佳”颁奖典礼在杭州举行，深圳市嘉兰图设计有限公司荣获“中国工业设计十佳设计服务机构”荣誉。

11月

1日，深圳弘法寺艺术馆开馆首展——“五百罗汉圣像展”正式推出，展出中国国家画院刘大伟工作室画家、一级美术师张伟精心创作的120多幅作品。

2日，第十二届深圳读书月盛大开幕。国家新闻出版总署副署长邬书林，中宣部出版局副巡视员张凡，新闻出版总署出版管理司副司长陈亚明，广东省新闻出版局副局长杨以凯出席了启动仪式，广东省委常委、深圳市委书记王荣宣布第十二届深圳读书月开幕，市委常委、宣传部长王京生致词，出席仪式的还有深圳市委常委、秘书长王毅，深圳读书月总顾问李灏，厉有为和李海东等深圳市老领导，启动仪式由深圳市副市长吴以环主持。

2日，中央电视台大型公益慈善节目《梦想合唱团》城市选手海选活动在华夏艺术中心举行，周笔畅作为面试官，选拔了深圳合唱团的成员。

2日，由深圳读书月组委会、深圳广电集团主办，深圳广电集团音乐频率承办的第十二届读书月经典诗文朗诵会在深圳广电大厦1800平方米电视演播大厅举行。

3日，“不一样的精彩，不一样的大芬”大运会主题油画展在大芬美术馆开展。市文联副主席谢君心，关山月美术馆馆长陈湘波等参加了开幕式。

3日，广东三位知名画家温应钿、谢海泉、李雪梅在罗湖区文化公园文园阁艺术馆联合举办画展，展出3位画家精选的30余幅山水、花鸟画。

3日，“鹏城歌飞扬”深圳原创音乐2011年第三季度颁奖典礼在深圳龙岗举行。

3日，全国第十届书法篆刻作品展在上海展览中心开幕。深圳共有16名作者入展上海和广西两个展区。深圳青年书法家彭双龙的行草书法作品荣获优秀奖，深圳作者刘剑波榜上有名。

4日，第五届中华名家中国画邀请展在关山月美术馆开幕。市人大常务副主任谭国箱，市政协副主席张效民，市人大常委会党组成员胡利群为画展剪彩。画展展出了河南画家马国强、谢冰毅、袁汝波、封曙光、连俊洲、师行坤的作品。

4日，首届阳光华语纪录片奖在香港揭晓，由市委宣传部、深圳大学共同投资，深圳诗人、导演谷雪儿执导的纪录片《最后的大东巴》获得长片类第三名。

4日至10日，由“新安画派”和“行草佳作”

结合的“从传统中走来——汪友农、薛祥林书画作品展”在宝安区群艺馆二楼展厅展出。

5日，由市政府主办，市文体旅游局和市对外文化交流协会承办的第二届中国深圳国际钢琴协奏曲比赛在深圳音乐厅闭幕并举行颁奖仪式。本届比赛组委会副主任、市文体旅游局局长陈威主持了颁奖仪式，评委会主席、中国著名钢琴教育家周广仁教授宣布比赛获奖名单，市长许勤会见大赛评委并为获得第一名的选手颁奖。文化部外联局王汉杰处长，中国音协主席赵季平，中国音协名誉主席吴祖强，省文化厅厅长方健宏，深圳市领导闫小培、吴以环、陈思平出席颁奖仪式并为获奖选手颁奖。

5日，由市文明办、团市委、市教育局、市文体旅游局等单位联合主办，深圳市童话艺术团承办第八届深圳童话节在深圳少年宫水晶厅开幕。

6日，由中国文联、中国剧协主办的第四届中国戏剧奖·小戏小品奖决赛在江苏张家港市进行。宝安区西乡街道参赛节目《阿牛奏鸣曲》获得小品类金奖。

7日,广东省摄影家协会第九次、省民间文艺家协会第七次和省文艺批评家协会第四次会员代表大会在广州白云国际会议中心举行。深圳市摄影学会副会长全燕荣,市民协主席杨宏海当选省协会新一届副主席,深圳大学副校长、深圳市文艺评论家协会会员李凤亮当选新一届协会主席团成员,市评协主席、深圳大学校长章必功,市评协副主席李华当选省批协理事。

8日，“2011华鼎——凯迪拉克之夜”中国百强电视剧颁奖典礼在深圳体育馆举行。由深圳广电集团投拍的《说好不分手》、《画皮》两部电视剧入围百强电视剧榜单。

9日，2011年深圳国际旅游文化节在华侨城欢乐海岸举行开幕式，市长许勤、市人大常委会副主任闫小培、副市长吴以环、市政协副主席林洁及市文体旅游局等相关部门负责人出席了开幕式。

10日，中共中央政治局常委李长春在中共中央政治局委员、广东省委书记汪洋，省委副书记、代省长朱小丹，广东省委常委、深圳市委书记王荣，深圳市长许勤等陪同下，到宝安区福永文化艺术中心考察。在打工作家作品成果展台前，听完打工文学成果汇报后，李长春亲切地与在场的打工作家唐成茂、戴斌、郭建勋等人一一握手。在福永文化艺术中心，李长春还观看了万福民工街舞团表演，勉励街道积极开展面向农民工的公益文化服务，不断丰富他们的精神生活。

11日，由市文联与云南楚雄州委宣传部联合摄制、深圳编导李亚威拍摄了10年的纪录片《中国有个暑立里》获得2011(第十一届)四川电视节“金熊猫”奖国际纪录片“亚洲制作奖”。

15日，由华·美术馆主办，《诗林》杂志协办的“词场——诗歌计划2011”中国当代艺术与诗歌展开展。30位诗人和20位艺术家以各自的创作、言谈，掀起一场“诗歌视觉化”的盛宴。

16日，由深圳市职业摄影协会和关山月美术馆共同举办的深圳“吾城吾乡”摄影年展在关山月美术馆开幕，共展出30余位摄影师的200多幅摄影作品。

16日，由关山月美术馆、深圳报业集团共同主办的“对话——归国油画家作品邀请展”在关山月美术馆开幕，展出老中青三代归国艺术家的65件油画作品，艺术家有刘乃鹏、朱青生、王少春、梁伟、文祯非、张元稼、蔡发云、张闯、张志烈、邹卫、廖宗蓉、李民、梁剑等参展。

18日，由深圳市第十二届读书月组委会、深圳报业集团主办，读书月组委会办公室、深圳特区报承办的第五届“诗歌人间”活动在深圳举行。

19日，“横岗杯”第八届全国健身交谊舞锦标赛在横岗举行，来自国内17个省市、44个代表队的1500多名选手参赛。

19日，“水墨水乡——邹明扇画百图展”在深圳鹏宝轩艺术馆开幕，共展出深圳画家邹明的水墨扇面100幅。

19日，由江苏省广电局、江苏省电视总台联合深圳读书月组委会办公室、深圳出版发行集团共同主办的“带我回家”大型公益互助项目暨“经典与童话”公益书画联展深圳站在深圳少年儿童图书馆开幕。展出了44幅书画家捐赠的书画作品和77幅纳西族孩子的作品。

20日，由深圳美术馆主办的“艺术面对面——赵俊生水墨作品欣赏展”在深圳青藤茶社举办。展览共展出艺术家赵俊生精心创作的书画作品40余幅。

21日，由大芬美术家协会和香港中外文化艺术交流协会共同主办的“大芬原创油画精品展”在香港文化中心展览馆开展。此次的大芬油画精品展共展出大芬村一批实力派画家精品原创油画作品60件，展期为5天。

22日，《建设钢琴之城与但昭义艺术人生图片展》暨《培养世界冠军的钢琴教育家但昭义》丛书首发式系列活动在深圳中心书城隆重举行。市委常委、宣传部长王京生与四川音乐学院领导等参加活动剪彩，深圳、四川文化界和音乐界的领导、专家代表出席了开幕式。

22日，中国文联第九次全国代表大会、中国作协第八次全国代表大会在北京举行。罗烈杰、姚峰、王敬宇代表深圳文艺界人士参加第九次全国“文代会”，李兰妮、杨黎光、彭名燕、梅毅代表深圳作家参加第八次全国“作代会”。

23日，由市文联、深圳出版发行集团共同主办，市美协承办的“尹晶华中国画作品展”在深圳美术馆展出。市政协副主席张效民出席开幕式并致词。

23日，由公明办事处和深圳市粤剧粤曲学会主办、公明老年人曲艺协会承办的深圳市第九届“粤剧大家演、粤曲大家唱”开幕式在公明举行。

24日，由全国公安摄影家协会、深圳市公安局主办，深圳警察摄影协会承办的“平安大运、精彩瞬间”全国公安民警摄影大赛作品展开幕式在市公安局举行。市委常委、市公安局局长李铭出席了开幕式。

27日，由国家体育总局社会体育指导中心、中国体育舞蹈联合会、深圳市体育总会、福田区政府联合主办，深圳市艺都文化艺术发展有限公司承办的“中顺洁柔第二十一届全国体育舞蹈锦标赛”在福田区体育馆闭幕。

27日，由广东省文化厅、顺德区人民政府举办的广东省第五届群众音乐舞蹈花会在顺德闭幕，深圳市共夺得10个金奖、3个银奖，深圳市文体旅游局荣获本届花会组织奖。

28日，《深圳当代短小说8大家》新书发布会在中心书城举行。这8位作家分别是：杨争光、邓一光、曹征路、盛可以、王十月、吴君、南翔、谢宏。

29日，第四届中国(深圳)国际工业设计节在深圳恒丰海悦酒店开幕。该设计节以“跨界体验设计”为主题，聚焦北欧，联合芬兰赫尔辛基、瑞典斯德哥尔摩等设计城市，吸引了宜家、西门子、沃尔沃汽车、奥迪汽车、庞巴迪列车等国际高端品牌及其设计总监全程组团参与。

29日，《小说选刊》第二届全国小说笔会评稿结果在北京揭晓，深圳作家周友德创作的中篇小说《悠悠石板路》获中篇小说一等奖。

29日，深圳大学原创校园励志音乐剧《藏

书票》首演。该剧是第十二届深圳读书月主题活动之一，由深大文化产业研究院创意策划，师范学院师生主创。

30日，中国动画年会在江苏省昆山隆重开幕，由深圳崇德影视出品的原创动画片《孔子》获得“最佳动画片剧本奖”。

本月，文化部公布2011-2013年度“中国民间文化艺术之乡”名录，盐田区沙头角街道(沙头角鱼灯舞)再次入选名录，成为深圳市唯一入选该名录的单位。

本月，雅昌集团董事长万捷获“2011年中国文化创意产业杰出贡献奖”。

12月

1日，深圳“创意12月”系列活动之一“2011第四届F518深圳·宝安(国际)创意文化节”在宝安F518时尚创意园开幕。

2日，第十二届深圳读书月经典诗文朗诵会，在深圳广电集团演播厅开场。乔榛、丁建华、秦怡、姚锡娟、严晓频、徐涛、杨立新、剧雪等朗诵名家悉数登场。

2日，“古典与唯美——西蒙基金会收藏雕塑绘画展”在深圳博物馆新馆开展。

2日，应瑞典驻华大使罗睿德邀请，深圳市作协主席、知名作家李兰妮出席在瑞典驻华大使官邸举行的文学交流活动。

3日，“2011深圳湾国际艺穗节”正式开幕。

3日，第七届“创意12月”系列活动“城市画廊·彩润都市——深圳水彩画系列展”之一“多彩海岸线·深圳、汕头、香港水彩画联展”首展在大芬美术馆开幕。

3日，“2011深圳管乐艺术节暨第十三届深圳市校际管乐节”在深圳信息职业技术学院龙岗校区千人会堂开幕。

4日，由市委宣传部主办、深圳市平面设计协会承办的“平面设计在中国”2011(GDC11)颁奖典礼暨作品展在关山月美术馆隆重颁奖。

4日，由福田区委宣传部、区文化体育局主办，福田区文化艺术培训行业协会承办的2011中国深圳第六届双钢琴四手联弹表演赛在深圳音乐厅落幕。

5日，中共中央政治局常委李长春一行在北京华侨城欢乐谷观看《金面王朝》，并高度称赞此剧。

6日，由市委宣传部和市文体旅游局主办的“龙韵华彩——四男高音音乐会”在深圳音乐厅举行。

7日，深圳市第七届“创意12月”在深圳报业集团会堂正式启动。市委常委、宣传部长王京生出席，并为深圳市创意文化中心授牌。

7日，深圳市文化艺术专家咨询会在银湖贵宾楼举行。会议由该会会长董小明主持，市文联主席罗烈杰，专职副主席谢君心、冷炳冰、钱强、梁宇及文专会专家等出席了会议。

7日，2011深圳·香港城市＼建筑双城双年展邀请展项目“巴林王国、奥地利、智利、芬兰与荷兰五国邀请展”在华侨城ＯＣＴ当代艺术中心开幕。

8日，“2011深圳·香港城市·建筑双城双年展”在市民中心开幕。广东省委常委、市委书记王荣出席开幕式并宣布双年展开幕。市委常委、常务副市长吕锐锋代表深圳市委、市政府和组委会致词。同日，以“城市创造”为主题的2011深圳·香港城市建筑双城双年展在深圳市民广场、华侨城创意园开展。

8日，由天下英才传媒集团、深圳市委宣传部和福田区委、区政府联合主办的“2011华鼎·凯迪拉克之夜”中国百强电视剧颁奖典礼在深圳体育馆隆重举行。

9日，由市文联主办、市美协、深圳水彩画会、深圳美术馆承办的“梧桐聚凤·当代水彩画名家深圳邀请展”在深圳美术馆举办。

9日，由宝安区文联主办、宝安画院和邻云阁艺术馆承办的知名水彩画家戴剑波画展，在宝安区F518创作基地邻云阁艺术馆举办。

9日，音乐工程2011年度歌曲专家评审会在市群艺馆举行，市委宣传部副部长刘璋飙出席并讲话，香港音乐人向雪怀和深圳专家共11人参加了评审。

10日，第二届深圳作家研究生班开班仪式在深圳大学文学院会议室举行，深圳大学校长章必功、深圳市文联主席罗烈杰等多位领导和专家出席。

10日，华侨城与深圳广电集团娱乐频道携手打造系列大型歌会“深圳欢乐谷第十一届流行音乐节”开幕，汪峰、至上励合、尚雯婕、果味VC、亚伦帝尼及“金钟群星”激情献唱圣诞新年。

14日，第十二届深圳读书月总结表彰大会在深圳博物馆新馆3楼会议厅举行。副市长、读书月组委会副主任吴以环出席并讲话。

14日，在中国当代文学研究会、福建省文联、福建文学杂志社、厦门文学杂志社面向全国联合举办的“世纪之光”纪念辛亥革命100周年征文活动中，深圳作家、中国作协会员黄萍撰写的长篇纪实散文“黄埔军魂彪炳千秋”入选“世纪之光”征文奖。

14日，由中华文化促进会、凤凰卫视主办，深圳市委宣传部、深圳华侨城集团公司协办，深圳东部华侨城有限公司承办的“2011中华文化人物”颁授典礼在深圳举行，苏叔阳、谭晶、九把刀等11人获颁“中华文化人物”殊荣。市政协副主席陈思平出席了典礼。

15日，由市文联、市影视协主办，深圳市文化企业发展公司嘉之华中心影城协办的“中国纪录片深圳日第六届2011深圳原创优秀纪录片展映”活动在深圳嘉之华影城举行。

15日，由市文联、残联、团市委、雷州市委宣传部主办，市文联艺术团为雷州市及其下辖的乌石镇和杨家镇琛来村送上了3场“温暖你我心”大型慰问演出。

15日，由罗湖区委宣传部、区文体局、文联主办，市文化公园承办的“雏声初引——中央美术学院在校生国画精品展”在深圳罗湖文化创意广场开幕。

15日，深圳大学教授、知名艺术家应天齐艺术个展《世纪遗痕》在上海美术馆开幕。

15日晚，中国文联党组书记、副主席赵实率中国文联主席团、各文艺家协会主席在京人员及机关各部室、各直属单位主要负责同志70余人莅临北京欢乐谷，观看华侨城集团优秀文化演艺作品《金面王朝》。中国文联党组副书记、副主席李屹，中国文联副主席、党组成员、书记处书记冯远，中国文联副主席、党组成员杨承志，中国文联党组成员、书记处书记夏潮，全国政协常委、中国文联副主席赵化勇，全国妇联执委彭丽媛、中国文联全委徐沛东等人陪同观看演出。

16日，2011年度国际空间设计大奖——艾特奖在深圳颁奖，来自深圳的设计师李益中获得最佳办公空间设计奖。

16日，北京军区政治部战友文工团《长征组歌》、《黄河大合唱》交响音乐在深圳大剧院上演，为第十五届深圳大剧院艺术节画下了圆满的句号。

17日，由市委宣传部、市文联等主办，市民协、杨宏海客家文化与艺术工作室等承办的第六届“深圳市客家文化节”在深圳保利剧院开幕。

17日，深圳市第四届新人新作曲艺大赛在深圳大剧院闭幕。著名表演艺术家侯耀华、李金斗、方清平、付强、高玉庆、牛成志等出席颁奖晚会并献上精彩表演。

17日，以“创意12月青春奏鸣曲”为主题的深圳艺术学校25周年校庆晚会在深圳音乐厅举行。

17日，“情暖深圳”2012青工专场新年音乐会在深圳龙岗文化中心大剧院举行。

17日，“2011感知中国·中国三大男高音深圳音乐会”在保利剧院举行，戴玉强、魏松、莫华伦为现场观众献上了一场中外经典艺术名曲视听盛宴。

17日，深圳原创文学朗诵大会在深圳中心书城南阶梯大厅举行。

17日，“舞动鹏城·时尚罗湖”国际标准舞(体育舞蹈)全国公开赛总决赛在罗湖体育馆举行。

17日，音乐工程2011年度优秀歌曲市民评审会在市群众艺术馆举行，共有100位市民评审员参加歌曲评审。

17日，韬奋基金会第四届理事大会在京举行。雅昌集团董事长万捷当选为理事。

18日，深圳知名画家、市美协主席骆文冠国画长卷《东江百里图》缩影本首发式在深圳东湖宾馆举行。深圳市人大、政协、河源市政协相关负责人，《美术》杂志原主编王仲，深圳市文联主席罗烈杰、名誉主席董小明、副主席梁宇与深圳美术家及爱好者300多人出席了首发仪式。

18日，由“安子·中国打工诗歌奖”评委会、南方诗歌研究中心、深圳读书月青工大课堂组委会、深圳诗人之夜组委会联合主办的第二届“安子·中国打工诗歌奖”名单在深圳读书月青工大课堂总结表彰大会上正式揭晓。

20日，由市委宣传部主办、《深圳商报》“文化广场”承办的“金声玉振——中华人文经典朗诵会”在深圳少年宫剧场上演，市委宣传部副部长李瑞琦出席并观看了演出。

20日，“第六届设计之都(中国·深圳)公益广告大赛”在市民中心举行颁奖仪式。由市委宣传部监制的《公民道德·论语篇》系列平面公益广告荣获大赛的特别奖。

21日，由市委宣传部、市文联等联合主办，市剧协承办的纪念辛亥革命100周年大型主题活动“第二届中国诗剧场——《穿越百年》”及颁奖典礼在深圳大剧院上演。

21日，由深圳美术馆主办的“拟像的碎片——中国当代艺术展”在深圳美术馆开幕。

21日，由市文联、深圳新闻出版集团主办的“走进喀什——深圳文艺家赴新疆采风摄影展”在深圳艺廊开幕。

22日，大型国画长卷《鹏城万里图》捐赠仪式在深圳博物馆新馆举行，深圳荔园文化产业发展有限公司、深圳大学文化产业研究院把联合创作的《鹏城万里图》捐赠给深圳博物馆收藏。

22日，由深圳美术馆主办的“第五届深圳美术馆论坛”在深圳东湖宾馆会议厅举行。

23日，由盐田区政府、国家音乐产业基地、北大青鸟音乐集团及花样年集团共同举办的以“白色圣诞音乐嘉年华”为主题的“第七届深圳沙滩音乐节”在大梅沙开幕。

23日，由市委宣传部、市文联等单位联合主办，市民协、杨宏海客家文化与艺术工作室等承办的“创意12月”第六届深圳客家文化节闭幕式在龙岗区坂田万科城文化广场举行。

23日，《大中华文库》出版工程暨新闻出版“走出去”先进单位表彰大会在北京人民大会堂举行，雅昌荣获新闻出版“走出去”先进单位称号。

24日，由中国文艺理论学会、广东省文艺批评家协会和深圳市社会科学界联合会共同主办，深圳大学文学院、深圳大学文化产业研究院承办的新文艺需要新批评——中国文艺理论学会常务理事会暨“文艺转型与文论创新”学术研讨会在深圳南山青青世界会议厅举行。

24日，第六届深圳“客家文化节”之“新媒体与客家文化传承”研讨会在深圳观澜山水田园举行。

26日，由市文联主办，市书协承办的第三届深圳创意书法作品展在市博物馆老馆开幕。市人大常委、教科文委工委主任汪开国，市外宣办主任陈金海，市政协文史委副主任李振河，市文联副主席梁宇，深圳大学艺术设计院院长吴洪，深圳画院执行院长徐章以及100多位深圳书法家出席了开幕式。

28日，由市文联主办的“用相机记录 · 为奉献感动”关爱外来劳务工摄影活动在宝安启动。

28日，“物华 · 墨色——荷兰艺术家苏珊 · 雷金德斯水墨作品展”在深圳画院开幕。

29日，由市委宣传部、市文联主办的“深圳音协合唱团在第八届中国音乐金钟奖合唱比赛夺冠座谈会暨汇报演出”在市文联举行。

29日，由市文体旅游局“创意12月”组委会主办，福田区委宣传部、福田区文体局承办，心语国际文化传媒公司、福田区图书馆等单位协办的第七届“创意12月”重点系列活动之一的第二届“福田杯”动漫创意大赛正式启动。

29日，龙岗区文学艺术界联合会第三次代表大会在区政府迎宾馆三楼会议厅隆重召开。会议选举产生区文联新一届领导班子，张奇当选为新一届区文联主席团主席

29日，齐白石嫡孙齐育文的书画工作室在深圳成立，齐育文画展同时开幕。

30日，由深圳市零点星集团、深圳市狮子会福爱服务队主办，广东省诗歌创作委员会、深圳市作协、市剧协、市创意文化产业协会等协办的“2011零点星诗歌节”在深圳大剧院音乐厅启幕。

31日，由深圳交响乐团演奏的2012年深圳新年音乐会在深圳音乐厅举行。广东省委常委、深圳市委书记王荣，市长许勤，市委副书记王穗明等市几套班子领导出席音乐会。

31日，国际钢琴巨星郎朗被聘为首位“深圳国际形象大使”，市长许勤出席了聘请仪式并为郎朗颁发聘书。

31日，“益田集团深圳卫视跨年音乐季”终极演唱会“美好年华 · 声震世界”举行。章子怡、郑秀文、许志安、黄晓明、方大同、韩庚、陈楚生、胡夏等众多明星出席。

31日，来自乐圣贝多芬故乡的德国波恩贝多芬交响乐团在深圳音乐厅上演贝多芬名作《d小调第九交响曲》。

31日，继长春站“似水年华”、大连站“花样年华”、北京站“豆蔻年华”三场演唱会之后，“深圳卫视跨年音乐季”深圳站“美好年华 · 声震世界”演唱会在深圳湾体育馆举行。晚会在全国32家省级卫视的激烈竞争中取得了同时段全国收视排名第8的成绩，延续了前三场演唱会在同时段全国省级卫视收视排名中稳居前十的成绩。

本月，由中国新闻漫画研究会等单位主办的第一届“格丽特”杯全国水墨漫画大奖赛在山西太原揭晓，深圳商报美术编辑王建明获得大奖。

本月，雅昌揽获第二十三届香港印制大奖十项大奖。

（曾培新、黄学兵收集并整理）

2011年深圳市文艺作品获国家、省级文艺专业奖一览表

文艺门类	作品名称	作者(单位)名称	奖项名称	奖项等级	颁奖单位	颁奖时间	备注
文学·小说	《我是我的神》	邓一光	第八届“茅盾文学奖”入围第九名	入围奖	中国作协	2011.8	
文学·小说	《少年张冲六章》	杨争光	2010年度奖	五佳	中国出版集团、人民文学出版社	2011.1	
文学·小说	《天籁之音》	卫鸦	《小说选刊》第二届年度大奖	年度大奖	中国作协《小说选刊》杂志社	2011	
文学·小说	《白衣丹心》	秦锦屏	《小说选刊》全国第二届小说笔会征文	一等奖	中国作协《小说选刊》杂志社	2011.12	
文学·小说	《文化骗子》	王玉祥	《小说选刊》全国第二届小说笔会征文	三等奖	中国作协《小说选刊》杂志社	2011.12	
文学·散文	《女杰张竹君》	秦锦屏	《人民文学》纪念辛亥革命100周年全国征文	三等奖	中国作协《人民文学》杂志社	2011.10	
文学·小说	《外乡父子》	毕亮	“第十届(2010)作品奖”暨“全国打工文学短篇小说大赛”	一等奖	广东作协《作品》杂志社	2011	
文学·小说	《榕树上的怪鸟》	曾楚桥	“第十届(2010)作品奖”暨“全国打工文学短篇小说大赛”	三等奖	广东作协《作品》杂志社	2011	
文学·散文	《我的幸福泉》	闫玲月	“我的幸福观”征文大赛	三等奖	广东省委宣传部	2011	
文学·散文	《我感恩罗湖》	秦贤麟	2011年“感恩人生”全国纪实诗歌散文大赛	一等奖	北京市写作学会、世纪百家国际文化发展中心	2011	
文学·散文	《经历一次西藏高原朝圣》	叶明镜	“第二届‘龙吟杯’华夏诗文书画艺术大赛” 诗文类	金奖	中国散文学会	2011	
文学·散文	《生存高手》	叶明镜	“2011年‘华夏情’全国诗文书画大赛”诗文类	一等奖	中国散文学会、神州诗书画报社、北京华夏博学国际文交流中心	2011	

文艺门类	作品名称	作者(单位)名称	奖项名称	奖项等级	颁奖单位	颁奖时间	备注
文学·散文	《人生急转弯》	叶明镜	“2011年中国散文年会征文”散文类	二等奖	中国散文学会、海外文摘杂志社、散文选刊杂志社	2011	
文学·诗歌	《观音山，红尘之上》	胡帝	第四届“观音山杯”全国诗歌大赛	优秀奖	第四届“观音山杯”全国诗歌大赛组委会	2011	
戏剧·情景短剧	《阿牛畅想曲》	编剧：陈晓阳，导演：尹启文，表演：侯继宽、张慧娟、赵勇等	第四届“中国戏剧奖·小戏小品奖”	金奖	中国文联、中国剧协	2011.11	
戏剧·小品	《最幸福的事》	深圳市戏剧家协会 坪地文体服务中心 唐华刚、唐辽(编剧)	第四届“中国戏剧奖·小戏小品奖”	最佳优秀编剧奖、最受群众欢迎作品奖	中国文联、中国剧协	2011.11	
戏剧·黄梅戏	《独秀山下的女人》	刘云程、焦建云	第十二届中国戏剧节中国戏剧奖	优秀奖	中国文联、中国剧协	2011.10	
戏剧·小品	《神圣的草地》	沙头角街道文化站	中国文联、中国戏剧家协会“纪念中国共产党成立90周年小戏小品专场献礼演出”	优秀展演剧目奖	中国文联、中国剧协	2011.11	
戏剧·小品	《挂牌》	编剧：秦锦屏，导演：李学军，表演：侯继宽、李学军	中央电视台第八届电视小品大赛	优秀奖	中央电视台	2011.9	
戏剧·小品	《守候》	编剧：张福生，导演：邱叙然，演员：杨成成等	中央电视台第八届电视小品大赛	优秀奖	中央电视台	2011.9	
戏剧·小品	《最幸福的事》	编导：唐华刚、唐辽，演员：唐秀明等	中央电视台第八届电视小品大赛	优秀奖	中央电视台	2011.9	
戏剧·小品	《守候》	编剧：张福生，导演：邱叙然，演员：杨成成、赵勇、李牧霏、穆荣	北京喜剧幽默大赛	优秀奖	中国曲艺家协会	2011.12	
戏剧·广播剧	《深圳歌谣》	刘倩等	中国广播影视大奖	一等奖	中国广播电视协会	2011	

文艺门类	作品名称	作者(单位)名称	奖项名称	奖项等级	颁奖单位	颁奖时间	备注
戏剧·新版现代粤剧	《风雪夜归人》	李本基(音乐设计)	第二届全国戏剧文化奖	金奖	中国戏剧文学学会	2011.6	
戏剧·新版现代粤剧	《风雪夜归人》	卢德文(舞台美术)	第二届全国戏剧文化奖	金奖	中国戏剧文学学会	2011.6	
戏剧·新版现代粤剧	《风雪夜归人》	黄立红、李伟昌、陈世才、陈公驰、林海涛(表演)	第二届全国戏剧文化奖	银奖	中国戏剧文学学会	2011.6	
戏剧·小品	《形象问题》	张福生	第三届全国小戏小品曲艺大展赛“中华颂”剧本杯	一等奖	文化部艺术服务中心、中国剧协艺术发展中心	2011.11	
戏剧·小品	《房产风波》	吕志明	第三届全国小戏小品曲艺大展赛“中华颂”杯剧本	二等奖	文化部艺术服务中心、中国剧协艺术发展中心	2011.11	
戏剧·小品	《龙凤呈祥》	邱叙然等	第三届全国小戏小品曲艺大展赛“中华颂”杯剧本	二等奖	文化部艺术服务中心、中国剧协艺术发展中心	2011.11	
戏剧·小品	《雨夜》	徐巍然	第二届全国戏剧文化奖-2011全国优秀剧目展演季、小型剧目编剧	金奖	中国戏剧文学学会	2011.9	
戏剧·话剧	《突围1978》	潘珏球、王沿中、刘强(编剧)	第二届全国戏剧文化奖优秀剧目调演	金奖	中国戏剧文学学会	2011.9	
戏剧·话剧	《突围1978》	王维斌、巫伟平、赵睿(导演)	第二届全国戏剧文化奖优秀剧目调演	金奖	中国戏剧文学学会	2011.9	
戏剧·话剧	《突围1978》	陈箭箭、温鉴非、初小洁、段建国、李亮亮(表演)	第二届全国戏剧文化奖优秀剧目调演	金奖	中国戏剧文学学会	2011.9	
戏剧·话剧	《突围1978》	崔鹏(舞台美术)	第二届全国戏剧文化奖优秀剧目调演	银奖	中国戏剧文学学会	2011.9	
戏剧·话剧	《突围1978》	朱韶军(表演)	第二届全国戏剧文化奖优秀剧目调演	银奖	中国戏剧文学学会	2011.9	

文艺门类	作品名称	作者(单位)名称	奖项名称	奖项等级	颁奖单位	颁奖时间	备注
戏剧·剧本	《谁来证明我是谁》	秦锦屏	第二届全国戏剧文化奖	优秀奖	中国戏剧文学学会	2011.6	
戏剧·广播剧	《我在你的世界里》	宝安广播电台	第九届中国广播剧研究会	专家奖金奖	中国广播剧研究会	2011	
戏剧·小品	《最幸福的事》	唐华刚、唐辽(编剧)	2010年度全省群众文艺作品评选	一等奖	广东省文化厅	2011.5	
戏剧·小品	《谎言》	张福生(编剧)	2010年度全省群众文艺作品评选	一等奖	广东省文化厅	2011.5	
戏剧·小品	《家访》	秦锦屏(编剧)	2010年度全省群众文艺作品评选	二等奖	广东省文化厅	2011.5	
戏剧·小品	《调解报告》	邸叙然(编、导)	2010年度全省群众文艺作品评选	二等奖	广东省文化厅	2011.5	
戏剧·小品	《没病找病》	邸叙然(编、导)	2010年度全省群众文艺作品评选	二等奖	广东省文化厅	2011.5	
戏剧·小品	《龙凤呈祥》	邸叙然(编、导)	2010年度广东省群众文艺作品评选	三等奖	广东省文化厅	2011.5	
戏剧·小品	《铁饭碗二重奏》	邸叙然(编、导)	2010年度广东省群众文艺作品评选	三等奖	广东省文化厅	2011.5	
戏剧·相声	《哪有舌头不碰牙》	王立海(编剧)	2010年度广东省群众文艺作品评选	三等奖	广东省文化厅	2011.5	
戏剧·话剧	《突围1978》	宝安石岩街道办	第十一届广东省艺术节、优秀剧目	二等奖	广东省文化厅	2011.11	
戏剧·小品	《我的牛郎我的牛》	张慧娟、侯继宽等	第十一届广东省艺术节、优秀剧目奖	三等奖	广东省文化厅	2011.11	
戏剧·话剧	《突围1978》	刘强（编导）	第十一届广东省艺术节	编导奖	广东省文化厅	2011.11	
戏剧·广播剧	《深圳歌谣》	刘倩等	广东省广播文艺奖	一等奖	广东省广播电视协会	2011.4	
戏剧·小戏	《采访》	张福生(编剧)	2010年度广东省群众文艺作品评选	三等奖	广东省文化厅	2011.5	
戏剧·校园剧	《一、二、三、四》	王维斌	广东省第三届大学生艺术展演	一等奖	广东省教育厅	2011	
戏剧·儿童剧	宝宝回家	陈慧中、傅丽华	广东省少儿戏剧花会	特别奖	广东省文化厅	2011	
影视·电视剧	《兵峰》	邓一光(编剧)	第二十八届“飞天奖”长篇电视剧类	一等奖	国家广电总局	2011.8	
影视·电视剧	《兵峰》	深圳市委宣传部 深圳广电集团剧组	第二十八届“飞天奖”长篇电视剧类	一等奖	国家广电总局	2011.8	
影视·电视剧	《我们的八十年代》	杨争光(策划)	第二十八届“飞天奖”长篇电视剧类	一等奖	国家广电总局	2011.8	

文艺门类	作品名称	作者(单位)名称	奖项名称	奖项等级	颁奖单位	颁奖时间	备注
影视·电视剧	《永不消逝的电波》	深圳市委宣传部 深圳广电集团剧组	第二十八届“飞天奖”长篇电视剧类	二等奖	国家广电总局	2011.8	
影视·电视剧	《命运》	深圳市委宣传部 深圳广电集团剧组	第二十八届“飞天奖”长篇电视剧类	三等奖	国家广电总局	2011.8	
影视·电视剧	《天地民心》	深圳市委宣传部 深圳广电集团剧组	第二十八届“飞天奖”长篇电视剧类	三等奖	国家广电总局	2011.8	
影视·电视剧	《春暖南粤》	深圳市委宣传部 深圳市广播电影电视局 华夏英杰墨宝园有限公司	第二十八届“飞天奖”长篇电视剧类	三等奖	国家广电总局	2011.8	
影视·电影	《走路上学》	深圳市委宣传部 福田区委宣传部 深圳市新经典广告制片厂	第十四届“中国人口文化奖”	一等奖	第十四届“中国人口文化奖”组委会	2011.1	
影视·电视剧	《同龄人》	深圳市委宣传部 深圳广电集团剧组	第二十八届“飞天奖”长篇电视剧类	提名奖	国家广电总局	2011.8	
影视·电视剧	《生死线》	深圳市委宣传部 深圳广电集团剧组	第二十八届“飞天奖”长篇电视剧类	提名奖	国家广电总局	2011.8	
影视·电视剧	《兵峰》	深圳广电集团剧组	第二十三届中国人民解放军全军电视剧“金星奖”长篇电视剧	一等奖、最佳导演奖和最佳制片人奖	第二十三届中国人民解放军全军电视剧“金星奖”组委会	2011	
影视·动画片	《熊出没》	深圳华强数字动漫公司	2011年度优秀国产动画片	一等奖	国家广电总局	2011.4	
影视·动画片	《小鸡不好惹》	深圳华强数字动漫公司	2011年第二届十大卡通形象	十大最佳	国家广电总局	2011	
影视·动画片	《相逢》	深圳广电集团	国家广电总局广播电视技术质量“金帆奖”	三等奖	国家广电总局	2011	
影视·动画片	《孔子》	深圳崇德影视公司等	中国动画年会奖	最佳剧本奖	中国动画年会组委会	2011.11	
影视·动画片	《小虫虫有大智慧》	深圳华强数字动漫公司	2011年中国动画学会“美猴奖”	提名奖	中国动画学会	2011	

文艺门类	作品名称	作者(单位)名称	奖项名称	奖项等级	颁奖单位	颁奖时间	备注
影视·纪录片	《中国有个暑立里》	深圳市文联 云南楚雄州委宣传部 李亚威(编导)	十佳纪录片	十佳	中国电视艺术家协会纪录片委员会	2011.4	
影视·纪录片	《发现少校》	深圳越众影视有限公司	十佳纪录片	长片十佳	中国电视艺术家协会纪录片委员会	2011.1	
影视·纪录片	《登上时代的中国女工》	宝安影视协	全国纪录片评优	一等奖	中国广播电视协会	2011	
影视·纪录片	《又见私塾……》	聂晶疆、王艳	中国电视纪录片2010年度短片奖	好作品奖	中国电视纪录片2010年度短片奖组委会	2011.5	
影视·纪录片	《腊湾舞者》	李亚威	云南省广播电视政府奖	特别奖	云南省政府	2011.7	
音乐·歌曲	《走向复兴》	李维福(词)	“《唱响中国》群众最喜爱的新创作歌曲征集评选活动”奖	十佳（排名第一）	中央电视台、中央人民广播电台、中国音乐家协会、中国艺术研究院	2011.5	
音乐·歌曲	《迎风飘扬的旗》	唐跃生(词)姚峰(曲)	“《唱响中国》群众最喜爱的新创作歌曲征集评选活动”奖	十佳（排名第二）	中央电视台、中央人民广播电台、中国音乐家协会、中国艺术研究院	2011.5	
音乐·合唱	《大青藏》、《大江东去》、《圣体颂》、《圣母颂》、《春天来了》、《永远的小平》	深圳音协合唱团(演唱)	第八届中国音乐金钟奖合唱比赛	金奖	中国音乐家协会等	2011.6	
音乐·合唱	《大青藏》、《大江东去》、《圣体颂》、《圣母颂》、《春天来了》、《永远的小平》	深圳音协合唱团 指挥：陈光辉	第八届中国音乐金钟奖合唱比赛	金奖	中国音乐家协会	2011.6	
音乐·流行音乐	合唱·合奏	深圳“部落组合”	中国音乐金钟奖·流行音乐	最佳音乐表现奖	中国文联、中国音协、深圳市委宣传部	2011.9	

文艺门类	作品名称	作者(单位)名称	奖项名称	奖项等级	颁奖单位	颁奖时间	备注
音乐·歌曲	《圆圆的思念》	陈貌(词)姚峰(曲)	“《唱响中国》群众最喜爱的新创作歌曲征集评选活动”	入围奖	中央电视台、中央人民广播电台、中国音乐家协会、中国艺术研究院	2011.5	
音乐·歌曲	《中国，我为你歌唱》	赖房千(词)	“《唱响中国》群众最喜爱的新创作歌曲征集评选活”	入围奖	中央电视台、中央人民广播电台、中国音乐家协会、中国艺术研究院	2011.5	
音乐·歌曲	《爱的怀抱》	单协和(词)	中国人口文化奖	三等奖	中国人口文化促进会等	2011.8	
音乐·音乐文学台本	《我们一起走过》	熊　红	广东音乐文学“学会奖”之音乐文学台本奖	最佳	广东省音乐家协会	2011.3	
音乐·歌曲	《桃花魂》	赖房千(词)	广东省群众文艺作品评选	一等奖	广东省文化厅	2011.5	
音乐·歌曲	《龙城，我的家》	姚晓强(曲) 赖房千(词)	广东省第五届群众音乐舞蹈花会比赛	金奖	广东省文化厅	2011.11	
音乐·演唱	《罗湖桥》	杨　乐	广东省第五届群众音乐舞蹈花会比赛	金奖	广东省文化厅	2011.11	
音乐·声乐	《山美城美》	大浪文体中心	广东省第五届群众音乐舞蹈花会比赛	金奖	广东省文化厅	2011.11	
音乐·歌曲	《边塞之夜》	尹良(曲)	广东省第五届群众音乐舞蹈花会比赛	金奖	广东省文化厅	2011.11	
音乐·歌曲	《南方以南》	田地(词)	广东省第五届群众音乐舞蹈花会比赛	金奖	广东省文化厅	2011.11	
音乐·歌曲	《梦中的小河》	赖房千(词)	广东省第五届群众音乐舞蹈花会比赛	银奖	广东省文化厅	2011.11	
音乐·歌曲	《南国花儿艳》	赖房千(词)	广东省首届音乐文学奖	最佳	广东省音乐家协会	2011.3	
音乐·歌曲	《梦的翅膀》	赖房千(词)	广东省群众文艺作品评选	二等奖	广东省文化厅	2011.5	
音乐·歌曲	《母亲祖国》	赖房千(词)	广东省群众文艺作品评选	二等奖	广东省文化厅	2011.5	

文艺门类	作品名称	作者(单位)名称	奖项名称	奖项等级	颁奖单位	颁奖时间	备注
音乐·情景歌舞小品	《星光璀璨耀武广》	梁智泓(编导)	中铁集团评选活动中获创作编导奖	金奖	中央电视台	2011.3	
音乐·歌曲	《国宝》	郑兴文(词)	中国《国宝》歌曲征集活动	十佳	中国民间文艺家协会	2011.12	
音乐·歌曲	《你是我的最爱》	郑兴文(词)	中国《国宝》歌曲征集活动	十佳	中国民间文艺家协会	2011.12	
音乐·歌曲	《太湖之恋》	陈貌(词)	中国第六届新创词曲大赛	一等奖	中国少数民族音乐学会	2011.8	
音乐·歌曲	《从小学书法》	郑兴文(词)	全国少儿新童谣原创歌曲大赛	优秀奖	中国音乐家协会	2011.1	
音乐·歌曲	《大海之恋》	郑兴文(词)	中国海洋歌曲征集大赛	优秀奖	中国音乐家协会	2011.8	
音乐·合唱	《大江东去》、《天上有没有北大荒》、《迎风飘扬的旗》	深圳音协合唱团(演唱)	“永远的辉煌”第十三届中国老年合唱节比赛“振兴杯”	金奖	第十三届中国老年合唱节组委会	2011.9	
音乐·合唱	《大江东去》、《天上有没有北大荒》、《迎风飘扬的旗》	深圳市群声合唱团 指挥：陈光辉	“永远的辉煌”第十三届中国老年合唱节比赛“振兴杯”	金奖	第十三届中国老年合唱节组委会	2011.9	
音乐·合唱	《天上有没有北大荒》、《大江东去》	深圳群声合唱团(演唱)	第二届七彩夕阳唱响国家大剧院全国中老年合唱艺术节暨第二届全国中老年合唱之星邀请赛	金奖	第二届全国中老年合唱之星邀请赛组委会	2011.10	
音乐·主持	《颂歌献给党——深圳之歌》	刘洋、刘倩	“中国共产党建党90周年系列专题文艺节目《颂歌献给党》评选活动”	一等奖	中国共产党建党90周年系列专题文艺节目《颂歌献给党》评选活动组委会	2011	
音乐·主持	《蒋开儒和他的歌》	江川、冬梅、李静、潘迪	“中国共产党建党90周年系列专题文艺节目《颂歌献给党》评选活动”	一等奖	中国共产党建党90周年系列专题文艺节目《颂歌献给党》评选活动组委会	2011	
音乐·演唱	《共和国之恋》	唐宗嫦	第四届“中华全国社区文艺汇演”活动	金奖	第四届“中华全国社区文艺汇演”活动组委会	2011.1	

文艺门类	作品名称	作者(单位)名称	奖项名称	奖项等级	颁奖单位	颁奖时间	备注
音乐·独唱	《西班牙女郎》	唐宗嫦	第四届“中华全国社区文艺汇演”活动	银奖	第四届“中华全国社区文艺汇演”活动组委会	2011.1	
音乐·演唱	《客家少年郎》	张小灵	异彩中华——《世博放歌》中国少年儿童独唱重唱展演”活动	金奖	异彩中华——《世博放歌》中国少年儿童独唱重唱展演”活动组委会	2011	
音乐	演奏	许兰希	中国古筝艺术周比赛	专业少年B组银奖	文化部民族民间文艺发展中心、中国民族管弦乐学会	2011.1	
音乐	演奏	温燕婷	中国古筝艺术周比赛	专业少年B组银奖	文化部民族民间文艺发展中心、中国民族管弦乐学会	2011.1	
音乐	演奏	王子羽	中国古筝艺术周比赛	专业少年B组铜奖	文化部民族民间文艺发展中心、中国民族管弦乐学会	2011.1	
音乐	演奏	林文燕	中国古筝艺术周比赛	铜奖	文化部民族民间文艺发展中心、中国民族管弦乐学会	2011.1	
音乐	演唱	张红	第二届孔雀奖全国中等艺术学校声乐比赛	金奖(教师·民族)	第二届孔雀奖全国中等艺术学校声乐比赛组委会	2011.7	
音乐	演唱	虞启龙	第二届孔雀奖全国中等艺术学校声乐比赛	银奖(教师·美声)	第二届孔雀奖全国中等艺术学校声乐比赛组委会	2011.7	
音乐	演唱	张思聪	第二届孔雀奖全国中等艺术学校声乐比赛	铜奖(教师·美声)	第二届孔雀奖全国中等艺术学校声乐比赛组委会	2011.7	
音乐	演奏	龚捷	“敦煌杯”首届全国青少年琵琶大赛	专业青年组银奖	“敦煌杯”首届全国青少年琵琶大赛组委会	2011.8	

文艺门类	作品名称	作者(单位)名称	奖项名称	奖项等级	颁奖单位	颁奖时间	备注
音乐	演奏	杨琳	“敦煌杯”首届全国青少年琵琶大赛	专业少年组演奏奖	“敦煌杯”首届全国青少年琵琶大赛组委会	2011.8	
音乐	演奏	傅华强	“敦煌杯”首届全国青少年琵琶大赛	优秀指导奖	“敦煌杯”首届全国青少年琵琶大赛组委会	2011.8	
音乐	演奏	龚捷	第一届中国音乐金钟奖琵琶比赛	专业比赛入围奖	第一届中国音乐金钟奖琵琶比赛组委会	2011.10	
音乐·MTV	《火塘·阿朵玛西》	李亚威	云南省广播电视奖	一等奖	云南省政府	2011.12	
音乐·作曲	《红红的日子喜事多》	陈的明	第二届八省优秀客家山歌赛	银奖	广东省文化厅	2011	
音乐·女子同声合唱	《呀吧嘣》《工尺谱游戏》	杨瑞、袁国才、甘玲	广东省首届合唱节	金奖	广东省教育厅	2011	
音乐·童声大合唱	《美丽的夏牧场》《通-巴拉莱卡》	邱怡、黄琳	广东省首届合唱节	金奖	广东省教育厅	2011	
音乐·童声大合唱	《小龙舟》《Over The Rainbow》	周志鹏、薛霖、游满梅	广东省首届合唱节	金奖	广东省教育厅	2011	
音乐·童声大合唱	《歌唱二小放牛郎》《闲聊波尔卡》	曾祥宇、钟勇山、叶丽琼	广东省首届合唱节	金奖	广东省教育厅	2011	
音乐·合唱	《嘿 妹妹》《鹏城华彩》	大浪文体中心	广东省第十届“百歌颂中华 歌咏活动”	金奖	“百歌颂中华”活动组委会	2011.6	
音乐·歌曲	《梦想从这里开始》《爱的希望》	谷勇(曲)	蒙牛未来星杯第十届中央电视台少儿艺术电视大赛	金奖	中央电视台、中央广播电视协会	2011	
音乐·歌曲	《世纪女孩》《又见赶牲灵》	谷勇(曲)	蒙牛未来星杯第十届中央电视台少儿艺术电视大赛	银奖	中央电视台、中央广播电视协会	2011	
音乐·歌曲	《家在中华》	欧波(曲)	中共建党90周年原创音乐选拔赛	二等奖	文化部艺术中心、当代音乐艺术院等	2011	
音乐·歌曲	《中国之路》	欧波(曲)	全国优秀词曲选拔赛	三等奖	中国大众音协等	2011	

文艺门类	作品名称	作者(单位)名称	奖项名称	奖项等级	颁奖单位	颁奖时间	备注
音乐·歌曲	《梦回故乡》	欧波(曲)	第十五届青歌赛作品精选	三等奖	中国少数民族音乐学会等	2011	
音乐·歌曲	《为祖国喝彩》	欧波(曲)	我为春晚献首歌征歌赛	三等奖	中国少数民族音乐学会等	2011	
音乐·歌曲	《总觉得和你亲》	欧波(曲)	全国优秀词曲选拔赛	铜奖	中国大众音协等	2011	
音乐·演奏	键盘艺术	王天琪、谢海晖、陈静仪	中国昆明第四届“春城杯艺术节”Q组	金奖	中国昆明第四届“春城杯艺术节”组委会	2011	
音乐·演奏	键盘艺术	钟媛仪	中国昆明第四届“春城杯艺术节”Q组	银奖	中国昆明第四届“春城杯艺术节”组委会	2011	
音乐·钢琴	重奏	李靖懿、王欣桐、陈晴	上海音乐学院精英班少年组	二等奖	上海音乐学院	2011	
音乐·钢琴	重奏	许兰希、温燕婷	上海音乐学院精英班少年组少年B组	银奖	上海音乐学院	2011	
音乐·钢琴	重奏	王子羽	上海音乐学院精英班少年组B组	铜奖	上海音乐学院	2011	
音乐·手风琴	演奏	深圳艺术学校 李歆琳(指导)	第六十四届世界杯手风琴锦标赛	团体金奖	第六十四届世界杯手风琴锦标赛组委会	2011	
音乐·演奏	管乐、打击乐独奏、重奏	黄宇正、王辰旭	中国华南地区第三届管乐打击乐独奏、重奏	一等奖	中国华南地区第三届管乐打击乐独奏、重奏组委会	2011	
舞蹈·群舞	《咱们工人有力量》(原名《快乐的建筑工》)	深圳市舞蹈家协会、福永街道文体服务中心	2011年春节晚会特别类节目	一等奖	中央电视台	2011.1	
舞蹈·国标舞	《探戈的变奏》	深圳市舞蹈家协会、万素编导、齐志峰和兰帆表演	第六届CCTV电视舞蹈大赛国标舞类	作品、演员及编导三项金奖	中央电视台	2011.10	
舞蹈·街舞	《STO》	深圳市舞蹈家协会	第六届CCTV电视舞蹈大赛国标舞类	优秀作品奖	中央电视台	2011.10	
舞蹈·群舞	《竹蜻蜓》	深圳市宝安区龙华街道文化体育中心(表演)	第九届全国舞蹈大赛	三等奖	文化部、宁夏回族自治区政府	2011.8	

文艺门类	作品名称	作者(单位)名称	奖项名称	奖项等级	颁奖单位	颁奖时间	备注
舞蹈·民族民间	《围楼里的成长》	深圳大学	第八届中国舞蹈“荷花奖”民族民间舞比赛	铜奖	中国舞蹈家协会	2011.11	
舞蹈	《围楼里的成长》	深圳大学	第十四届全国人口文化奖	优秀奖	国家人口计生委等	2011.12	
舞蹈·单、双、三	《生》	深圳大学	第三届岭南舞蹈大赛——单、双、三比赛独舞组	表演金奖	广东省文联、省舞协	2011.12	
舞蹈·单、双、三	《虞兮虞兮》	深圳大学	第三届岭南舞蹈大赛——单、双、三比赛双人舞组	表演银奖	广东省文联、省舞协	2011.12	
舞蹈·单、双、三	《纯真年代》	龙岗区文化馆	第三届岭南舞蹈大赛——单、双、三比赛独舞组	表演银奖	广东省文联、省舞协	2011.12	
舞蹈·单、双、三	《窗》	宝安区潜龙学校	第三届岭南舞蹈大赛——单、双、三比赛独舞组	表演银奖	广东省文联、省舞协	2011.12	
舞蹈·单、双、三	《形同陌路》	深圳大学	第三届岭南舞蹈大赛——单、双、三比赛双人舞组	表演铜奖	广东省文联、省舞协	2011.12	
舞蹈·单、双、三	《没得玩》	深圳大学	第三届岭南舞蹈大赛——单、双、三比赛双人舞组	表演铜奖	广东省文联、省舞协	2011.12	
舞蹈·单、双、三	《山行》	深圳大学	第三届岭南舞蹈大赛——单、双、三比赛三人舞组	表演铜奖	广东省文联、省舞协	2011.12	
舞蹈·独舞	《月下独酌》	深圳大学	第三届岭南舞蹈大赛——单、双、三比赛独舞组	表演铜奖	广东省文联、省舞协	2011.12	
舞蹈·独舞	《独》	深圳大学	第三届岭南舞蹈大赛——单、双、三比赛独舞组	表演铜奖	广东省文联、省舞协	2011.12	
舞蹈	《传人》	宝安区舞蹈家协会 福永街道文体中心	广东省第五届群众音乐舞蹈花会	金奖	广东省文化厅	2011.11	
舞蹈	《寄托》	福田区香蜜湖街道办 刘蓓	广东省第五届群众音乐舞蹈花会	金奖	广东省文化厅	2011.11	
舞蹈	《一个地球》	编导：弓晓　表演：王紫榆、曲艺、陈亚峰等	广东省第五届群众音乐舞蹈花会	金奖	广东省文化厅	2011.11	

文艺门类	作品名称	作者(单位)名称	奖项名称	奖项等级	颁奖单位	颁奖时间	备注
舞蹈	《我们的生活》	深圳市群艺馆中老年舞蹈队	广东省第五届群众音乐舞蹈花会	金奖	广东省文化厅	2011.11	
舞蹈	《老太太的现代生活》	王川英	广东省第五届群众音乐舞蹈花会	金奖	广东省文化厅	2011.11	
舞蹈·器乐	《边塞之夜》	创作：费坚蓉，辅导：尹良，演奏：韩静，伴奏：谢胜利	广东省第五届群众音乐舞蹈花会	金奖	广东省文化厅	2011.11	
舞蹈	《游子吟》	刘俊华	广东省第五届群众音乐舞蹈花会	金奖	广东省文化厅	2011.11	
舞蹈	《又见雨打芭蕉》	龙岗区可园学校	广东省第五届群众音乐舞蹈花会	银奖	广东省文化厅	2011.11	
舞蹈	《美的境界》	刘丽、黄河、王芊	广东省第五届群众音乐舞蹈花会	银奖	广东省文化厅	2011.11	
舞蹈	《岭南杯花操》	范晓霞	首届广东省社区文化节“岭南风情”全省农民文艺大汇演	金奖	广东省委宣传部、广东省文化厅	2011.8	
舞蹈·秧歌	《锦绣中华》	盐田街道文体活动中心	首届广东省社区文化节“岭南风情”全省农民文艺大汇演	金奖	广东省委宣传部、广东省文化厅	2011.8	
舞蹈·秧歌	《锦绣中华》	姚丹	首届广东省社区文化节“岭南风情”全省农民文艺大汇演	金奖	广东省委宣传部、广东省文化厅	2011.8	
舞蹈·歌舞	《舞麒麟》	陈的明	第二届八省优秀客家山歌赛	金奖	广东省文化厅	2011	
舞蹈·歌舞	《麒麟呈现》	坪山办事处	广东省第三届麒麟文化节暨第三届麒麟舞大赛创新组	金奖	广东省文化厅	2011.3	
舞蹈·歌舞	《麒麟舞》	坑梓新村	广东省第三届麒麟文化节暨第三届麒麟舞大赛创新组	银奖	广东省文化厅	2011.3	
舞蹈	《时针·分针·秒针》	深圳市少儿艺术团	广东省第八届少儿艺术花会比赛	金奖	广东省文化厅	2011.1	
舞蹈	《鱼灯乖乖》	深圳市群众艺术馆	广东省第八届少儿艺术花会比赛	金奖	广东省文化厅	2011.1	
舞蹈	《春天的精灵》	深圳市少儿艺术团	广东省第八届少儿艺术花会比赛	金奖	广东省文化厅	2011.1	
舞蹈	《与我同行》	黄启成、李林岚、李玫少	广东省第八届少儿艺术花会比赛	金奖	广东省文化厅	2011.1	

文艺门类	作品名称	作者(单位)名称	奖项名称	奖项等级	颁奖单位	颁奖时间	备注
舞蹈	《墨韵童心》	编导：罗晓庆　作曲：林海东　演员：刘圣威、陈艾睿、陈诗羽等	广东省第八届少儿艺术花会	银奖	广东省文化厅	2011.1	
舞蹈	《鱼灯乖乖》	深圳市群众艺术馆	第一届广东省少儿舞蹈大赛暨‘小荷风采’全国少儿舞蹈展演广东省选拔赛	金奖、最佳编导奖	广东省文化厅	2011.5	
美术	《千年古刹》	冯志文	2011中国(深圳)国际文化产业博览交易会“中国工艺美术文化创意”奖	金奖	文化部、商务部、广电总局、新闻出版总署、贸促会	2011	
美术	《建设中的深圳地铁五号线之二》	杨晓洋	第二届“挖掘·发现”中国画作品展	优秀奖	中国美术家协会	2011.6	
美术	《塬上人家系列——冬至》	黄胜贤	“艺术家眼中的当代中国”——中国油画艺术展	艺术奖	艺术家眼中的当代中国——中国油画展组委会	2011.5	
美术	《2009青春故事》	张　闯	“艺术家眼中的当代中国”——中国油画艺术展	铜奖	艺术家眼中的当代中国——中国油画展组委会	2011.5	
美术	《转山》	袁　锦	和美西藏美术作品展	银奖	中央统战部、中国美术家协会	2011	
美术	《建设者》	李仕明	2011辉煌浦东全国中国画展	铜奖	中国美术家协会	2011.9	
美术	《净地》	钟　曦	第十九届全国版画作品展	优秀奖	中国美术家协会	2011	
美术	《大营救》	张树国	“百年风云——广东近当代重大历史题材”美术作品	金奖	广东省委宣传部、文化厅、省文联、省美协	2011.6	
美术	《映画年华·阮玲玉》	颜晓萍	“百年风云——广东近当代重大历史题材”美术作品	银奖	广东省委宣传部、文化厅、省文联、省美协	2011.6	
美术	《中国股票》	陆声设	“百年风云——广东近当代重大历史题材”美术作品	银奖	广东省委宣传部、文化厅、省文联、省美协	2011.6	
美术	《张弼士·南洋的一次聚会》	门简成	“百年风云——广东近当代重大历史题材”美术作品	铜奖	广东省委宣传部、文化厅、省文联、省美协	2011.6	

文艺门类	作品名称	作者(单位)名称	奖项名称	奖项等级	颁奖单位	颁奖时间	备注
美术	《孙中山》	刘 文	“百年风云——广东近当代重大历史题材”美术作品	铜奖	广东省委宣传部、文化厅、省文联、省美协	2011.6	
美术	《雨后》	刘智民	庆祝中国共产党建党90周年——广东省第十一届美术书法摄影作品联展	金奖	广东省文化厅、省美协、省书协、省摄影协会	2011.11	
美术	《又是一个丰收年》	李振飞	庆祝中国共产党建党90周年——广东省第十一届美术书法摄影作品联展	金奖	广东省文化厅、省美协、省书协、省摄影协会	2011.11	
美术	《西野浅林》	张家梁	庆祝中国共产党建党90周年——广东省第十一届美术书法摄影作品联展	金奖	广东省文化厅、省美协、省书协、省摄影协会	2011.11	
美术	《国宝》	杨 文	庆祝中国共产党建党90周年——广东省第十一届美术书法摄影作品联展	金奖	广东省文化厅、省美协、省书协、省摄影协会	2011.11	
美术	《太行秋色》	陈广昌	庆祝中国共产党建党90周年——广东省第十一届美术书法摄影作品联展	金奖	广东省文化厅、省美协、省书协、省摄影协会	2011.11	
美术	《看看我们能决定什么》	石 刚	庆祝中国共产党建党90周年——广东省第十一届美术书法摄影作品联展	银奖	广东省文化厅、省美协、省书协、省摄影协会	2011.11	
美术	《远客将至》	王雪涛	庆祝中国共产党建党90周年——广东省第十一届美术书法摄影作品联展	银奖	广东省文化厅、省美协、省书协、省摄影协会	2011.11	
美术	《垄上行》	王明华	庆祝中国共产党建党90周年——广东省第十一届美术书法摄影作品联展	银奖	广东省文化厅、省美协、省书协、省摄影协会	2011.11	
美术	《胜利大营救》	梁 冰	庆祝中国共产党建党90周年——广东省第十一届美术书法摄影作品联展	银奖	广东省文化厅、省美协、省书协、省摄影协会	2011.11	
美术	《回望风景》	陈赠旺	庆祝中国共产党建党90周年——广东省第十一届美术书法摄影作品联展	银奖	广东省文化厅、省美协、省书协、省摄影协会	2011.11	
美术	《百年老街》	蒋庆北	庆祝中国共产党建党90周年——广东省第十一届美术书法摄影作品联展	银奖	广东省文化厅、省美协、省书协、省摄影协会	2011.11	
美术	《渔港印象》	谢 非	庆祝中国共产党建党90周年——广东省第十一届美术书法摄影作品联展	银奖	广东省文化厅、省美协、省书协、省摄影协会	2011.11	

文艺门类	作品名称	作者(单位)名称	奖项名称	奖项等级	颁奖单位	颁奖时间	备注
美术	《垄上行》	王明华	庆祝中国共产党建党90周年——广东省第十一届美术书法摄影作品联展	银奖	广东省文化厅、省美协、省书协、省摄影协会	2011.11	
美术	《童话》	钟　强	庆祝中国共产党建党90周年——广东省第十一届美术书法摄影作品联展	银奖	广东省文化厅、省美协、省书协、省摄影协会	2011.11	
美术	《忘了那马》	黄建平	庆祝中国共产党建党90周年——广东省第十一届美术书法摄影作品联展	银奖	广东省文化厅、省美协、省书协、省摄影协会	2011.11	
美术	《卓玛》	林树森	庆祝中国共产党建党90周年——广东省第十一届美术书法摄影作品联展	银奖	广东省文化厅、省美协、省书协、省摄影协会	2011.11	
美术	《陕北风情》	王勇强	庆祝中国共产党建党90周年——广东省第十一届美术书法摄影作品联展	银奖	广东省文化厅、省美协、省书协、省摄影协会	2011.11	
美术	《荷韵》	黄广才	庆祝中国共产党建党90周年——广东省第十一届美术书法摄影作品联展	铜奖	广东省文化厅、省美协、省书协、省摄影协会	2011.11	
美术	《视觉与构成》	何祯祥	庆祝中国共产党建党90周年——广东省第十一届美术书法摄影作品联展	铜奖	广东省文化厅、省美协、省书协、省摄影协会	2011.11	
美术	《春暖》	莫建文	庆祝中国共产党建党90周年——广东省第十一届美术书法摄影作品联展	铜奖	广东省文化厅、省美协、省书协、省摄影协会	2011.11	
美术	《春花烂漫》	王云英	庆祝中国共产党建党90周年——广东省第十一届美术书法摄影作品联展	铜奖	广东省文化厅、省美协、省书协、省摄影协会	2011.11	
美术	《打麦场上的川西妇女》	黄名玄	庆祝中国共产党建党90周年——广东省第十一届美术书法摄影作品联展	铜奖	广东省文化厅、省美协、省书协、省摄影协会	2011.11	
美术	《选举日》	刘灿辉	庆祝中国共产党建党90周年——广东省第十一届美术书法摄影作品联展	铜奖	广东省文化厅、省美协、省书协、省摄影协会	2011.11	
美术	《风雨历程》	罗志江	庆祝中国共产党建党90周年——广东省第十一届美术书法摄影作品联展	铜奖	广东省文化厅、省美协、省书协、省摄影协会	2011.11	
美术	《娇》	王应良	庆祝中国共产党建党90周年——广东省第十一届美术书法摄影作品联展	铜奖	广东省文化厅、省美协、省书协、省摄影协会	2011.11	

文艺门类	作品名称	作者(单位)名称	奖项名称	奖项等级	颁奖单位	颁奖时间	备注
美术	《视觉与构成》	何祯祥	庆祝中国共产党建党90周年——广东省第十一届美术书法摄影作品联展	铜奖	广东省文化厅、省美协、省书协、省摄影协会	2011.11	
美术	《激情岁月》	熊桂林	庆祝中国共产党建党90周年——广东省第十一届美术书法摄影作品联展	铜奖	广东省文化厅、省美协、省书协、省摄影协会	2011.11	
美术	《嘿，哥们》	李仕明	庆祝中国共产党建党90周年——广东省第十一届美术书法摄影作品联展	铜奖	广东省文化厅、省美协、省书协、省摄影协会	2011.11	
美术	《革命先声——孙中山在黄埔军校》	刘　文	庆祝中国共产党建党90周年——广东省第十一届美术书法摄影作品联展	铜奖	广东省文化厅、省美协、省书协、省摄影协会	2011.11	
美术	《冬韵》	曹剑新	庆祝中国共产党建党90周年——广东省第十一届美术书法摄影作品联展	铜奖	广东省文化厅、省美协、省书协、省摄影协会	2011.11	
美术	《芳草地》	王　倩	庆祝中国共产党建党90周年——广东省第十一届美术书法摄影作品联展	铜奖	广东省文化厅、省美协、省书协、省摄影协会	2011.11	
美术	《猫系列之一》	王冬琰	庆祝中国共产党建党90周年——广东省第十一届美术书法摄影作品联展	铜奖	广东省文化厅、省美协、省书协、省摄影协会	2011.11	
美术	《玩物》	卢卫文	庆祝中国共产党建党90周年——广东省第十一届美术书法摄影作品联展	铜奖	广东省文化厅、省美协、省书协、省摄影协会	2011.11	
美术	《新时代的骆驼祥子》	赵　鑫	庆祝中国共产党建党90周年——广东省第十一届美术书法摄影作品联展	铜奖	广东省文化厅、省美协、省书协、省摄影协会	2011.11	
美术	《建设》	向　健	庆祝中国共产党建党90周年——广东省第十一届美术书法摄影作品联展	铜奖	广东省文化厅、省美协、省书协、省摄影协会	2011.11	
美术	《提速，提速》	成启正	庆祝中国共产党建党90周年——广东省第十一届美术书法摄影作品联展	铜奖	广东省文化厅、省美协、省书协、省摄影协会	2011.11	
美术	《选举日》	刘灿辉	庆祝中国共产党建党90周年——广东省第十一届美术书法摄影作品联展	铜奖	广东省文化厅、省美协、省书协、省摄影协会	2011.11	
美术	《港口》	何祯祥	庆祝中国共产党建党90周年——广东省第十一届美术书法摄影作品联展	优秀奖	广东省文化厅、省美协、省书协、省摄影协会	2011.11	

文艺门类	作品名称	作者(单位)名称	奖项名称	奖项等级	颁奖单位	颁奖时间	备注
美术	《动漫青年》	张 闯	中国油画艺委会优秀作品	铜奖	中国油画艺委会	2011	
美术	《富贵吉祥》	冯志文	广东传统工艺美术精品展	金奖	广东省工艺美术协会	2011	
摄影	《少女》	冯文俊	2011第十三届全国当代摄影艺术邀请赛	银牌	中国摄影家协会	2011	
摄影	《云雾滔滔》	杨惠光	第三届多彩贵州·中国原生态国际摄影大展	特别关注奖	中国摄影家协会	2011	
摄影	《佛法自然》	杨惠光	首届《中国人看世界》全国摄影大展	三等奖	中国摄影家协会	2011	
摄影	《白水洋之歌》	杨惠光	“千岛湖杯”中国首届风景名胜摄影大展	铜奖	中国摄影家协会	2011	
摄影	《流动的韵律》	梁家合	2011“我的城市我的家”全国摄影大奖赛	铜奖	中国摄影家协会	2011	
摄影	《美容战士》	李学忠	第五届全国金属建材摄影大赛	铜奖	中国摄影家协会	2011	
摄影	《西藏孩子》	杨惠光	中国第十二届人像大展	银奖	中国第十二届人像大展组委会	2011.1	
摄影	《外婆情》	杨惠光	中国第十二届人像大展	银奖	中国第十二届人像大展组委会	2011.1	
摄影	《广东东莞塘尾古村“康王宝诞”》	梁家合	“我们的精神家园 2011中国非物质文化遗产摄影大展”	优秀作品奖	文化部	2011.6	
摄影	《广场大舞台》	梁家合	2011“全国城市摄影大展	优秀作品奖	2011“全国城市摄影大展”组委会	2011.8	
摄影	《富而思源》	梁家合	2011“全国城市摄影大展	优秀作品奖	2011“全国城市摄影大展”组委会	2011.8	
摄影	《繁忙的口岸》	顾一兵	“党旗飘飘、廉风和畅”全国摄影大赛	铜奖	中央纪委	2011	
摄影	《快乐时光》	廖俊鸿	“幸福广东”摄影大赛	金牌	广东省委宣传部、广东省文联	2011	

文艺门类	作品名称	作者(单位)名称	奖项名称	奖项等级	颁奖单位	颁奖时间	备注
摄影	《师生情》	谢建伟	“幸福广东”摄影大赛	银奖	广东省委宣传部、广东省文联	2011	
摄影	《美如家园》	叶 伟	首届广东社区文化节“幸福映像”广东省群众摄影作品大赛	一等奖	广东省文化厅、广东省摄影家协会	2011	
摄影	《欢乐家园》	王文舵	首届广东社区文化节“幸福映像”广东省群众摄影作品大赛	二等奖	广东省文化厅、广东省摄影家协会	2011	
摄影	《好开心》	顾一兵	首届广东社区文化节“幸福映像”广东省群众摄影作品大赛	三等奖	广东省文化厅、广东省摄影家协会	2011	
摄影	《动感深圳》	刘伯良	首届广东社区文化节“幸福映像”广东省群众摄影作品大赛	三等奖	广东省文化厅、广东省摄影家协会	2011	
摄影	《和谐邻里》	刘伯良	首届广东社区文化节“幸福映像”广东省群众摄影作品大赛	三等奖	广东省文化厅、广东省摄影家协会	2011	
摄影	《感恩小平》	欧阳艺	首届广东社区文化节“幸福映像”广东省群众摄影作品大赛	三等奖	广东省文化厅、广东省摄影家协会	2011	
摄影	《大盆菜》	苏伟明	首届广东社区文化节“幸福映像”广东省群众摄影作品大赛	三等奖	广东省文化厅、广东省摄影家协会	2011	
摄影	《龙 腾》	苏伟明	首届广东社区文化节“幸福映像”广东省群众摄影作品大赛	三等奖	广东省文化厅、广东省摄影家协会	2011	
摄影	《大舞台》	苏伟明	首届广东社区文化节“幸福映像”广东省群众摄影作品大赛	三等奖	广东省文化厅、广东省摄影家协会	2011	
摄影	《交通安全迎大运》	叶 伟	纪念中国共产党建党90周年——广东省第十一届美术书法摄影联展	铜奖	广东省文化厅、广东省摄影家协会	2011.1	
摄影	《团结向上》	张长江	纪念中国共产党建党90周年——广东省第十一届美术书法摄影联展	铜奖	广东省文化厅、广东省摄影家协会	2011.11	
摄影	《蛇雕与蛇的较量》	吴健晖	中国国家地理第二届“飞翔瞬间”摄影大赛	最高奖	中国国家地理杂志社	2011	

文艺门类	作品名称	作者(单位)名称	奖项名称	奖项等级	颁奖单位	颁奖时间	备注
书法	行书条幅	彭双龙	全国第十届书法篆刻作品展	优秀奖	中国书法家协会	2011.11	
书法	行书条幅	刘剑波	全国第十届书法篆刻作品展	优秀提名奖	中国书法家协会	2011.11	
书法	书法作品	马中伟	第十届全国书法展	邓石如奖	中国书法家协会	2011	
书法	书法作品	沈桂林	第十届全国书法展	邓石如奖	中国书法家协会	2011	
书法	书法作品	沈桂林	全国信德杯	优秀奖	中国书法家协会	2011	
书法	书法作品	李　锐	第三届林散之奖·书法双年展	最高奖	第三届林散之奖·书法双年展组委会	2011	
书法	书法作品	李　锐	全国首届手卷展	优秀奖	全国首届手卷展组委会	2011	
书法	书法作品	左奇志	“张九龄杯”书法大展	二等奖	“张九龄杯”书法大展组委会	2011	
书法	条屏	刘剑波	庆祝中国共产党建党90周年——广东省第十一届美术书法摄影作品联展	金奖	广东省文化厅、广东省书法家协会	2011.8	
书法	《荀子·劝学篇》	王少云	庆祝中国共产党建党90周年——广东省第十一届美术书法摄影作品联展	金奖	广东省文化厅、广东省书法家协会	2011.8	
书法	书法作品	陈　捷	庆祝中国共产党建党90周年——广东省第十一届美术书法摄影作品联展	银奖	广东省文化厅、广东省书法家协会	2011.8	
书法	书法作品	于延丰	庆祝中国共产党建党90周年——广东省第十一届美术书法摄影作品联展	银奖	广东省文化厅、广东省书法家协会	2011.8	
书法	书法作品	邹　挺	庆祝中国共产党建党90周年——广东省第十一届美术书法摄影作品联展	银奖	广东省文化厅、广东省书法家协会	2011.8	
书法	楷书	邱德昌	庆祝中国共产党建党90周年——广东省第十一届美术书法摄影作品联展	银奖	广东省文化厅、广东省书法家协会	2011.8	
书法	草书·宋词条幅	沈桂林	庆祝中国共产党建党90周年——广东省第十一届美术书法摄影作品联展	银奖	广东省文化厅、广东省书法家协会	2011.8	

文艺门类	作品名称	作者(单位)名称	奖项名称	奖项等级	颁奖单位	颁奖时间	备注
书法	小楷·张九龄诗条幅	周兰兵	庆祝中国共产党建党90周年——广东省第十一届美术书法摄影作品联展	银奖	广东省文化厅、广东省书法家协会	2011.8	
书法	条屏	左奇志	庆祝中国共产党建党90周年——广东省第十一届美术书法摄影作品联展	银奖	广东省文化厅、广东省书法家协会	2011.8	
书法	中堂	万迪龙	庆祝中国共产党建党90周年——广东省第十一届美术书法摄影作品联展	银奖	广东省文化厅、广东省书法家协会	2011.8	
书法	条屏	刘月明	庆祝中国共产党建党90周年——广东省第十一届美术书法摄影作品联展	银奖	广东省文化厅、广东省书法家协会	2011.8	
书法	条屏	林明川	庆祝中国共产党建党90周年——广东省第十一届美术书法摄影作品联展	铜奖	广东省文化厅、广东省书法家协会	2011.8	
书法	《醉翁亭记》	李仕明	庆祝中国共产党建党90周年——广东省第十一届美术书法摄影作品联展	铜奖	广东省文化厅、广东省书法家协会	2011.8	
书法	书法作品	张钰明	广东省第十一届美术书法摄影大赛	铜奖	广东省第十一届美术书法摄影大赛组委会	2011.11	
书法	书法作品	卢少武	广东省第十一届美术书法摄影大赛	铜奖	广东省第十一届美术书法摄影大赛组委会	2011.11	
书法	行书条幅	左奇志	“永远跟党走”全国职工书法大赛	一等奖	广东省总工会、广东省文联	2011.7	
书法	行书条幅	沈桂林	“永远跟党走”全国职工书法大赛	二等奖	广东省总工会、广东省文联	2011.7	
书法	行书条幅	傅志伟	“永远跟党走”全国职工书法大赛	三等奖	广东省总工会、广东省文联	2011.7	
书法	书法作品	沈桂林	广东省第十一届书画作品年展	银奖	广东省文联、广东省书法家协会	2011	
书法	书法作品	朱燕霓	全国文房书画艺术大赛	一等奖	《书法报》	2011	
书法	书法作品	朱燕霓	水墨茶道全国书法大赛	三等奖	《书法报》	2011	

文艺门类	作品名称	作者(单位)名称	奖项名称	奖项等级	颁奖单位	颁奖时间	备注
曲艺·四人快板书	《好人的故事》	郭迎欢、赵梓琳	广东省第二届曲艺大赛作品类	一等奖	广东省文联、省曲协	2011.2	
曲艺·四人快板书	《好人的故事》	魏　鹏	广东省第二届曲艺大赛表演类	一等奖	广东省文联、省曲协	2011.12	
曲艺·四人快板书	《好人的故事》	王立海	广东省第二届曲艺大赛表演类	一等奖	广东省文联、省曲协	2011.12	
曲艺·四人快板书	《好人的故事》	刘延璐	广东省第二届曲艺大赛表演类	二等奖	广东省文联、省曲协	2011.12	
曲艺·相声	《狂人外传》	刘迪、刘国平	广东省第二届曲艺大赛作品类	一等奖	广东省文联、省曲协	2011.12	
曲艺·相声	《狂人外传》	刘国平、刘 迪	广东省第二届曲艺大赛表演类	一等奖	广东省文联、省曲协	2011.12	
曲艺·相声	《雕塑家》	荆林野、刘 昭	广东省第二届曲艺大赛作品类	二等奖	广东省文联、省曲协	2011.12	
曲艺·相声	《雕塑家》	荆林野、刘 昭	广东省第二届曲艺大赛表演类	二等奖	广东省文联、省曲协	2011.12	
曲艺·音舞快板	《鱼灯情》	牛纪远等	广东省第二届曲艺大赛作品类	一等奖	广东省文联、省曲协	2011.12	
曲艺·音舞快板	《鱼灯情》	牛纪远、郭宪悦、王 超	广东省第二届曲艺大赛表演类	三等奖	广东省文联、省曲协	2011.12	
曲艺·相声	《做梦公司》	赵梓琳、周鹏飞	广东省第二届曲艺大赛作品类	二等奖	广东省文联、省曲协	2011.12	
曲艺·相声	《不和谐的音符》	王立海	广东省第二届曲艺大赛作品类	三等奖	广东省文联、省曲协	2011.12	
曲艺·相声	《不和谐的音符》	盛恩奇	广东省第二届曲艺大赛表演类	三等奖	广东省文联、省曲协	2011.12	
曲艺·快板	《PK说变化》	王 超、郭宪悦	广东省第二届曲艺大赛表演类	二等奖	广东省文联、省曲协	2011.12	
曲艺·快板	《PK说变化》	郭宪悦、王 超、李 苏	广东省第二届曲艺大赛作品类	三等奖	广东省文联、省曲协	2011.12	
曲艺·相声	《风雨情》	贾 雨	广东省第二届曲艺大赛表演类	三等奖	广东省文联、省曲协	2011.12	
曲艺·群口快板	《深圳行》	创作：赵梓琳、张国平、李明阳、郭迎欢	广东省第二届曲艺大赛作品类	一等奖	广东省文联、省曲协	2011.12	

文艺门类	作品名称	作者(单位)名称	奖项名称	奖项等级	颁奖单位	颁奖时间	备注
曲艺·群口快板	《深圳行》	表演：赵梓琳、杜金龙	广东省第二届曲艺大赛表演类	一等奖	广东省文联、省曲协	2011.12	
曲艺·群口快板	《深圳行》	表演：李明阳	广东省第二届曲艺大赛表演类	二等奖	广东省文联、省曲协	2011.12	
曲艺·群口快板	《男人女人》	天乐曲艺团	广东省第二届曲艺大赛作品类	一等奖	广东省文联、省曲协	2011.12	
曲艺	《如此专家》	牛纪远等	广东省第二届曲艺大赛作品类	三等奖	广东省文联、省曲协	2011.12	
曲艺·先锋相声剧	《我的牛郎我的牛》	王立海	第十一届广东省艺术节	铜奖	广东省文化厅	2011.12	
曲艺·京剧	《拾玉蜀》	佩　贵	广东省京剧艺术大赛	铜奖	广东省京剧艺术大赛组委会	2011.11	
曲艺·京剧	《唱皇陵》	蒋方根	广东省京剧艺术大赛	铜奖	广东省京剧艺术大赛组委会	2011.11	
曲艺·京剧	《红灯记》选段	袁利斌	广东省京剧艺术大赛	铜奖	广东省京剧艺术大赛组委会	2011.11	
曲艺·京剧	《智取威虎山》选段	葛　雷	广东省京剧艺术大赛	铜奖	广东省京剧艺术大赛组委会	2011.11	
曲艺·京剧	《六月雪》、《锁麟囊》、《西施》	南山区文化馆京剧社、苏丽秀	第二届“海内外京昆票社艺术节”	最佳表演奖	中国传统文化促进会	2011.10	
曲艺·戏曲	宝安戏曲娃	深圳市宝安区	第十五届“中国少儿戏曲小梅花荟萃”	小梅花奖9朵	中国戏剧家协会	2011.8	
曲艺·戏曲	《戏魂》	刘倩等	广东省广播文艺奖	三等奖	广东省广播电视协会	2011.4	
杂技·魔术	《刀锋箭雨》	左福龙	第八届中国杂技第五次全国魔术比赛	优秀剧目奖、道具创新奖	中国文联、中国杂协	2011	

文艺门类	作品名称	作者(单位)名称	奖项名称	奖项等级	颁奖单位	颁奖时间	备注
民间文艺·工艺	铜雕“红军在平远”	何柏俊	2011年中国(深圳)第七届国际文化产业博览交易会上获得“中国工艺美术文化创意奖”	铜奖	文化部、商务部、广电总局、新闻出版总署、中国国际贸易促进委员会、广东省政府	2011.5	
论文	《深圳制造，别样的都市命运与情怀——兼评电视剧<命运>》	深圳广电集团 杨 华	第二届飞天电视剧论文评选评论类	二等奖	第二届飞天电视剧论文评选活动组委会	2011.8	
论文	《浅谈文化馆站公益性的实现方式——以深圳市群艺馆为例》	吴 江	全国群众文化2011年度论文评选	二等奖	中国群众文化学会	2011.10	
论文	《探索新时期基层公共文化服务免费开放的运作方法》	李元庆	全国群众文化2011年度论文评选	二等奖	中国群众文化学会	2011.10	
论文	《试论创新公共文化服务模式与群艺馆的功能定位》	黄雅雅	全国群众文化2011年度论文评选	三等奖	中国群众文化学会	2011.10	
论文	《行走的耳朵——探索“世界音乐”》	刘倩等	中国广播电视协会“十年足音”	三等奖	中国广播电视协会	2011.7	

说明：1.获奖时间以奖牌、奖杯、奖状、证书为准，起止时间为2011年1月1日-2011年12月31日。

2.获奖作品是中共中央、国家、省宣传部、文化部(厅、局)、文联及所属协会、文艺专业机构主办的活动。

3.省级只列一、二、三等奖及金、银、铜奖，国家级除列一、二、三，金、银、铜奖外，优秀、入围、提名奖亦一并列入，含不分等级奖。

2011年深圳市文艺作品获国际文艺专业奖一览表

文艺门类	作品名称	作者(单位)名称	奖项名称	奖项等级	颁奖单位	颁奖时间	备注
影视·纪录片	《发现少校》	深圳越众影视有限公司	第十七届上海电视节白玉兰国际纪录片奖	最佳历史文献类纪录片银奖	第十七届上海电视节白玉兰国际纪录片组委会	2011.6	
影视·纪录片	《风雪可可西里》	深圳市天宇星影视文化有限公司	第四十四届休斯敦国际电影节	评审团大奖	第四十四届休斯敦国际电影节组委会	2011.4	
影视·动画片	《藏羚王》	深圳市天宇星影视文化有限公司	第四十四届休斯敦国际电影节	金奖	第四十四届休斯敦国际电影节组委会	2011.4	
影视·故事片	《母语》	深圳美迅嘉润影视投资有限公司	第三届MTM澳门国际电影节	组委会大奖、最佳摄影奖	第三届MTM澳门国际电影节组委会	2011.12	
影视·电视剧	《西藏的天空》	罗湖区电视家协会	第二届中国·西安国际民间影像节	三等奖	第二届中国·西安国际民间影像节组委会	2011.10	
影视·动画片	《笨熊笨事》	深圳华强数字动漫公司	法国戛纳秋季电视节儿童组	评审团大奖	法国戛纳秋季电视节组委会	2011	
影视·动画片	《熊出没》	深圳华强数字动漫公司	意大利“海湾卡通节”	普钦内拉奖	意大利“海湾卡通节组委会”	2011.4	
影视·动画片	《熊出没》	深圳华强数字动漫公司	意大利Film Festival Della Lessinia	最佳动漫奖	意大利Film Festival Della Lessinia组委会	2011.6	
影视·动画片	《熊出没》	深圳华强数字动漫公司	第八届原创动漫画奖	入围奖	第八届原创动漫画奖组委会	2011.10	
影视·动画片	《熊出没》	深圳华强数字动漫公司	第十一届四川电视节“金熊猫”奖国际动画作品	入围奖	第十一届四川电视节“金熊猫”奖国际动画作品组委会	2011.11	
影视·动画片	《小鸡不好惹》	深圳华强数字动漫公司	第八届中国(常州)国际动漫艺术周“金恐龙”奖	提名奖	第八届中国(常州)国际动漫艺术周“金恐龙”奖组委会	2011	

文艺门类	作品名称	作者(单位)名称	奖项名称	奖项等级	颁奖单位	颁奖时间	备注
影视·动画片	《小虫虫有大智慧》	深圳华强数字动漫公司	第四届厦门国际动漫节	金海豚奖	第四届厦门国际动漫节组委会	2011	
影视·动画片	《孔子》	深圳崇德影视公司	法国戛纳第四十八届电视节	最佳剧本大奖	法国戛纳第四十八届电视节组委会	2011.4	
音乐·钢琴	演奏	刘佳韵	第五届中新杯国际音乐比赛钢琴肖邦组	金奖	第五届中新杯国际音乐比赛组委会	2011.2	
音乐·钢琴	演奏	刘佳韵	第五届中新杯国际音乐比赛钢琴公开组	银奖	第五届中新杯国际音乐比赛组委会	2011.2	
音乐·电子琴	双排键电子琴演奏	李 能	第一届亚太地区双排键电子琴比赛青年组	一等奖	第一届亚太地区双排键电子琴比赛组委会	2011.2	
音乐·电子琴	双排键电子琴演奏	王嘉欣	第一届亚太地区双排键电子琴比赛少年组	中国作品奖一等奖	第一届亚太地区双排键电子琴比赛组委会	2011.2	
音乐·钢琴	演奏	潘山荻	第十六届香港——亚洲钢琴公开赛公开组	第二名及最佳贝多芬演奏奖	第十六届香港——亚洲钢琴公开赛组委会	2011.2	
音乐·钢琴	演奏	潘山荻	第十六届香港——亚洲钢琴公开赛青年组	第二名	第十六届香港——亚洲钢琴公开赛组委会	2011.2	
音乐·钢琴	演奏	覃文姗	第十六届香港——亚洲钢琴公开赛少年A组	第三名	第十六届香港——亚洲钢琴公开赛组委会	2011.2	
音乐·钢琴	演奏	覃文姗	第十六届香港——亚洲钢琴公开赛少年B组	第四名	第十六届香港——亚洲钢琴公开赛组委会	2011.2	
音乐·钢琴	演奏	覃文珊	第七届欧洲EPTA国际青少年钢琴比赛少年A组	第四名	第七届欧洲EPTA国际青少年钢琴比赛组委会	2011.4	
音乐·钢琴	演奏	李敏婕	第二十一届意大利巴莱特国际青少年钢琴比赛少年B组	(第一名)	第二十一届意大利巴莱特国际青少年钢琴比赛组委会	2011.5	

文艺门类	作品名称	作者(单位)名称	奖项名称	奖项等级	颁奖单位	颁奖时间	备注
音乐·钢琴	演奏	李敏婕	第二十一届意大利巴莱特国际青少年钢琴比赛少年B组	(亚洲音乐特别奖)	第二十一届意大利巴莱特国际青少年钢琴比赛组委会	2011.5	
音乐·二胡	演奏	王蕾	2011年第三届国际华人艺术节二胡专业高中组	银奖	2011年第三届国际华人艺术节组委会	2011.8	
音乐·古筝	演奏	许兰希	第二届国际古筝比赛专业少年组	金奖	第二届国际古筝比赛组委会	2011.7	
音乐·古筝	演奏	温晓婷	第二届国际古筝比赛专业少年组	银奖	第二届国际古筝比赛组委会	2011.7	
音乐·古筝	演奏	王子羽	第二届国际古筝比赛专业少年组	银奖	第二届国际古筝比赛组委会	2011.7	
音乐·古筝	演奏	罗南茜	第二届国际古筝比赛专业少年组	银奖	第二届国际古筝比赛组委会	2011.7	
音乐·古筝	演奏	赵家莹	第二届国际古筝比赛专业少年组	铜奖	第二届国际古筝比赛组委会	2011.7	
音乐·古筝	演奏	刘仪	第二届国际古筝比赛专业少年组	铜奖	第二届国际古筝比赛组委会	2011.7	
音乐·古筝	演奏	温晓婷	神州巨人杯古筝少年专业组	金奖	神州巨人杯古筝组委会	2011.7	
音乐·古筝	演奏	罗南茜	神州巨人杯古筝少年专业组	金奖	神州巨人杯古筝组委会	2011.7	
音乐·古筝	演奏	许兰希	神州巨人杯古筝少年专业组	银奖	神州巨人杯古筝组委会	2011.7	
音乐·古筝	演奏	王子羽	神州巨人杯古筝少年专业组	银奖	神州巨人杯古筝组委会	2011.7	
音乐·古筝	演奏	赵家莹	神州巨人杯古筝少年专业组	银奖	神州巨人杯古筝组委会	2011.7	
音乐·古筝	演奏	刘仪	神州巨人杯古筝少年专业组	铜奖	神州巨人杯古筝组委会	2011.7	
音乐·古筝	演奏	古芊	神州巨人杯古筝少年专业组	铜奖	神州巨人杯古筝组委会	2011.7	
音乐·古筝	演奏	许兰希、温晓婷、王子羽、陈圳思、周扬涵	神州巨人杯古筝少年专业重奏组	金奖	神州巨人杯古筝组委会	2011.7	

文艺门类	作品名称	作者(单位)名称	奖项名称	奖项等级	颁奖单位	颁奖时间	备注
音乐·古筝	演奏	罗南茜、赵家莹、刘仪、古芊	神州巨人杯古筝少年专业重奏组	金奖	神州巨人杯古筝组委会	2011.7	
音乐·古筝	演奏	戴一生、邓炜琳、刘婉宣、罗静琳	神州巨人杯古筝少年专业重奏组	银奖	神州巨人杯古筝组委会	2011.7	
音乐·手风琴	演奏	深圳艺术学校	第六十四届世界杯手风琴锦标赛中国手风琴展演专业比赛	团体金奖	第六十四届世界杯手风琴锦标赛组委会	2011.10	
音乐·手风琴	演奏	深圳艺术学校	第六十四届世界杯手风琴锦标赛中国手风琴展演专业比赛	金奖	第六十四届世界杯手风琴锦标赛组委会	2011.10	
音乐·手风琴	演奏	王天琪	第六十四届世界杯手风琴锦标赛中国手风琴展演专业比赛	金奖	第六十四届世界杯手风琴锦标赛组委会	2011.10	
音乐·手风琴	演奏	钟媛仪	第六十四届世界杯手风琴锦标赛中国手风琴展演专业比赛	金奖	第六十四届世界杯手风琴锦标赛组委会	2011.10	
音乐·手风琴	演奏	陈静仪	第六十四届世界杯手风琴锦标赛中国手风琴展演专业比赛	金奖	第六十四届世界杯手风琴锦标赛组委会	2011.10	
音乐·手风琴	演奏	深圳艺术学校	第六十四届世界杯手风琴锦标赛中国手风琴展演专业比赛	银奖	第六十四届世界杯手风琴锦标赛组委会	2011.10	
音乐·手风琴	演奏	深圳艺术学校	第六十四届世界杯手风琴锦标赛中国手风琴展演专业比赛	铜奖	第六十四届世界杯手风琴锦标赛组委会	2011.10	
音乐·手风琴	演奏	李肇新	第六十四届世界杯手风琴锦标赛中国手风琴展演专业比赛	铜奖	第六十四届世界杯手风琴锦标赛组委会	2011.10	
音乐·手风琴	演奏	谢海晖	第六十四届世界杯手风琴锦标赛中国手风琴展演专业比赛	铜奖	第六十四届世界杯手风琴锦标赛组委会	2011.10	
音乐·手风琴	演奏	戚子悦	第六十四届世界杯手风琴锦标赛中国手风琴展演专业比赛	铜奖	第六十四届世界杯手风琴锦标赛组委会	2011.10	
音乐·二胡	演奏	郭穗贤	华乐之韵·首届中日韩国际二胡大赛专业少年B组	银奖	华乐之韵·首届中日韩国际二胡大赛组委会	2011.10	

文艺门类	作品名称	作者(单位)名称	奖项名称	奖项等级	颁奖单位	颁奖时间	备注
音乐	演奏	许兰希、温晓婷、王子羽、陈圳思、周扬涵	“国际天使艺术节”第八届全国青少年文化艺术展	重奏组金奖	“国际天使艺术节”第八届全国青少年文化艺术展组委会	2011.7	
音乐	演奏	曹婷婷	2011第二届北京国际电管风琴比赛专业少年组	三等奖	2011第二届北京国际电管风琴比赛组委会	2011.10	
音乐·独唱	玛依拉变奏曲《帕米尔,我的家乡多么美》	邱红	2011亚洲青年歌唱家大赛	二等奖	国际艺术家音乐与舞蹈协会	2011	
舞蹈·国标	表演	陆宁 张丁方	2011WDC国际标准舞拉丁舞世界公开赛亚太区职业组L	冠军	世界舞蹈总会	2011.7	
舞蹈·国标	表演	赵亮、孙宁	2011WDC国际标准舞拉丁舞世界公开赛亚太区职业组L	亚军	世界舞蹈总会	2011.7	
舞蹈·国标	表演	崔 翔、杨志婷	2011WDC国际标准舞拉丁舞世界公开赛亚太区业余组M	冠军	世界舞蹈总会	2011.7	
舞蹈·国标	表演	徐一龙、师林悦	2011WDC国际标准舞拉丁舞世界公开赛亚太区业余组	亚军	世界舞蹈总会	2011.7	
舞蹈·现代舞	独舞	吕程亮	第七届韩国首尔国际舞蹈比赛现代舞少年组	一等奖	第七届韩国首尔国际舞蹈比赛组委会	2011.4	
舞蹈·独舞	独舞	梁咏琳	2011年第一届亚洲国际青少年芭蕾舞比赛少年C组	银奖	2011年第一届亚洲国际青少年芭蕾舞比赛组委会	2011.8	
舞蹈·独舞	独舞	姚雪艺	2011年第一届亚洲国际青少年芭蕾舞比赛少年B1组	铜奖	2011年第一届亚洲国际青少年芭蕾舞比赛组委会	2011.8	
舞蹈·群舞	《渔家欢歌》	陈群等18人	第十四届香港世界中老年“金紫荆花奖”音乐、舞蹈、器乐艺术大赛	大金奖	第十四届香港世界中老年“金紫荆花奖”音乐、舞蹈、器乐艺术大赛组委会	2011.4	
摄影	《地球的温度》	王琛(影集)	美国第六十二届“美国印刷大奖”	金奖	美国印刷工业联合会	2011.7	

文艺门类	作品名称	作者(单位)名称	奖项名称	奖项等级	颁奖单位	颁奖时间	备注
摄影	《少女》	冯文俊	澳门第十六届国际摄影大赛	金牌	国际摄影艺术联合会(FIAP)	2011	
摄影	《海上生明月》	冯文俊	香港第四十四届国际摄影沙龙大赛	勋带奖	国际摄影艺术联合会(FIAP)	2011	
摄影	《渔光晨曲》	冯文俊	2011美国加利福尼亚国际摄影大赛	勋带奖	美国摄影学会	2011	
摄影	《城市狂想》	章力	中国第十四届国际摄影艺术展览	银奖	中国第十四届国际摄影艺术展览组委会	2011.1	
摄影	《长颈鹿之恋》	吴健晖	2011第三届芬兰国际摄影展	金奖	2011第三届芬兰国际摄影展组委会	2011	
曲艺·京剧	《国粹芬芳》	林泳均等	第五届(香港)国际音乐艺术大赛	金奖	第五届(香港)国际音乐艺术大赛组委会	2011.1	
杂技	《窗花——柔术造型》	福永杂技艺术团	第十届“CIRCUBA”国际夏季杂技节	金奖	第十届“CIRCUBA”国际夏季杂技节组委会	2011.8	
杂技	《高空椅技》	福永杂技艺术团 凌雪燕	第十届“CIRCUBA”国际夏季杂技节	最佳女演员奖	第十届“CIRCUBA”国际夏季杂技节组委会	2011.8	
杂技·魔术	《扇韵》	辛亚飞	美国世界魔术大会	金奖	2011年美国世界魔术大会组委会	2011.6	
杂技·魔术	《扇韵》	辛亚飞	世界魔术联盟亚洲魔术冠军赛一般舞台组	冠军	2011年美国世界魔术大会组委会	2011.12	
杂技·魔术	《秀色》	刘蓓	世界魔术联盟亚洲魔术冠军赛一般舞台组	季军	2011年美国世界魔术大会组委会	2011.12	
杂技·魔术	《下午茶》	张国洲	世界魔术联盟亚洲魔术冠军赛近景组	季军	2011年美国世界魔术大会组委会	2011.12	

说明：1.获奖时间以奖牌、奖杯、奖状证书为准，起止时间为2011年1月1日-2011年12月31日。

2.一般国际奖只列一、二、三等奖及金、银、铜奖；重要权威的国际奖除列一、二、三，金、银、铜奖外，优秀、入围、提名奖亦一并列入，含分等级奖。

2011年深圳市各级文艺家协(学)会会员统计表

会员类别 单位名称	国家级协会		省级协会			市级协(学)会	各区文联
	会员	理事	会员	理事	副主席	(含国家级、省级会员)	【含国家、省、市、区级各协(学)会】
作家协会	90		350		1	1091	
戏剧家协会	36	2	112	9		360	
影视家协会	58		52	7	4	176	
音乐家协会	76		320	13	1	816	
美术家协会	118	1	348	14	1	876	
舞蹈家协会	32	1	28	2	1	876	
民间文艺家协会	34	1	54	6	1	220	
书法家协会	78	1	205	6	1	620	
杂技家协会	22	1	135	13	2	226	
曲艺家协会	12		32			44	
文艺评论家协会			88	2		105	
摄影学会	156	1	236	11	1	783	
福田区文联	133		173			435	1150
罗湖区文联	102		317	5		455	1007
南山区文联	32		65	2		148	1300
盐田区文联	14		54			115	416
宝安区文联	71		98	3		253	1198
龙岗区文联	25	3	83	3		188	777
合计	1089	11	2750	96	13	7787	5848

说明：1．此表由市文联各协(学)会和各区文联统计。

2．统计数字截止到2011年12月31日。

3．市级协(学)会统计本协(学)会国家、省、市级会员、理事、副主席人数；

各区文联统计本区文联国家、省、市级会员、理事、副主席及本区各协(学)会会员人数。

附录

2011年深圳市宣传文化系统相关文艺单位·领导名录

一、市委宣传部、文艺处领导及各区区委宣传部长

(一)市委宣传部

市委常委、宣传部长：王京生
市委宣传部副部长：吴　忠　刘瑋飙　苏会军　李瑞琦
市对外宣传办公室主任：陈金海
市网络管理办公室主任：钟海帆

(二)各区区委宣传部长

福田区区委常委、宣传部长：孙　静
罗湖区区委常委、宣传部长：刘石磊
南山区区委常委、宣传部长：陈　军
盐田区区委常委、宣传部长：吴定海
宝安区区委常委、宣传部长：刘佳晨
龙岗区区委常委、宣传部长：彭建安

(三)市委宣传部文艺处

处　长：王国猛
副处长：何　良　胡　滨
邮　编：518009
地　址：深圳市深南中路市委大院
电　话：82103503

二、市文联和相关单位及各区文联领导

(一)市文联领导

党组书记、主席：罗烈杰
党组成员、专职副主席：谢君心　冷炳冰　钱　强　梁　宇
兼职副主席：杨争光　杨黎光　林树森　陈新亮　陈钦硕　李也平　于长江　茹仙古丽　苏春梅
秘书长：谢君心(兼)

(二)市文联部、室、委、协(学)会及相关单位领导

纪委

书　记：江冠宇
电　话：25583870

办公室

主　任：顾焕金
副主任：刘上江　李　瑾
电　话：25592163

组织联络部
主　任：石　钢
副主任：李　华　陈　静
电　话：25934343

协会工作部
主　任：许仕晋
电　话：25585681

文艺创作室
主　任：李亚威
电　话：25576307

深圳市作家协会
主　席：李兰妮
副主席：杨争光　南　翔　吴　君　梅　毅　田　地　于爱成　丁　力　吴亚丁
秘书长：于爱成(兼)
电　话：25587295

深圳市戏剧家协会
主　席：从　容
副主席：冯刚毅　陈慧中　李绍琴　刘　强　王维斌　毕大松
秘书长：孙清河　梅玉文
电　话：25563059

深圳市舞蹈家协会
主　席：李建平
副主席：林树森　杨素贤　付　宇　谭晓洪　刘兴范　黄启成　宋庆吉　赵　艳
秘书长：杨素贤(兼)
电　话：25563011

深圳市美术家协会
主　席：骆文冠
副主席：于长江　史文集　齐凤阁　孙振华　张小纲　陈湘波　钟　曦　梁　宇　鲁　虹
秘书长：杨晓洋
电　话：25582489

深圳市音乐家协会
主　席：熊家源
副主席：赖房千　刘所成　夏　冰　许仕晋　徐祖桦　聂　冰　陈光辉　华　敏
秘书长：赖房千(兼)
副秘书长：余凤兰(驻会)
电　话：25576306

深圳市书法家协会
主　席：陈钦硕
副主席：陈　浩　黄开稼　邹　坚　金　龙　王宪荣　童志雄　王道国
秘书长：陈　浩(兼)
副秘书长：李　静(驻会)
电　话：25576305

深圳市影视家协会
主　席：郑凯南
副主席：李亚威　杨争光　李岚华　刘健民　李也平　申晓力　黄仁忠　吴予敏
秘书长：李亚威(兼)
电　话：25576307

深圳市民间文艺家协会
主　席：杨宏海
副主席：张　奇　杨耀林　郑钢坚　吴克顺　戴有斌　秦健如　邹永演　饶荣发
秘书长：于爱成
电　话：25577461

深圳市文艺评论家协会
主　席：章必功
副主席：侯　军　尹昌龙　陈继会　孙振华　李　华(驻会)
秘书长：刘上江
电　话：25582492

深圳市杂技家协会
主　席：王敬宇
副主席：石　钢　茹仙古丽　左福龙　叶　茂
秘书长：石　钢(兼)
电　话：25934343

深圳市摄影学会
会　长：何煌友
驻会副会长：钟国华
副会长：全燕荣　赵连勤　苏伟明　周顺斌　孙成毅
邮　编：518020
地　址：深圳市罗湖区笋岗东路宝安广场A座17F
电　话：25161411　25161203

深圳市曲艺家协会
主　席：吴金富
副主席：荆林野　侯继宽　刘　昭　任世和　王立海　李　活
秘书长：林学斌
邮　编：518052
地　址：深圳市南山区新桃园酒店17楼
电　话：2665989

深圳市特区文学杂志社
总　编：宫瑞华
电　话：25892237

深圳市焦点杂志社
社　长：胡大林
副社长：曾培新
主　编：达　舒
邮　编：518032
地　址：深圳市深南大道7002号财富广场B栋5A
电　话：82872017

《深圳文艺通讯·百家》编辑部
总 编：赵小燕
编 审：曾培新
电 话：25576302(传真)

《深圳文艺年鉴》编辑部
主 任：赵小燕 曾培新
电 话：25576302(传真)

(说明：市文联各部、室、协(学)会及相关单位邮编、地址除注明者外，其他均为：518008、深圳市红岭中路1038号文联大楼)

(三)各区文联领导

福田区文联
主 席：李雷鸣
专职副主席：王云英
邮 编：518048
地 址：深圳市福民路123号福田区委大楼2412号
电 话：82918421
传 真：82918502

罗湖区文联
主 席：郑钢坚
专职副主席兼秘书长：吴亚丁
邮 编：518007
地 址：深圳市文锦中路罗湖管理中心3楼303
电 话：25666442 (传真)

南山区文联
主 席：段 钢
专职副主席兼秘书长：林群芳
邮 编：518058
地 址：南山区前海路中段爱心大厦9楼
电 话：26562526 86644183
传 真：86077883

盐田区文联
主 席：蒋祖逸
秘书长：王意祥
邮 编：518081
地址：盐田区深盐路2086号盐田区文化中心523室
电话：25227639

宝安区文联
主 席：戴有斌
专职副主席：李汉源
秘书长：易 贞
邮 编：518101
地 址：深圳市宝安区宝城创业一路区行政中心大楼302-310室
电 话：29996510

龙岗区文联
主　席：张　奇
专职副主席：刘浒山
邮　编：518172
地　址：深圳市龙岗区中心城海关大厦西13楼1325-1327室
电　话：28949609

三、市文体旅游局、相关文艺处和直属文艺单位及各区文化(体)局领导

(一)市文体旅游局

党组书记、局长：陈　威
党组成员、副局长：岳川江　易能全(6月14日止)　柯刚明(2月8日止)
乔　鸿　陈新亮(分管文化艺术口工作)韩星元
副局长：杜　勤
邮　编：518035
地　址：深圳市福田区福中三路市民中心C区二楼
电　话：82002248

(二)相关文艺处

文艺处处长：张晋文
副处长：刘　冬　林清波
电　话：82107963

(三)直属文艺单位

关山月美术馆
馆　长：陈湘波
副馆长：颜为昕
艺术总监：文祯非
邮　编：518026
地　址：深圳市福田区红荔路6026号
电　话：83063176

深圳美术馆
馆　长：宋玉明
副馆长：张燕方
艺术总监：鲁　虹
邮　编：518021
地　址：深圳市罗湖区爱国路东湖二街32号(东湖公园内)
电　话：25406106

深圳画院
院　长：董小明
执行院长：徐　章
副院长：杨晓洋
邮　编：518029
地　址：深圳市罗湖区银湖路金湖一街36号
电　话：25931750

深圳市群众艺术馆
馆　长：刘兴范
副馆长：刘　勇　朱晓玲

邮　编：518028
地　址：福田区燕南路95号
电　话：83206668　83351377(传真)

深圳艺术学校
校　长：黄启成
副校长：刘继韬
邮　编：518028
地　址：深圳市福田区百花二路16号
电　话：83265494　83207252　传真：83327461

深圳交响乐团
团　长：陈川松
副团长：聂　冰　王　鹤
艺术总监：克里斯蒂安·爱华德
邮　编：518021
地　址：深圳市罗湖区黄贝路2025号
办公室电话：25406013　2540114　25405183
传　真：25421747　25528394

深圳大剧院
总经理：郑文霞
副总经理：李汉语　张国良
邮　编：518001
地　址：深南东路5018号北门三楼
电　话：25906369

(四)各区文化(体)局
福田区文体局
局　长：胡星红
副局长：王育标
邮　编：518048
地　址：福田区政府大楼23楼2308室
办公室电话：82918600或82918333转2317
艺术科地址：福田区政府大楼23楼2310室
电　话：82918922或82918333转2318

罗湖区文体局
局　长：张远翔(4月止)　廖　晓(5月起)
副局长：苏　芬　谢　军　李少明
邮　编：518007
地　址：深圳市文锦中路罗湖管理中心大厦1515室
文化科地址：深圳市文锦中路罗湖管理中心大厦12楼A2
电　话：25666405　传真：25662857

南山区文体局
局　长：姜广华
副局长：杨幼一(分管文艺)　周保民
邮　编：518052
地　址：深圳市南山区桃园路2号南山区委大楼A1818

电　话：26542482
文化艺术科地址：深圳市南山区桃园路2号南山区委大楼A1816
电　话：26562525

盐田区文体局
局　长：李志利
副局长：何敬华
邮　编：518081
地　址：盐田区行政中心大楼703B
办公室电话：25227031

宝安区文体旅游局
局　长：吴少平
党委书记：高伟光
副局长：佟建华(分管文艺)　纪东萍　廖云山
邮　编：518101
地　址：宝安区创业一路1号行政中心383室
办公室电话：27869973－2973
艺术科地址：宝安区创业一路1号行政中心383室

龙岗区文体局
局　长：张　耀
副局长：张荫青　鞠晓晨　李　谦　钟致华　孙立斌　陈振良
邮　编：518172
地　址：龙岗区清林中路77号海关大厦11楼
人秘科电话：28948658　传真：28948958
文艺科电话：28948386

四、相关文艺集团及下属文艺部门

(一)深圳报业集团

党组书记、社长：黄扬略
党组副书记、副社长、总编辑：宣柱锡
党组副书记、副社长、总经理：刘　明
党组成员、副总编辑：杨黎光　陈　寅　姜东南
党组成员、纪检组组长：李　丽
副总编辑：张兴文　侯　军　周　斌　李南玲　丁时照　胡洪侠　邓自强
副总经理：董向玲　张占恒　白俊仁
邮　编：518009
地址：深圳市福田区深南大道6008号
总编办电话：83518195　83518858　83902691(传真)

深圳特区报总编辑：陈　寅
深圳特区报副总编辑：张兴文　邓自强
深圳特区报文体新闻中心主任：唐亚明
邮　编：518009
地　址：深圳市福田区深南大道6008号
电　话：83518273

深圳商报总编辑：姜东南
深圳商报副总编辑：周　斌　李南玲

深圳商报文体副刊中心主任：张　清
邮　编：518034
地　址：深圳市福田区商报路2号
文体副刊电话：83519704

深圳晚报总编辑：丁时照
深圳晚报文艺部主任：黄　啸
邮　编：518034
地　址：深圳市福田区商报路2号
文体副刊电话：83519734

晶报总编辑：胡洪侠
晶报人文部副主任：汪晓玲　刘忆斯
邮　编：518009
地　址：深圳市福田区深南大道6008号
人文副刊部电话：83518070

(二)深圳广电集团
党组书记、总裁：王茂亮(10月19日止)
党组副书记、总编辑、副总裁：陈君聪(9月28日起主持工作)
党组副书记、副总裁、总经理：张合运
党组副书记：刘焯铿
党组成员、副总编辑：李　桦　陈志荣　刘　强　李　静
副总编辑：呼　和　于德江　杜　图
副总经理：郑鼎文　郭　莉
总工程师：傅峰春
邮　编：518026
地　址：深圳市福田区鹏程一路1号广电大厦
电　话：88310300　传真：88310333
娱乐频道总监：夏　枫
音乐频率总监：夏　明

(三)华侨城集团
1.集团公司
总经理、党委副书记：任克雷
党委书记、副总经理：郑　凡
党委常委、副总经理：董亚平
党委副书记、纪委书记：苏　征
党委常委：刘平春　陈　剑　侯松容　吴斯远(4月起)
邮　编：518053
地　址：深圳市南山区华侨城办公大楼
电　话：总机26600248、办公室26600929

2.当代艺术中心
理事长：郑　凡
副理事长：陈　剑
馆　长：栾　倩

3.何香凝美术馆
馆　长：任克雷
副馆长：陈　剑　栾　倩　乐正维
电　话：26922855

4.深圳歌舞团演艺有限公司
法人代表：姚　军
电　话：26608000

5.国际传媒演艺公司
法人代表：姚明华
总经理：林树森
电　话：26935444　26926688

(四)深圳雅昌(企业)集团有限公司
董事长、总裁：万　捷
副董事长、副总裁：何曼玲
行政副总裁：潘剑平
运营副总裁：彭　干　宋　强　张　东　黄宇飚
技术副总裁：蔼　侬
邮　编：518100
地　点：深圳市南山区西丽龙井方大城A区
总裁办电话：83366138

(五)F518时尚创意园
董事长：钟伟鹏
董　事：马灿森
地　址：深圳宝安中心区宝源路F518时尚创意园
邮　编：518102
电　话：27905555　29558303
传　真：29666000

(六)深圳国家动漫画产业基地
服务中心主任：蔡大明
综合办公室主任：彭泰敏
邮　编：518021
地　址：深圳市罗湖区怡景路2008号
电　话：25160060
传　真：25160066

五、深圳大学及下属文艺院、系

(一)学校领导
党委书记：江潭瑜
校　长：章必功
党委副书记、纪委书记：陶士平
党委副书记：陶一桃
副校长：阮双琛　邢　锋　李永华　杜宏彪　李凤亮
邮　编：518060
地　址：深圳市南山区南海大道3688号
校办电话：26536190

(二)分管文学院、艺术设计学院领导和两学院领导及师范学院艺术系领导

1.文学院

联系校领导：李凤亮
院　长：景海峰
党委书记：杨东林
副院长：相南翔　范晓燕
党委副书记：张剑滨
电　话：26535266

2.艺术设计学院

联系校领导：杜宏彪
院　长：吴　洪
副院长：李新华　邹　明
党委书记：蔡　强
党委副书记：何　军
电　话：26536283

3.师范学院艺术系

院　长：章必功(兼)
党委书记：潘海东
副院长：姚正武　钟　曦
主　任：钟　曦
副主任：华　敏(音乐专业负责人)　王维斌(影视戏剧表演专业负责人)　赵　艳(舞蹈专业负责人)　王　婷(播音主持专业负责人)
电　话：26536309；　传　真：26534170